Wilhelm Heyne Verlag
München

KLEINE HOTELS
MIT CHARME

ITALIEN

Aus dem Englischen übersetzt
von Ulrike Kretschmer

Wilhelm Heyne Verlag
München

Herausgeber *Andrew Duncan*
Design *Mel Petersen*
Übersetzung *Ulrike Kretschmer*

Titelfoto: *Villa Arceno, Castelnuovo Berardegna, Seite 200*

3., revidierte und erweiterte Auflage 2001

Titel der englischen Ausgabe
»Charming Small Hotel Guides: Italy«

Projektleitung: Dr. Alex Klubertanz
Redaktion: Christine E. Gangl
Umschlaggestaltung: Atelier Schütz, München
Satzarbeiten: Dr. Alex Klubertanz
Druck: Canale & Co. SpA, Turin
Printed in Italy

ISBN 3-453-18516-1

Inhalt

Einleitung

In diesem Einführungsteil

Willkommen zur ersten Ausgabe von »Kleine Hotels mit Charme – Italien« des Jahres 2001. Teils um dem neuen Jahrtausend unsere Reverenz zu erweisen, vor allem aber zur weiteren Verbesserung unseres Hotelführers haben wir ein paar größere Veränderungen durchgeführt — mehr als bei jeder Neuauflage bisher.

- (Fast) alle Hotels werden mit einem Farbfoto und einem ganzseitigen Beitrag vorgestellt. Halbseitige Einträge ohne Foto gibt es nicht mehr.
- Hotels, die uns besonders am Herzen liegen, werden als *Tipp des Herausgebers* gekennzeichnet.
- Die Karten der Hotelstandorte wurden grundlegend aktualisiert.
- Das Layout wurde verändert, damit Sie die für eine Buchung wichtigen Informationen schneller finden können.

Wir hoffen, dass Ihnen diese Neuerungen eine wirkliche Hilfe sind. In jeder anderen Hinsicht bleibt der Führer seinen Kriterien und seiner Qualität treu, die ihn so einzigartig machen (siehe S. 7) und die uns so viele begeisterte Leser immer wieder bestätigen. Seit seinem ersten Erscheinen 1986 wurde dieser Führer 14-mal in Folge auf den neuesten Stand gebracht. Seine Gesamtauflage in den USA, Großbritannien und in fünf weiteren europäischen Ländern beträgt mehrere Hunderttausend Exemplare.

Dieser Führer ist der einzige, völlig unabhängig erstellte Hotelführer (kein Hotel bezahlt in irgendeiner Weise für die Aufnahme darin) über Italien, der:

- jedes Hotel im Farbbild vorstellt,
- nur Häuser berücksichtigt, die wirklich Charme und Charakter besitzen,
- sehr strenge Aufnahmekriterien anlegt,
- besonderen Wert auf eine überschaubare Größe legt. Die meisten Hotels verfügen über weniger als 20 Zimmer. Sind es mehr, erscheint das Hotel kleiner als es ist. Wir sind der Meinung, dass eine wirklich herzliche Aufnahme viel eher in einem kleinen Hotel gewährleistet ist;
- hohen Wert auf die ausführliche Beschreibung der Hotels legt, anstatt störende Symbole zu verwenden;
- von einem kleinen, unbürokratischen Verlag mit einem Team gleich gesinnter Tester herausgegeben wird.

Unsere Auswahlkriterien

• Eine ruhige und attraktive Lage. Wenn das Hotel in einer Stadt liegt, müssen wir bezüglich der Ruhe natürlich manchmal Konzessionen machen.

• Ein Gebäude, das besonders schön, interessant oder historisch bedeutend ist — oder wenigstens besonders viel Charakter hat.

• Ausreichend Platz in einem familiären Rahmen. Wir schätzen keine Hotels, die durch ihre Vornehmheit oder falsche Ambitioniertheit einschüchtern.

• Guter Geschmack und Fantasie in der Inneneinrichtung. Wir lehnen standardisierte Einrichtungsgegenstände und Einheitsdekorationen wie bei Hotelketten ab.

• Zimmer, die wie wirkliche Schlafzimmer wirken und individuell eingerichtet sind — nicht wie unpersönliche Hotelzimmer.

• Möbel und andere Teile der Einrichtung, die bequem sind und gut gepflegt werden. Wir freuen uns über interessante antike Möbelstücke, die zum Gebrauch, nicht zum Bestaunen da sind.

• Eigentümer und Personal, die engagiert und planvoll zu Werke gehen. Eine persönliche Aufnahme, die weder überschwänglich noch aufdringlich ist. Der Gast soll sich als Individuum behandelt fühlen.

• Gute und interessante Küche. In Italien liegt die Qualität des Essens gemeinhin über dem Standard. Es gibt nur wenige Hotels in diesem Führer, deren Küche nicht überdurchschnittlich gut ist.

• Eine angenehme Atmosphäre. Es sollen weder aufdringliche Menschen mit ihrem Geld angeben, noch soll das Hotel einen exklusiven und elitären Charakter aufweisen.

Hotel Pausania, Dosoduro

Umfangreich und wählerisch

Um für jeden Eintrag eine ganze Seite Text und ein Farbfoto zur Verfügung zu stellen, mussten wir ein paar Seiten mehr drucken. Wir beschränken uns jedoch unverändert auf eine Auswahl von etwa 300 Unterkünften. Wir glauben nicht, dass es in Italien gegenwärtig wesentlich mehr als etwa 350 solcher Hotels gibt. Nähmen wir mehr dieser Unterkünfte in unseren Führer auf, würden wir unserem Prinzip untreu, ausschließlich die Hotels zu erwähnen, die mehr zu bieten haben als lediglich ein Bett für eine Nacht. Bei jedem Eintrag überlegen wir uns sehr genau, ob das Hotel unabhängig von seiner Anzahl an Sternen oder Annehmlichkeiten etwas Besonderes ist.

Die verschiedenen Übernachtungsmöglichkeiten

Trotz seines Titels beschränkt sich dieser Hotelführer nicht auf Unterkünfte, die mit Hotel bezeichnet sind oder wenigstens so tun. Im Gegenteil: Wir suchen nach Orten, die ein Zuhause fern von zu Hause bieten (siehe S. 10). Wir nehmen kleinere und Hotels mittlerer Größe auf; viele der traditionellen italienischen Gästehäuser *(pensioni)*, von denen einige nur Bed & Breakfast, andere auch Mittag- und Abendessen anbieten; Restaurants mit Gästezimmern; *agriturismo*-Unterkünfte, die normalerweise Bed & Breakfast auf Bauernhöfen darstellen; und auch einige Selbstversorgungsappartements mit Charme in der Stadt sowie auf dem Land.

Kein Sponsoring!

Wir gehören zur Minderheit der unabhängigen Hotelführer, denn wir meinen, dass es fatal ist, wenn sich der Verlag für die Aufnahme eines Hotels bezahlen lässt. Führer, die gegen Bezahlung arbeiten, sind weder bei der Auswahl noch bei der Beschreibung der Hotels objektiv, obwohl sie die Illusion ihrer Unabhängigkeit angestrengt aufrecht erhalten wollen. Fast keiner gibt auf dem Buchumschlag zu, Geld für den Abdruck von Hotelempfehlungen zu bekommen — die meisten verstecken diese Information vielmehr diskret im Inneren.

»Zuhause fern von zu Hause«

Am schwierigsten heraufzubeschwören ist das Gefühl, sich einem Privathaus zu befinden, sich aber nicht um den täglichen Klein-

Albergo Pietrasanta, Pietrasanta, Lucca

kram kümmern zu müssen. Um dieses Geheimrezept herauszufinden, bedarf es einer besonderen Professionalität: Der Eigentümer muss die Balance zwischen unbefangener Atmosphäre und aufmerksamem Service wahren. Wer dieses Gefühl einmal erlebt hat, wird andere Unterkünfte tunlichst meiden — und mögen sie noch so luxuriös sein!

Die italienische Hotelszene

Als wir uns im Zuge der Vorbereitung dieser neuen, erweiterten Ausgabe des Führers mit italienischen Hotels beschäftigten, wurde uns wieder einmal klar, dass wir ein Faible für sie haben. Einmal abgesehen davon, dass sich die meisten von ihnen in wunderschönen Gebäuden und an bezaubernden Orten befinden, ist ihr Standard an herzlichem Empfang, Atmosphäre, Sauberkeit, Freude am Detail und der Küche alles in allem überdurchschnittlich. Was sie vielleicht von anderen europäischen Hotels unterscheidet, ist das entspannte, informelle und doch gehobene Ambiente, das man überall findet. Man kann sich leicht wohl fühlen; und das Personal ist im Großen und Ganzen höflich und freundlich. Italiener machen sich selten über die Versuche ihrer Gäste lustig, die Landessprache zu sprechen — so unbeholfen sie auch sein mögen. Trotzdem sprechen viele Hoteliers und Angestellte mittlerweile mehrere Sprachen. Der gehobene Standard der Hotels verändert sich kaum, da sich auch heute noch ein Großteil der Unterkünfte seit Generationen in Familienbesitz befindet. Doch trotz dieser Tradition stehen viele italienische Hotels neueren Technologien aufgeschlossen gegenüber, verfügen bereits über einen e-mail-Anschluss und eine eigene Homepage.
Das Essen stellt einen weiteren Pluspunkt italienischer Hotels dar. Während man zwar in den meisten Speisesälen kein kulinarisches Feuerwerk erwarten darf, wird es dennoch schwierig sein, in den Hotels in diesem Führer nicht angemessen oder sogar außerordentlich gut essen zu können. Auf der Speisekarte wird man wenige internationale Gerichte finden; der Schwerpunkt liegt eher auf regionalen Köstlichkeiten der Saison, die aus heimischen Zutaten frisch zubereitet werden.
Beeindruckend ist aber auf jeden Fall der herzliche Empfang, der Ihnen in den Hotels dieses Führers bereitet werden wird, besonders im Süden Italiens. Leider nimmt die Herzlichkeit in den Städten eher ab, besonders in Rom: Zwei Einträge haben wir aufgrund der Ruppigkeit der Rezeptionsangestellten aus diesem Führer entfernt. Aber sie sind eindeutig die Ausnahmen; meistens wollen wir von unseren Besuchen gar nicht mehr zurückkehren.

Vergleichen Sie die Preise

In diesem Führer verwenden wir ein System von Preisspannen, anstatt wie in früheren Ausgaben die exakten Preise zu nennen. Wir haben zu oft erlebt, dass sich die Preise änderten, noch bevor unser Führer aus der Druckpresse kam. Die Preisspannen beziehen sich auf ein übliches Doppelzimmer in der Hauptsaison mit Frühstück für zwei Personen. Sie bedeuten:

L	weniger als 200 000 Lire / 100 Euro
LL	200 000 bis 350 000 Lire / 100 bis 175 Euro
LLL	350 000 bis 600 000 Lire / 175 bis 300 Euro
LLLL	mehr als 600 000 Lire / 300 Euro

Um unangenehme Überraschungen zu vermeiden, sollten Sie bereits bei der Buchung nachfragen, was in diesem Preis enthalten ist (z. B. Mehrwertsteuer, Bedienung, Frühstück, Nachmittagstee).

Wie Sie einen Eintrag finden

Die Einträge in diesem Führer sind geographischen Gruppen zugeordnet. Zunächst ist ganz Italien in drei Hauptgebiete unterteilt: Der Führer beginnt mit dem nördlichen Italien, schreitet zum mittleren Italien fort und endet schließlich im südlichen Italien. Innerhalb dieser Gebiete sind die Einträge verschiedenen Regionen zugeordnet. Einige dieser Regionen entsprechen den Verwaltungsregionen des Landes (beispielsweise die Toskana und die Emiglia Romana); andere wiederum kombinieren verschiedene Verwaltungsgebiete (wie z. B. Latium und Abruzzen). Einige schließlich umfassen größere Gebiete wie z. B. der Nordwesten oder der Nordosten.

Innerhalb dieser regionalen Unterteilungen folgen die Einträge einem festen Prinzip. Als Erstes finden Sie eine Einführung in das betreffende Gebiet. Sie bietet einen generellen Überblick über die Übernachtungsmöglichkeiten der Gegend und einige zusätzliche Adressen, die den Eintrag in diesen Führer zwar nicht geschafft haben, aber dennoch nützlich sein können, wenn alles andere ausgebucht ist. Es folgen die ganzseitigen Einträge, die alphabetisch nach Stadt, Ort oder nächstgelegenem Dorf geordnet sind. Wenn mehrere Empfehlungen in der gleichen Stadt oder ihrer Umgebung liegen, werden sie alphabetisch nach dem Namen des Hotels aufgelistet.

Um ein Hotel in einem bestimmten Gebiet zu finden, benutzen Sie am besten die Karten im Anschluss an diese Einleitung. Um ein bestimmtes Hotel zu finden, dessen Namen Sie bereits kennen, oder ein Hotel in einem Ihnen bekannten Ort, empfehlen sich die Indizes im Anhang.

Wie Sie einen Eintrag richtig lesen

Der Nordosten

Venedig

Name des Hotels

Salute da Cici

Art der Unterkunft

Bed-&-Breakfast-Unterkunft in der Stadt

Fondamenta di Ca' Balla , Dorsoduro 222, 30123 Venezia
Tel 041 5235404 **Fax** 041 5222271

Ausführliche Beschreibung von Lage und Gebäude des Hotels

Dieser ruhige und kultivierte Palazzo zwischen der Accademia und der Kirche Santa Maria della Salute zählt schon lange zu unseren Lieblingshotels. Wenn man von barocken Kirchen genug hat, ist das Hotel auch der ideale Ausgangspunkt, um einen Ausflug zur Collezione Guggenheim mit Werken der klassischen Moderne zu unternehmen.

Die hübsche Fassade ist typisch venezianisch: bröckelnder Stuck und rosafarbener Stein, gotische Fenster und blumengeschmückte Steinbalkons. Auch das Innere des Gebäudes enttäuscht die Erwartungen nicht. Die klassisch-elegante Lobby ist mit Säulen, Marmorfußböden und freigelegten Dachsparren ausgestattet. Die kleine Bar ist für Gäste reserviert, und in dem winzigen Garten stehen ein paar Tische für einen Drink bereit. In den oberen Stockwerken liegen die einfachen, weiß gestrichenen Zimmer mit ihren hohen Decken, venezianischen Marmorfußböden und antiken, aber praktischen Möbeln. Da die Zimmer alle in einer Preiskategorie liegen, empfiehlt es sich, eines mit Blick auf den Kanal zu nehmen. Wenn Sie es etwas bequemer haben wollen, können Sie auch eines der neun moderneren Zimmer im Anbau nehmen.

Sehenswürdigkeiten in der Umgebung des Hotels

Ungefähre Beschreibung, wo das Hotel liegt. Fragen Sie sicherheitshalber bei der Reservierung im Hotel nach der besten Anfahrtsmöglichkeit.

Umgebung: Collezione Guggenheim; Santa Maria della Salute • **Lage:** südlich des Rio Calle Terra Nuovo, östlich der Kirche Santa Maria della Salute • **Vaporetto:** Salute oder Wassertaxi • **Mahlzeiten:** Frühstück • **Preise:** L–LL • **Zimmer:** 50 Doppel-, Zweibett-, Einzel-, Dreibett- oder Familienzimmer, alle mit Bad oder Dusche; alle Zimmer mit Telefon • **Anlage:** Bar, Sitzecken, Frühstücksraum, Garten **Kreditkarten:** keine • **Behinderte:** nicht geeignet • **Tiere:** nicht erlaubt **Geschlossen:** Mitte November bis Weihnachten, Januar bis März (bzw. Karneval, wenn dieser vor März stattfindet) • **Besitzer:** Sebastiano Cagnin

Ein Zimmer, das nach unserer Beschreibung ein Bad hat, kann außerdem noch eine Dusche besitzen; Zimmer, die nach der Beschreibung eine Dusche haben, besitzen nur diese Dusche.

Wichtige Informationen für die Reservierung

Diese Information bezieht sich nur auf Rollstuhlbenutzer oder gebrechliche Menschen. Fragen Sie lieber beim Hotel nach, ob passende Räume zur Verfügung stehen.

Eine wachsende Zahl von Hotels verbietet das Rauchen in einigen oder allen Gemeinschaftsräumen oder sogar auf den Zimmern. Raucher sollten vor der Buchung beim Hotel nachfragen, wie die Regeln dort sind.

Stadt, Ort oder Dorf und Region, in der das Hotel liegt.

Telefonieren

Um von Deutschland aus nach Italien zu telefonieren, wählen Sie die Länderkennung 0039 und dann die Ortsvorwahl mit der 0. Innerhalb Italiens ist auch bei Ortsgesprächen die Vorwahl mitzuwählen.

Kinder sind in italienischen Hotels fast immer willkommen. Meist gibt es auch besondere Einrichtungen wie Kinderbetten und -stühle, Babyphone oder ein vorgezogenes Abendessen. Fragen Sie immer nach, ob Kinder im Speiseraum geduldet werden.

Postanschrift und sonstige Kontaktmöglichkeiten

Im Preis des Zimmers ist das Frühstück normalerweise enthalten. Für Mittag- und Abendessen haben wir keine Preise angegeben. Manchmal sind auch andere Mahlzeiten wie etwa ein Nachmittagstee erhältlich. »Zimmerservice« bezieht sich auf Essen (Snacks oder volle Mahlzeiten) und Getränke, die auf dem Zimmer serviert werden können.

Die Abkürzungen der Kreditkarten bedeuten:

AE	American Express
DC	Diners Club
MC	Mastercard
V	Visa

Teilen Sie dem Hotel immer im Voraus mit, wenn Sie ein Haustier mitbringen wollen. Selbst dort, wo Tiere gestattet sind, kann es eine Reihe von Auflagen geben, und möglicherweise wird eine kleine Gebühr verlangt.

Wir kategorisieren nach Preisspannen, anstatt exakte Preise zu nennen. Diese beziehen sich auf ein übliches Doppelzimmer in der Hauptsaison mit Frühstück für zwei Personen. Andere Tarife, z. B. für andere Zimmertypen, Nebensaison, Wochenenden, Langzeitaufenthalt etc., können nachgefragt bzw. ausgehandelt werden. In einigen Hotels, vor allem den abgelegenen, oder Restaurants mit Zimmern ist Halbpension obligatorisch. Fragen Sie bei der Reservierung nach.

Italienische Kellner sind nicht unbedingt auf Trinkgeld erpicht. Manchmal werden sie am Umsatz beteiligt. Italiener runden die Rechnung für gewöhnlich auf, wenn sie mit dem Service zufrieden waren.

Leserkommentare

Bitte schreiben und berichten Sie uns von Ihren Erfahrungen mit kleinen Hotels, Gästehäusern und Gasthöfen — egal, ob diese gut oder schlecht waren, ob die Häuser hier aufgeführt sind oder nicht. Dies gilt auch für Hotels in Frankreich, Spanien, Österreich, Deutschland, in der Schweiz und in den USA. Leser, die uns schreiben, sollten jedoch damit einverstanden sein, ohne Bezahlung zitiert zu werden.
Leser, deren Berichte besonders hilfreich waren, werden möglicherweise eingeladen, unser Team an Testern zu verstärken. Als Mitglied dieser Gruppe teilen Sie uns Ihre Reisepläne mit; wir schlagen Hotels vor, die Sie besuchen könnten, und beteiligen uns an den Kosten.

Unsere Adresse lautet:
Editor, Charming Small Hotel Guides,
Duncan Petersen Publishing Limited,
31 Ceylon Road,
London W14 0PY.

Checkliste
Bitte benutzen Sie für jeden Beitrag ein eigenes Blatt Papier, und schreiben Sie Ihren Namen, die Adresse und Telefonnummer auf jedes Blatt. Wir freuen uns besonders, wenn Ihr Bericht mit Computer oder Schreibmaschine geschrieben wurde und die folgende Gliederung übernommen wird:

- Name des Hotels
- Stadt oder Dorf, in dem es steht oder zu dem es gehört
- Vollständige Anschrift, nach Möglichkeit mit Postleitzahl
- Telefonnummer
- Datum und Dauer Ihres Aufenthalts
- Beschreibung von Lage und Gebäude
- Gemeinschaftszimmer
- Gästezimmer und Bäder
- Komfort (Möbel, Betten, Heizung, Klimaanlage
- Zustand und Pflege
- Atmosphäre, Empfang und Service
- Essen und Trinken
- Preis-Leistungs-Verhältnis

Wenn Sie uns schreiben, erklären Sie sich damit einverstanden, ohne Bezahlung zitiert zu werden. Die Namen von Gästen, die uns interessante Beiträge liefern, können, nach Ermessen der Herausgeber, im Führer genannt und gewürdigt werden.

Karten der Hotelstandorte

SWITZERLAND
Brig
Locarno
S. Maria Maggiore
Domodossola
Antronapiana
Villadossola
Cannobio
Musignano
28 Cannero Riviera
Luino
Verbania
Ponte Tresa
Rimella
Omegna
Cittiglio
34 Isola dei Pescatori
62 Ranco
Varallo
Arona
Gallarate
Busto Arsizio
Malpensa (International Airport)
Romagnano Sesia
27, 40 Breuil-Cervinia
Matterhorn
Breithorn
Valtournenche
29 Champoluc
Gressoney-Saint-Jean
Graines
Gaby
Piedicavallo
Great Saint Bernard tunnel
Mont Blanc
Courmayeur
Aosta
la Thuile
Saint Pierre
Planaval
Issogne
Verrès
Donnas
Valsavarenche
30 Cogne
Valnontey
Rhêmes-Notre-Dame
Parco Nazionale
Biella
Donato
Ivrea
Val d'Isère
Noasca
Locana
Ceresole Reale
Orco
Cuorgné
Valperga
Viverone
Vercelli
Balme
Ceres
Ala di Stura
Lanzo Torinese
Candia Canavese
Vigevano
Massif du Mont Cenis
Margone
Novalesa
Stura di Viù
Lomellina
Venaria
Gravere
Exilles
Avigliana
Casale Monferrato
Lomello
Oulx
37 Sauze d'Oulx
TORINO
Chieri
Moncalvo
Valenza
Sestriere
Cesana Torinese
Stupinigi
40 Cioccaro di Penango
Alessandria
Tortona
Bobbio Pellice
Pinerolo
Cavour
Carmagnola
Racconigi
Crissolo
Paesana
Brà
Alba
Canelli
Acqui Terme
Monte Viso
Saluzzo
Valle Varaita
Acceglio
Argentera
Dronero
Grana
31 Corternilia
31 Cuneo
LIGURIA
Ceva
Pietraporzio
Demonte
Borgo San Dalmazzo
Mondovì
36 GENOA (GENOVA)
Monte Matto
Gesso
Vernante
33 Savona
Leivi
Garlenda
Limone Piemonte
Garessio
Spotorno
Parco Naturale dell'Argentera
Ormea
32 Finale Ligure
Loano
Triora
Andora
35 Laigueglia
Castel Vittorio
Cervo
Taggia
Imperia
SAN REMO
Bordighera
Riviera di Ponente
Mediterranean Sea

AUSTRIA
Vipiteno
Gruppo di Tessa
Malles Venosta
Burgusio
Sluderno
79 Lagundo
81, 121-122 Merano
121 Marlengo
TRENTINO-ALTO ADIGE
Parco Nazionale della Stelvio
Solda
123 S. Valburga d'Ultimo
82 Missiano
Bolzano
S. Genesio
Collalbo
73 Caldaro
Sanzeno
Malé
Cles
87 Redagno di Sopra
Campo Carlo Magno
Madonna di Campiglio
Mezzocorona
Chiavenna
Grosotto
Tirano
Sondrio
Teglio
Edolo
Domaso
Morbegno
Cólico
Alpi Orobie
Aprica
Malonno
Carisolo
Pinzolo
C. Tosa
Andalo
Molveno
Monte Paganella
85 Pergine
95 Trento
Foppolo
Capo di Ponte
Valle Camonica
Tione di Trento
Ponte Arche
Fiavé
54 Lenno
44,45,46 Bellagio
63 San Fedele d'Intelvi
Valbondione
Breno
Piazza Brembana
Clusone
Boario Terme
68, 69 Asolo
Rovereto
Torbole
43, 63 Como
Lecco
Erba
43 Alzate Brianza
Cantù
Alzano Lombardo
Pisogne
Collio
Bovegno
Tremosine
Avio
Thiene
Schio
47, 48 Bergamo
65 Gargnano
56 Manerba del Garda
53 Iseo
94 Torri del Benaco
Giazza
Bosco Chiesanuova
61 Monza
50 Erbusco
Lago di Garda
90 San Vigilio
96 Trissino
78 Gargagnago
51, 52 Gardone Riviera
Treviglio
58-60, 66 Milan
52,60 Brescia
Desenzano del Garda
84 Pedemonte
64 Sirmione
94, 118, 119 Verona
Caravaggio
Montirone
Soncino
Crema
Manerbio
Villafranca di Verona
Lonigo
76 Finale
Lodi
Certosa di Pavia
Montagnana
Asola
49 Cervesina
55 Maleo
Cremona
57, Mantova
Legnano
Piadena
Casteggio
Piacenza
Sabbioneta
San Benedetto Po
136 Busseto
Luzzara
135 Soragna
Alseno
Gualtieri
66 Pomponesco
Fidenza
Novellara
Salsomaggiore
Carpi
Bobbio
137 Parma
137 Reggio'Emilia
Cento
San Maurizio
131 Castelfranco Emilia
Bardi
128,136 Bologna
Torriglia
Sassuolo
Maranello
Vignola
Uscio
Guiglia
Varese Ligure
Pontremoli
Lavagna
Montecreto
Fivizzano
Sestola
Levanto
Aulla
Abetone
Firenzuola
38, 39, 41 Sestri Levante
41 Monterosso al Mare
Corniglia
Sarzana
Carrara
Massa
Barga
I. Palmaria
215 Montignoso
214 Massa e Cozzile
191 Pistoia
208 Vicchio di Mugello
Ponte Nuovo
Diecimo
Pescia
189 Pietrasanta
193 Prato
153-170, 217 Firenze
149 Feriole
Viareggio
175 Lucca
181 Montevettolini
201 Santa Maria del Giudice
194 Pugnano
139 Artimino
150-152 Fiesole
172 Giogoli
Mediterranean Sea
Marina di Pisa
Pontedera
178,179 Montefiridolfi
Incisa in Val d'A.
Tirrenia
176 Mercatale Val di Pesa
A4
A1
A21
A22
A13
A15
S38
S42
S11
P185
S415
S9
S35
S45
S63
S62
S12
S64
S325
S236
S434
S46
A13/E43

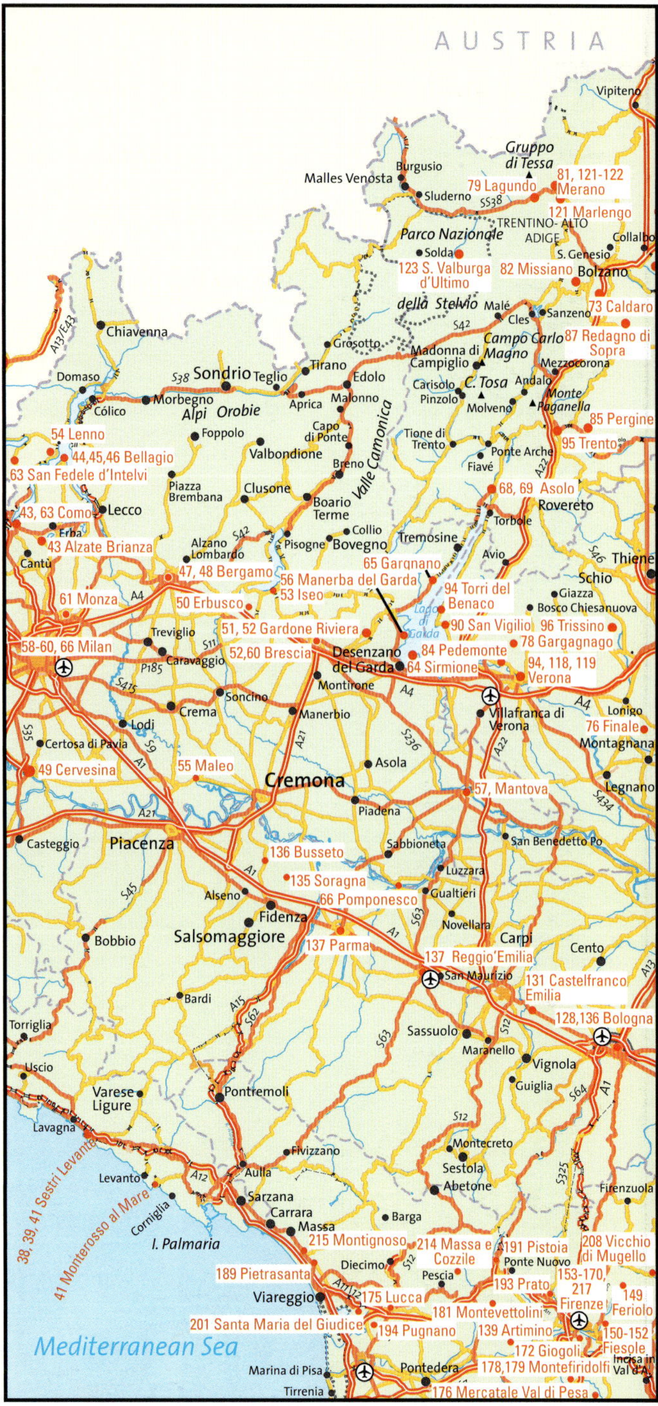
AUSTRIA
Vipiteno
Gruppo di Tessa
Burgusio
Malles Venosta
Sluderno
SS38
79 Lagundo
81, 121-122 Merano
121 Marlengo
TRENTINO- ALTO ADIGE
Parco Nazionale
della Stelvio
Solda
123 S. Valburga d'Ultimo
82 Missiano
S. Genesio
Collalbo
Bolzano
73 Caldaro
Malé
Cles
Sanzeno
S42
Grosotto
Madonna di Campiglio
Campo Carlo Magno
87 Redagno di Sopra
Mezzocorona
Chiavenna
A13/E43
Domaso
S38
Sondrio
Teglio
Tirano
Edolo
Carisolo
Pinzolo
C. Tosa
Andalo
Monte Paganella
Molveno
Cólico
Morbegno
Alpi Orobie
Aprica
Malonno
54 Lenno
Foppolo
Capo di Ponte
Tione di Trento
85 Pergine
95 Trento
44,45,46 Bellagio
Valbondione
Valle Camonica
Ponte Arche
63 San Fedele d'Intelvi
Breno
Fiavé
A22
Piazza Brembana
Clusone
68, 69 Asolo
Rovereto
43, 63 Como
Lecco
Boario Terme
Torbole
Erba
S42
Collio
Tremosine
S46
Thiene
43 Alzate Brianza
Alzano Lombardo
Pisogne
Bovegno
Avio
Cantù
65 Gargnano
Schio
47, 48 Bergamo
56 Manerba del Garda
94 Torri del Benaco
Giazza
53 Iseo
Bosco Chiesanuova
61 Monza
A4
50 Erbusco
Lago di Garda
90 San Vigilio
96 Trissino
Treviglio
51, 52 Gardone Riviera
78 Gargagnago
58-60, 66 Milan
S11
52,60 Brescia
Desenzano del Garda
84 Pedemonte
Caravaggio
64 Sirmione
94, 118, 119 Verona
P185
Montirone
A4
S415
Soncino
Villafranca di Verona
A4
Lonigo
Crema
Manerbio
Lodi
76 Finale
S35
A21
S236
Montagnana
Certosa di Pavia
S9
A22
A1
Asola
55 Maleo
49 Cervesina
Cremona
Legnano
57, Mantova
Piadena
S434
A21
Casteggio
Piacenza
San Benedetto Po
136 Busseto
Sabbioneta
Luzzara
A1
135 Soragna
S45
Alseno
Gualtieri
66 Pomponesco
S63
Fidenza
Novellara
Bobbio
Salsomaggiore
Carpi
A1
Cento
137 Parma
137 Reggio'Emilia
A13
San Maurizio
131 Castelfranco Emilia
Bardi
A15
S62
128,136 Bologna
Torriglia
Sassuolo
S12
S63
Maranello
Vignola
Uscio
Guiglia
S64
A1
Varese Ligure
Pontremoli
S12
Lavagna
Fivizzano
Montecreto
38, 39, 41 Sestri Levante
Levanto
A12
Aulla
Sestola
Abetone
S325
Firenzuola
41 Monterosso al Mare
Corniglia
Sarzana
Carrara
Massa
Barga
I. Palmaria
215 Montignoso
214 Massa e Cozzile
191 Pistoia
208 Vicchio di Mugello
Ponte Nuovo
Diecimo
S12
189 Pietrasanta
Pescia
193 Prato
153-170, 217 Firenze
149 Feriolo
A11/12
Viareggio
175 Lucca
181 Montevettolini
201 Santa Maria del Giudice
194 Pugnano
139 Artimino
150-152 Fiesole
Mediterranean Sea
172 Giogoli
Incisa in Val d'A.
178,179 Montefiridolfi
Marina di Pisa
Pontedera
Tirrenia
176 Mercatale Val di Pesa

Brennerpass/ Passo del Brennerio
AUSTRIA
SLOVENIA
CROATIA
FRIULI-VENEZIA-GIULIA
72 Bressanone
71 Barbiano
83 Ortisei
89 San Osvaldo
93 Siusi allo Sciliar
75 Fié allo Sciliar
74, 120 Cortina d'Ampezzo
86 Pieve d'Alpago
77 Follina
92 Solighetto
70 Bannia di Fiume Veneto
88 San Floriano del Collio
80 Levada
91 Scorze
126 Zerman
109 Torcello
97-117, 124-126 Venice
120 Barbarano Vicentino
122 Mira
76 Finale
133 Ferrara
132 Castel Guelfo
129,130 Brisighella
134 Portico di Romagna
235,242 Pesaro
186 Pelago
190 Pieve Sto. Stefano
197 Reggello
Golfo di Trieste
Golfo di Venezia
Adriatic Sea
Trieste
Udine
Mestre
Treviso
Padua
Vicenza
Ravenna
Rimini
Ancona

210 Barberino Val D'Elsa
173,174 Greve in Chianti
Subbiano
Sansepolcro
Livorno
140-143, 211 Castellina in Chianti
183 - 185 Panzano in Chianti
199, 216 S. Gimignano
171,213 Gaiole in Chianti
Monterchi
Castiglioncello
Rosignano Marittimo
209 Volpaia
213 Lecchi in Chianti
Arezzo
Città di Castello
Umbertide
Saline di Volterra
180, 215 Monteriggione
205 Sinalunga
177 Monte San Savino
Cecina
195,196,238 Radda in Chianti
144,212 Castelnuovo Berardenga
200 San Gusme
226 Castel Rigone
207,217 Sovicille
147,148 Cortona
Donoratico
203, 204 SIENA
L. Trasimeno
214 Montefollonico
Montepulciano
S. Vincenzo
Monterotondo Marittimo
Monticiano
187,188 Pienza
182 Montichiello di Pienza
Golfo di Baratti
Massa Marittima
146 Chianciano Terme
233,234 Panicale
Populonia
216 Sarteano
Città della Pieve
Marsciano
Piombino
Follonica
145 Cetona
Portoferraio
M. Amiata
Abbadia S. Salvatore
Fabro
Ficulle
Porto Azzurro
198 San Casciano dei Bagni
239 Asproli
Grosseto
206 Sorano
231,232, 241 Orvieto
202 Scansano
239,240 Baschi
Pitigliano
Bolsena
Bagnoregio
Manciano
Talamone
Capodimonte
Marta
Albinia
Laguna di Orbetello
Porto Sto. Stefano
244 Farnese
Bomarzo
Viterbo
Tuscania
192 Porto Ercole
S. Martino al Cimino
L. di Vico
Isola del Giglio
Giglio Porto
Vetralla
Ronciglione
Tarquinia
I. di Giannutri
Capranica
Trevignano Romano
Civitavecchia
Bracciano
Anguillara Sabazia
265 Palo Laziale
Cerveteri
Santa Teresa di Gallura
La Maddalena
307 Palau
308-311 Porto Cervo
Costa Paradiso
Arzachena
Capriccioli
Porto Rotondo
Tempio Pausania
Golfo Aranci
Fiumicino
Stintino
Castelsardo
Olbia
Porto Torres
Perfugas
324 Porto San Paolo, Costa Dorata
Lido di Ostia
Sorso
San Teodoro
Monti
Oschiri
Ittiri
305 Alghero
Ozieri
Buddusò
Santa Lucia
Villanova Monteleone
Torralba
Siniscola
Nule
Bitti
Pàdria
Bono
Benetutti
Burgos
Orune
Bolotana
NUORO
Orosei
Bosa
Dorgali
Porto Alabe
Macomer
306 Oliena
Cala Gonone
Golfo di Orosei
Cuglieri
M. Ferru
Orgòsolo
Abbasanta
Capo Mannu
Lago Omodeo
Putzu Idu
Baunei
Fordongianus
Aritzo
Àrbatax
Tortolì
San Giovanni di Sinis
ORISTANO
Asuni
Lanusei
Golfo di Oristano
Monte Arci
Làconi
Arborea
Marina di Gairo
Terralba
Barùmini
Tertenia
Marina di Arbus
Sàrdara
San Gavino Monreale
Sanluri
Senorbì
Ballao
M. di Sette Fratelli
M. Linas
Villacidro
San Vito
Serdiana
Domusnovas
Dolianova
IGLÉSIAS
Capo Ferrato
Assemini
Sinnai
304 San Pietro
Carbónia
Castiadas
Carloforte
Capoterra
CÀGLIARI
Villasimius
Santadi
Golfo di Cagliari
Capo Boi
Sant'Antíoco
Cannai
Pula
Teulada
312 Santa Margherita di Pula
Chia
Capo Teulada

236 Portonovo
M. Conero
Jesi
Osimo
Castelfidardo
Porto Recanati
Loreto
Recanati
Cagli
Pergola
Arcevia
Sassoferrato
Genga
Scheggia
Gubbio
Cingoli
Filottrano
MARCHE
Montecassiano
Civitanova Marche
Porto S. Elpidio
Cerreto d'Esi
Fossato di Vico
Esanatoglia
Gualdo Tadino
Corridonia
Urbisaglia
Tolentino
Camerino
Porto S. Giorgio
Fermo
Torre di Palme
Pedaso
227 Cenerente
241 Ospedalicchio de Bastia
220, 221 Assisi
238 Torgiano
249 Canalicchio
223 Bevagna
228 Foligno
230 Montefalco
222 Bettona
224 Campello sul Clitunno
229 Montecastello Vibio
237,242 Spoleto
219 Amelia
240 Narni
Servigliano
Sarnano
Amandola
Cupra Marittima
Grottammare
S. Benedetto del Tronto
Porto d'Ascoli
Visso
Montefortino
Ascoli Piceno
M. Sibilla
Alba Adriatica
Civitella del Tronto
Giulianova
Campli
Teramo
Roseto degli Abruzzi
Cascia
Acquasparta
Monteluco
S. Gemini
Leonessa
Montorio al Vomano
Fano Adriano
Pineto
Silvi Alta
Silvi Marina
Montesilvano Marina
Atri
Terminillo
Antrodoco
Orte
Greccio
Gran Sasso
Penne
Loreto Aprutino
Francavilla al Mare
Ortona
Chieti
San Giovanni in Venere
Lanciano
Torre de' Passeri
Navelli
246 Poggio Mirteto Scalo
Rocca di Mezzo
Ovindoli
Celano
Caramanico Terme
Pacentro
Sulmona
Taranta Peligna
Tagliacozzo
Avezzano
Tivoli
Anticoli Corrado
Subiaco
Scanno
Pescocostanzo
Rivisondoli
Capracotta
Agnone
248-263, 265, 266 ROMA
Zagarolo
Palestrina
LAZIO
Monte Tranquillo
Pescasseroli
Opi
Roccaraso
Barrea
Castel di Sangro
Marino
Anagni
Alatri
Sora
Alfedena
Pescolanciano
245 Fumone
Atina
Monti Lepini
Aprilia
Cassino
Venafro
Baranello
Latina
Anzio
Nettuno
Aquino
Parco Nazionale del Circeo
Fondi
Piedimonte Matese
Lido di Ostia
Sabaudia
Formia
Minturno
Sessa Aurunca
274 Dragoni
Sperlonga
264 San Felice Circeo
Gaeta
270 Baia Domizia
247 I. di Ponza
277,278 NAPLES
271-273, 294 Capri
Torre Annunziata
275-276, 295 Ischia
292-293, 295 Sorrento
287 Positano

Termoli
Lido di Campomarino
Lago di Vareno
Vieste
Acquaviva Collecroce
Portocannone
Lago di Lesina
Gargano Peninsula
Ururi
Larino
San Marco in Lamis
Monte Sant'Angelo
MOLISE
S. Severo
San Giovanni Rotondo
Manfredonia
Campobasso
Baranello
Ferrazzano
Lucera
Boiano
Monti del Sannio
Fóggia
Margherita di Savoia
Campochiaro
Sepino
Barletta
Troia
Trani
Morcone
Cerignola
Andria
Canosa di Puglia
Ruvo di Puglia
Telese
Benevento
VIA APPIA
Prata
Melfi
Venosa
Le Murge
CAMPANIA
Monte Vúlture
Gravina in Puglia
Nola
NAPLES
Avellino
Lagopésole
288-291 Ravello
294 Conca dei Marini
268-269 Amalfi
Eboli
Potenza
279-287 Positano
Battipaglia
Sorrento 292, 293,295
Polla
Castelcivita
BASILICATA
Stigliano
Padula
Agropoli
Santa Maria di Castellabate
Tursi
San Marco
Punta Licosa
Pioppi
Casalvelino
Lagonegro
Acciaroli
Ascea Marina
Sapri
Palinuro
Scario
298, 299 Maratea
Marina di Camerota
Práia a Mare
Isola di Dino
Scalea
302 Altomonte
Diamante
Páola
Cosenza
Nocera Terinese
Pizzo
Vibo Marina
302 Parghelia
Tropea
Vibo Valentia

300 Monopoli
301 Savelletri di Fasano
297 Fasano
PUGLIA
Castellana
Putignano
Alberobello
Locorotondo
Ostuni
Brindisi
Martina Franca
San Vito dei Normanni
Céglie Messápico
Mottola
Massafra
Matera
Castellaneta
Ginosa
Palagianello
Mesagne
Grottaglie
Francavilla Fontana
Taranto
Manduria
Lecce
S. Cataldo
Acaia
Metaponto
Copertino
Porto Césareo
Nardó
Galatina
Otranto
Policoro
Gallipoli
Patù
Santa Maria di Leuca
Rossano
Marina di Strongoli
Sila
Petilia Policastro
Sta Severina
Crotone
Cape Colonne
Villaggio Racise
Villaggio Mancuso
Catanzaro
Catanzaro Lido

I. Alicudi
I. delle Femmine
Mondello Lido
PALERMO
Monte Mónaco
S. Vito lo Capo
Monte Cófano
Mácari
Terrasini
Trappeto
Montelepre
Sta. Flavia
Bagheria
Castel di Tusa
Cefalù
314, 324 Erice
Custonaci
Scopello
Villabate
Termini Imerese
Trapani
325 Valderice
Partinico
Misilmeri
Piana degli Albanesi
Levanzo
Favignana
Nubia
Alcamo
S. Cipirello
Cáccamo
Imera
Buonfornella
Castelbuono
Egadi Islands
Camporeale
Calatafimi
Ficuzza
Collesano
Geraci Siculo
Salemi
Corleone
Vicari
Caltavuturo
Petralia Sottana
Marsala
Calamita Vecchia
Sta. Ninfa
Poggioreale
Lercara Fridi
315 Gangi
Petrosino
Castelvetrano
Sambuca di Sicilia
Bisacquino
Prizzi
Mazara del Vallo
Selinunte
Marinella
Monte S. Calogero
Bivona
Mussomeli
Sta. Caterina Villarmosa
Enna
Pergusa
Sciacca
Ribera
Platani
Campofranco
S. Cataldo
Caltanissetta
Pietraperzia
Montallegro
Raffadali
Della
Siculiana Marina
Canicattì
Favara
Naro
Riesi
Mazzarino
313 Agrigento
Ravanusa
Palma di Montechiaro
Butera
Marina di Palma
Falconara
Licata
Gela
Golfo di Gela

Páola
Cosenza
Lake Arvo
Villaggio Racise
Villaggio Mancuso
Nocera Terinese
Maida
I. Strómboli
I. Filicudi
I. Panarea
I. Salina
Aeolian Islands
Palmi
Roccella Iónica
Gerace
Locri
Scilla
Milazzo
Golfo di Patti
Messina
Villa S. Giovanni
Gambarie
REGGIO DI CALABRIA
Naso
S. Biagio
Oliveri
Barcellona
Giampilieri
Marina di Caronia
Acquedolci
S. Fratello
Floresta
Roccalumera
Sta. Teresa di Riva
Francavilla di Sicilia
Castiglione di Sicilia
Randazzo
Piedimonte Etneo
320-323 Taormina
316 Giardini-Naxos
Fiumefreddo di Sicilia
Troina
Bronte
Monte Etna
Giarre
Nicosia
Adrano
Nicolosi
Acireale
Agira
Biancavilla
Aci Catena
Catenanuova
Paternò
Aci Castello
Misterbianco
CATANIA
Golfo di Catania
Aidone
Piazza Armerina
Palagonia
Lentini
Carlentini
Augusta
Golfo di Augusta
Grammichele
Vizzini
Buccheri
Buscemi
318-319, 325 SIRACUSA
Palazzolo Acréide
Canicattini
Lido Aranella
Ognina
Fontane Bianche
Vittória
Cómiso
Avola
Scoglitti
Noto
317 Ragusa
Calabernardo
Lido di Noto
Golfo di Noto
Camarina
Módica
Rosolini
Punta Secca
Scicli
Marina di Ragusa
Donnalucata
Ispica
Marzamemi
Sampieri
Pozzallo
Pachino

Der Nordwesten

Überblick

Die Hotels im Nordwesten

Nordwestitalien umfasst drei ganz unterschiedliche Regionen: das Land »am Fuße der Berge«, Piemont, das gebirgige Valle d'Aosta und das küstennahe Ligurien.

Das Piemont hat zweifellos seinen Reiz, der sich vielen Besuchern aber gar nicht erschließt, weil sie es meist zu eilig haben, die berühmten Sehenswürdigkeiten weiter östlich und südlich zu erreichen. Für den Reisenden wie für den Einheimischen wird diese Region von der in ihrem Herzen gelegenen Stadt beherrscht – Turin. Wir haben im Zentrum keine Häuser gefunden, die für diesen Führer geeignet wären. Das bedeutet allerdings nicht, dass Turin keine komfortablen, eleganten, großen Hotels in der Stadtmitte hätte. Das attraktivste (und nicht einmal teuerste) unter ihnen ist das *Jolly Hotel Ligure* (Tel. 011 556 41). Von den bescheideneren Häusern sind das *Genio* (Tel. 011 650 57 71) und das *Victoria* (Tel. 011 561 19 09) gepflegt und modern, mittelgroß und zentral gelegen – Ersteres besonders gut vom Bahnhof aus erreichbar. Nur etwas weiter entfernt liegt das preiswertere *Piedmontese* (Tel. 011 669 81 01) – ideal für Reisende mit schmalem Geldbeutel, die nicht in den Vororten übernachten möchten. In der näheren Umgebung von Turin können wir das *Salzea* (Tel. 011 649 78 09) in Trofarello, das *Panoramica* (Tel. 0125 85 49) in Loranze und die *Locanda del Sant'Uffizio* in Cioccaro di Penango (siehe Seite 40) empfehlen.

Nördlich von Turin gelangt man in das hauptsächlich französischsprachige Valle d'Aosta, ein Tal, umgeben von steilen Hängen und den höchsten Alpengipfeln, das vor allem für seine Gebirgslandschaft und Wintersporteinrichtungen bekannt ist. Im Westen grenzt es an Frankreich und den Mont Blanc, im Norden an die Schweiz und an das Matterhorn sowie den Monte Rosa. In dieser Gegend können wir chaletähnliche Hotels wie die *Villa Anna Maria* in Champoluc (siehe Seite 29) und das *Hermitage* in Breuil-Cervinia (siehe rechts) empfehlen. Im Süden wird Italiens höchster Berg, der Gran Paradiso, von einem überwältigenden Nationalpark gleichen Namens eingerahmt. Im Herzen des Nationalparks bietet sich in Cogne das *Bellevue* (siehe Seite 30) an.

Die dritte Region ist Ligurien, ein schmaler, gebirgiger Küstenstrich an der Italienischen Riviera, für den wir auf den nächsten Seiten mehrere Empfehlungen abgeben. An der Riviera di Levante südlich von Genua wird unser Führer bereichert durch drei Hotels in Sestri Levante, das *Helvetica,* das *Miramare* (siehe Seiten 38/39) und das *Grand Hotel dei Castelli* (siehe Seite 41), das *Porto Roca* in dem Cinque-Terre-Dorf Monterosso al Mare (siehe Seite 41) und das *Ca'Peo* in dem in den Bergen liegenden Ort Leivi (siehe Seite 36). Weitere Neueinträge gibt es an der Riviera di Ponente westlich von Genua, besonders in Finale Ligure das *Punta Est* (siehe Seite 32), in Laigueglia das *Splendid* (siehe Seite 35) und in Garlenda das *Meridiana* (siehe Seite 33). Falls Sie Genua besuchen wollen, wählen Sie als Ausgangspunkt am besten einen Ort an der Riviera.

Der Nordwesten

Breuil-Cervinia

Hermitage

Gebirgschalet

11021 Breuil-Cervinia, Aosta
Tel. 0166 948998 **Fax** 0166 949032
e-mail info@hotelhermitage.com **website** www.hotelhermitage.com

Die spektakuläre Kulisse des Matterhorns vor dem Zimmerfenster, eine entspannende Massage nach einem harten Tag auf der Piste, ein Schlammbad oder eine gemütliche Leseecke vor dem prasselnden Kaminfeuer: Das stilvolle Relais-et-Château-Hotel hat einiges zu bieten. Außer dem Fitness- und Wellnesscentre gibt es noch einen kleinen Pool im Haus, der Aufenthaltsraum ist mit riesigen Sofas und Sesseln ausgestattet und im eleganten Speisesaal brennen abends die Kerzen. Das Hotel verfügt sogar über Portiers in Uniformen und eine beheizte Garage. Das niedrige moderne Chalet ist im traditionellen Stil erbaut und ländlich-alpin eingerichtet. Hölzerne Böden und Wände, antike Möbel und Eichenbalken gibt es im Überfluss. Die Suiten und Zimmer sind alle gleichzeitig gemütlich und luxuriös, mit hübschen Tapeten, Lampen, ein wenig Schnick-Schnack, Spiegeln, Kunstdrucken und auch einigen sehr ansprechenden Möbelstücken. Am besten haben uns die Zimmer im Dachgeschoss mit schrägen Wänden und Deckenbalken gefallen.
Aus dem Speiseraum hat man eine Postkartenaussicht auf einen Lärchenwald; auf der Speisekarte stehen einfache lokale Gerichte und exzellente Weine der Region. Im Hermitage sind nur Kinder ab 8 Jahren erlaubt.

Umgebung: Golfplatz (500 m); Aosta (50 km) • **Lage:** nordöstlich von Breuil-Cervinia; Garage • **Mahlzeiten:** Frühstück, Mittagessen, Abendessen • **Preise:** LLLL **Zimmer:** 36; 18 Doppel- und Zweibettzimmer, 18 Suiten, alle mit Bad; alle Zimmer mit Telefon, TV, Klimaanlage, Minibar, Fön, Safe • **Anlage:** Aufenthaltsraum, Speisesaal, Konferenzraum, Fitness- und Wellnesscentre, Swimmingpool, Aufzug, Terrasse • **Kreditkarten:** AE, DC, MC, V • **Behinderte:** Zugang schwierig • **Tiere:** nicht erlaubt • **Geschlossen:** Mai bis Juli, September bis Dezember • **Besitzer:** Familie Neyroz

Der Nordwesten

Cannero Riviera

Cannero

~ Hotel am See ~

Lungo Lago 2, 28051 Cannero Riviera, Verbania
Tel 0323 788046 **Fax** 0323 788048
e-mail info@cannero.com **website** www.hotelcannero.com

Cannero ist einer der ruhigsten Urlaubsorte am Lago Maggiore, und seine schönsten Hotels liegen direkt am See. Nur der Landungssteg der Fähre und eine ruhige Sackgasse trennen das Cannero vom Wasser. Früher war das Gebäude ein Kloster, aber heute erinnern nur noch eine alte Steinsäule, einige überwölbte Gänge, ein stiller Innenhof und ein sehr gut erhaltener Brunnen aus dem 17. Jh. an die Vergangenheit des modernen Hauses. Man legt großen Wert auf Komfort, und die Atmosphäre ist entspannt und freundlich, was der Aufmerksamkeit von Signora Gallinotto und ihrer Familie zu verdanken ist. Das Erdgeschoss wird von großen Fenstern und Terrassen beherrscht. Vom Restaurant mit Terrasse blickt man auf den See. Die hellen, gepflegten Zimmer sind mit ordentlichen Bädern ausgestattet; im Gebäude nebenan, das vor kurzem restauriert worden ist, gibt es weitere 15 Zimmer und einige neue Appartements. Von den nach vorn gelegenen Zimmern (alle mit Balkon) hat man eine herrliche Aussicht auf den See und die Berge. Die Zimmer auf der Rückseite des Gebäudes sind ruhiger und öffnen sich gegen den Swimmingpool. Hier kann man tagsüber in Ruhe baden oder sich unter gelben und blauen Sonnenschirmen entspannen.

~

Umgebung: Borromäische Inseln; Ascona (21 km); Locarno (25 km) • **Lage:** im Urlaubsort am See; Parkplatz • **Mahlzeiten:** Frühstück, Mittagessen, Abendessen; Snacks am Pool • **Preise:** L • **Zimmer:** 55 Doppel-, Zweibett- und Einzelzimmer, alle mit Bad oder Dusche; alle Zimmer mit Telefon; 10 Selbstversorgerappartements
Anlage: Aufenthaltsraum, Pianobar, Speiseraum, Bibliothek, Aufzug, 2 Terrassen am See, Garten, Swimmingpool, Tennisplatz • **Kreditkarten:** AE, DC, MC, V
Behinderte: 10 Zimmer geeignet • **Tiere:** nach Voranmeldung erlaubt
Geschlossen: November bis Mitte März • **Besitzer:** Signora Gallinotto und ihre Söhne

Der Nordwesten

Champoluc

Villa Anna Maria

~ Gebirgschalet ~

Via Croues 5, 11020 Champoluc, Monte Rosa, Aosta
Tel 0125 307128 **Fax** 0125 307984
e-mail hotel.annamaria@flashnet.it **website** www.hotelvillaannamaria.com

Dieses traditionelle Chalet in einer ruhigen, bewaldeten und hügeligen Landschaft in der Nähe von Champoluc, der Hauptgemeinde am Fuße des mächtigen Monte Rosa, ist im bergblumenübersäten Sommer ebenso reizvoll wie im tief verschneiten Winter. Sein Reiz besteht vor allem darin, dass sich seit der Erbauung im Jahr 1940 durch die Mutter und Großmutter der jetzigen Besitzer kaum etwas geändert hat. Im ländlichen Speiseraum beispielsweise bestehen Böden, Decken und Wände immer noch aus poliertem Holz, leuchtende Kupfertöpfe stehen auf den Regalen, und die Fenster werden von rot-weiß gemusterten Ginganvorhängen eingerahmt. Die Gäste sitzen auf rustikalen Stühlen an Tischen mit gestärkten weißen Tischdecken und bekommen einfache, köstliche Hausmannskost serviert, darunter auch eine Fonduta mit Fontina, das örtliche Käsefondue.
Die gemütlichen Zimmer, die entweder zum Berg oder zum Tal hinausgehen, verfügen ebenfalls über getäfelte Wände und bieten absolute Ruhe und Frieden fernab jeglichen Verkehrslärms, da Autos in der näheren Umgebung des Hotels nicht gestattet sind. Hotelgäste parken ihr Auto etwa 50 Meter unterhalb des Chalets und genießen den Spaziergang durch einen romantischen Kiefernwald, während das Gepäck vom freundlichen Personal der Villa Anna Maria heraufgebracht wird. Die Besitzer — Vater und Sohn — heißen ihre Gäste auf das Herzlichste willkommen.

~

Umgebung: Verrès (27 km); Valtournenche- und Gressoneytal • **Lage:** am Ende des Dorfes auf eine kleine Straße rechts abbiegen, Hotel ausgeschildert; Parkplatz **Mahlzeiten:** Frühstück, Mittagessen, Abendessen • **Preise:** LL (Halbpension obligatorisch) • **Zimmer:** 20 Doppel-, Zweibett- und Familienzimmer, 14 mit Bad oder Dusche; alle Zimmer mit Telefon, TV • **Anlage:** Aufenthaltsraum, Speiseraum, Terrasse, Garten • **Kreditkarten:** MC, V • **Behinderte:** Zugang schwierig **Tiere:** nicht erlaubt • **Geschlossen:** nie • **Besitzer:** Miki und Jean Noël Origone

Der Nordwesten

Cogne

Bellevue

~ Gebirgschalet ~

Rue Grand Paradis 22, 11012 Cogne, Aosta
Tel 0165 74825 **Fax** 0165 749192
e-mail hotelbellevuecogne@notvalloo.it **website** www.hotelbellevuecogne.it

Im Herzen eines Nationalparks in einem grünen Tal gelegen, um das sich der Gran Paradiso und andere Alpengipfel erheben, bietet das Hotel eine »schöne Aussicht«, die über wildblumenübersäte Wiesen zu verschneiten Bergen reicht. Im Bellevue wird Tradition immer noch groß geschrieben; das Hotel befindet sich seit seiner Erbauung in den 1920er Jahren im Familienbesitz. Die einfache Inneneinrichtung kombiniert blasse Farben mit dem warmen Glanz von Holz, lokale Kunstwerke mit Antiquitäten, Seide mit frisch gepflückten Alpenblumen. In jedem Kamin prasselt ein offenes Feuer. Hausgebackenes Brot wird mit einfallsreichen regionalen Gerichten von einem gut gelaunten Personal serviert, das Französisch spricht und Trachten trägt. Außer im Speiseraum des Hotels und in dem kleinen A-la-carte-Restaurant kann man auch in der von den Jeantet-Roullets geführten Dorfbrasserie essen. Beim üppigen Frühstücksbüfett kann man sich für einen anstrengenden Tag auf Skiern oder zum Wandern stärken.

Die kleinen bequemen Zimmer und Suiten, die über gemütliche Aufenthaltsräume und einen Kamin verfügen, haben ultramoderne Bäder — einige davon sogar mit Whirlpools. Die drei Chalets, die leider nicht von der großartigen Aussicht profitieren, eignen sich ideal für Familienurlaube.

~

Umgebung: Valnontey-Alpengarten; Saint Pierre (20 km) • **Lage:** am Rande des Dorfes, 27 km westlich von Aosta; Parkplatz • **Mahlzeiten:** Frühstück, Mittagessen, Abendessen • **Preise:** LL - LLL • **Zimmer:** 35; 16 Doppel- und Zweibettzimmer, 16 Suiten, 3 Chalets, alle mit Bad oder Dusche; alle Zimmer mit Telefon, TV, Minibar, Fön • **Anlage:** Aufenthaltsraum, Fernsehraum, Spieleraum, Speiseräume, Bars, Hallenbad, Fitnesscentre, Aufzug, Terrasse, Garten • **Kreditkarten:** AE, DC, MC, V • **Behinderte:** 2 Zimmer besonders ausgestattet • **Tiere:** nach Voranmeldung erlaubt • **Geschlossen:** Ende September bis Ende Dezember
Besitzer: Familie Jeantet-Roullet

Der Nordwesten

Cortemilia

Villa San Carlo

~ Dorfhotel ~

Corso Divisioni Alpine 41, 12074 Cortemilia, Cuneo
Tel 0173 81546 **Fax** 0173 81235
e-mail info@hotelsancarlo.it **website** www.hotelsancarlo.it

Dieses kleine, freundliche Hotel liegt im Herzen der Region Langhe, die vor allem für ihre Weine und Trüffelpilze berühmt ist. In der Trüffelsaison werden deshalb Suchausflüge, Kochveranstaltungen und Weinverköstigungen angeboten.

Der Reiz des Hotels besteht eher in seiner familiären Atmosphäre und in der hervorragenden Piemonteser Küche. Die moderne Villa enthält Kellerräume des ursprünglichen Bauernhauses und ist mit ihrem gemütlichen Speiseraum im traditionellen Piemonteser Stil eingerichtet. Die Zimmer sind bequem, aber einfach, wobei die besseren auf den prächtigen Garten hinausgehen. Das Hotel befindet sich seit vier Generationen im Besitz derselben Familie, und die anheimelnde Atmosphäre wird durch zahlreiche Kleinigkeiten aufrecht erhalten: Manchmal spielt Carlo Zarri, der Gastgeber, Küchenchef, Sommelier und Geschäftsführer der lokalen Touristenvereinigung nach dem Abendessen für seine Gäste Klavier.

Das Restaurant der Villa San Carlo ist berühmt für seine traditionellen regionalen Rezepte mit dem gewissen kreativen Etwas sowie für seine beeindruckende Weinkarte, die die Leidenschaft der Familie für Piemonteser Weine widerspiegelt. Einen Besuch des Weinkellers sollte man sich auf gar keinen Fall entgehen lassen. Neben der Hauptspeisekarte, auf der lokale Gerichte der Saison erscheinen, gibt es eine Gourmet- sowie eine spezielle Trüffelkarte.

Umgebung: Alba (25 km); Aqui Terme (30 km) • **Lage:** 25 km südöstlich von Alba, am Rand des Dorfes; großer Parkplatz • **Mahlzeiten:** Frühstück, Mittagessen, Abendessen • **Preise:** L • **Zimmer:** 23 Doppel- und Einzelzimmer, 2 Suiten, alle mit Bad; alle Zimmer mit Telefon, TV, Minibar, Fön • **Anlage:** Aufenthaltsbereich, Restaurant, Bar, Terrasse, Garten, Swimmingpool, Mountainbikes • **Kreditkarten:** AE, DC, MC, V • **Behinderte:** Zugang möglich • **Tiere:** erlaubt • **Geschlossen:** Mitte Januar bis Mitte Februar • **Besitzer:** Carlo und Paola Zarri

Der Nordwesten

Finale Ligure

❊ Tipp des Herausgebers ❊

Punta Est

~ Villa am Meer ~

Via Aurelia 1, 17024 Finale Ligure, Savona
Tel 019 600612 **Fax** 019 600611
e-mail puntaest@libero.it **website** www.puntaest.com

Die Italienische Riviera westlich von Genua ist über weite Strecken eine Enttäuschung: die meisten Badeorte sind langweilig und die Hotels nur durchschnittlich. Eine Ausnahme bilden sowohl das Punta Est als auch Finale Ligure. Das rosa Hotel, eine prachtvolle umgebaute Villa aus dem 18. Jh., erhebt sich mit Blick aufs Meer hoch und stolz über dem Verkehrsgewirr der Küstenstraße. Signor Podesta, ein Bildhauer, hat sich seit der Eröffnung Ende der 1960er Jahre hier sehr erfolgreich als Architekt betätigt. Es gelang ihm, durch Bewahrung von Originalelementen und stilvolle Ergänzungen die Atmosphäre eines Privathauses zu erhalten. Die Innenräume wirken mit ihren dunklen antiken Holzmöbeln, den schönen Steinbögen, Kaminen und Fliesenböden kühl und elegant. Bei der herrlichen Umgebung spielt sich das Leben die meiste Zeit des Jahres jedoch auf den Terrassen, am Pool und im Garten mit seinen wunderhübschen Ausblicken ab.

Das Frühstück wird (auf Staffordshire-Porzellan) in einer Art Gewächshaus serviert – einem reizenden, sonnigen, von viel Grün belebten Ort. Die übrigen Mahlzeiten nimmt man in einem im Anbau befindlichen Speiseraum ein, wo Balken und Steinbögen ein fast mittelalterliches Flair schaffen. Die Gäste können zwischen internationalen und ligurischen Spezialitäten wählen. Zum Strand läuft man nur wenige Minuten hügelabwärts.

~

Umgebung: Finale Borgo (3 km); Alassio (26 km) • **Lage:** östlich der Altstadt; Parkplatz • **Mahlzeiten:** Frühstück, Mittagessen, Abendessen • **Preise:** LLL
Zimmer: 40; 30 Doppel- und 4 Einzelzimmer, 6 Suiten, alle mit Bad; alle Zimmer mit Telefon, Minibar; einige Zimmer mit TV • **Anlage:** Aufenthaltsraum, Bar, Fernsehraum, Konferenzraum, Pianobar, Terrasse, Garten, Swimmingpool
Kreditkarten: AE, DC, MC, V • **Behinderte:** Zugang schwierig • **Tiere:** nicht erlaubt
Geschlossen: Oktober bis Ostern • **Besitzer:** Familie Podesta

Der Nordwesten

Garlenda

La Meridiana

~ Landhotel ~

Via ai Castelli 11, 17033 Garlenda, Savona
Tel 0182 580271 **Fax** 0182 580150
e-mail meridiana@relaischateaux.fr **website** www.relaischateaux.fr/meridiana

Wenn Sie ein ambitionierter Golfspieler sind und Ihr Handicap verbessern möchten, ist das La Meridiana genau das Richtige für Sie, denn es verfügt über einen 18-Loch-Golfplatz. Das großartige Hotel spricht jedoch nicht nur Golfer an. Mit seiner Lage im Garlendatal, den ausgedehnten Weinbergen und seinen üppigen Gärten ist es etwas ganz Besonderes: ein schickes Relais-et-Château-Hotel ohne auch nur einen Hauch von Formalität. Die Besitzer und das Personal sind fürsorglich und freundlich. Die hellen Zimmer und Suiten befinden sich in alten Gebäuden und neuen Anbauten und sind geschmackvoll mit Antiquitäten, weichen Sofas und farbenfrohen Chintzbezügen eingerichtet. Von den Balkons blickt man auf die prächtigen Gärten.
Gourmets und Gourmands gleichermaßen stehen hier Schlange, um die exquisiten Meeresfrüchte und die zeitgenössischen Varianten traditioneller ligurischer Gerichte zu kosten. Die Hotelküche ist weithin bekannt für ihre frischen und naturbelassenen Zutaten und rühmt sich eines gut gefüllten und sortierten Vorratskellers. Für energiegeladene Hotelgäste stehen im nahe gelegenen Country Club eine Reitmöglichkeit und ein Tennisplatz zur Verfügung, und mit dem Auto ist es nur einen Katzensprung bis zur Italienischen Riviera.

Umgebung: Albenga (10 km); Alassio (17 km) • **Lage:** 10 km südwestlich von Albenga an der A10; Parkplatz • **Mahlzeiten:** Frühstück, Abendessen; Mittagessen am Pool von Juni bis September • **Preise:** LLL • **Zimmer:** 30; 14 Doppel- und Zweibettzimmer, 16 Suiten, alle mit Bad; alle Zimmer mit Telefon, TV, Klimaanlage, Minibar, Fön, Safe • **Anlage:** Aufenthaltsraum, Fernsehraum, Speiseraum, Bars, Konferenzraum, Sauna, Aufzug, Terrasse, Garten, Swimmingpool, Golfplatz, kleiner Hubschrauberlandeplatz • **Kreditkarten:** AE, DC, MC, V • **Behinderte:** Zugang möglich • **Tiere:** nach Voranmeldung erlaubt • **Geschlossen:** November bis Anfang März • **Besitzer:** Familie Segre

Der Nordwesten

Isola dei Pescatori

Verbano

Gästehaus am See

Via Ugo Ara 2, Isola dei Pescatori, 28049 Stresa, Novara
Tel 0323 30408/32534 **Fax** 0323 33129
e-mail hotelverbano@tin.it **website** www.hotelverbano.it

Die Isola dei Pescatori (Fischerinsel) besitzt zwar nicht den Palazzo oder die kunstvoll angelegten Gärten der benachbarten Isola Bella (im Unterschied zu den anderen Borromäischen Inseln gehörte sie nie der reichen Familie Borromeo), hat aber mit den Cafés und den etwas schäbigen, bunt gestrichenen Fischerhäusern am Ufer einen ganz eigenen, pittoresken Charme, den auch die zeitweise einfallenden Touristenmassen nicht trüben können.
Vom Garten und den Terrassen des Verbano, eines großen, rostbraunen Gebäudes, blickt man über den Lago Maggiore auf die Isola Bella. Das Haus gibt nicht vor, ein Luxushotel zu sein, hat aber Atmosphäre und Lokalkolorit, und die Gastgeber sind freundlich. Die 12 Zimmer (11 mit Balkon) bieten eine herrliche Aussicht. Die meisten sind hübsch und passend mit altmodischen bemalten Möbeln ausgestattet; die abgewohnteren wurden offensichtlich neu hergerichtet. Weitere Renovierungen sind seit dem Besitzerwechsel, der vor kurzem stattgefunden hat, geplant.
Hauptattraktion ist jedoch das Restaurant, dessen Spezialität hausgemachte Pasta ist. Wenn das Wetter für Mahlzeiten auf der Terrasse zu unfreundlich ist, kann man dennoch durch die großen Fenster des Speiseraums den Ausblick genießen. »Hervorragendes Essen, freundliche Bewirtung«, meint ein Besucher. Weitere Berichte erwünscht.

Umgebung: Isola Bella; Stresa; Pallanza; Baveno • **Lage:** auf einer winzigen Insel im Lago Maggiore; regelmäßiger Bootsverkehr von Stresa, wo es einen großen Parkplatz gibt • **Mahlzeiten:** Frühstück, Mittagessen, Abendessen • **Preise:** LL
Zimmer: 12 Doppel- und Zweibettzimmer, 8 mit Bad, 4 mit Dusche; alle Zimmer mit Telefon, Fön • **Anlage:** Aufenthaltsraum, Speiseraum, Bar, Terrasse
Kreditkarten: AE, DC, MC, V • **Behinderte:** keine speziellen Einrichtungen
Tiere: erlaubt • **Geschlossen:** nie • **Geschäftsführer:** Signor Gafforini

Der Nordwesten

Laigueglia

Splendid

~ Hotel am Meer ~

Piazza Badaro 3, 17020 Laigueglia, Savona
Tel 0182 690325 **Fax** 0182 690894
e-mail splendid@ags.sv.it **website** www.ags.sv.it/laigueglia/splendid.htm

Deckengewölbe und ein Brunnen im Speiseraum zeugen von den klösterlichen Ursprüngen dieses charmanten Hotels an der palmengesäumten Piazza inmitten von Laigueglia. Zwischen dem 14. und dem 15. Jh. erbaut, ist das Kloster überlegt umgebaut und renoviert worden; dabei blieb die ursprüngliche Architektur intakt, während das Hotel mit den Annehmlichkeiten des 21. Jhs. ausgestattet wurde. Die Einrichtung stellt eine gelungene Mischung aus Alt und Modern dar und verwendet antike Stücke, die man bei der Restaurierung fand.
Laigueglia ist eine gepflegte kleine Stadt an der Riviera di Ponente; der Küstenabschnitt erfreut sich sogar im Winter eines besonders milden Klimas. Auf der Promenade vor dem Hotel reihen sich makellose Liegestühle auf einem Ponton aneinander und laden Spaziergänger dazu ein, ein oder zwei Stündchen in der Sonne zu verweilen. Das Meer an der Riviera di Ponente ist außergewöhnlich sauber und hat dafür bereits die offizielle »blaue Flagge« bekommen. Sich vom hoteleigenen Strand aus in die Fluten zu stürzen, ist also ein schieres Vergnügen. So verwundert es nicht, dass auf der hauptsächlich traditionell-regionalen Speisekarte Fischgerichte an erster Stelle stehen. Weitere Pluspunkte des Hotels sind der kleine, aber ausgesprochen hübsche Garten und der einladende Pool, an dem Drinks serviert werden.

Umgebung: Alassio (3 km); Albenga (10 km) • **Lage:** im Zentrum von Laigueglia an der Küstenstraße in der Nähe des Meeres; Parkplatz • **Mahlzeiten:** Frühstück, Mittagessen, Abendessen • **Preise:** LL • **Zimmer:** 45; 33 Doppel- und Zweibettzimmer, 10 Einzelzimmer, 2 Suiten, alle mit Bad oder Dusche; alle Zimmer mit Telefon, TV, Fön • **Anlage:** Aufenthaltsraum, Speiseraum, Aufzug, Terrasse, Garten, Swimmingpool • **Kreditkarten:** AE, DC, MC, V • **Behinderte:** Zugang schwierig • **Tiere:** nicht erlaubt • **Geschlossen:** Oktober bis April • **Besitzer:** Angelo Marchiano

Der Nordwesten

Leivi

Ca'Peo

Restaurant mit Gästezimmern

Via dei Caduti 80, 16040 Leivi, Genova
Tel 0185 319696 **Fax** 0185 319671
e-mail nicosol@libero.it

Das weitläufige Bauernhaus in den Hügeln östlich von Portofino ist seit vier Generationen im Besitz der Familie Solari. Franco und Melly Solari haben ihren hübschen Speiseraum, durch dessen Flügelfenster sich ein herrlicher Ausblick über Bucht und Hügel bietet, 1973 der Öffentlichkeit zugänglich gemacht. Melly sorgt für die opulenten, aus frischen Produkten der Saison zubereiteten Mahlzeiten, während Franco sich um den mit 350 Sorten bestückten Weinkeller kümmert. Da das Restaurant sehr beliebt ist, sollte man unbedingt einen Tisch vorbestellen.

Neben der heimeligen Atmosphäre bietet das Haus noch andere Attraktionen, darunter die Einbauten aus schwarzem Schiefer (eine regionale Spezialität – Schiefer wird in den umliegenden Hügeln abgebaut). Als Unterkunft dienen moderne Appartements mit Küche und Essecke, die sich in einem unterhalb des Hauptgebäudes zwischen Olivenbäumen gelegenen Anbau befinden; sie sind komfortabel und luftig und mit neuen Kiefernholzmöbeln und bunten Sofas ausgestattet.

Sie können von hier aus gut Ausflüge zum Golf von Tigullo zwischen Portofino und Sestri Levante machen – vorausgesetzt, Sie scheuen die kurvenreiche Zufahrtsstraße nicht.

Umgebung: Portofino (22 km); Cinque Terre • **Lage:** inmitten von Hügeln 6 km nördlich von Chiavari; Parkplatz • **Mahlzeiten:** Frühstück, Mittagessen, Abendessen • **Preise:** LL • **Zimmer:** 5 Appartements; alle Appartements mit Telefon, TV, Kochgelegenheit • **Anlage:** Aufenthaltsraum, Speiseraum, Bar, Garten
Kreditkarten: AE, DC, MC, V • **Behinderte:** Zugang schwierig • **Tiere:** erlaubt
Geschlossen: November; Restaurant montags und Dienstagmittag
Besitzer: Franco und Melly Solari

Der Nordwesten

Sauze d'Oulx

✲ Tipp des Herausgebers ✲

Il Capricorno

Gebirgschalet

Case Sparse 21, Le Clotes, 10050 Sauze d'Oulx, Torino
Tel 0122 850273 **Fax** 0122 850055

Dieses typische, aus Holz gebaute Gebirgschalet liegt geradezu märchenhaft in einem Kiefernwäldchen an den Hängen oberhalb des geschäftigen Skiortes Sauze d'Oulx. Es kann nur auf einem steilen, gewundenen kleinen Weg erreicht werden. Im Sommer kann man bis vor das Hotel fahren; im Winter ist man jedoch auf das Schneemobil angewiesen, das die Gäste vom Parkplatz in der Stadt abholt. Im Inneren hält das Chalet, was es von außen verspricht: gemütliche Zimmer mit frischen Blumen, Kaminfeuer und traditionellen Holzmöbeln, die meist vom Besitzer Carlo selbst gefertigt worden sind. Der Speiseraum hinter der winzigen Bar wirkt durch seine polierten Kupfertöpfe und -kessel, durch den ordentlichen Haufen an Feuerholz und die hübschen blau-weiß gemusterten Tischtücher ganz besonders fröhlich. Die sieben makellosen Zimmer und Bäder sind vor kurzem renoviert worden; einige wenige verfügen über Balkons.

Im Winter kann man die Skitour direkt an der Hoteltür beginnen; im Sommer locken Mountainbikes zu einem Ausflug in die Berge. Da die Sacchis nur wenige Gäste haben, bemühen sie sich um diese ganz besonders — nicht zuletzt mit den köstlichen Mahlzeiten, die Mariarosa täglich kocht. Nach einem langen Tag auf Skiern oder beim Wandern kommt man gerne ins Capricorno zurück, um dort zu entspannen. Das Hotel ist schon lange kein Geheimtipp mehr — frühzeitiges Buchen empfiehlt sich.

Umgebung: Susa (28 km); Briançon, Frankreich (28 km) • **Lage:** oberhalb und 2 km östlich der Stadt; Parkplatz im Sommer • **Mahlzeiten:** Frühstück, Mittagessen, Abendessen • **Preise:** LL • **Zimmer:** 7 Doppel- und Zweibettzimmer mit Bad; alle Zimmer mit Telefon, TV, Fön • **Anlage:** Bar, Speiseraum, Terrasse • **Kreditkarten:** MC, V • **Behinderte:** Zugang schwierig • **Tiere:** nicht erlaubt • **Geschlossen:** Mai bis Mitte Juni, Mitte September bis Dezember • **Besitzer:** Carlo und Mariarosa Sacchi

Der Nordwesten

Sestri Levante

Helvetia

~ Hotel am Meer ~

Via Cappuccini 43, 16039 Sestri Levante, Genova
Tel 0185 43048 **Fax** 0185 457216
e-mail helvetia@rainbownet.it **website** www.hotelhelvetia.it

Die Behauptung, das Helvetia habe die hübscheste und ruhigste Lage in Sestri Levante, ist nicht übertrieben; es steht an einem Ende der zu Recht so genannten Baia del Silenzio. Das Haus hebt sich durch das fleckenlose Weiß seiner Fassade und die weiß-gelben Markisen hervor, die Balkons und Terrasse überschatten.

Lorenzo Pernigotti widmet sich seinen Gästen von ganzem Herzen und stellt auch die Extras – etwa 15 leuchtendgelbe Fahrräder – zur Verfügung, die man von einem Vier-Sterne-Hotel erwartet. Trotzdem ist das Helvetia klein und persönlich.

Der Salon mit Bar strahlt mit seinen Antiquitäten, Büchern, Zeitungen und Topfpflanzen die Atmosphäre eines privaten Wohnzimmers aus. Vom hübschen, hellen Frühstücksraum bietet sich ein schöner Blick über die Bucht. Die Zimmer sind hell und luftig und liegen entweder zum Meer – 6 davon mit Balkon – oder zum Garten hin. Der Tag beginnt auf der entzückenden Terrasse mit einem ungewöhnlich reichhaltigen Frühstücksbüfett. Hinter der Terrasse zieht sich ein herrlicher Garten hügelan, wo im Schatten von Palmen Tische stehen. Sonnenanbeter können sich hier auf Liegestühlen aalen.

Umgebung: Portofino (28 km); Genua (50 km) • **Lage:** am Ende des kleinen Strandes »Baia del Silenzio«; begrenzter Parkplatz und Garage • **Mahlzeiten:** Frühstück • **Preise:** LL • **Zimmer:** 24 Doppel- und Zweibettzimmer mit Dusche; alle Zimmer mit Telefon, TV, Video, Minibar, Fön, Safe • **Anlage:** Aufenthaltsraum, Fernseh-/Videoraum, Speiseraum, Bar, Aufzug, Terrasse, Garten, Tischtennis **Kreditkarten:** MC, V • **Behinderte:** keine speziellen Einrichtungen • **Tiere:** Hunde erlaubt • **Geschlossen:** November bis Februar • **Besitzer:** Lorenzo Pernigotti

Der Nordwesten

Sestri Levante

Tipp des Herausgebers

Miramare

Hotel am Meer

Via Cappellini 9, 16039 Sestri Levante, Genova
Tel 0185 480855 **Fax** 0185 41055
e-mail hrm.miramare@rainbow.it

Das Äußere des rosafarbenen Gebäudes an der »Baia del Silenzio« kontrastiert mit dem kühlen, luxuriösen zeitgenössischen Inneren. Als Kern des Hotels steht die Lobby für gewöhnlich im Zentrum der Aktivität; die anderen Gemeinschaftsräume — Aufenthalts-, Speise-, Konferenzräume und Geschäfte — gehen alle von der Lobby ab. Riesige geschwungene Fenster bringen die Aussicht auf das Meer besonders gut zur Geltung.

Ebenso luftig, modern und bequem wie die Räumlichkeiten im Erdgeschoss, lassen sich die Zimmer clever zu Appartements zusammenschließen, in denen bis zu sechs Personen übernachten können. Am schönsten sind natürlich die Zimmer, von denen man auf das Meer hinaussehen kann.

Auch draußen gibt es zahlreiche Sitzmöglichkeiten, die zum Verweilen und Entspannen einladen. Der Garten beispielsweise oder die geräumige Terrasse, auf der man wunderbar frühstücken kann. Auf das Essen wird anscheinend immer mehr Wert gelegt, und auf der Karte stehen einige köstliche Spezialitäten der Gegend.

Sestri Levante stellt einen guten Ausgangspunkt für Ausflüge in die Ortschaften der Cinque Terre dar; in Rapallo — 25 km weiter nördlich an der Küste — gibt es einen 18-Loch-Golfplatz, der das Golferherz höher schlagen lässt.

Umgebung: Cinque Terre; Portofino (28 km); Genua (50 km) • **Lage:** am kleinen Strand »Baia del Silenzio«; Parkplatz • **Mahlzeiten:** Frühstück, Mittagessen, Abendessen • **Preise:** LL-LLL • **Zimmer:** 43 Doppel-, Zweier-, Einzelzimmer und Suiten, alle mit Bad oder Dusche; alle Zimmer mit Telefon, TV, Klimaanlage, Minibar, Fön, Safe • **Anlage:** Aufenthaltsräume, Konferenzräume, Restaurant, Aufzug, Terrasse, Garten • **Kreditkarten:** AE, MC, V • **Behinderte:** nicht geeignet **Tiere:** nicht erlaubt • **Geschlossen:** Dezember bis Januar • **Besitzer:** Signor Carmagnini Armando

Der Nordwesten

Breuil-Cervinia

Neiges d'Antan

Gebirgschalet

Frazione Cret-Perrères, 11021 Breuil-Cervinia, Aosta
Tel 0166 948775 • **Fax** 0166 948852 • **e-mail** info@lesneigesdantan.it
website www.lesneigesdantan.it
Mahlzeiten: Frühstück, Mittag- und Abendessen • **Preise:** LL
Geschlossen: Anfang Mai bis später Juni, Okt und Nov oder Mitte Sept bis Anfang Dez
Besitzer: Familie Bich

Es sind die Herzlichkeit und Großzügigkeit der Familie Bich, die aus diesem einfachen Hotel im Schatten des Matterhorn einen solch großartigen Platz für einen Urlaub machen. Von außen ist das große Chalet mit seinen Kieseln und der Holzfassade nicht gerade schön; das einfache, rustikale Innere wirkt jedoch sehr einladend. Signora Bich ist die Küchenchefin und Expertin darin, alten Familienrezepten neuen Schwung zu verleihen. Ihr Sohn ist Sommelier und wacht nicht nur über einen großen Weinkeller, sondern auch über eine beeindruckende Reihe an Grappasorten. Ideal für Familien, ausgezeichnetes Preis-Leistungs-Verhältnis.

Cioccaro di Penango

Locanda del Sant' Uffizio

Umgebautes Kloster

14030 Cioccaro di Penango, Asti
Tel 0141 916292 • **Fax** 0141 916068 • **e-mail** santuffizio@thi.it
website www.thi.it
Mahlzeiten: Frühstück, Mittag- und Abendessen • **Preise:** LLL
Geschlossen: 2 Wochen im Jan, 10 Tage im Aug • **Besitzer:** Familie Firato

An diesem ansprechenden Restaurant mit Gästezimmern, das einen Michelinstern trägt, haben unseren Lesern das gute Essen und die Gastfreundschaft der Familie Firato besonders gut gefallen. Inmitten einer großartigen Landschaft aus Weinbergen gelegen, beeindruckt die Locanda mit ihrem warmen Äußeren vom ersten Augenblick an — und hält im Inneren, was sie von außen verspricht. Originale Bauteile sind erhalten geblieben, die Einrichtung stellt eine gekonnte Mischung aus Alt und Modern dar. Wenn möglich, sollten Sie eines der Zimmer am alten Kreuzgang buchen, die über kleine Terrassen oder Balkons verfügen, von denen aus man den einladenden Pool und den blühenden Garten überblicken kann.

Der Nordwesten

Monterosso al Mare

Porto Roca

Hotel am Meer

Via Corone 1, 19016 Monterosso al Mare, La Spezia
Tel 0187 817502 • **Fax** 0187 817692 • **e-mail** portoroca@cinqueterre.it
website www.portoroca.it
Mahlzeiten: Frühstück, Mittag- und Abendessen • **Preise:** LLL
Geschlossen: Nov bis März
Besitzer: Familie Jacazzi

Monterosso ist die größte der relativ unentdeckten Ortschaften im Cinque Terre; sie liegt oberhalb eines spektakulären und beinahe unzugänglichen Küstenstrichs. Am Rande des Dorfes liegt sein bestes Hotel geradezu abenteuerlich auf einem Felsvorsprung. Der steile Aufstieg vom Strand hinauf lohnt sich, wird man doch mit einer weiten Aussicht auf die zerklüftete Küste und das Meer belohnt. Sie sollten versuchen, ein Zimmer mit Meerblick zu bekommen; die Zimmer im Hintergebäude sind leider enttäuschend. Die Zimmer, zumindest die im vorderen Teil des Hauses, wirken frischer und heller; die meisten verfügen über Balkons.

Sestri Levante

Grand Hotel dei Castelli

Umgebaute Burg

Via Penisola 26, 16039 Sestri Levante, Genova
Tel 0185 487220 • Fax 0185 44767 • **e-mail** htl.castelli @rainbownet.it • **website** www.rainbownet.it/htl.castelli
Mahlzeiten: Frühstück, Mittag- und Abendessen • **Preise:** LLL
Geschlossen: Mitte Okt bis Ende April • **Manager** Lino Zenotto

Mit seiner wunderschönen Lage hoch oben auf der bewaldeten Halbinsel von Sestri Levante ist uns dieses Burghotel von einem Besucher vor kurzem wärmstens empfohlen worden. »Ab der Ankunft am Tor des Hotels gibt es keine Enttäuschungen. Der ganze Komplex ist wunderschön restauriert und auf den neuesten Stand gebracht worden. Die Gärten und Wälder sind besonders reizvoll und gepflegt; von dort aus hat man eine weitläufige Aussicht auf die Stadt und die Küste. Unsere Suite war groß und sehr gut ausgestattet. Das Personal, besonders im Restaurant, war ausgesprochen hilfsbereit und herzlich ... Das Essen war ausgezeichnet, das Preis-Leistungs-Verhältnis hat gestimmt, und von der Frühstücksterrasse aus hat man eine atemberaubende Aussicht.« Zwei Aufzüge führen zum hoteleigenen Strand.

Lombardei

Überblick

Die Hotels in der Lombardei

Die Lombardei ist eine dicht besiedelte Region, die sich von den Hochalpen an der Grenze zur Schweiz bis hinab zur Poebene erstreckt. Lago Maggiore und Gardasee bilden ihre West- beziehungsweise Ostgrenze, dazwischen liegt der Comer See, und in ihrem Herzen befindet sich das Handels- und Industriezentrum Italiens: Mailand.

Von allen großen Städten Italiens ist Mailand die mondänste und nach Rom die zweitgrößte. Trotz seines bemerkenswerten historischen Erbes – darunter ein prächtiger Dom, bedeutende Kunstsammlungen und die berühmteste Oper der Welt – sehen Besucher es vor allem als Italiens Wirtschaftskapitale und meiden es daher zumeist. Das hat dazu geführt, dass Mailands Hotels auf Geschäftsreisende ausgerichtet – und so groß und mondän wie die Stadt selbst – sind.

Erstaunlicherweise haben wir jedoch einige reizende kleine Hotels in Mailand gefunden, darunter zwei *antiche locande*, das *Leonardo und* das *Dei Mercanti* (siehe Seiten 58/59).

Bei den Seen haben wir uns auf den Comer See und den Gardasee konzentriert. Bellagio ist der Haupturlaubsort am Comer See und der Sitz der meisten unserer Hotels, dicht gefolgt von Menaggio – versuchen Sie es im *Bellavista* (Tel. 0344 321 36) in Menaggio selbst oder im *Loveno* (Tel. 0344 321 10) in dem zwei Kilometer entfernten gleichnamigen Dorf – einem 13-Zimmer-Hotel mit schattigem Garten und Blick auf Seen und Berge. In Como bietet sich eventuell das *Loggiato dei Serviti* (Tel. 031 26 42 34), ein modernes, komfortables Haus nahe dem Bahnhof, an.

Am Südufer des Gardasees ist das meistbesuchte Ferienziel das wunderschön gelegene Sirmione mit seiner wuchtigen Scaliger-Burg, den römischen Ruinen und den entzückenden Gärten. Es ist gut von der Autobahn Mailand–Venedig zu erreichen und daher tagsüber voll von Ausflüglern, die versuchen, Gardasee, Verona und Venedig an einem Tag zu »besichtigen«. In Sirmione werden Sie das *Grifone* (siehe Seite 64) finden, einen preislich gemäßigten treuen Begleiter unseres Führers. Weiter im Norden, am Westufer des Sees, gibt es weitere Empfehlungen: das *Baia d'Oro* in Gargnano (siehe Seite 65) und die *Villa del Sogno* in Gardone Riviera (siehe Seite 52) sowie das *I Due Roccoli* am kleineren benachbarten Lago d'Iseo (siehe Seite 53).

Lombardei

Alzate Brianza

Villa Odescalchi

~ Ländliche Villa ~

Via Anzani 12, 22040 Alzate Brianza, Como
Tel 031 630822 **Fax** 031 632079
e-mail info@villaodescalchi.it **website** www.villaodescalchi.it

Die großartige Villa im Herzen Brianzas ist zu Beginn des 17. Jhs. von der Familie Odescalchi erbaut worden. Später fand Papst Innozenz XI einen solchen Gefallen an der entspannenden Atmosphäre — oder vielleicht auch an der kleinen Privatkapelle–, dass er selbst einzog. Das 35 ha große Gebiet umfasst wunderschön gestaltete Gärten und 32 Appartements. Die Villa, die mit einer Zwischengeschossgalerie in der riesengroßen Eingangshalle beeindruckt, hat sich ihren altertümlichen Charakter bewahrt, ohne dabei auf die Annehmlichkeiten eines modernen Hotels zu verzichten: Tennisplätze mit Flutlicht, Swimmingpools drinnen und draußen, ein Fitnessraum, ein Whirlpool, ein türkisches Bad, ein 9-Loch-Golfplatz, Konferenzräume und die allerdings eher durchschnittlichen Zimmer.
Das attraktive tonnenüberwölbte Restaurant liegt in der ursprünglichen Villa und bietet eine gelungene Mischung aus internationalen und lokalen Gerichten an. Besonders gut sind die optische Präsentation der Speisen, der ausgezeichnete Service und die Weinkarte. Das großartige Frühstück vereint verschiedene Käsesorten, kalten Braten, Obst und Joghurt. Como und Lecco liegen nur jeweils 20 Minuten entfernt; nach Mailand fährt man mit dem Auto nur etwa 40 Minuten.

~

Umgebung: Comer See und Lago di Lecco; Mailand (50 km) • **Lage:** 10 km südöstlich von Como; Garage • **Mahlzeiten:** Frühstück, Mittagessen, Abendessen **Preise:** LL • **Zimmer:** 63; 50 Doppel- und Zweibettzimmer, 40 mit Bad, 10 mit Dusche, 13 Einzelzimmer mit Dusche; alle Zimmer mit Telefon, TV, Minibar, Fön; einige Zimmer mit Klimaanlage, Safe • **Anlage:** Restaurant, Bar, Konferenzräume, Fitnesscentre, Hallenbad und Swimmingpool, Terrasse, Garten, Tennis- und Golfplatz • **Kreditkarten:** AE, DC, MC, V • **Behinderte:** 2 speziell eingerichtete Zimmer • **Tiere:** kleinere Hunde erlaubt • **Geschlossen:** Anfang Dezember bis Mitte Januar • **Geschäftsführer:** Pierre Taillandier

Lombardei

Bellagio

✻ Tipp des Herausgebers ✻

Florence

∼ Hotel am See ∼

Piazza Mazzini, 22021 Bellagio, Como
Tel 031 950342 **Fax** 031 951722
e-mail hotflore@tin.it **website** www.bellagio.co.nz

Bellagio ist die Perle des Comer Sees. Es liegt auf einem Vorgebirge, das den See in zwei Hälften teilt, und von allen Häusern, Villen und Gärten bietet sich eine wundervolle Aussicht. Das Florence, ein schönes Gebäude aus dem 18. Jh., beherrscht den Hauptplatz mit Blick auf den See. Auf der arkadenüberspannten Terrasse am Hoteleingang werden Drinks und kleine Gerichte serviert. Ebenso reizvoll wirkt das Innere. Weiß getünchte Wände, hohe Deckengewölbe und Gebälk kennzeichnen das kühle, ansprechende Foyer. Auf der einen Seite gruppieren sich elegante, leicht verblichene Sessel um einen alten Steinkamin. Auch der überwölbte Speiseraum strahlt einen rustikalen, altmodischen Charme aus.
Anheimelnd wie die Gemeinschaftsräume sind auch die mit antiken Kirschholzmöbeln und hübschen Stoffen eingerichteten Zimmer, am begehrtesten sind natürlich die mit Balkon und Seeblick. Die Mahlzeiten kann man auf einer von Bäumen beschatteten Uferterrasse auf der gegenüberliegenden Straßenseite einnehmen und dabei die das Wasser durchpflügenden Boote beobachten. Zum Frühstück gibt es Hausgebackenes. Abends wird in der eleganten Cocktailbar – einer der schicksten am Comer See – Jazz gespielt. Das Hotel, das seit 150 Jahren im Besitz derselben Familie ist, wird heute von den Geschwistern Ronald und Roberta Ketzlar geführt, die beide gut Englisch sprechen und seit kurzem über ein Gourmetrestaurant und zwei neue Suiten verfügen.

∼

Umgebung: Villa Serbelloni; Madonna dei Ghisallo (37 km) • **Lage:** am Hauptplatz am See; Garage • **Mahlzeiten:** Frühstück, Mittagessen, Abendessen
Preise: LL-LLL • **Zimmer:** 34; 32 Doppel- und Zweibettzimmer, 2 Suiten, alle mit Bad; alle Zimmer mit Telefon, TV, Minibar, Fön, Safe • **Anlage:** Speiseraum, Bar, Lese-/Fernsehraum, Terrasse • **Kreditkarten:** AE, MC, V • **Behinderte:** nicht geeignet • **Tiere:** erlaubt • **Geschlossen:** Ende Oktober bis Mitte April • **Besitzer:** Familie Ketzlar

Lombardei

Bellagio

Hotel du Lac

~ Hotel am See ~

Piazza Mazzini 32, 22021 Bellagio, Como
Tel 031 950320 **Fax** 031 951624
e-mail dulac@tin.it **website** www.fromitaly.net/bellagio/113/dulac

Mitten an der Promenade von Bellagio gelegen, wird die atemberaubende Aussicht auf Como, die man vom Hotel du Lac aus hat, nur noch von den Besitzern, der Familie Leoni, übertroffen, die in jeder Hinsicht perfekt sind. Erbsenzähler könnten einwenden, dass ein oder zwei der Zimmer etwas klein sind oder dass die Einrichtung der Badezimmer etwas antiquiert ist, aber das wäre auch schon alles. Die hübsche Empfangshalle mit ihrem Marmorfußboden liegt an einer Arkade mit zahlreichen Cafés, von denen man einen ausgezeichneten Blick auf die promenierende Gesellschaft Bellagios hat. Die farbenfrohe und einladende Bar befindet sich ebenfalls im Erdgeschoss, aber das Personal wird Ihnen überall im Hotel gerne einen der beeindruckend vielen Cocktails bringen.

Im ersten Stock erstrecken sich die Fenster des unprätentiösen Restaurants über die gesamte Hotelfront, um das Panorama richtig zur Geltung zu bringen. Die einfallsreiche Speisekarte bietet eine breite Auswahl an ausgezeichneten Gerichten und dem dazu passenden Käse und Wein. Die tadellos gepflegten Zimmer sind einfach eingerichtet, die Betten sind bequem, und — beinahe selbstverständlich — bieten die besten Zimmer eine Aussicht auf den See. Einen weiteren Pluspunkt stellt die Dachterrasse dar, auf der Liegestühle zum Sonnenbaden und Markisen für diejenigen bereitstehen, die lieber im Schatten sitzen. Das Personal ist freundlich, professionell und hilfsbereit.

~

Umgebung: Villa Serbelloni; Madonna dei Ghisallo (37 km) • **Lage:** am Hauptplatz am See; Parkplatz • **Mahlzeiten:** Frühstück, Mittagessen, Abendessen
Preise: LL • **Zimmer:** 48; 41 Doppel- und Zweibettzimmer, 7 Einzelzimmer, alle mit Bad oder Dusche; alle Zimmer mit Telefon, TV, Klimaanlage, Minibar, Fön
Anlage: Restaurant, Bar, Terrasse • **Kreditkarten:** MC, V • **Behinderte:** nicht geeignet • **Tiere:** erlaubt • **Geschlossen:** November bis Mitte März; Restaurant dienstags • **Besitzer:** Familie Leoni

Lombardei

Bellagio

La Pergola

~ Hotel am See ~

Piazza del Porto 4, Pescallo, 22021 Bellagio, Como
Tel 031 950263 **Fax** 031 950253

Das La Pergola bietet eine entspannte, informelle und alles in allem familiäre Atmosphäre. Wenn Sie in Sachen Einrichtung das Neueste vom Neuen suchen, sind Sie hier fehl am Platz. Der Vorteil des Hotels besteht vielmehr in seiner Lage an einer kleinen Bucht südwestlich von Bellagio: Fernab jeder Touristenmassen weist es die Ruhe und Beschaulichkeit eines kleinen Fischerdorfes auf. Das Hotel hat seinen Namen von der Pergola, die die Gäste des bezaubernden Restaurants am See beschützt, das das Zentrum des gesamten Etablissements ausmacht. Seine Lage am See spiegelt sich auch auf der interessanten Speisekarte wider, die neben Fischgerichten jedoch auch Alternativen aus der Region und die dazu passenden Weine zu bieten hat.
Ein langer Gang, der mit ansprechenden schwarzen Steinen ausgekleidet und mit einer Sitzmöglichkeit sowie einigen Möbelstücken ausgestattet ist, verbindet die Terrasse des Restaurants mit der kleinen Hotelrezeption. Die geräumigen Zimmer erreicht man über eine große Treppe am Ende des Ganges. Sie sind einfach, aber sauber; die meisten verfügen über Fenster mit großartigem Seeblick. Es gibt zwar keine Klimaanlage, dafür in jedem Zimmer aber einen Deckenventilator.

~

Umgebung: Villa Serbelloni; Madonna dei Ghisallo (37 km) • **Lage:** in Pescallo, südwestlich von Bellagio, am See; öffentlicher Parkplatz • **Mahlzeiten:** Frühstück, Mittagessen, Abendessen • **Preise:** L • **Zimmer:** 11; 5 Doppel-, 4 Zweibettzimmer, 2 mit Bad, 7 mit Dusche, 2 Einzelzimmer mit Dusche; alle Zimmer mit Telefon, TV, Safe • **Anlage:** Restaurant, Terrasse • **Kreditkarten:** AE, DC, MC, V • **Behinderte:** keine speziellen Einrichtungen • **Tiere:** kleinere Tiere erlaubt • **Geschlossen:** November bis März • **Besitzer:** Familie Mazzoni

Lombardei

Bergamo

Agnello d'Oro

Restaurant mit Gästezimmern

Via Gombito 22, 24100 Bergamo
Tel 035 249883 **Fax** 035 235612
website www.agnellodoro.it

Das aus dem 17. Jh. stammende Agnello d'Oro ist 50 Jahre jünger als der erst kürzlich restaurierte Brunnen, der friedlich auf der Piazzetta vor dem Hotel vor sich hinplätschert. Praktisch gelegen im Herzen der historischen Altstadt Bergamos und gleich neben der Kirche San Pancrazio, die dem kleinen Platz seinen Namen gegeben hat, ist das Hotel eines jener schmalen und hohen Gebäude, denen man ihr Alter wahrlich nicht ansieht. Die winzige, aber einladende Rezeption und das große rustikale Restaurant spiegeln die Prioritäten des Besitzers wider: ein Minimum an Bürokratie und ein Maximum an Unterhaltsamkeit. Im Restaurant selbst hängen überall Kupfertöpfe, Pfannen und Schüsseln, während Weinflaschen jeder Form und Größe die Regale an den Wänden zieren und durch Kunstdrucke und dazwischen aufgestellte Teller akzentuiert werden. Die gemütlichen Tische an den Wänden stehen etwas erhöht, und im Sommer werden auch Tische unter die Markise ins Freie gestellt. Die Küche ist überwiegend regional; es gibt Polenta, Reisgerichte, *casconcelli,* Wachteln, Würste und verschiedene Pilze der Saison.
Die einfachen, sauberen und bequemen Zimmer sind für ein so altes Gebäude überraschend modern ausgestattet. An den Wänden hängen Fotografien — meist vom Besitzer des Hotels, Signor Capozzi, selbst.

Umgebung: Brescia (48 km); Mailand (50 km); Comer See, Lago di Lecco und Lago d'Iseo • **Lage:** im Zentrum der Città Alta an einer kleinen Piazza; öffentlicher Parkplatz • **Mahlzeiten:** Frühstück, Mittagessen, Abendessen • **Preise:** L
Zimmer: 20; 8 Doppel-, 8 Zweibettzimmer, 4 mit Bad, 12 mit Dusche, 4 Einzelzimmer mit Dusche; alle Zimmer mit Telefon, TV, Fön • **Anlage:** Restaurant, Bar
Kreditkarten: AE, DC, MC, V • **Behinderte:** keine speziellen Einrichtungen
Tiere: kleinere Tiere erlaubt • **Geschlossen:** nie • **Besitzer:** Giuseppe Capozzi

Lombardei

Bergamo

Gourmet

Restaurant mit Gästezimmern

Via San Vigilio 1, 24100 Bergamo
Tel und **Fax** 035 4373004

Bei den Gourmets ist Bergamo recht beliebt, und eingedenk der harten Konkurrenz im Zentrum der Stadt zeugt es schon von großer Zuversicht, ein Restaurant in der Altstadt »Gourmet« zu nennen. Obwohl sich das Wort offensichtlich auf das Essen bezieht, sind auch die Zimmer nicht zu verachten. Sie sind alle geräumig, außerordentlich gut gepflegt und — trotz größtenteils moderner Einrichtung — mit viel Holz und anheimelnd weichen Möbelstücken ausgestattet.

Der Eingang zum Ristorante ist luftig und großzügig, mit einem blass gefliesten Boden und einem kleinen Sitzbereich. Auf den ersten Blick wird deutlich, dass das Restaurant nicht vorwiegend saisonal tätig ist: Es gibt drinnen ebenso viel Platz wie draußen auf der großen, überdachten, aber nicht überfüllten Terrasse. Die Atmosphäre ist ungezwungen, mit einem fröhlichen Personal, das dem Besitzer des Restaurants aufs Stichwort folgt. Die Speisekarte stellt ein recht vornehmes Schriftstück dar, ist umfassend und kreativ, mit einer großen Auswahl an regionalen Spezialitäten und Weinen. Überall stehen üppige, gut gepflegte Pflanzen, und die Gäste dürfen den privaten Garten mitbenutzen, wenn sie das Bedürfnis nach wirklicher Abgeschiedenheit und Ruhe verspüren.

Umgebung: Brescia (48 km); Mailand (50 km); Comer See, Lago di Lecco und Lago d'Iseo • **Lage:** in der Città Alta; Parkplatz • **Mahlzeiten:** Frühstück, Mittagessen, Abendessen • **Preise:** L • **Zimmer:** 10; 2 Doppel-, 7 Zweibettzimmer, 3 mit Bad, 6 mit Dusche, 1 Einzelzimmer mit Dusche, 1 Suite mit Bad; alle Zimmer mit Telefon, TV, Klimaanlage, Minibar, Fön • **Anlage:** Restaurant, Bar, Garten • **Kreditkarten:** AE, DC, MC, V • **Behinderte:** keine speziellen Einrichtungen • **Tiere:** nicht erlaubt **Geschlossen:** Ende Dezember bis Anfang Januar • **Besitzer:** Aldo Battista Beretta

Lombardei

Cervesina

Castello di San Gaudenzio

Umgebaute Burg

Loc. San Gaudenzio, 27050 Cervesina, Pavia
Tel 0383 3331 **Fax** 0383 333409
e-mail info@castellosangaudenzio.com **website** www.castellosangaudenzio.com

Dieses geräumige und elegante Castello aus dem 15. Jh. liegt umgeben von schön gestalteten Gärten kaum 60 Kilometer von Mailand entfernt. Im Laufe der Jahre wechselte es mehrfach seinen Besitzer, was am Efeu, den Mauern, Türmen, Wegen, Statuen und anderen Verschönerungen zu erkennen ist. Die Zeiten haben sich geändert: In den Ställen befinden sich keine Pferde mehr, sondern ein Swimmingpool und ein Solarium, und ein beeindruckender tonnengewölbter Saal wurde in einen Konferenzraum umgewandelt. Ahnenportraits wachen über die antiken Möbel, und die Kamine aus rotem und schwarzem Marmor erinnern daran, dass man simples Holz auch sehr stilvoll verbrennen kann.
Die meisten der Zimmer sind brandneu mit passenden hübschen Badezimmern, fügen sich mit ihren blassen gestreiften Tapeten, den polierten Parkett- oder Steinböden, den getäfelten oder mit Fresken versehenen Decken und den leichten Möbeln aber elegant in die gut restaurierten älteren Bauteile ein. Fast alle Zimmer gehen auf den Garten hinaus. Es gibt drei Suiten, von denen die fürstlichste (und teuerste) zwei Stockwerke eines Turms beansprucht.
Das Restaurant bietet sowohl heimische als auch internationale Gerichte; die Weinkarte weist einige Weine auf, die speziell für das Castello abgefüllt worden sind. Das Personal ist professionell und hilfsbereit.

Umgebung: Voghera (6 km); Pavia (25 km); Mailand (56 km) • **Lage:** 6 km nordwestlich von Voghera, Ausfahrt Casei Gerola von der »Autostrada dei Fiori«; Parkplatz • **Mahlzeiten:** Frühstück, Mittagessen, Abendessen • **Preise:** LL
Zimmer: 45; 35 Doppel- und Zweibettzimmer, 7 Einzelzimmer, 3 Suiten, alle mit Bad oder Dusche; alle Zimmer mit Telefon, TV, Minibar, Safe, Fön; einige mit Klimaanlage • **Anlage:** Aufenthaltsraum, Speiseraum, Konferenzräume, Hallenbad, Solarium, Garten • **Kreditkarten:** AE, DC, MC, V • **Geschlossen:** Restaurant dienstags • **Geschäftsführer:** Pierangelo Bergaglio

Lombardei

Erbusco

L'Albereta

Ländliche Villa

Via Vittorio Emanuele 11, 25030 Erbusco, Brescia
Tel 030 7760550 **Fax** 030 7760573
e-mail albereta@terramoretti.it **website** www.terramoretti.it

Die alte Villa L'Albereta, die seit ihrer Renovierung ein ganz neues, elegantes und anspruchsvolles Flair hat, liegt inmitten der berühmten Weinberge von Francioforta. Sie ist auch heute noch Ansitz der Familie Moretti, und reist man nicht mit dem Flugzeug oder der Bahn, sondern mit dem Auto an, ist es schon ein erhebendes Gefühl, wenn man an dem eleganten Gebäude vorfährt. Das Personal ist nicht nur professionell, sondern auch ausgesprochen unprätentiös. Die Villa selbst bietet Marmor, Arkaden, Parkettböden, Schmiedeeisen, Chintz, Deckenbalken, Blumen und Weinberge so weit das Auge reicht. Im wahrsten Sinne des Wortes wurde hier alles auf das Wohlbefinden der Gäste ausgerichtet, darunter auch das Zwei-Sterne-Restaurant »Gaultiero Marchesis«, das die Aufmerksamkeit ebenso auf sich zieht wie die überwältigenden modernen Zimmer. Die Küche des Restaurants ist eine Symphonie aus rostfreiem Stahl, Kupfer und gestärkten weißen Kellneruniformen. Sollten Sie das Bedürfnis verspüren, ein besonders gutes Abendessen wieder »abzuarbeiten«, empfehlen sich Tennisplatz, Whirlpool, Sauna und Solarium. Und falls Sie daran denken, mit dem Hubschrauber anzureisen, so können Sie dank des Leitsystems des L'Albereta punktgenau dort landen.

Umgebung: Brescia (20 km); Bergamo (30 km) • **Lage:** 3 km nördlich der A4 Mailand-Venedig, Ausfahrt Rovato; Parkplatz • **Mahlzeiten:** Frühstück, Mittagessen, Abendessen • **Preise:** LLL • **Zimmer:** 41; 25 Doppel-, 10 Zweibettzimmer, 32 mit Bad, 3 mit Dusche, 3 Einzelzimmer mit Dusche, 3 Suiten mit Bad; alle Zimmer mit Telefon, TV, Klimaanlage, Minibar, Fön, Safe
Anlage: Aufenthaltsräume, Billardraum, Restaurant, Bars, Konferenzräume, Fitnesscentre, Hallenbad, Garten, Tennisplatz, kleiner Hubschrauberlandeplatz
Kreditkarten: AE, DC, MC, V • **Behinderte:** nicht geeignet • **Tiere:** nicht erlaubt
Geschlossen: nie • **Besitzer:** Familie Moretti

Lombardei

Gardone Riviera

Villa Fiordaliso

Restaurant am See mit Gästezimmern

Corso Zanardelli 132, 25083 Gardone Riviera, Brescia
Tel 0365 20158 **Fax** 0365 290011
e-mail fiordaliso@relaischateaux.fr **website** www.relaischateaux.fr

Die mit einem Michelinstern ausgezeichnete Villa Fiordaliso ist seit einigen Jahren als eines der besten Restaurants in Norditalien bekannt; sie ist jedoch auch ein schickes und romantisches kleines Hotel. In der 1902 erbauten, in blassem Rosa und Weiß gehaltenen Villa am See wohnte zunächst Gabriele d'Annunzio und später Claretta Petacci, die Geliebte Mussolinis. Im Inneren erinnern die kunstreichen Holzschnitzereien, die Marmorarbeiten an Wänden, Böden und Türen und die goldverzierten und mit Fresken versehenen Decken an ein anderes Zeitalter. Eine großartige marmorne Treppe im venezianischen Stil mit Säulen und feinem schmiedeeisernem Dekor führt von der Empfangshalle neben dem Garten zu dem familiären kleinen Restaurant im ersten Stock und zu den sieben luxuriösen Zimmern. In drei Zimmern ist die ursprüngliche Einrichtung erhalten geblieben. Die Clarettasuite, ein Zimmer mit beeindruckenden Ausmaßen, Terrasse und Seeblick, verfügt über ein atemberaubendes Badezimmer. Die anderen Zimmer sind etwas heller und freundlicher mit frischen Tapeten und Stoffen eingerichtet. Der schattige Garten grenzt an den See und leider auch an die Hauptstraße und stellt eine wunderbare Kulisse für das elegante Sommerrestaurant dar, das tadellos in Terrakotta und Weiß geschmückt ist.

Umgebung: Brescia (40 km); Sirmione (35 km) • **Lage:** an der SS572, 3 km nordöstlich von Salò; großer Parkplatz • **Mahlzeiten:** Frühstück, Mittagessen, Abendessen • **Preise:** LLL • **Zimmer:** 7; 5 Doppel- und Zweibettzimmer, 2 Suiten, alle mit Bad oder Dusche; alle Zimmer mit Telefon, TV, Klimaanlage, Minibar
Anlage: Aufenthaltsraum, Speiseraum, Turm mit Bar, Terrassen, Garten
Kreditkarten: AE, DC, MC, V • **Behinderte:** Zugang möglich • **Tiere:** nicht erlaubt
Geschlossen: Mitte November bis Februar; Restaurant montags und Dienstagmittag • **Besitzer:** Familie Tosetti

Lombardei

Gardone Riviera

Villa del Sogno

~ Villa am See ~

Via Zanardelli 107, 25083 Gardone Riviera, Brescia
Tel 0365 290181 **Fax** 0365 290230
e-mail villadelsogno@gardalake.it **website** www.gardalake.it/villadelsogno

Die beeindruckende Villa, die 1904 als Feriendomizil eines australischen Seidenindustriellen erbaut wurde, ist 1938 in ein Hotel umgewandelt worden. Wie so viele Hotels am Gardasee überzeugt es durch seine erstaunliche Lage oberhalb des Sees, die es dennoch zu einem Teil der »Seeatmosphäre« macht. Man nähert sich der Villa auf einer langen, gewundenen Auffahrt, die sich durch exotische Gärten schlängelt, in denen zwei kleine neoklassizistische Tempel stehen. In einem Anbau aus den 1980er Jahren befinden sich einige recht durchschnittliche Zimmer, darunter auch die Rezeption, die bei der ersten Ankunft ein wenig enttäuscht. Die holzgetäfelte Halle und Treppe hinter dem Empfang weisen jedoch schon wesentlich mehr Charakter auf. Der riesige hölzerne Kamin und die bemalten Keramikfliesen zeugen vom österreichischen Erbe der Villa, das sich nur ganz leicht mit den Steinbögen, griechischen Urnen und anderen neoklassizistischen Schnörkeln beißt.
Der Aufenthaltsraum ist mit seinen Sesseln mit den farbenfrohen Blumenmustern und der Bar ein besonders willkommener Ort. Darüber hinaus gibt es ein vornehmes Restaurant, das sich über zwei Räume erstreckt, in denen der Parkettboden fast ebenso sehr glänzt wie die silbernen Kerzenhalter. In den oberen Stockwerken gibt es einige riesige Suiten, die traditionell eingerichtet sind. Die Zimmer im neuen Flügel sind heller und verfügen über eigene Terrassen.

~

Umgebung: Strand (300 m); Brescia (50 km) • **Lage:** 2 km nördlich von Gardone, an der SS45; Parkplatz • **Mahlzeiten:** Frühstück, Mittagessen, Abendessen
Preise: LLL • **Zimmer:** 32; 25 Doppel- und Zweibettzimmer, 20 mit Bad, 5 mit Dusche, 7 Suiten mit Bad; alle Zimmer mit Telefon, TV, Fön; 9 mit Klimaanlage
Anlage: Aufenthaltsraum/Bar, Speiseraum, Fitnesscentre, Aufzug, Terrasse, Garten, Swimmingpool, Tennisplatz • **Kreditkarten:** AE, DC, MC, V • **Behinderte:** keine speziellen Einrichtungen • **Tiere:** erlaubt • **Geschlossen:** Mitte Oktober bis Ende März bzw. Ostern • **Besitzer:** Familie Caldaran

Lombardei

Iseo

I Due Roccoli

Berggasthof

Via Silvio Bonomelli, 25049 Iseo, Brescia
Tel 030 9822977 **Fax** 030 9822980
e-mail relais@idueroccoli.com **website** www.idueroccoli.com

Der Lago d'Iseo liegt im nebligen südlichsten Ausläufer der Alpen und ist jeweils ungefähr 90 Kilometer von der Schweiz und von Österreich entfernt. Die größte Insel des Sees, die Monte Isola, ist gleichzeitig die größte aller europäischen Seen und wird von etwa 2000 Menschen bewohnt. Zwischen der südlichen Spitze des Sees und der Autobahn, die Mailand mit Venedig verbindet, liegt die Region Franciacorta, die vor allem der Qualität ihrer Weine wegen geschätzt wird. Das elegante und ruhige I Due Roccoli befindet sich am Ende einer gewundenen Bergstraße südöstlich des Sees inmitten eines sorgfältig gepflegten Parks. Das Steingebäude mit seinem wunderschön dekorierten Inneren eignet sich hervorragend als Ort der Entspannung. Die schöne Aussicht als einzigen Pluspunkt des Hotels zu nennen, würde dem I Due Roccoli wahrlich nicht gerecht; wenn man erst einmal die Vasen voller frischer Rosen auf den Tischen der großartigen Terrasse wahrgenommen hat, weiß man, dass man an diesem Ort gut aufgehoben ist.

Auf der kleinen, aber ausgewogenen Speisekarte stehen frischer Fisch aus dem See, Produkte aus dem hoteleigenen Garten und selbst geräucherter Schinken an erster Stelle. Gespeist wird bei Kerzenlicht. Die geräumigen und tadellos sauberen Zimmer sind mit schönen Kunstdrucken an den Wänden im modernen Stil eingerichtet. Das Personal ist genauso reizend wie das Hotel selbst.

Umgebung: Brescia (20 km); Gardasee und Lago d'Idro • **Lage:** 4 km südöstlich von Iseo am Ende einer Bergstraße; Parkplatz • **Mahlzeiten:** Frühstück, Mittagessen, Abendessen • **Preise:** LL • **Zimmer:** 13; 10 Doppel- und Zweibettzimmer, 1 Einzelzimmer, 2 Suiten, alle mit Bad; alle Zimmer mit Telefon, TV, Minibar, Fön, Safe • **Anlage:** Aufenthaltsraum, Leseraum, Bar, Speiseraum, Garten, Swimmingpool, Tennisplatz • **Kreditkarten:** AE, DC, MC, V • **Behinderte:** nicht geeignet **Tiere:** erlaubt • **Geschlossen:** November bis Mitte März • **Besitzer:** Guido Anessi

Lombardei

Lenno

San Giorgio

Hotel am See

Via Regina 81, Lenno, 22019 Tremezzo Como
Tel 0344 40415 **Fax** 0344 41591

Die imposante Villa aus den 1920er Jahren erhebt sich am Comer See vor einem Hintergrund aus bewaldeten Hügeln und prächtigen Gärten, die sich bis zum Wasser hinunterziehen. Ein von Topfpflanzen gesäumter Weg führt durch gepflegte Rasenflächen zur Uferterrasse und einer niedrigen Steinmauer, die die Anlage vom Kiesstrand und vom See trennt. Es gibt Palmen, Laubengänge und Kübel voller blühender Geranien. Für einen Bootsausflug bietet sich die nahe Anlegestelle der Fähre an.
Auch das Innere des Hauses enttäuscht nicht. Die großen Gemeinschaftsräume zweigen von stattlichen Korridoren ab. Auf Schritt und Tritt stößt man auf Antiquitäten, hübsche Keramiktöpfe und Kupferkrüge, die von Blumen überquellen. Das entzückende, helle Restaurant bietet einen atemberaubenden Blick. Ebenso einladend wirkt der Salon mit reich verzierten Spiegeln, dem Kamin und den leicht verblichenen antiken Möbeln. Selbst im Tischtennisraum finden sich antike Stücke. Die Zimmer sind geräumig und angenehm altmodisch. Antiquitäten und eine schöne Aussicht sind auch hier selbstverständlich, aber sie haben nichts Prunkvolles oder Luxuriöses an sich – daher die annehmbaren Preise. Für einen unserer Leser ist dies sein Lieblingshotel – »traumhafte Lage, freundliche Bedienung, feste Matratze, großartige Handtücher«.

Umgebung: Tremezzo; Cadenabbia; Villa Carlotta (24 km); Bellagio • **Lage:** am See; Parkplatz und Garage • **Mahlzeiten:** Frühstück, Mittagessen, Abendessen **Preise:** LL • **Zimmer:** 29; 26 Doppelzimmer, 20 mit Bad, 6 mit Dusche, 3 Einzelzimmer; alle Zimmer mit Telefon, Fön, Safe • **Anlage:** Speiseraum, Leseraum, Tischtennis, Terrasse, Tennisplatz • **Kreditkarten:** MC, V • **Behinderte:** Zugang schwierig • **Tiere:** nicht erlaubt • **Geschlossen:** Oktober bis April • **Besitzerin:** Margherita Cappelletti

Lombardei

Maleo

Sole

~ Restaurant mit Gästezimmern ~

Via Trabattoni 22, 26847 Maleo, Milano
Tel 0377 58142 **Fax** 0377 458058

Das Äußere dieser Kutschenstation aus dem 15. Jh. zeichnet sich einzig durch eine vergoldete schmiedeeiserne Sonne aus. Im Inneren sind die Wände weiß getüncht, die Decken mit Deckenbalken versehen und die gewölbten Zimmer sorgfältig mit antiken Möbeln, Kupfertöpfen und Keramiken ausgestattet. Es gibt drei Essbereiche: die alte Küche mit ihrem großen Tisch, dem offenen Feuer und den alten Gaskochstellen, auf denen gelegentlich die Gerichte vor den Augen der Gäste zubereitet werden; einen kleinereren Speiseraum mit Einzeltischen und den Portikus, von dem aus man einen Ausblick auf den idyllischen Garten hat.
Der verstorbene Franco Colombani hat der regionalen Küche seinen ganz eigenen Charakter verliehen: reichhaltige und würzige Eintöpfe, gegrilltes Fleisch und gegrillter Fisch mit Gemüse aus dem Küchengarten und feine Weine aus dem schier unerschöpflichen Weinkeller. Heute wahren sein Sohn und seine Tochter die Tradition, die das Sole zu einem der besten Restaurants in Italien gemacht hat.
Die Zimmer – vor kurzem mit Klimaanlage ausgestattet – haben alle ihre individuellen Pluspunkte und ordentliche Bäder. Die über dem Speiseraum gelegenen sind traditionell eingerichtet, während diejenigen, die auf den Garten hinausgehen, eine weniger beeindruckende Mischung aus Alt und Neu aufweisen.

~

Umgebung: Piacenza; Cremona (22 km) • **Lage:** hinter der Kirche an der Hauptpiazza, 20 km nordöstlich von Piacenza; Parkplatz • **Mahlzeiten:** Frühstück, Mittagessen, Abendessen • **Preise:** LL • **Zimmer:** 8 Doppel- und Zweibettzimmer mit Bad; alle Zimmer mit Telefon, TV, Klimaanlage, Minibar; 1 Appartement
Anlage: Aufenthaltsraum, 2 Speiseräume, Garten • **Kreditkarten:** AE, MC, V
Behinderte: keine speziellen Einrichtungen • **Tiere:** erlaubt • **Geschlossen:** Januar, August; Restaurant Sonntagabend, montags • **Besitzer:** Mario und Francesca Colombani

Lombardei

Manerba del Garda

Villa Schindler

~ Landhotel ~

Via Bresciani 68, 25080 Manerba del Garda, Brescia
Tel 0365 651046 **Fax** 0365 554877
e-mail villaschindler@gsnet.it **website** www.gsnet.it/villaschindler

Pinien, Zypressen und Olivenbäume rahmen die Villa Schindler an der Südseite des Gardasees ein. Mit seiner Unaufdringlichkeit, dem bescheidenen Preisniveau und seinem reizenden Äußeren ist dieses Hotel das perfekte Gegenmittel zu klingelnden Handys und hektischem Einchecken. Wozu könnte z. B. ein Keller besser geeignet sein, als darin Vorräte an selbst produziertem Wein und Olivenöl anzulegen oder gesellige Verköstigungen mit Freunden und Gästen abzuhalten? Der antike Schreibtisch, der in der gefliesten Eingangshalle als Rezeption dient, verrät schon alles über die Atmosphäre des Hotels. Hinter dem Empfangsbereich führen ein gemütliches Wohnzimmer mit Bar und ein Frühstücksraum zu der großartigen Terrasse. Die Villa Schindler bietet Kunst im Übermaß – die meisten Arbeiten stammen von der Besitzerin Anna Brotto.

Da es kein Restaurant gibt, verfügt jedes Zimmer über einen eigenen Kühlschrank und eine Kochgelegenheit. Zudem gibt es eine größere Küche für Hotelgäste und Picknicktische mit Blick auf den See. Man kann jedoch auch kalten Aufschnitt, Brot und Käse über den Zimmerservice bestellen oder eines der empfohlenen Restaurants der Gegend besuchen. Die hellen, geräumigen und tadellos gepflegten Zimmer sind mit wunderschönen Holzfußböden und Antiquitäten ausgestattet.

Umgebung: Desenzano (15 km); Brescia (40 km) • **Lage:** am südlichen Ende des Gardasees, an der Straße von Desenzano nach Salò; Parkplatz • **Mahlzeiten:** Frühstück, Snacks • **Preise:** L • **Zimmer:** 9 Doppel- und Zweibettzimmer, 1 mit Bad, 8 mit Dusche; alle Zimmer mit Telefon, TV, Fön; 1 Appartement • **Anlage:** Küche, Weinkeller, Terrasse, Garten, Swimmingpool • **Kreditkarten:** keine **Behinderte:** nicht geeignet • **Tiere:** kleinere Tiere erlaubt • **Geschlossen:** Mitte Oktober bis Ostern • **Besitzerin:** Anna Brotto

Lombardei

Mantua

San Lorenzo

Stadthotel

Piazza Concordia 14, 46100 Mantova
Tel 0376 220500 **Fax** 0376 327194
e-mail hotel@hotelsanlorenzo.it **website** www.hotelsanlorenzo.it

Das San Lorenzo ist hübsch, konservativ, technisch auf dem neuesten Stand und so zentral gelegen wie nur irgend möglich. Es ist buchstäblich von Perlen der geschichtsträchtigen Architektur Mantuas umgeben. Selbst wenn Sie im Hotel nur an einer Tagung teilnehmen, sollten Sie sich über den Empfangsbereich hinauswagen, auf die Dachterrasse gehen, sich umsehen und darüber wundern, wie einfach es ist, eine Zeitreise von ein paar Jahrhunderten zu machen.

Das San Lorenzo ist ein Hotel, wie es im Buche steht. Hier erwarten Sie sicher nur schöne Überraschungen. Die Gemeinschaftsräume sind ruhig und mit frischen Blumen, eleganten Möbeln, wertvollen Gemälden, Porzellan und einer faszinierenden Sammlung von Messingopferstöcken aus dem 16. Jh. geschmückt.

Das Personal ist freundlich und professionell und kann Ihnen die — allerdings gekürzte — Geschichte Mantuas erzählen; es wird Ihnen dabei helfen, eine Stadtbesichtigungsroute zu wählen und Ihnen das Wichtigste zu den historisch bedeutsamen Orten und Gebäuden notieren. Die Zimmer sind geräumig und hell; jedes mischt auf seine Weise das Alte mit dem Modernen. Die Badezimmer sind tadellos sauber.

Umgebung: Piazza dell'Erbe; Basilica di Sant'Andrea; Palazzo Ducale • **Lage:** im Stadtzentrum; Garage • **Mahlzeiten:** Frühstück • **Preise:** LL-LLL • **Zimmer:** 32; 23 Doppel- und Zweibettzimmer, 9 Suiten, 25 mit Bad, 7 mit Dusche; alle Zimmer mit Telefon, TV, Klimaanlage, Minibar, Fön • **Anlage:** Aufenthaltsraum, Konferenzräume, Bar, Terrasse • **Kreditkarten:** AE, DC, MC, V • **Behinderte:** 2 speziell eingerichtete Zimmer • **Tiere:** nicht erlaubt • **Geschlossen:** nie • **Besitzer:** Giuseppe und Ottorino Tosi

Lombardei

Mailand

Antica Locanda Leonardo

~ Stadthotel ~

Corso Magenta 78, 20123 Milano
Tel 02 463317 **Fax** 02 48019012
e-mail Leo's.Loc@cnn.it **website** www.leoloc.com

Kaum 30 Sekunden von der Kirche Santa Maria delle Grazie entfernt, die wegen Leonardos berühmtem Abendmahl für gewöhnlich von Touristen umschwärmt wird, macht die Antica Locanda Leonardo einen eher düsteren und leicht Unheil verkündenden Eindruck. Aber lassen Sie sich dadurch nicht abschrecken, denn sobald man über die Schwelle des Hotels in den Innenhof gelangt, betritt man auch eine andere Welt. Die helle und farbenfrohe Eingangshalle verfügt über einen kühlen, blassgrauen Mosaikboden; eine schöne Steintreppe führt in den ersten Stock hinauf. Hinter der Eingangshalle befindet sich ein in Hellgelb gehaltenes Wohnzimmer, das seinerseits auf eine kleine, friedvolle und von Bäumen umgebene Terrasse mit weiß gestrichenen schmiedeeisernen Tischen und Stühlen hinausführt.

Oben befinden sich eine kleine Rezeption, der Frühstücksraum und die Zimmer. Außer im Korridor bestehen alle polierten Böden und die Möbel aus Rosen- oder Kirschholz. Der Frühstücksraum ist heiter und elegant; durch die zwei großen Fenster strömt das Sonnenlicht. Das kontinentale Frühstück umfasst Müsli, frisches Obst und Joghurt von bester Qualität. Die tadellosen Zimmer sind zwar von bescheidener Größe, trotzdem nicht überfüllt. Einige verfügen über Terrassen, die auf den Innenhof hinausgehen. Die Bäder sind modern, funktional, makellos sauber und mit guten Handtüchern ausgestattet.

~

Umgebung: Palazzo delle Stelline; Teatro alla Scala; Duomo • **Lage:** im Stadtzentrum westlich des Doms; Parkplatz • **Mahlzeiten:** Frühstück • **Preise:** LL
Zimmer: 23 Doppel- und Zweibettzimmer, 11 mit Bad, 12 mit Dusche; alle Zimmer mit Telefon, TV, Klimaanlage, Fön, Safe • **Anlage:** Aufenthaltsraum, Frühstücksraum, Garten • **Kreditkarten:** AE, DC, MC, V • **Behinderte:** nicht geeignet
Tiere: nicht erlaubt • **Geschlossen:** 3 Wochen im August, Ende Dezember bis Anfang Januar • **Besitzer:** Mario Frefel

Lombardei

Mailand

Tipp des Herausgebers

Antica Locanda dei Mercanti

Stadthotel

Via San Tomaso 6, 20123 Milano
Tel 02 8054080 **Fax** 02 8054090
e-mail locanda@locanda.it **website** www.locanda.it

Dieser Schatz aus dem 17. Jh. liegt in einer kleinen Nebenstraße der Via Dante. Es gibt weder Gemeinschaftsräume noch ein Restaurant oder einen Frühstücksraum – nur elegante Stockwerke voller heller, gepflegter und sorgfältigst eingerichteter Zimmer diverser Form, Größe, Art und – natürlich – unterschiedlichen Preises. Die am oberen Ende der Preisskala verfügen über wunderschöne Terrassen, die mit Stühlen, Tischen und üppigen Pflanzen ausgestattet sind; in jedem Zimmer stehen frische Blumen.

Die Zimmer sind individuell eingerichtet, einige mit Himmelbetten, andere mit schmiedeeisernen Betten, aber alle mit schönen Bettbezügen und Vorhängen, die wunderbar mit den Pastellfarben der Wände harmonieren. Einige Wände haben verzierte Ränder, auf anderen sind Muster wie z. B. Kletterrosen aufgemalt. Alle sind mit Kunstdrucken und Aquarellen geschmückt. Die Badezimmer sind klein (es gibt nur Duschen), aber gut ausgestattet und – wie alles andere – tadellos gepflegt. Es wird alles nur Erdenkliche getan, um die Ruhe und den Frieden des Hauses zu wahren; Sie können sich einen Fernseher auf das Zimmer bestellen, wenn Sie es unbedingt wollen, aber Haustiere und Kleinkinder sind nicht erlaubt. Vier Zimmer verfügen über eine Klimaanlage, was in der Sommerhitze ein wahrer Segen ist; in den übrigen befinden sich Deckenventilatoren. Und im Winter können Sie sich in dicke und weiche Federbetten kuscheln.

Umgebung: Palazzo Clerici; Teatro alla Scala; Duomo • **Lage:** im Stadtzentrum nordwestlich des Doms, zwischen der Piazza Cordusio und der Piazza Castello; öffentliches Parkhaus in der Nähe • **Mahlzeiten:** Frühstück, Snacks • **Preise:** LL
Zimmer: 16 Doppel- und Zweibettzimmer mit Dusche; alle Zimmer mit Telefon, Fön; 4 mit Klimaanlage; TV auf Anfrage • **Anlage:** keine • **Kreditkarten:** MC, V
Behinderte: nicht geeignet • **Tiere:** nicht erlaubt • **Geschlossen:** nie
Geschäftsführerin: Paola Ora

Lombardei

Mailand

Spadari al Duomo

Stadthotel

Via Spadari 11, 20123 Milano
Tel 02 72002371 **Fax** 02 861184
e-mail reservation@spadarihotel.com **website** www.spadarihotel.com

Die Bezeichnung »Hotel« trifft auf dieses schicke, ungewöhnliche Etablissement, das sich nur wenige Schritte vom Dom entfernt befindet, kaum zu. Während man zwar dort übernachten kann (und das zudem ausgesprochen komfortabel), teilt man sich die Unterkunft außerdem mit zeitgenössischer Kunst und Bildhauerei: die Leidenschaft der Besitzerin. Diese hat nicht nur dekorative Funktion, sondern stellt eine Sammlung an Arbeiten sowohl bekannter als auch aufstrebender junger Künstler dar. Die in Blau gehaltene Einrichtung präsentiert die Kunstwerke in ihrem besten Licht, und sogar die beeindruckenden Möbel sind speziell von Ugo La Pietra entworfen worden.

Im Erdgeschoss führen die Rezeption, ein Wohnzimmer und eine amerikanische Bar in die Sammlung ein. Der zentrale Punkt ist der Kamin mit einer Skulptur von Gio Pomodoro. Und dennoch ist das Interieur nicht nur elegant, sondern auch praktisch. Obwohl die Zimmer nicht besonders groß sind, wirken sie frisch, sind gut ausgestattet und erstklassig in Schuss. In jedem Zimmer stehen täglich frische Blumen und frisches Obst. Die qualitativ hochwertigen Teppiche, Vorhänge und Bettbezüge vervollständigen das Bild; die auffällig schönen Möbel und die Bäder, alle in Blau und Weiß gehalten, sind makellos. Es gibt zwar kein Restaurant, aber das freundliche Personal besorgt Ihnen gerne einen Snack, wenn Ihre Füße Sie nicht mehr in das nächste Restaurant tragen können.

Umgebung: Galleria Vittorio Emanuele; Duomo • **Lage:** im Stadtzentrum südwestlich des Doms; hoteleigene Garage • **Mahlzeiten:** Frühstück, Snacks
Preise: LLL • **Zimmer:** 39; 25 Doppel-, 10 Zweibettzimmer, 3 Einzelzimmer, 1 Suite, 27 mit Bad, 12 mit Dusche; alle Zimmer mit Telefon, TV, Klimaanlage, Minibar, Fön, Safe • **Anlage:** Aufenthaltsraum, Bar • **Kreditkarten:** AE, DC, MC, V
Behinderte: nicht geeignet • **Tiere:** nicht erlaubt • **Geschlossen:** Weihnachten
Besitzerin: Marida Martegani

Lombardei

Monza

Hotel de la Ville

Stadthotel

Viale Regina Margherita 15, 20052 Monza, Milano
Tel 039 382581 **Fax** 039 367647
e-mail reservation@hoteldelaville.com **website** www.hoteldelaville.com

Der erste Anblick des tristen Äußeren dieses Hotels, das einst der königlichen Familie von Savoyen als Sommersitz diente, wirkt ausgesprochen abschreckend. Danach erwartet die Gäste jedoch eine freudige Überraschung. Das Ambiente im Inneren zeugt von opulenter, aber unaufdringlicher Eleganz: Mit frischen Blumen gefüllte Vasen setzen die erstklassige Einrichtung in ein besonders gutes Licht, und im ganzen Hotel verstreut gibt es eine nicht enden wollende Reihe an seltenen Objekten, die der leidenschaftlich perfektionistische Besitzer Tany Nardi gesammelt hat. In den Korridoren stehen Silbertabletts voller kleiner Kristallgläser und ausgezeichnet erhaltene alte Gepäckstücke. Subtil beleuchtete wertvolle Perserteppiche, antike Möbel, Töpfe, Pflanzen, goldgerahmte Gemälde und polierter Marmor überzeugen den Gast davon, seine weltlichen Sorgen am Eingang des Hotels abzugeben.
Die Zimmer sind wunderschön eingerichtet, die Badezimmer perfekt, und alles ist tadellos gepflegt. Nur eine Minute vom Haupthotel entfernt befindet sich ein neues Nebengebäude, das am ersten Valentinstag des neuen Jahrtausends eröffnet worden ist.

Umgebung: Villa Reale; Duomo; Mailand (15 km) • **Lage:** im Stadtzentrum vor der Villa Reale; Parkplatz • **Mahlzeiten:** Frühstück, Mittagessen, Abendessen
Preise: LLL • **Zimmer:** 62; 21 Doppel- und Zweibettzimmer, 8 mit Bad, 13 mit Dusche, 39 Einzelzimmer, 2 Suiten, alle mit Dusche; alle Zimmer mit Telefon, TV, Klimaanlage, Minibar, Fön, Safe • **Anlage:** Restaurant, Bar, Konferenzräume, Sauna (nur im Nebengebäude) • **Kreditkarten:** AE, DC, MC, V • **Behinderte:** 1 speziell geeignetes Zimmer • **Tiere:** nicht erlaubt • **Geschlossen:** August, Weihnachten • **Besitzer:** Familie Nardi

Lombardei

Ranco

Sole

~ Restaurant mit Gästezimmern ~

Piazza Venezia 5, 21020 Ranco, Varese
Tel 0331 976507 **Fax** 0331 976620
e-mail ivanett@tin.it **website** www.relaischateaux.fr

Die beiden Michelinsterne, mit denen das Sole ausgezeichnet ist, üben auf Gourmets eine große Anziehungskraft aus. Betritt man das helle und geräumige Foyer des Hotels, wird man von der fünften oder sechsten Generation der Brovellis empfangen, da Davide seinem Vater Carlo in diesem alteingesessenen Familienbetrieb am Lago Maggiore mittlerweile tatkräftig zur Seite steht. Sie werden jedoch sofort bemerken, dass weder der Vater noch der Sohn den Fehler begangen haben, sich auf den Lorbeeren der beiden Michelinsterne auszuruhen. An diesem einladenden und freundlichen Ort verbindet sich das ausgezeichnete Restaurant mit einer großartigen Aussicht auf den See und wirklich schönen Zimmern. Für 2002 ist der Bau eines Swimmingpools geplant.
Trotz – oder gerade aufgrund – der gehobenen Erwartungen, die mit den zwei Sternen verbunden sind, sind die Brovellis ihrer Gegend treu geblieben und servieren viele köstliche Gerichte der Region. Die Tische des Restaurants sind normalerweise auf der hübschen Terrasse unter einer Pergola gedeckt; nur bei schlechtem Wetter stehen sie im Frühstücksraum. Die Zimmer sind wahre Perlen: in gehobenem ländlichem Stil eingerichtet, mit tiefen Teppichen und farblich zusammenpassenden Vorhängen, Bettbezügen und Malereien. Die leuchtend weißen Badezimmer hätten eigentlich eigene Sterne verdient; sie sind mit großen Wannen, noch größeren Handtüchern und ansprechenden Kosmetikproben ausgestattet.

~

Umgebung: Luganer und Comer See; Mailand (67 km) • **Lage:** an der Ostseite des Lago Maggiore, nördlich von Angera; Parkplatz • **Mahlzeiten:** Frühstück, Mittagessen, Abendessen • **Preise:** LL-LLL • **Zimmer:** 14; 3 Doppel-, 1 Zweibettzimmer, 3 Einzelzimmer, 9 Suiten, alle mit Bad; alle Zimmer mit Telefon, TV, Klimaanlage, Minibar, Fön, Safe • **Anlage:** Restaurant, Frühstücksraum, Garten • **Kreditkarten:** AE, DC, MC, V • **Behinderte:** 1 speziell geeignetes Zimmer • **Tiere:** kleinere Hunde erlaubt • **Geschlossen:** Januar bis Mitte Februar • **Besitzer:** Familie Brovelli

Lombardei

San Fedele d'Intelvi

Tipp des Herausgebers

Villa Simplicitas

Ländliche Villa

22010 San Fedele d'Intelvi, Como
Tel 031 831132/02 4989158 **Fax** 031 830455/02 460407

Je weiter man sich auf der A9 fortbewegt, desto kleiner werden die Straßen und desto schneller erreicht der Blutdruck – durch den stressenden Verkehr angestiegen – wieder sein normales Niveau. Die letzten zwei Kilometer führen eine holprige Bergstraße hinauf. Wenn man die absolut unprätentiöse Villa aus dem 19. Jh. endlich erreicht hat, sollte man den Motor abstellen, die Wagentür öffnen und der wundervollen Stille lauschen. Das Gebäude ist mit Kuriositäten aus dem 19. Jh. gefüllt, darunter auch ein großartiger Billardtisch, und von einem Hauch rustikaler Vornehmheit umgeben. Die Mahlzeiten werden bei schönem Wetter auf der Terrasse eingenommen, und auf der Speisekarte erscheinen Gerichte, die ausschließlich mit Zutaten aus eigener Produktion zubereitet werden. Pro Gang hat man drei bis vier Wahlmöglichkeiten, und auch die Weinkarte ist ausgezeichnet.
Die großen, luftigen Zimmer haben fast alle eine herrliche Aussicht und erinnern eher an komfortable Gästezimmer in einer Privatunterkunft: Auf den Ankleidetischen stehen Potpourris, in der Ecke eines Zimmers befindet sich ein Schaukelstuhl und alles ist liebevoll mit Kleinigkeiten dekoriert. Mit Ausnahme des elektrischen Lichts hat das 20. Jh. hier kaum Spuren hinterlassen. Es gibt zwar einen Fernseher, der aber nicht immer funktioniert. Wenn Sie Ihre Batterie wieder aufgeladen haben, können Sie spazieren gehen, reiten, Tennis spielen oder eine Runde golfen.

Umgebung: Comer und Luganer See; Lago Maggiore; Como (20 km) • **Lage:** 2 km bergaufwärts von San Fedele d'Intelvi; Parkplatz • **Mahlzeiten:** Frühstück, Mittagessen, Abendessen • **Preise:** L • **Zimmer:** 10; 8 Doppel-, 2 Zweibettzimmer, alle mit Dusche; alle Zimmer mit Telefon • **Anlage:** Restaurant, Aufenthaltsraum, Billardraum, Garten, Tischtennis • **Kreditkarten:** AE, DC, MC, V • **Behinderte:** nicht geeignet • **Tiere:** erlaubt • **Geschlossen:** Mitte Oktober bis März • **Besitzerin:** Ulla Wagner Hohenlobbasa

Lombardei

Sirmione

Grifone

Restaurant am See mit Gästezimmern

Vicolo Bisse (Via Bocchio) 5, 25019 Sirmione, Brescia
Tel 030 916014 **Fax** 030 916548

Obwohl das Grifone eines der preiswertesten und einfachsten Hotels in diesem Führer ist, verfügt es über eine einmalige Lage und eignet sich hervorragend für ein bis zwei Übernachtungen. Im Wesentlichen ist es ein Restaurant, das sich auf Fischgerichte spezialisiert hat und eine Auswahl an Antipasti bietet, die einem das Wasser im Munde zusammenlaufen lässt. Von der reizvollen baumbewachsenen Terrasse aus hat man einen Blick auf den Gardasee und die Schutzwälle der Scaligerburg.

Der Eingang des Hotels findet sich in einer engen Gasse innerhalb der Stadtmauern. Ein kleiner Aufenthaltsraum, der mit einem Fernseher und Bambusmöbeln ausgestattet ist, führt zu einer Veranda, auf der das Frühstück serviert wird, und – ideal für Badefreunde – zu einem einladenden kleinen Strand. Die Zimmer im ersten Stock sind einfach möbliert, aber tadellos sauber. Aus einigen Zimmern hat man einen direkten Blick auf die Burgmauern; die fünf Balkons sind üppig mit Blumen bepflanzt. Die Zimmer im obersten Stockwerk erfreuen sich der schönsten Aussicht: über die Dächer der Stadt, die Berge und den See. In der Fußgängerzone sind naturgemäß keine Verkehrsgeräusche zu hören – man kann höchstens durch die Kirchenglocken geweckt werden.

Umgebung: Gardasee; Brescia (39 km); Verona (35 km) • **Lage:** direkt an der Stadtmauer neben der Burg am See; gebührenfreier Parkplatz (50 m)
Mahlzeiten: Frühstück, Mittag- und Abendessen • **Preise:** L • **Zimmer:** 16; 12 Doppel-, Zweibett- und Dreibettzimmer, 4 mit Bad, 8 mit Dusche, 4 Einzelzimmer mit Dusche • **Anlage:** Aufenthaltsraum, Speiseraum, Aufzug, Terrassen, winziger Strand • **Kreditkarten:** keine • **Behinderte:** Zugang schwierig außer zum Restaurant • **Tiere:** nicht erlaubt • **Geschlossen:** November bis Ostern
Besitzer: Familie Marcolini

Lombardei

Gargnano

Baia d'Oro

Hotel am See

Via Gamberera 13, 25084 Gargnano, Brescia **Tel** 0365 71171/72078 • **Fax** 0365 72568 • **Mahlzeiten:** Frühstück, Mittag- und Abendessen • **Preise:** LL **Geschlossen:** Mitte Nov. bis Mitte März • **Besitzer:** Familie Terzi

Die romantische Speiseterrasse liegt so nah am See, dass man beinahe die Hand hineinstrecken könnte. Für die kühleren Abende gibt es einen Speiseraum im Inneren des Hotels mit Blick auf Terrasse und See. Die Terzis haben die Zimmer nach und nach in etwas zweifelhaften Pink- und Blauschattierungen mit bemalten Holzmöbeln, glänzenden Bezügen und verspiegelten Kopfenden der Betten neu eingerichtet, was Geschmackssache sein mag; die Zimmer sind generell aber sehr bequem, verfügen über neue Bäder und Blick auf den See. Im gemütlichen Aufenthaltsraum brennt ein Feuer im Kamin, und an den Wänden hängen die Gemälde Giambattista Terzis, die die umliegende Landschaft darstellen.

Gargnano

Villa Giulia

Villa am See

Via Rimembranza 20, 25084 Gargnano, Brescia **Tel** 0365 71022/71289 • **Fax** 0365 72774 • **e-mail** hvgiulia@gardanet.it • **website** www.villagiulia.it • **Mahlzeiten:** Frühstück, Mittagessen, Abendessen • **Preise:** LL • **Geschlossen:** Mitte Oktober bis 1 Woche vor Ostern • **Besitzer:** Familie Bombardelli

Im Laufe der Jahre ist diese *pensione* zu einem Drei-Sterne-Hotel aufgestiegen. Dennoch blieb die anheimelnde Atmosphäre eines Familienbetriebs erhalten. Die prachtvolle Villa wurde vor über hundert Jahren im viktorianischen Stil mit gotischen Elementen erbaut. Das Haus ist herrlich gelegen; Garten und Terrassen reichen fast bis ans Ufer. Die neu eingerichteten Gästezimmer sind hell und modern oder verfügen über Holzbalkendecken, Antiquitäten und Balkon mit Blick auf Garten und See. Am besten haben uns die Zimmer im Dachgeschoss mit den gotischen Fenstern gefallen. Ein Leser beschwerte sich vor kurzem über den »kühlen Empfang« und die »einheitlich rüde und herablassende« Art des Personals. Weitere Berichte erwünscht.

Lombardei

Mailand

Pierre Milano

Stadthotel

Via de Amicis 32, 20123 Milano **Tel** 02 72000581 • **Fax** 02 8052157 • **Mahlzeiten:** Frühstück, Abendessen • **Preise:** LLL • **Geschlossen:** 3 Wochen im August, Ende Dezember bis Anfang Januar • **Geschäftsführerin:** Paola Piccina

Erinnern Sie sich noch an das alte Hotel Torino? Sie würden es jetzt nicht mehr wiedererkennen! Schon das Äußere – Fassade und Eingang – des Hotels vermittelt einen luxuriösen Eindruck, der sich im Inneren fortsetzt. In zwei Reihen warten Aufzüge hinter der Rezeption darauf, die Gäste in Windeseile nach oben zu den Zimmern zu bringen, die man über teppichgepolsterte Korridore erreicht. Die gut, allerdings mit Einbaumöbeln ausgestatteten Zimmer sind ebenso wie die Badezimmer eher von bescheidener Größe. Sollten Sie mehr Platz brauchen, stehen Ihnen immer noch sieben Suiten zur Verfügung. Das Personal ist professionell, herzlich und hilfsbereit.

Pomponesco

Il Leone

Restaurant mit Gästezimmern

Piazza IV Martiri 2, 46030 Pomponesco, Mantova
Tel 0375 86077/86145
Fax 0375 86770
Mahlzeiten: Frühstück, Mittagessen, Abendessen • **Preise:** L
Geschlossen: Januar, Restaurant Sonntagabend und montags
Besitzer: Signor Pasolini

Das Leone, ein altes Gebäude, von dem der Putz abbröckelt und das im 16. Jh einem Adligen gehört hat, liegt ganz in der Nähe der Hauptpiazza und ist in erster Linie ein Restaurant. Es umfasst nur sieben Zimmer, und die bei weitem schönsten Bereiche sind die Speiseräume. Eindrucksvoll sind die aus dem 16. Jh. stammenden getäfelten Decken und die Friese im Hauptrestaurant. Doch auch die übrige Einrichtung ist elegant: Gemälde alter Meister, vergoldete Lampen, tadellos gedeckte Tische. Vom Restaurant aus führt ein blumenübersäter Innenhof zu den Zimmern, die um einen einladenden Pool und einen ländlichen Garten herum angeordnet sind. Bei Drucklegung hat das Leone gerade den Besitzer gewechselt. Weitere Berichte sind herzlich willkommen.

Der Nordosten

Überblick

Die Hotels im Nordosten

Die weltberühmte Stadt Venedig stellt mit ihrer unvergleichlichen Schönheit, ihrem Reichtum an Kunstschätzen und ihrer vom Verfall bedrohten Architektur den Mittelpunkt dieser Region dar. Auf den folgenden Seiten finden sich wahre Perlen kleiner Hotels, die wir aus unserem regionalen Führer »Kleine Hotels mit Charme – Venedig & Nordöstliches Italien« zusammengestellt haben. Die Übernachtungspreise in Venedig sind leider sehr hoch; wenn Sie Ihre Wahl jedoch sorgfältig treffen und ein Zimmer mit Kanal- oder Lagunenblick ergattern können, werden Sie einige unvergessliche Aufenthaltsorte entdecken.

Die Alternative zu einer Übernachtung in Venedig selbst stellt der Aufenthalt in der Ebene des Veneto dar, die sich von Venedig aus bis zum Fuße der Dolomiten erstreckt. Hier gibt es die großartigen Städte Padua, Treviso, Vicenza und Verona nebst Palladiovillen und anderen Attraktionen wie z. B. den kleinen Bergstädtchen Asolo und Follina zu besichtigen. Die in diesem Führer vorgestellten Hotels stellen ausgezeichnete Ausgangspunkte dar, um Venedig und das Veneto zu erkunden. In Verona haben wir zwei Empfehlungen, das *Gabbia d'Oro* und das *Torcolo* (siehe Seiten 118 / 119); in Treviso sollten Sie es mit dem *Alle Beccherie/Campeol* (Tel. 0422 54 08 71) probieren, einem traditionellen Restaurant mit Gästezimmern, und in Padua mit dem *Leon Bianco* (Tel. 049 875 08 14). In Vicenza haben wir leider kein passendes Hotel gefunden, können aber die sieben Kilometer entfernte *Villa Michelangelo* (Tel. 0444 55 03 00) empfehlen.

Die Region Veneto umfasst die Ostküste des Gardasees; auch dort stellen wir kleine Hotels mit Charme vor. Weitere Hotels am Gardasee sind in diesem Führer dem Abschnitt über die Lombardei zugeordnet. Im Osten grenzt die Ebene des Veneto an die Region Friaul/Julisch-Venetien, in deren Süden wir einige Hotels empfehlen können. Im Norden der Region, wo sie an die Karnischen Alpen mit ihren Bergwiesen und Kiefernwäldern stößt, haben wir kaum Hotels unserer Kategorie bzw. überhaupt wenige Unterkünfte gefunden, da sie bisher kaum von Touristen besucht wird.

Als Urlaubsort in den Bergen beliebter ist die Region Trentino/Südtirol, die zwar nur ein paar Autostunden, im Grunde aber Welten von Venedig entfernt liegt. Sie hat einen autonomen Status und ist überwiegend zweisprachig; man spürt die Nähe zu Österreich. Manchmal sprechen Besitzer und Personal der Berghotels nur noch Deutsch. Jede Stadt, jedes Dorf, jeder Berg und jedes Tal hat einen deutschen und einen italienischen Namen; wir haben im Text beide angegeben. Die Hotels – in der Regel Tiroler Chalets – sind mit Holzmöbeln, Kachelöfen und rustikalen Stoffen ausgestattet. Das Essen erinnert stark an die österreichische Küche: Während auf den einfacheren Speisekarten Knödel, Gulasch und Sauerkraut zu finden sind, servieren die gehobeneren Restaurants einfallsreiche Variationen dieser Gerichte. Die Landschaft in und um die Dolomiten ist atemberaubend schön, und es gibt sowohl im Sommer als auch im Winter eine Menge zu unternehmen.

Der Nordosten

Asolo

Al Sole

Stadthotel

Via Collegio 33, 31011 Asolo, Treviso
Tel 0423 528111 **Fax** 0423 528399
e-mail albergoalsole@sevenonline.it **website** www.albergoalsole.com

Dieser *albergo* genießt eine einmalige Lage auf einem kleinen Hügel an der Piazza Maggiore, der zu einer massiven Festung *(rocca)* führt. Vom Al Sole aus hat man einen wunderschönen Blick auf die mittelalterliche Stadt mit ihren vielen geschäftigen Sträßchen. Die reizvolle originale Fassade des Gebäudes erstrahlt in dunklem Rosa; im Gegensatz dazu hat die dynamische junge Besitzerin Silvia de Checchi das Innere des Hotels äußerst modern eingerichtet.
In fast jedem Zimmer befinden sich weiße, roh verputzte Wände und warme Holzböden, die durch die gewagten Farbkombinationen der Stoffe und Möbel noch besonders hervorgehoben werden. Trotz des kühlen modernen Stils sind auch hier einige Antiquitäten zu finden. Die Zimmer sind individuell eingerichtet und erinnern mit Namen wie »Eleonora Duse« und »Gabriele d'Annunzio« an einige besonders helle Sterne am Firmament Asolos. Das »Eleonora Duse« ist mit bemalten Möbeln eingerichtet, das »Gabriele d'Annunzio« mit verzierten Möbelstücken, die an die Ausstattung einer Kirche erinnern. Die Badezimmer sind teilweise sehr groß und manchmal mit Massageduschen ausgestattet, die nur eine der vielen »4-Sterne-Annehmlichkeiten« darstellen. Seit kurzem gibt es im Hotel auch ein kleines Fitnesscentre.

Umgebung: Palladiovillen, Possagno (10 km) • **Lage:** an der Piazza Maggiore, privater Parkplatz • **Mahlzeiten:** Frühstück • **Preise:** LL • **Zimmer:** 23; 14 Doppel- und Zweibettzimmer, 2 mit Bad, 12 mit Dusche, 8 Einzelzimmer, 2 mit Bad, 6 mit Dusche, 1 Suite mit Bad; alle Zimmer mit Telefon, TV, Klimaanlage, Minibar, Fön, Safe • **Anlage:** Frühstücksraum, Aufenthaltsraum, Sitzecken, Bar, Fitnesscentre, Aufzug, Terrasse • **Kreditkarten:** AE, MC, V • **Behinderte:** 2 speziell ausgestattete Zimmer • **Tiere:** erlaubt • **Geschlossen:** nie • **Besitzerin:** Silvia de Checchi

Der Nordosten

Asolo

Villa Cipriani

~ Ländliche Villa ~

Via Canova 298, 31011 Asolo, Treviso
Tel 0423 952166 **Fax** 0423 952095
e-mail res032.villacipriani@sheraton.com **website** www.sheraton.com/villacipriani

Das hübsche mittelalterliche Städtchen Asolo ist sicher eines der Juwele des Veneto. Das warme, ockerfarbene Gebäude der Villa Cipriani, eines der besten Hotels der riesigen ITT Sheraton-Gruppe, liegt am Rande des Dorfes. Sein täuschend einfacher Eingang führt zu einem einladenden Empfangsbereich, der sofort das Gefühl eines Hotels mit Herz vermittelt. Es verfügt über einen der schönsten Rosengärten der Gegend; das Essen wird auf der Terrasse oder im über dem Tal gelegenen Restaurant serviert. Was die eleganten und bequemen Zimmer angeht, so sollten Sie sich für ein mit »exclusive« bezeichnetes Doppelzimmer mit Aussicht entscheiden. Die mit »superiore« bezeichneten Zimmer sind wenig geräumig und ohne Sitzecken. Zwei der »exklusiven« Doppelzimmer sind mit einer Terrasse ausgestattet.

Die Villa Cipriani ist ein ländliches Hotel, in dem man sich gut entspannen kann: Die Aussicht, der Komfort, der friedvolle Garten und das gute Essen machen es besonders attraktiv. Einige Besucher empfanden das Preis-Leistungs-Verhältnis allerdings als nicht stimmig und fühlten sich von lauten Hochzeitsgesellschaften und anderen, etwas aufdringlichen Gästen in ihrer Ruhe gestört.

~

Umgebung: Palladiovillen; Possagno (10 km) • **Lage:** im Nordwesten des Dorfes; mit Garage • **Mahlzeiten:** Frühstück, Mittag- und Abendessen • **Preise:** LLL-LLLL **Zimmer:** 31; 29 Doppel- und Zweibettzimmer, 2 Einzelzimmer, alle mit Bad; alle Zimmer mit Telefon, TV, Klimaanlage, Minibar, Fön • **Anlage:** Aufenthaltsraum, Speiseraum, Bar, Tagungsraum, Aufzug, Terrasse, Garten • **Kreditkarten:** AE, DC, MC, V • **Behinderte:** Zugang schwierig • **Tiere:** erlaubt • **Geschlossen:** nie **Besitzer:** Gianpaolo Burattin

Der Nordosten

Bannia di Fiume Veneto

L'Ultimo Mulino

~ Umgebaute Mühle ~

Via Mulino 45, 33080 Bannia di Fiume Veneto, Pordenone
Tel 0434 957911 **Fax** 0434 958483
e-mail fllonder@tin.it **website** www.centroweb.com/hotel

Wie der Name schon sagt, ist dieses Gebäude aus dem 17. Jh. eine der letzten Mühlen der Gegend. Die Mühle war bis in die 1970er Jahre hinein in Betrieb; die alten hölzernen Mühlräder sind immer noch funktionstüchtig und werden abends auch in Gang gesetzt. Das reizvolle Steingebäude und der Garten liegen in sanftem, fruchtbarem Ackerland und sind von drei Flüssen umgeben: Das beruhigende Geräusch plätschernden Wassers ist allgegenwärtig.
Das Hotel wurde 1994 eröffnet; seine Restaurierung ist mit viel Geschmack und Umsicht vorgenommen worden. In den langgestreckten, offenen Aufenthaltsraum und in die Bar sind sogar die schweren Mühlenwerkzeuge eingearbeitet worden. In dem ganzen Gebäude werden attraktive Laura-Ashley-Stoffe mit hübschen antiken Möbeln, rustikalen Stein- und Holzarbeiten und mildem Licht kombiniert. Die bequemen und stilvollen Zimmer sind zwar alle unterschiedlich, folgen mit ihren Holzmöbeln und den hellgrünen und cremefarbenen Stoffbezügen aber alle dem gleichen Einrichtungsstil. Die Zimmer im zweiten Stock haben schräge Decken und gemütliche Sofas. Die glänzenden, gut ausgestatteten Badezimmer sind in hellgrauem Marmor gehalten.

~

Umgebung: Pordenone (10 km); Venedig (80 km); Triest (80 km) • **Lage:** 10 km südöstlich von Pordenone, A28 Abfahrt Azzano Decimo; eigener Garten, mit Parkplatz • **Mahlzeiten:** Frühstück, Abendessen • **Preise:** LL • **Zimmer:** 8 Doppel- und Zweibettzimmer, 4 mit Bad, 4 mit Dusche; alle Zimmer mit Telefon, TV, Klimaanlage, Minibar, Fön • **Anlage:** Frühstücksraum, Aufenthaltsraum, Speiseräume, Bar, Musik-/Tagungsraum, Garten, Terrasse • **Kreditkarten:** AE, DC, MC, V • **Behinderte:** keine speziellen Einrichtungen • **Tiere:** erlaubt **Geschlossen:** 10 Tage im Januar, August • **Besitzer:** Familie Balestrieri

Der Nordosten

Barbiano / Barbian

Tipp des Herausgebers

Bad Dreikirchen

Berghotel

San Giacomo 6, 39040 Barbiano (Barbian), Bozen
Tel 0471 650055 **Fax** 0471 650044
e-mail wodenegg.matthias@rolmail.ne

Seinen Namen hat dieses idyllisch gelegene Hotel von drei kleinen Kirchen in der näheren Umgebung, die noch aus dem Mittelalter stammen. Die Tatsache, dass man das Hotel nur per Taxi mit Vierradantrieb erreichen kann, macht es zu einem perfekten Zufluchtsort.

Das große alte Gebäude mit seinem schiefergedeckten Dach und seinen dunklen Holzbalkons bietet eine wunderschöne Aussicht auf die umliegenden Wiesen, Wälder und Berge. Es gibt sowohl im Inneren des Hotels mit seiner Kiefertäfelung und den geschnitzten Möbeln als auch außen viel Platz für die Gäste, und die Atmosphäre ist gemütlich-rustikal. In der kleinen Bibliothek findet man ruhige Ecken zum Lesen, und die einfachen, aber wohlschmeckenden Gerichte werden in dem hübschen Speiseraum oder auf der angrenzenden Veranda serviert, die über eine wunderschöne Aussicht verfügt. Die Zimmer im ursprünglich erhaltenen Teil des Gebäudes sind mit ihrer durchgehenden Holztäfelung besonders reizvoll.

Alles in allem treffen die Worte eines Gastes aus dem Jahr 1908 auch heute noch zu: »Ich blieb einige Tage ... Das Wetter war anhaltend schön, die Lage großartig und das Essen gut.«

Umgebung: Brixen (17 km); Grödnertal (10 km) • **Lage:** 21 km nordöstlich von Bozen, Abfahrt Klausen von der Brennerautobahn, in südlicher Richtung nach Barbian (6 km); Hotelparkplatz auf der rechten Seite (auf Anfrage schickt das Hotel einen Jeep, um Sie vom Parkplatz abzuholen) • **Mahlzeiten:** Frühstück, Mittag- und Abendessen • **Preise:** Halbpension obligatorisch; L • **Zimmer:** 30; 12 Doppel- und Zweibett-, 15 Einzelzimmer, 3 Familienzimmer, die meisten mit Dusche • **Anlage:** Aufenthaltsräume, Bar, Restaurant, Spieleraum, Bibliothek, Garten, Terrassen, Swimmingpool, Tischtennis, Tennisplatz (1 km) **Kreditkarten:** MC, V • **Behinderte:** Zugang schwierig • **Tiere:** erlaubt **Geschlossen:** November bis Mitte Mai • **Besitzer:** Familie Wodenegg

Der Nordosten

Bressanone / Brixen

Elephant

Stadthotel

Via Rio Bianco 4, 39042 Bressanone (Brixen), Bozen
Tel 0472 832750 **Fax** 0472 836579
e-mail elephant.brixen@acs.it **website** www.acs.it/elephant

Brixen (ital. Bressanone) ist eine hübsche Stadt am Fuß des Brennerpasses, die mehr österreichisch als italienisch anmutet. Das trifft auch auf das reizvolle Hotel Elephant zu, das seinen Namen von jenem Tier erhielt, das zur Unterhaltung des österreichischen Kaisers Ferdinand über die Alpen geführt wurde. Der einzige Stall, der groß genug für das erschöpfte Tier war, befand sich neben der Schänke, die zur Feier des Ereignisses dann auch gleich umbenannt wurde.

Das Hotel wird von einer Atmosphäre soliden und altmodischen Komforts bestimmt. Die Korridore sind in stilvollen Farben gestrichen und mit geschnitzten Antiquitäten und Einlegearbeiten dekoriert. Die Gemeinschaftsräume befinden sich alle im ersten Stock: ein eleganter Aufenthaltsraum im Stil des 18. Jhs., ein großer, heller Frühstücksraum sowie drei Speiseräume. Das Essen stellt sicher einen der Höhepunkte während des Aufenthalts in diesem Hotel dar.

Die Zimmer sind zwar geräumig und bequem, aber verglichen mit den Gemeinschaftsräumen doch etwas enttäuschend, in einigen stehen Antiquitäten.

Umgebung: Dom; Kloster Neustift (3 km) • **Lage:** am Nordrand der Stadt; in Gärten; mit Parkplatz und Garagen • **Mahlzeiten:** Frühstück, Mittag- und Abendessen • **Preise:** LL • **Zimmer:** 44; 28 Doppel- und Zweibettzimmer, alle mit Bad, 16 Einzelzimmer, 15 mit Bad, 1 mit Dusche; alle Zimmer mit Telefon, TV, Fön **Anlage:** Frühstücksraum, Aufenthaltsraum, Bar, Speiseräume, Garten, Swimmingpool, Tennisplätze • **Kreditkarten:** AE, DC, MC, V • **Behinderte:** 2 Zimmer im Nebengebäude im Erdgeschoss • **Tiere:** erlaubt • **Geschlossen:** November bis Weihnachten, Januar bis März • **Besitzerin:** Elizabeth Falk

Der Nordosten

Caldaro / Kaltern

Leuchtenburg

Ländliches Gästehaus

Campo di Lago 100, 39052 Caldaro (Kaltern), Bozen
Tel 0471 960048 **Fax** 0471 960155 **e-mail** pensionleuchtenburg@kalterersee.com
website www.kalterersee.com/pensionleuchtenburg

Das solide Steingebäude aus dem 16. Jh. beherbergte früher die Dienerschaft der Leuchtenburg, die eine Stunde mühseligen Wegs den bewaldeten Berg hinauf hinter dem jetzigen Hotel liegt. Heute werden die Gäste der *pensione* von den freundlichen Besitzern gut umsorgt, während die Burg längst zur Ruine verfallen ist. Die Lage direkt am Kalterer See ist beneidenswert ruhig.
In der *pensione* sorgen die Sparers für ein solides Frühstück und Drei-Gänge-Menüs zum Abendessen; die regionale Küche wird in einer unprätentiösen und anheimelnden Atmosphäre serviert. Die niedrigen Speiseräume im Erdgeschoss sind weiß gestrichen; die Rezeption im ersten Stock bestimmt ein großer, mit Zeitschriften übersäter Tisch, der von Sesseln umgeben ist. Ein weiterer Bereich im ersten Stock, in dem man auch gemütlich sitzen kann, führt zu den Zimmern, die über hübsche bemalte Möbel und geflieste Böden verfügen. Die Zimmer im zweiten Stock sind einfacher eingerichtet. Jedes einzelne Zimmer hat seine eigene Geschichte: Im »alten Räucherzimmer« beispielsweise wurden früher Lebensmittel geräuchert. Im Allgemeinen sind die Zimmer sehr geräumig, von manchen hat man einen herrlichen Blick.

Umgebung: See mit Schwimm- und Angelmöglichkeit • **Lage:** 5 km südöstlich von Kaltern, am See; Hof mit Parkmöglichkeit • **Mahlzeiten:** Frühstück, Abendessen
Preise: L • **Zimmer:** 19; 15 Doppel- und Zweibettzimmer, 3 mit Bad, 12 mit Dusche, 2 Einzelzimmer, 2 Dreibettzimmer, alle mit Dusche; alle Zimmer mit TV (auf Anfrage) • **Anlage:** Sitzecken, Speiseraum, Bar, Terrasse, Strand
Kreditkarten: MC, V • **Behinderte:** nicht geeignet • **Tiere:** erlaubt • **Geschlossen:** November bis Ostern • **Besitzer:** Markus Sparer

Der Nordosten

Cortina d'Ampezzo

Montana

Stadthotel

Corso Italia 94, 32043 Cortina d'Ampezzo, Belluno
Tel 0436 862126 **Fax** 0436 868211
website www.venere.it/veneto/cortina/montana/

Das freundliche kleine Hotel liegt in der Fußgängerzone direkt im Zentrum von Cortina d'Ampezzo (in einer Höhe von 1224 Metern). Da man zu Fuß in einigen Minuten die Gondelbahn erreichen kann, ist das Hotel zwischen Dezember und Ende April bei Skifahrern sehr beliebt. Man sollte also für einen Aufenthalt zu dieser Zeit im Voraus buchen.

Das Montana gehört Adriano Lorenzi, einem passionierten Gastwirt und gleichzeitig Kunstliebhaber, dessen beachtenswerte Gemäldesammlung das Haus schmückt. Die Zimmer sind im rustikalen Stil eingerichtet; Böden und Decken sind aus Kiefernholz, und manche Zimmer haben blumenverzierte Balkone mit Blick über das Dorf und in die Berge. Jedes Zimmer verfügt über ein tadelloses Badezimmer. Das Frühstücksbüfett mit hausgemachter Marmelade wird auf hübschen, rot geblümten Tischdecken serviert oder gegen einen kleinen Aufpreis auch auf das Zimmer gebracht.

Cortina d'Ampezzo ist ein beliebter Kurort; es gibt erstklassige Skipisten, eine Sprungschanze, Rodel- und Schlittschuhmöglichkeiten sowie Curling. Im Sommer kann man hier wegen des milden Klimas gut bergwandern, klettern, angeln oder Tennis spielen.

Umgebung: Faloria-Gondelbahn-Talstation, Eisstadion, Dolomiten • **Lage:** Fußgängerzone im Zentrum von Cortina d'Ampezzo; Parkgelegenheit
Mahlzeiten: Frühstück • **Preise:** Zimmer L–LLL inkl. Frühstück • **Zimmer:** 15 Doppel-, 15 Einzelzimmer, alle mit Bad oder Dusche; Telefon, TV, Safe
Anlage: Frühstücksraum • **Kreditkarten:** AE, DC, MC, V • **Kinder:** willkommen
Behinderte: nicht geeignet • **Tiere:** nur kleine Hunde erlaubt • **Geschlossen:** Juni und Nov. • **Besitzer:** Adriano Lorenzi

Der Nordosten

Fié allo Sciliar / Völs am Schlern

Turm

Dorfhotel in den Bergen

Piazza della Chiesa 9, 39050 Fié allo Sciliar (Völs am Schlern), Bozen
Tel 0471 725014 **Fax** 0471 725474
e-mail turmwirt@cenida.it **website** www.romantikhotels.com/rhvoels

Das Hotel Turm, ein solides ehemaliges Gerichtsgebäude aus dem 12. Jh., kombiniert die typische Tiroler Gastfreundschaft mit Stil und Herzlichkeit. Die Zimmer sind alle unterschiedlich eingerichtet und variieren vor allem in der Größe; aber sogar das kleinste bietet alles, was man sich für einen komfortablen Aufenthalt nur wünschen kann, inklusive der traditionellen Möbel und gemütlichen Sitzecken. Die Miniappartements sind besonders reizvoll. Eines befindet sich in einem kleinen Steinturm und ist mit seiner Holztäfelung und seiner Wendeltreppe im Stil einer Tiroler Stube eingerichtet. Es verfügt über ein Doppel- und ein Kinderzimmer. Die Familie Pramstrahler besitzt eine schöne Sammlung zeitgenössischer Kunst, die in den Zimmern und den weiß getünchten Korridoren ausgestellt ist.
Der Hauptspeiseraum ist hell und geräumig und hat eine niedrige Holzdecke; die Fenster gehen alle zum Tal hinaus. Man kann aber auch in dem romantischen kleinen Raum mit seinen schweren gusseisernen Türen in dem Turm aus dem 11. Jh. speisen. Das elegant präsentierte Essen, das von dem in Frankreich ausgebildeten Stefan Pramstrahler zubereitet wird, ist auf jeden Fall ausgezeichnet.

Umgebung: Grödnertal; Bozen (16 km); Kastelruth (10 km) • **Lage:** im Dorf, 16 km östlich von Bozen; mit Garten und Parkplatz • **Mahlzeiten:** Frühstück, Mittag- und Abendessen • **Preise:** LL • **Zimmer:** 26; 20 Doppel- und Zweibettzimmer, 5 mit Bad, 15 mit Dusche, 1 Einzelzimmer mit Dusche, 5 Appartements mit Küche; alle Zimmer mit Telefon, TV, Minibar, Fön, Safe • **Anlage:** Aufenthaltsraum, Speiseräume, Bar, Aufzug, Garten, Sauna, Hallenbad und Swimmingpool • **Kreditkarten:** MC, V • **Behinderte:** Zugang zu den Gemeinschaftsräumen möglich • **Tiere:** erlaubt • **Geschlossen:** November bis Mitte Dezember • **Besitzer:** Karl Pramstrahler

Der Nordosten

Finale

Villa Saraceno

Villa mit Selbstversorgung

Info: The Landmark Trust, Shottesbrooke, Maidenhead, Berkshire SL6 3SW, England Tel 01626 825 925 Fax 01628 825417
e-mail booking@landmarktrust.co.uk **website** www.landmarktrust.co.uk

Die von Andrea Palladio erbauten Villen gehören zu den Highlights im Veneto. Wenn Sie schon immer einmal in einer übernachten wollten, ist die Villa Saraceno genau das Richtige für Sie. Die Villa liegt in einer Ebene westlich der Euganeischen Hügel und gehört dem britischen Landmark Trust, einer Organisation, die Gebäude von geschichtlichem Interesse erwirbt, restauriert und an Touristen vermietet.

Der Komplex wurde Mitte des 16. Jhs. als Landsitz und Bauernhof für den wohlhabenden Vicenzaner Biagio Saraceno erbaut. Er besteht aus dem luftigen und wunderschön proportionierten Hauptgebäude und älteren Gebäuden, darunter auch die einfache Casa Vecchia, in der sich die Mehrzahl der Zimmer befindet. Das Innere der Villa wurde im Stil Palladios originalgetreu renoviert: An einen großen Saal schließen sich Zwei-Zimmer-Appartements und riesige Kornkammern im oberen Stockwerk an. Die bemalten Friese sind vor kurzem gereinigt worden und zeigen nun hoch dramatische Szenen, die wahrscheinlich für Biagios Sohn gemalt worden sind. In der Villa Saraceno können bis zu 16 Personen übernachten.

Umgebung: Montagnana (14 km); Vicenza (32 km) • **Lage:** in einem Dorf 32 km südlich von Vicenza; 12 km nördlich der SS10 zwischen Este und Montagnana **Mahlzeiten:** keine • **Preise:** auf Anfrage; in der Hochsaison nur wöchentliche Vermietung, sonst auch kürzerer Aufenthalt möglich • **Zimmer:** für bis zu 16 Personen; 2 Doppelzimmer, 3 Zweibettzimmer, 2 Einzelzimmer, 1 Familienzimmer; 5 Badezimmer • **Anlage:** Küche mit Spül- und Waschmaschine, Wohnzimmer, Esszimmer, Garten, Swimmingpool • **Kreditkarten:** MC, V • **Behinderte:** Zugang schwierig • **Tiere:** erlaubt • **Geschlossen:** nie

Der Nordosten

Follina

Abbazia

~ Stadthotel ~

Via Martiri della Libertà, 31051 Follina, Treviso
Tel 0438 971277 **Fax** 0438 970001
e-mail info@hotelabbazia.it **website** www.hotelabbazia.it

Das Hotel besteht aus zwei Gebäuden: einem Palazzo aus dem 17. Jh. und einer angrenzenden bezaubernden kleinen Jugendstil-Villa. Einrichtungsstandard und Komfort sind in beiden Gebäuden außergewöhnlich hoch – selten haben wir Hotelbesitzer (ein Geschwisterpaar) getroffen, die sich mehr um ihre Gäste gekümmert haben. Die Lobby und der Frühstücksraum mögen mit ihren bonbonfarbenen, rosenübersäten Wänden, den dekorierten Tischen und dem Porzellan mit Blumenmuster ja etwas überladen sein – die Zimmer werden Sie aber auf keinen Fall enttäuschen. Jedes ist individuell mit viel Eleganz und Liebe eingerichtet. Die Zimmer haben eigene Balkons (ohne Aufpreis). Am schönsten ist jedoch die Villa mit ihrem Säulenportikus, den Verzierungen an der Fassade und der eleganten Treppe. Das Hotel hat mittlerweile auch ein eigenes Restaurant, das mit seinen Steinwänden und Säulen ebenfalls schön eingerichtet ist. Ein Wandgemälde zeigt die landschaftlichen Höhepunkte der Umgebung.
Zu allem Überfluss gibt es zwei gute Restaurants in der Nähe: das »Da Lino« in Solighetto (siehe Seite 92) und das »Da Gigetto« in Miane, das über einen ausgezeichneten Weinkeller verfügt.

Umgebung: Kloster aus dem 11. Jh.; Palladiovillen; Asolo (20 km) • **Lage:** im Zentrum der Stadt, gegenüber dem Kloster; mit Parkplatz • **Mahlzeiten:** Frühstück, Mittagessen, Abendessen, Zimmerservice • **Preise:** LL • **Zimmer:** 24; 16 Doppel- und Zweibettzimmer, 1 Einzelzimmer, 7 Suiten, alle mit Dusche, Bad oder Jacuzzi; alle Zimmer mit Telefon, TV, Fön; 12 mit Klimaanlage und Safe • **Anlage:** Frühstücksraum, Aufenthaltsraum, Speiseraum, Teesalon, Terrasse, Garten
Kreditkarten: AE, DC, MC, V • **Behinderte:** nicht geeignet • **Tiere:** nicht erlaubt
Geschlossen: nie • **Besitzer:** Giovanni und Ivana Zanon

❄ Tipp des Herausgebers ❄

Der Nordosten

Gargagnago

✻ Tipp des Herausgebers ✻

Foresteria Serego Alighieri

Appartements in ländlicher Villa

37020 Gargagnago di Valpolicella, Verona
Tel 045 7703622 **Fax** 045 7703523
e-mail serego@easynet.it **website** www.seregoalighieri.it

1353 kaufte der Sohn des berühmten Dichters Dante Alighieri, der in Verona im Exil lebte, die Casal dei Ronchi, in der seine direkten Nachkommen fortan lebten. Heute produziert das blühende Anwesen, das von Conte Pieralvise Serègo Alighieri geführt wird, hauptsächlich Valpolicellaweine, deren Ruf sich in den letzten Jahren deutlich gebessert hat, Olivenöl, Balsamicoessig, Honig, Konfitüren und Reis. Der Familiensitz ist ein hübsches ockerfarbenes Gebäude, dessen streng angelegte vordere Gärten die Weinhänge überblicken. Dahinter liegen die ehemaligen Stallungen, die in acht wunderschöne Appartements umgewandelt worden sind, in denen zwei bis vier Personen übernachten können. Jedes Appartement verfügt über eine glänzende Chromküche, Möbel im Landhausstil und marmorne Bäder. Appartement Nummer 8 liegt in einem schlanken Turm: Das winzige Wohnzimmer, die kleine Küche und die Schlafzimmer sind alle durch Treppen miteinander verbunden. Hinter einem Holzverschlag am Bett ist ein kleines Fenster versteckt. Appartement Nummer 1 mit seinem großen Esstisch und den eleganten Stühlen ist das geräumigste. Im Frühstücksraum im Erdgeschoss hängen alte Familienfotos. In der Nähe gibt es einige gute Restaurants.

Umgebung: Verona (18 km); Gardasee (14 km) • **Lage:** an der Straße von Pedemonte nach San Ambrogio, ausgeschildert; 18 km nordöstlich von Verona; in eigener großzügiger Anlage mit großem Parkplatz • **Mahlzeiten:** Frühstück
Preise: Appartements (2 bis 4 Personen): LL pro Nacht; wochenweises Mieten möglich • **Zimmer:** 8 Appartements für 2, 3 oder 4 Personen; alle mit Küche, Bad mit Dusche, Telefon, TV, Klimaanlage • **Anlage:** Rezeption, Frühstücksraum, Terrasse, Tagungsraum, Laden, der Produkte aus eigener Herstellung verkauft
Kreditkarten: AE, MC, V • **Behinderte:** nicht geeignet • **Tiere:** erlaubt
Geschlossen: Januar • **Besitzer:** Conte Pieralvise Serègo Alighieri

Der Nordosten

Lagundo / Algund

Der Pünthof

Landhotel

Via Steinach 25, 39022 Lagundo (Algund), Bozen
Tel 0473 448553 **Fax** 0473 449919

Hinter dem heutigen Eingang des Pünthof verlief die Via Claudio Augusto, eine römische Straße nach Deutschland, und der Wachturm der Straße bildet einen Teil des jetzigen Hotelgebäudes. Das Hauptgebäude war ursprünglich ein mittelalterliches Bauernhaus, das sich seit dem 17. Jh. im Besitz der Familie Wolf befindet. Vor 40 Jahren haben die Wolfs das Hotel eröffnet; die Gäste waren zunächst in der ehemaligen Scheune untergebracht, mit den Jahren sind aber immer mehr Gebäude dazugekommen. Obwohl Algund ein eher trister Vorort Merans ist, merkt man auf dem Hotelgelände mit seinen Obstgärten, Weinbergen und der wunderschönen Landschaft nichts mehr davon.
Die Gemeinschaftsräume befinden sich im alten Teil des Gebäudes. Das Frühstück wird in der hellgrünen Stube mit dem Holzboden, der niedrigen Decke, dem Keramikofen und den getäfelten Wänden serviert. Die Zimmer in der Scheune sind modern und komfortabel, aber recht eintönig, obwohl einige über eigene Terrassen verfügen, die zum Garten hinausgehen. Die schönsten sind die in dem viereckigen Turm gelegenen Zimmer. Es gibt fünf gut ausgestattete Appartements sowie sechs einfachere und billigere Zimmer in einem Nebengebäude.

Umgebung: Bozen (28 km); Brenner (70 km); Dolomiten • **Lage:** 3 km nordwestlich von Meran, außerhalb des Dorfes; eigene Anlage mit großem Parkplatz • **Mahlzeiten:** Frühstück, Abendessen • **Preise:** L • **Zimmer:** 12 Doppel- und Zweibettzimmer, 2 mit Bad, 10 mit Dusche; alle Zimmer mit Telefon, TV, Minibar, Safe • **Anlage:** 2 Frühstücksräume, Aufenthaltsraum, Bar, Restaurant, Sauna, Solarium, Garten, Tennisplätze, Swimmingpool • **Kreditkarten:** AE, DC, MC, V • **Behinderte:** 1 Zimmer im Erdgeschoss geeignet • **Tiere:** erlaubt
Geschlossen: November bis Mitte März • **Besitzer:** Familie Wolf

Der Nordosten

Levada

Gargan

~ Gästehaus auf dem Land ~

Via Marco Polo 2, Levada di Piombino Dese, Padova
Tel 049 9350308 **Fax** 049 9350016
e-mail agargan@tin.it **website** www.gargan.it

Das typische, abseits gelegene Bauernhaus ist von außen nicht besonders anziehend. Im Garten macht sich ein Esel lautstark bemerkbar. Als wir das Gargan betraten, ahnten wir nicht, welche außergewöhnliche Eleganz uns im Inneren erwartet. Im Erdgeschoss befindet sich ein Gang mit kühlen weißen Wänden und Deckenbalken in blassem Grün sowie fünf miteinander verbundene Speisezimmer. Die Räume mit ihren zarten Spitzenvorhängen, den Balkendecken und Gemälden sind ausschließlich mit Antiquitäten ausgestattet. Als wir an einem Sonntag eintrafen, gab es gerade Mittagessen, und jeder Tisch war tadellos mit einem weißen Tischtuch, feinem Porzellan und glänzendem Silber gedeckt; im Kamin prasselte ein offenes Feuer.
Zum Kochen benutzt man fast ausschließlich Zutaten aus eigener Herstellung. Um das Essen kümmert sich Signora Calzavara, die auch ein echt amerikanisches Frühstück und andere Gerichte auf Wunsch serviert. Die sechs Zimmer sind ausgesprochen reizvoll. Auf den Böden liegen Läufer, die Bettgestelle sind aus Schmiedeeisen und die Möbel aus feinem Walnussholz. Wenn Sie kein Italienisch sprechen, sollten Sie lieber per Fax buchen.

~

Umgebung: Palladiovillen; Venedig (20 km); Padua (26 km) • **Lage:** 20 km nördlich von Venedig; in Levada die Via Carducci gegenüber der Kirche nehmen und links in die Via Marco Polo einbiegen; mit eigenem Garten und großem Parkplatz
Mahlzeiten: Frühstück, Mittag- und Abendessen • **Preise:** L • **Zimmer:** 6; 4 Doppel- und Zweibettzimmer, 2 Familienzimmer, alle mit Dusche; alle Zimmer mit TV
Anlage: Speiseräume, Sitzecken, Garten • **Kreditkarten:** keine • **Behinderte:** Zugang schwierig • **Tiere:** nicht erlaubt • **Geschlossen:** Januar, August
Besitzer: Familie Calzavara

Der Nordosten

Merano / Meran

Villa Tivoli

Hotel am Stadtrand

Via Verde 72, 39012 Merano (Meran), Bozen
Tel 0473 446282 **Fax** 0473 446849
e-mail info@villativoli.it **website** www.villativoli.it

Die hellgelbe, ländlich gelegene Villa ist von exquisiten Gartenterrassen mit Apfelbäumen und über 2000 verschiedenen anderen Pflanzen umgeben. Im Inneren ist sie kühl und schick, geräumig und hell, schüchtert den Besucher aber nicht ein. Im großzügig angelegten Erdgeschoss befindet sich ein Speiseraum, der nur durch große Glasscheiben vom Rest des Raumes abgeteilt ist. Eine Sitzecke ist elegant mit Antiquitäten ausgestattet, und es gibt eine traditionelle holzgetäfelte Tiroler Stube. Auf der Terrasse stehen Tische, denen gelbe Sonnenschirme Schatten spenden; im Keller gibt es ein Hallenbad mit farbenfroh gestrichenen Wänden. Die Zimmer sind zwar unterschiedlich eingerichtet, aber alle sehr komfortabel und mit Südbalkons. Einige Zimmer sind riesig und verfügen über separate Sitzbereiche; einige sind mit Antiquitäten eingerichtet, andere wiederum sehr modern. Die Badezimmer sind groß und haben meist zwei Waschbecken. Der Gast, der das Hotel für uns besuchte, war begeistert: »Das Frühstücksbüfett ist ausgesprochen reichhaltig und hält bis abends vor. Das köstliche Abendessen (bei Halbpension gibt es fünf Gänge) wird von exzellenten Weinen aus der Region begleitet.«

Umgebung: Passerpromenade; Passeiertal; Dolomiten • **Lage:** am Stadtrand; eigene Anlage mit großem Parkplatz • **Mahlzeiten:** Frühstück, Mittag- und Abendessen • **Preise:** LL • **Zimmer:** 21; 16 Doppel- und Zweibettzimmer, alle mit Bad oder Dusche, 5 Suiten mit Bad; alle Zimmer mit Telefon, TV, Fön
Anlage: Aufenthaltsraum, Speiseraum, Bar, Bibliothek, Hallenbad, Sauna, Aufzug, Terrasse, Garten • **Kreditkarten:** AE, DC, MC, V • **Behinderte:** Zugang schwierig
Tiere: erlaubt • **Geschlossen:** Mitte Dezember bis Mitte März • **Besitzer:** Familie Defranceschi

Der Nordosten

Missiano / Missian

Schloss Korb

Umgebaute Burg

Missiano (Missian), 39050 San Paolo (St. Pauls), Bozen
Tel 0471 636000 **Fax** 0471 636033
e-mail hotel-schloss-korb@dnet.it **website** www.highlight-hotels.com/korb

Der zentrale Bauteil von Schloss Korb wird von einem Turm aus dem 11. Jh. gebildet, der sich über die fruchtbaren Weinberge und Obstgärten am Rande von Bozen erhebt.

Der Eingang des Hotels besteht aus einem gewagten Farbengemisch: Blühende Sträucher und Pflanzen setzen sich gegen goldene und weiß getünchte Steinwände ab. Die kühle, dunkle und geflieste Empfangshalle enthält eine ausgesprochen exzentrische Ansammlung verschiedener Objekte, darunter Schnitzereien, goldene Engel an den Wänden, riesige Pflanzen, Büsten, schwere Spiegel, Messingornamente und Rüstungen. Sie ist der älteste Teil des Gebäudes. Das Hauptrestaurant ist von einer Terrasse mit vielen Pflanzen umgeben, die sich oberhalb des Tals erstreckt und auf der man sehr schön essen oder ein Glas Wein genießen kann. Die Atmosphäre des Hotels ist zwar nicht gerade familiär, aber dennoch entspannt.

Die Zimmer sind großzügig geschnitten, verfügen über separate Sitzecken und einen herrlichen Blick über die Weinberge. Die Zimmer im Turm sind die schönsten, aber auch das traditionelle Appartement mit seinen geschnitzten Möbeln ist empfehlenswert.

Umgebung: Bozen (8 km); Meran (36 km); Dolomiten • **Lage:** 8 km westlich von Bozen; eigene Gärten, großer Parkplatz • **Mahlzeiten:** Frühstück, Mittag- und Abendessen • **Preise:** L • **Zimmer:** 62; 54 Doppel- und Zweibettzimmer, 2 Einzelzimmer, alle mit Bad, 6 Suiten, 5 mit Bad, 1 mit Dusche; alle Zimmer mit Telefon, TV; die Hälfte der Zimmer mit Safe • **Anlage:** Aufenthaltsräume, Speiseraum, Bar, Sauna, Schönheitssalon, Tagungsräume, Terrassen, Garten, Tennisplätze, Hallenbad und Swimmingpool • **Kreditkarten:** keine • **Behinderte:** Zugang schwierig **Tiere:** erlaubt • **Geschlossen:** November bis März • **Besitzer:** Familie Dellago

Der Nordosten

Ortisei / St. Ulrich

Tip des Herausgebers

Uhrerhof Deur

Gebirgschalet

Bulla, 39046 Ortisei (St. Ulrich), Bozen
Tel 0471 797335 **Fax** 0471 797457
e-mail uhrerhof@val-gardena.com **website** www.val-gardena.com/hotel/uhrerhof

Der Name des Hotels ist bereits Programm, denn überall hört man das Ticken und Schlagen von Uhren. Mit dem Gezwitscher der Vögel sind die Uhren oft das einzige Geräusch, das man in der Stille dieses traditionellen Chalets hören kann. Das ruhige und friedvolle Hotel liegt in einem Dorf 1600 Meter über dem Meeresspiegel. Signora Zemmer ist darauf bedacht, dass nur Gäste hier übernachten, die Ruhe und Abgeschiedenheit suchen. Vom grasbewachsenen Garten aus hat man eine wunderschöne weite Aussicht. Alle Räume des Hotels, auch die mit Balkons versehenen Zimmer, sind hell, einfach eingerichtet und sehr gepflegt, mit einer Menge an anheimelnden Details. Der Kern des Chalets ist 400 Jahre alt, inklusive der ganz aus Holz bestehenden Stube mit ihrem Ofen, der immer noch in Betrieb ist. Signor Zemmer ist der Küchenchef, und das einfache, aber köstliche Essen wird appetitanregend auf Zinntellern serviert.

Im unteren Teil des Gebäudes befindet sich ein überraschend eleganter Fitnessraum mit riesigen Fenstern. So können Sie auch in dem großzügig angelegten Türkischen Bad die wunderbare Aussicht genießen.

Umgebung: Wolkenstein; Kastelruth (13 km); Bozen (26 km) • **Lage:** in Bergdorf, 13 km östlich von Kastelruth, an der Straße Kastelruth–St. Ulrich; Garage
Mahlzeiten: Frühstück, Abendessen • **Preise:** L-LL • **Zimmer:** 11; 5 Doppel- und Zweibettzimmer, 4 mit Bad, 1 mit Dusche, 2 Einzelzimmer mit Dusche, 4 Appartements für 2 bis 5 Personen mit Küche und Wohnzimmer; alle Zimmer mit Telefon, TV, Fön, Safe • **Anlage:** Speiseraum, Bar, Aufenthaltsraum, Garten, Fitnessraum • **Kreditkarten:** MC, V • **Behinderte:** nicht geeignet • **Tiere:** nicht erlaubt • **Geschlossen:** November, 2 Wochen nach Ostern • **Besitzer:** Familie Zemmer

Der Nordosten

Pedemonte

✻ Tipp des Herausgebers ✻

Villa del Quar

Ländliche Villa

Via Quar 12, 37020 Pedemonte, Verona
Tel 045 6800681 **Fax** 045 6800604
e-mail villadelquar@c-point.it **website** www.integra.Fr/relaischateaux/delquar

Dieses typische Patrizierhaus liegt im fruchtbaren Valpolicellatal, ist seit sechs Jahren ein Luxushotel und Mitglied der »Relais et Châteaux«-Kette. Besonders beeindruckend sind die Gemeinschaftsräume. Das Wohnzimmer, in dem sich arkadenartige Deckenbalken befinden, ist erfreulich hell, geräumig und elegant. Die beiden Speiseräume sind mit Spiegeln, venezianischen Leuchten, riesigen Kronleuchtern aus Muranoglas, cremefarbenen, seidenen Tischtüchern und stilvollen Stühlen ausgestattet – mit anderen Worten: ein Ort, an dem man gerne speist. Die Zimmer sind etwas zurückhaltender eingerichtet; in einigen befinden sich hübsche alte Schranktüren. Die geradezu luxuriösen Badezimmer bestehen aus farbenprächtigem Marmor. Wenn Sie eine Suite mieten, sollten Sie diejenige mit eigener Terrasse nehmen, die auch nicht teurer als die anderen Suiten ist.
Im Sommer bedeckt eine weiße Markise die Terrasse, und der makellos saubere Swimmingpool glitzert einladend. Die Lage der Villa ist zwar ruhig, sonst allerdings leider wenig idyllisch: Durch die umliegenden Weinberge schlängelt sich eine Hauptverkehrsstraße, und auf dem nächstgelegenen Hügel werden gerade moderne Mietshäuser gebaut.

Umgebung: Verona (11 km); Gardasee (20 km) • **Lage:** Folgen Sie in Pedemonte den Schildern nach Verona und dem Hotel an den Ampeln; nach ca. 1,5 km biegen Sie rechts zum Hotel ab; eigene Anlage mit Parkplatz • **Mahlzeiten:** Frühstück, Mittag- und Abendessen • **Preise:** LLL • **Zimmer:** 22; 19 Doppel- und Zweibettzimmer, 3 Suiten, alle mit Bad; alle Zimmer mit Telefon, TV, Klimaanlage, Minibar, Fön, Safe • **Anlage:** Aufenthaltsraum, 2 Speiseräume, Frühstücksraum, Bar, Terrasse, Swimmingpool, kleiner Fitnessraum, Tagungsraum • **Kreditkarten:** AE, DC, MC, V • **Behinderte:** Zimmer im Erdgeschoss geeignet • **Tiere:** erlaubt **Geschlossen:** 15. Nov. bis 15. März • **Besitzer:** Evelina Acampora und Leopoldo Montresor

Der Nordosten

Pergine

✲ Tipp des Herausgebers ✲

Castel Pergine

~ Umgebaute Burg ~

38057 Pergine, Valsugana, Trento
Tel 0461 531158 **Fax** 0461 531329
e-mail castelpergine@valsugana.com

Die auf einem Hügel gelegene Festung aus dem Mittelalter wird mit viel Liebe und Begeisterung von dem energiegeladenen und kultivierten Schweizer Ehepaar Verena und Theo Schneider-Neff geführt. Vergangenheit und Gegenwart existieren in ungezwungener Atmosphäre friedlich nebeneinander, und trotz seiner beeindruckenden Ausmaße und Geschichte wirkt die Festung wirklich bewohnt.

Der Weg vom Parkplatz zum Hotel führt an Steinbögen vorbei, eine ausgetretene Treppe hinauf und durch gewölbte Kammern hindurch zu der geräumigen kreisförmigen Empfangshalle, in der auch das Frühstück serviert wird. Die beiden großen Speiseräume verfügen über eine wundervolle Aussicht, und das leichte und innovative Essen ist an die regionale Küche angelehnt. Die mitunter recht kleinen Zimmer sind zwar keinesfalls luxuriös, aber alle geschmackvoll eingerichtet. Die besseren Zimmer haben herrliche alte Holzmöbel und Wandtäfelungen.

Der bezauberndste Teil der Festung ist der abgeschiedene Garten. Hat man hier erst einmal eine Stunde damit verbracht, ein Buch zu lesen oder die Berge durch die bröckelnden Mauern zu bewundern, möchte man am liebsten gar nicht mehr abreisen.

~

Umgebung: Trient (11 km); Caldonazzosee (3 km); Segonzano • **Lage:** an der SS47 in Richtung Padua, 2 km südöstlich von Pergine; eigene Anlage mit großem Parkplatz • **Mahlzeiten:** Frühstück, Abendessen • **Preise:** L • **Zimmer:** 21; 13 Doppel- und Zweibettzimmer, 8 mit Dusche, 4 Einzelzimmer, 3 mit Dusche, 4 Dreibettzimmer, 3 mit Dusche; alle Zimmer mit Telefon • **Anlage:** Aufenthaltsraum, Speiseräume, Bar, Garten • **Kreditkarten:** AE, MC, V • **Behinderte:** Zugang schwierig • **Tiere:** erlaubt • **Geschlossen:** November bis Gründonnerstag
Besitzer: Verena und Theo Schneider-Neff

Der Nordosten

Pieve d'Alpago

Dolada

Restaurant mit Gästezimmern

Via Dolada 21, Plois, 32010 Pieve d'Alpago, Belluno
Tel 0437 479141 **Fax** 0437 478068
e-mail dolada@tin.it **website** www.dolada.it

Vom Alpagotal windet sich eine Straße nach Pieve d'Alpago hinauf und von dort aus immer weiter zu dem Dörfchen Plois. Das Dolada ist ein hübsches, um 1900 entstandenes Gebäude mit verblichenen apricotfarbenen Wänden, grünen Fensterläden und einem kleinen Garten, von dem aus man die schneebedeckten Berge, den Santa-Croce-See und das gleichnamige Tal sehen kann. Unser Tester fand allein schon das Essen den Weg von Belluno her wert, obwohl er froh war, im Hotel übernachten zu können und die gefährlichen Kurven nach Einbruch der Dunkelheit nicht mehr fahren zu müssen. Nach dem köstlichen Essen in dem eleganten und einladenden Speiseraum fand er das schreiende Rosa seines modern eingerichteten Zimmers jedoch etwas schockierend. In jedem Zimmer dominiert eine andere, leider oft zu grelle Farbe.

Das Interessante am Dolada ist sein Restaurant, das einen Michelinstern hat, kühn traditionelle italienische Küche mit innovativen Gerichten kombiniert und über eine ausgezeichnete Weinkarte verfügt. In einer Reihe von Räumlichkeiten stehen spitzengedeckte Tische mit Silberbesteck. Der Küchenchef Enzo De Pra und seine Frau heißen die Gäste besonders herzlich willkommen.

Umgebung: Belluno (20 km); Nevegàl-Skigebiet (18 km) • **Lage:** in dem Dorf Plois, ausgeschildert ab Pieve d'Alpago; Parkplatz • **Mahlzeiten:** Frühstück, Mittag- und Abendessen • **Preise:** L • **Zimmer:** 7 Doppel und Zweibettzimmer, alle mit Dusche; alle Zimmer mit Telefon, TV • **Anlage:** Speiseraum, Terrasse, Garten • **Kreditkarten:** AE, DC, MC, V • **Behinderte:** Zugang zu den Zimmern schwierig
Tiere: erlaubt • **Geschlossen:** Januar und Februar; Restaurant montags und Dienstagmittag (außer im Juli und August) • **Besitzer:** Enzo und Rossanna De Pra

Der Nordosten

Redagno di Sopra / Radein

❄ Tipp des Herausgebers ❄

Zirmerhof

Berghotel

39040 Redagno (Radein), Bozen
Tel 0471 887215 **Fax** 0471 887225
e-mail info@zirmerhof.com **website** www.zirmerhof.com

Am Rand des winzigen Dorfes Radein gelegen, ist der aus dem 12. Jh. stammende Zirmerhof seit 1890 im Besitz der Familie Perwanger. Nur wenige Zeichen der Zivilisation stören die Aussicht auf die umliegenden Berge, grünen Weiden und Wälder. Das Innere des Gebäudes wurde sorgfältig restauriert. Die düstere, niedrige Eingangshalle mit den kunstvollen Holzschnitzereien, der großen Standuhr und dem alten Kamin vermittelt einem sofort das Gefühl eines alten Familiensitzes. Es gibt eine kleine, gemütliche Bibliothek, einen Aufenthalts- bzw. Frühstücksraum mit einem offenen Kamin für den Winter und eine rustikale Bar mit grasbewachsener Terrasse, auf der man ungestört die Aussicht genießen kann. In dem großen, holzgetäfelten Speiseraum sind zwei kunstvoll verzierte Keramiköfen untergebracht; das Essen – meist Gerichte aus der Region – und die Weine sind ausgezeichnet.
Die komfortablen Zimmer variieren beträchtlich in der Größe; sie sind jedoch alle attraktiv und traditionell mit Holzmöbeln (fast ausschließlich aus eigener Produktion) und hübschen Stoffbezügen eingerichtet. Die größten Zimmer befinden sich im obersten Stockwerk. Das Hotel verfügt seit kurzem auch über eine Sauna.

Umgebung: Cavalese (15 km) • **Lage:** 5 km nördlich von Kaltenbrunn, an der SS48; Garten; mit großem Parkplatz • **Mahlzeiten:** Frühstück, Mittag- und Abendessen **Preise:** L-LL • **Zimmer:** 31; 23 Doppel- und Zweibettzimmer, 2 mit Bad, 21 mit Dusche, 7 Einzelzimmer, 2 mit Bad, 5 mit Dusche, 1 Suite mit Dusche; alle Zimmer mit TV (auf Anfrage) • **Anlage:** Speiseraum, Aufenthaltsraum, Bar, Bibliothek, Garten • **Kreditkarten:** AE, DC, MC, V • **Behinderte:** Zimmer im Erdgeschoss geeignet • **Tiere:** erlaubt • **Geschlossen:** Anfang November bis zum 1. Weihnachtsfeiertag, nach Ostern bis Mitte Mai • **Besitzer:** Sepp Perwanger

Der Nordosten

San Floriano del Collio

Golf Hotel

~ Umgebaute Burg ~

Via Oslavia 2, 34070 San Floriano del Collio, Gorizia
Tel 0481 884051 **Fax** 0481 884052

Leider gehört dieses Hotel zu den wenigen in diesem Führer, die wir nicht persönlich besuchen konnten, obwohl es bereits seit langem Teil unseres Italienführers ist. Den bisherigen Berichten nach zu urteilen, können wir es jedoch weiterhin guten Gewissens empfehlen. Weitere Berichte sind uns natürlich sehr willkommen.
Das Hotel verdankt seinen Namen einem 9-Loch-Golfplatz (montags geschlossen, Gebühr 45 000 Lire / 25 Euro) und wirkt zunächst modern, obwohl es eigentlich aus zwei alten, renovierten Gebäuden besteht, die sich ganz in der Nähe des Castello Formentini befinden, das seit dem 16. Jh. im Besitz der Familie Formentini ist. Die jetzige Besitzerin, Contessa Isabella Formentini, hat die Zimmer des kleinen Hotels mit Familienmöbeln und -gemälden ausgestattet. Jedes der wunderschön eingerichteten, geräumigen Zimmer ist nach einem anderen angesehenen Wein benannt. Drei der Zimmer liegen innerhalb der Burgmauern, und die Gäste sind herzlich eingeladen, die Burg und ihren kleinen Swimmingpool nach Belieben zu nutzen. Auch das exzellente Restaurant »Castello Formentini« (montags und Dienstagmittag geschlossen) wird von der Familie geführt.

Umgebung: Gorizia (4 km); Triest (47 km) • **Lage:** in der Stadt gleich außerhalb der Burgmauern; eigenes Anwesen mit Parkplatz • **Mahlzeiten:** Frühstück
Preise: LL • **Zimmer:** 15; 12 Doppel- und Zweibettzimmer, 2 Einzelzimmer, 1 Suite im Turm, alle mit Bad oder Dusche; alle Zimmer mit TV, Minibar; 12 Zimmer mit Telefon, 3 Zimmer mit Klimaanlage, aber ohne Telefon • **Anlage:** Aufenthaltsraum, Frühstücksraum, Garten, Swimmingpool, Tennisplatz, 9-Loch-Golfplatz
Kreditkarten: AE, MC, V • **Behinderte:** nicht geeignet • **Tiere:** erlaubt
Geschlossen: Dezember bis März • **Besitzerin:** Contessa Isabella Formentini

Der Nordosten

San Osvaldo / St. Oswald

Tipp des Herausgebers

Gasthof Tschötscherhof

Gästehaus auf dem Land

San Osvaldo (St. Oswald) 19, 39040 Siusi (Seis), Bozen
Tel 0471 706013 **Fax** 0471 704801
e-mail tschoetscherhof@rolmail.net

Für Freunde der einfachen Unterbringung in einer ursprünglichen, rustikalen Umgebung ist dieser Gasthof geradezu ideal. Eine kleine Landstraße führt von Seis aus vorbei an Apfelbäumen, Weinbergen und offenen Wiesen zu dem winzigen Dorf St. Oswald, in dem das typische 500 Jahre alte Bauernhaus mit der angrenzenden Scheune steht. Der an die Fassade gemalte Name des Hotels wird fast von dem wuchernden Weinlaub bedeckt; von den alten Holzbalkons ergießen sich Kaskaden von farbenprächtigen Geranien. Auf der sonnenüberfluteten Terrasse kann man wunderbar entspannen und essen.

Das Innere des Hotels durchwehen verlockende Düfte aus der Küche; ebenso einladend wirkt die warme alte Stube mit ihrer niedrigen Decke, ihren sanft tickenden Uhren, dem rauen Holzboden und dem einfachen weißen Keramikofen.

Eine rustikale Steintreppe führt zu den bescheidenen, aber sauberen Zimmern; einige von ihnen sind mit Balkons ausgestattet. Wie bereits erwähnt, sind die Zimmer zwar sehr nüchtern und verzichten auf jeden Schnickschnack – das fällt einem nach einem langen und anstrengenden Tag in der landschaftlich großartigen Umgebung kaum weiter auf.

Umgebung: Kastelruth (5 km); Naturpark Schlern (10 km) • **Lage:** in einem Dorf, 5 km westlich von Kastelruth; mit Parkplatz • **Mahlzeiten:** Frühstück, Mittag- und Abendessen • **Preise:** L • **Zimmer:** 8; 7 Doppel- und Zweibettzimmer, 1 Einzelzimmer, alle mit Dusche • **Anlage:** Speiseräume, Terrasse
Kreditkarten: keine • **Behinderte:** Zugang schwierig • **Tiere:** erlaubt
Geschlossen: Dezember bis März • **Besitzer:** Familie Jaider

Der Nordosten

San Vigilio

Tipp des Herausgebers

Locanda San Vigilio

Hotel am See

San Vigilio, 37016 Garda, Verona
Tel 045 7256688 **Fax** 045 7256551
e-mail sanvigilio@gardanews.it **website** www.gardanews.it/sanvigilio

Das Anwesen befindet sich im Besitz des Conte Agostino Guarienti, der in dem Hauptgebäude, einer Villa aus dem 16. Jh., lebt. Die *locanda* wird von einer Atmosphäre diskreter, jedoch nicht angestaubter Exklusivität bestimmt; unter den Stammgästen befinden sich zahlreiche gekrönte Häupter. Von den Gemeinschaftsräumen hat uns am besten der elegante Speiseraum gefallen, der direkt am See liegt und über einen wunderbar knarzenden Holzboden verfügt. In einer Ecke des Raums steht ein Kachelofen; auf Regalen an den Wänden stehen Teller und Flaschen. Man kann auf der kleinen, überdachten Veranda oder unter großen weißen Sonnenschirmen auf der Terrasse essen. Gleich nebenan befindet sich ein gemütliches kleines Wohnzimmer.

Die sieben Zimmer im Hauptgebäude sind unterschiedlich eingerichtet, obwohl sie alle über wunderschöne Antiquitäten und Stoffbezüge verfügen. Nur eines hat keine Aussicht. Die Zimmer in den Nebengebäuden sind etwas rustikaler. Am Abend erwacht der Ort zu einem ganz anderen Leben: Die Tagestouristen sind verschwunden, und die Hotelgäste können ungestört auf der Halbinsel spazieren gehen oder gemütlich in einer der mit Weinlaub geschmückten Tavernen sitzen.

Umgebung: Garda (2 km); Verona (45 km); Fährservice (4 km) • **Lage:** 2 km westlich von Garda, auf einer Landzunge; Parkplatz 150 m entfernt • **Mahlzeiten:** Frühstück, Mittag- und Abendessen • **Preise:** LL-LLLL • **Zimmer:** 14; 11 Doppel- und Zweibettzimmer, 3 Suiten, alle mit Bad oder Dusche; alle Zimmer mit Telefon, TV, Klimaanlage, Minibar, Fön; die meisten Zimmer haben einen Safe
Anlage: Aufenthaltsraum, Speiseraum, Bar, Terrasse, Garten • **Kreditkarten:** AE, DC, MC, V • **Behinderte:** nicht geeignet • **Tiere:** erlaubt • **Geschlossen:** November bis kurz vor Ostern • **Besitzer:** Conte Agostino Guarienti

Der Nordosten

Scorzè

✻ Tipp des Herausgebers ✻

Villa Soranzo Conestabile

Stadtvilla

Via Roma 1, 30037 Scorzè, Venezia
Tel 041 445027 **Fax** 041 5840088
e-mail vsoranzo@tin.it

Die Adelsvilla, die im Zentrum des arbeitsamen Städtchens Scorzè steht, stammt zwar aus dem 16. Jh., ist im 18. Jh. jedoch im klassizistischen Stil umgebaut worden. Aus der ersten Bauphase sind vor allem in Zimmer Nummer 1 noch Freskofragmente der großartigen Veroneser Schule zu sehen. Es gibt wunderschöne Decken und Böden, eine eindrucksvolle doppelläufige Treppe und einen Park im romantischen englischen Stil des frühen 19. Jhs. Die geräumigen Zimmer im ersten Stock sind zwar etwas zu streng, haben jedoch Charakter und erinnern mit ihren großzügigen Proportionen und Stuckmarmorwänden an das 19. Jh. Die Zimmer im zweiten Stock, vormals die Quartiere der Dienerschaft, sind einfacher, aber ebenso geräumig und ganz unterschiedlich eingerichtet.
Als unsere Testerin das Hotel besuchte, war sie zwar mutterseelenallein in dem großen Speisesaal, wurde aber vom familiären Ambiente des Raumes getröstet: Von den Decken hängen kupferne Pfannen, auf den antiken Anrichten stehen Weinflaschen, die Speisekarte ist einfach, aber die angebotenen Gerichte sind köstlich. Andere, zufriedenere Gäste berichteten von einem weitaus freundlicheren Personal.

Umgebung: Riviera del Brenta; Venedig (24 km); Padua (30 km) • **Lage:** in Scorzè, 24 km nordwestlich von Venedig; eigene Anlage mit großem Parkplatz
Mahlzeiten: Frühstück, Mittag- und Abendessen • **Preise:** L–LL • **Zimmer:** 20; 14 Doppel- und Zweibettzimmer, 3 Einzelzimmer, alle mit Bad oder Dusche; 3 Suiten; alle Zimmer mit Telefon, TV • **Anlage:** Aufenthaltsraum, Speiseraum, Bar, Frühstücksraum, Konferenzraum, Terrasse, Garten • **Kreditkarten:** AE, DC, MC, V
Behinderte: nicht geeignet • **Tiere:** erlaubt • **Geschlossen:** das Restaurant von November bis März • **Besitzer:** Familie Martinelli

Der Nordosten

Solighetto

Locanda da Lino

~ Restaurant mit Gästezimmern ~

Via Brandolini 31, 31050 Solighetto, Treviso
Tel 0438 82150/842377 **Fax** 0438 980577
e-mail dalino@trun.it **website** www.seven.it/locanda-da-lino

Dieses ländliche Restaurant hat sich als Kreation des äußerst begabten Küchenchefs Lino Toffolin einen Namen gemacht. Seit Linos Tod wird das Restaurant von seiner Familie geführt und immer noch von treuen Anhängern umschwärmt. In dem größten Raum, an den sich kleinere anschließen, können bis zu 400 Gäste an einer einzigen langen Tafel untergebracht werden. An der Decke hängen – passend zum sonstigen Stil der Räumlichkeiten – Hunderte von Kupfertöpfen. Wenn Sie einen Tisch im »Allerheiligsten« reserviert haben, können Sie zuschauen, wie das Essen über dem offenen Feuer gegrillt wird. Die Speisekarte hat viele lokale Köstlichkeiten zu bieten; am besten haben uns allerdings die gemischten Vorspeisen des Hauses, die *braciole di vitello ai ferri* und die *polpettine in umido con polenta* geschmeckt. Außerdem verfügt die *locanda* über eine beeindruckende Weinkarte.
Die Zimmer befinden sich in Nebengebäuden und reichen von komfortablen Doppelzimmern zur extravaganten Elsa-Vazzoler-Suite im Rokokostil mit ihren hellblauen Wänden, riesigen vergoldeten Leuchtern und den Putten über dem Bett. Der L-förmige Eingangs-/Bar-/Frühstücksbereich ist ebenfalls mit Rokokoantiquitäten geschmückt, die eklektisch, aber erfolgreich mit moderner Kunst kombiniert wurden.

~

Umgebung: Palladiovillen; Asolo (20 km) • **Lage:** in Solighetto an der Straße nach Follina; großer Parkplatz • **Mahlzeiten:** Frühstück, Mittagessen, Abendessen **Preise:** L • **Zimmer:** 17; 10 Doppel- und Zweibettzimmer, 7 Suiten, alle mit Bad; alle Zimmer mit Telefon, TV, Minibar, Fön • **Anlage:** Frühstücksbereich/Bar, Restaurant, Terrasse • **Kreditkarten:** AE, DC, MC, V • **Behinderte:** einige Zimmer im Erdgeschoss • **Tiere:** erlaubt • **Geschlossen:** Restaurant montags, 1. Weihnachtsfeiertag, Juli • **Besitzer:** Familie »Lino«

Der Nordosten

Siusi allo Sciliar / Seis am Schlern

Bad Ratzes

Berghotel

Bagnidi Razzes, 39040 Siusi allo Sciliar (Seis am Schlern), Bozen
Tel and **Fax** 0471 706131
e-mail info@badratzes.it **website** www.badratzes.it

Wenn man die kleine Stadt Seis auf der Suche nach dem Bad Ratzes hinter sich lässt, gelangt man auf einer schmalen Straße den Berg hinauf, vorbei an saftigen, grünen Weiden, in einen dichten Wald. Wenn man das in einer Lichtung gelegene große und moderne Hotel schließlich erreicht, sieht es zwar zunächst ein bisschen düster aus, der Empfang der Schwestern Scherlin ist im Gegensatz dazu jedoch ausgesprochen herzlich. Das Hotel ist im langweiligen Stil der 1960er und 1970er Jahre eingerichtet, aber dennoch sehr komfortabel. Die Gemeinschaftsräume, darunter auch ein Wohnzimmer mit offenem Kamin, ein Spielzimmer für Kinder und zwei Speiseräume, sind sehr geräumig. Nur vier der blitzsauberen Zimmer sind ohne Balkon.

Das Essen nimmt im Bad Ratzes einen hohen Stellenwert ein: Die regionalen Köstlichkeiten sind sorgfältig vorbereitet, die Pasta ist selbst gemacht. Das Hotel gehört zu einer Reihe Familienhotels in der Gegend, und es gibt eine Menge umsichtiger Extras nur für Kinder. Aber auch die Erwachsenen werden nicht vernachlässigt: Man kann in der Gegend wunderbar spazieren gehen, und ein kostenloser Skibus fährt im Winter regelmäßig zu den Pisten.

Umgebung: Bozen (22 km); Nationalpark Schlern; Skigebiet (10 km) • **Lage:** 22 km nordöstlich von Bozen, 3 km südöstlich von Seis; eigene Anlage mit großem Parkplatz • **Mahlzeiten:** Frühstück, Mittag- und Abendessen • **Preise:** L
Zimmer: 52; 36 Doppelzimmer, 9 Einzelzimmer, 7 Familienzimmer, alle mit Bad; alle Zimmer mit Telefon, Fön, 18 Zimmer mit TV und Safe • **Anlage:** Speiseräume, Aufenthaltsräume, Bar, Spielzimmer, Hallenbad, Sauna, Garten, Garage
Kreditkarten: keine • **Behinderte:** nicht geeignet • **Tiere:** erlaubt • **Geschlossen:** Sonntag nach Ostern bis Mitte Mai • **Besitzer:** Familie Scherlin

Der Nordosten

Torri del Benaco

Gardesana

~ Hotel am See ~

Piazza Calderini 20, 37010 Torri del Benaco, Verona
Tel 045 7225411 **Fax** 045 7225771
e-mail gardesana@easynet.it **website** www.hotel-gardesana.com

Torri del Benaco ist eines der Vorzeige-Fischerdörfchen, die es überall am Ufer des Gardasees gibt, und das Gardesana ist die Rosine im Kuchen. Es ist ein Genuss, die Fischsuppe auf der wunderschönen Speiseterrasse im ersten Stock zu probieren, von der aus man einen herrlichen Blick auf die Piazza, die Burg aus dem 14. Jh. und den geschäftigen Hafen hat. Die schmiedeeiserne Balustrade ist mit einer wahren Flut von Geranien geschmückt, die Tische sind elegant gedeckt, die Kellner tragen hübsche Uniformen, und das Essen – vor allem der Fisch – ist einwandfrei. Von diesem Logenplatz aus kann man die Schiffe kommen und gehen sehen und beobachten, wie sich die Farbe des Sees bei wechselndem Tageslicht verändert.

Wie das Äußere des Hotels mit seinen Steinbögen und Stuckwänden bereits vermuten lässt, hat das Gebäude eine lange Geschichte. Das Innere wurde in den letzten Jahren jedoch clever renoviert. Die in Grün und Weiß gehaltenen Zimmer sind fast alle gleich: sie verfügen über Holzmöbel, weiche Bezüge und eine Menge kleiner Extras. Wenn möglich, buchen Sie eines der Eckzimmer, die sowohl auf den See als auch auf die Piazza hinausgehen.

~

Umgebung: Bardolino (11 km); Malcesine (21 km); Gardasee • **Lage:** im Zentrum der Stadt, am See, in der Fußgängerzone; Hotelparkplatz 150 m entfernt **Mahlzeiten:** Frühstück, Abendessen • **Preise:** L • **Zimmer:** 34; 31 Doppelzimmer, 3 Einzelzimmer, alle mit Dusche; alle Zimmer mit Telefon, TV, Klimaanlage (Juli und August) • **Anlage:** Speiseraum, Bar, Aufzug, Terrasse • **Kreditkarten:** AE, DC, MC, V • **Behinderte:** keine besonderen Einrichtungen • **Tiere:** nicht erlaubt **Geschlossen:** November und Dezember • **Besitzer:** Guiseppe Lorenzini

Der Nordosten

Trento / Trient

Accademia

Stadthotel

Vicolo Colico 4-6, 38100 Trento (Trient)
Tel 0461 233600 **Fax** 0461 230174
e-mail info@accademiahotel.it **website** www.accademiahotel.it

Das attraktive Gebäude aus dem Mittelalter liegt an einer schmalen Straße in der Altstadt von Trient (ital. Trento). Malerische Fensterläden und Blumenkästen voller Geranien zieren die vier Stockwerke der eleganten cremefarbenen Stuckfassade. Auch im Inneren des Hotels sind noch Elemente der originalen Architektur zu sehen: eine Steintreppe hinter der Rezeption, Türstürze und Räume mit Gewölbe. Die einfache Linie des in Weiß gehaltenen Gebäudes wird durch farbenfrohe Teppiche, Parkettböden und überlegt platzierte Antiquitäten belebt.

Das Ambiente erstreckt sich bis in die hellen, luftigen Zimmer, die vornehmlich in Blau und Weiß eingerichtet sind. Manche sind etwas rustikal, mit ihren versiegelten Holzdielen und schrägen Decken. Die holzgetäfelte Suite im oberen Stockwerk ist ganz besonders hübsch.

Im Restaurant – einem weißen überwölbten Raum – wird interessantes, kreatives Essen serviert. Außerdem gibt es eine gemütliche *enoteca*, in der man eine gute Auswahl an regionalen Weinen verkosten und einen kleinen Imbiss zu sich nehmen kann. Das Frühstück ist ein besonderer Genuss, wenn man es auf der abgeschiedenen Terrasse einnimmt, die von riesigen Rosskastanien eingesäumt wird.

Umgebung: Santa Maria; Piazza del Duomo • **Lage:** in der Altstadt zwischen dem Dom und der Piazza Dante; gebührenfreier Parkplatz in der Nähe • **Mahlzeiten:** Frühstück, Mittag- und Abendessen • **Preise:** L-LL • **Zimmer:** 43; 32 Doppel- und Zweibettzimmer, 16 mit Bad, 16 mit Dusche, 9 Einzelzimmer mit Dusche, 2 Suiten mit Bad; alle Zimmer mit Telefon, TV, Klimaanlage, Minibar, Fön • **Anlage:** Aufenthaltsräume, Restaurant, *enoteca*, Terrasse • **Kreditkarten:** AE, DC, MC, V **Behinderte:** keine speziellen Einrichtungen • **Tiere:** erlaubt • **Geschlossen:** Weihnachten bis Anfang Januar; Restaurant montags • **Besitzer:** Familie Fambri

Der Nordosten

Trissino

Relais Ca'Masieri

Restaurant mit Gästezimmern

Località Masieri, Via Masieri, 36070 Trissino, Vicenza
Tel 0445 490122 **Fax** 0445 490455
e-mail camasieri@primopiano.it **website** www.camasieri.com

Die Landschaft um das Industriestädtchen Arzignano ist zwar eher langweilig, wird aber immer schöner, je näher man Masieri und seinen weidengesäumten Wiesen kommt. Der Anblick der Ca'Masieri selbst, die sich durch schmiedeeiserne Tore am Ende einer langen Auffahrt als schöne alte Villa mit Fensterläden, Swimmingpool und einer schattigen Terrasse präsentiert, hebt die Stimmung weiter. In unserem Falle sank die Stimmung danach jedoch wieder merklich, als wir feststellen mussten, dass wir zu spät zum Essen gekommen waren. Der Anblick des hübschen kleinen Restaurants mit seinen Fresken aus dem 18. Jh. verstärkte unsere Enttäuschung noch. Wären wir pünktlich gewesen, hätten wir vielleicht den Flusskrebssalat, danach den Kräuterrisotto und dann die Taubenkasserole kosten können …

Die Zimmer befinden sich im angrenzenden Gebäude, das zwar noch seine alten Deckenbalken hat, ansonsten aber modern eingerichtet ist. In zwei Zimmern führt eine Wendeltreppe vom Wohnzimmer zu den Betten im Zwischengeschoss. Alle Zimmer sind mit hübschen Bettbezügen mit William-Morris-Muster, modernen Tischchen und eleganten Badezimmern mit aluminiumfarbenen Wänden ausgestattet.

Umgebung: Vicenza (21 km); Verona (49 km) • **Lage:** ab Trissino ist Masieri ausgeschildert, private Zufahrt von der Via Masieri zur Ca'Masieri; großer Parkplatz **Mahlzeiten:** Frühstück, Mittag- und Abendessen • **Preise:** L • **Zimmer:** 12; 5 Doppelzimmer, 2 Einzelzimmer, 5 Appartements, alle mit Dusche; alle Zimmer mit Telefon, TV, Minibar; 9 Zimmer mit Klimaanlage • **Anlage:** Aufenthaltsraum, Bar, Frühstücksraum, Speiseraum, Terrasse, Swimmingpool • **Kreditkarten:** AE, MC, V **Behinderte:** nicht geeignet • **Tiere:** erlaubt • **Geschlossen:** nie; Restaurant sonntags, Montagmittag • **Besitzer:** Angelo Vassena

Der Nordosten

Venedig

Accademia

~ Stadthotel ~

Fondamenta Bollani, Dorsoduro 1058, 30123 Venezia
Tel 041 5210188/5237846 **Fax** 041 5239152
e-mail pensione.accademia@flashnet.it

Obwohl das Preis-Leistungs-Verhältnis im Accademia weniger gut ist als früher, ist das Hotel immer noch preiswert und hat eine günstige und ruhige Lage. Was das Hotel so einmalig macht, sind seine Gärten: die große Veranda am Kanal, auf der Tische zwischen bepflanzten antiken Urnen stehen, und der grasbewachsene hintere Garten, in dem Rosen und Obstbäume blühen.

Das Hotel wurde im 17. Jh. als private Villa erbaut und hat sich bis heute seine Grandezza bewahrt. Ein Großteil der Einrichtung ist klassisch venezianisch (die Kronleuchter aus Muranoglas sind ausnahmsweise einmal geschmackvoll), obwohl das Erdgeschoss vor kurzem eher enttäuschend langweilig renoviert wurde und zum Entsetzen unseres Testers mit automatischen Glastüren versehen worden ist. In der unveränderten Einrichtung im ersten Stock kann man dagegen äußerst entspannt sitzen. Die Zimmer sind vor einigen Jahren renoviert worden und verfügen über eingelassene Holztüren und antike Spiegel. Unser Gast fand einige Hotelangestellte sehr nett, andere wiederum etwas mürrisch; Letzteres scheint einen treuen Kundenstamm allerdings nicht davon abzuhalten, das Hotel Jahr für Jahr wieder zu besuchen.

~

Umgebung: Galleria dell'Accademia; Scuola Grande dei Carmini • **Lage:** an der Kreuzung des Toletta- und Trovasokanals mit dem Canal Grande • **Vaporetto:** Accademia oder Wassertaxi • **Mahlzeiten:** Frühstück • **Preise:** LL
Zimmer: 29; 22 Doppel- und Zweibettzimmer, 9 mit Bad, 13 mit Dusche; 7 Einzelzimmer, 6 mit Dusche; alle Zimmer mit Telefon, TV; die meisten auch mit Klimaanlage, Fön, Safe • **Anlage:** Frühstücksraum, Bar, Aufenthaltsraum, Garten
Kreditkarten: AE, DC, MC, V • **Behinderte:** keine speziellen Einrichtungen
Tiere: erlaubt • **Geschlossen:** nie • **Besitzerin:** Stefania Salmaso

Der Nordosten

Venedig

Agli Alboretti

Gästehaus in der Stadt

Rio Terrà Foscarini, Dorsoduro 884, 30123 Venezia
Tel 041 5230058 **Fax** 041 5210158
e-mail alboretti@gpnet.it

Das Alboretti zeichnet sich durch seinen herzlichen Empfang und durch seine wirklich familiäre Atmosphäre aus. An der Rezeption, einem gemütlichen, holzgetäfelten Raum, hängen venezianische Gemälde; im Fenster steht das Modell einer Galeone aus dem 17. Jh. Der Aufenthaltsraum im Erdgeschoss ist relativ klein, aber auch der zweite Aufenthaltsraum im ersten Stock bietet einen ruhigen Ort, an den man sich zurückziehen kann, da der Fernseher dort wenig genutzt wird. Die Terrasse hinter dem Hotel, die ganz von einer Pergola überdacht wird, ist sehr hübsch und besonders für ein ausgedehntes Frühstück im Sommer geeignet.
Die Zimmer sind vorwiegend in einfachem und modernem Stil gehalten, wie der Rest des Hotels sehr gepflegt und sauber, obwohl einige – ebenso wie die erst kürzlich renovierten Badezimmer – ausgesprochen winzig sind. Nummer 15, 18 und 22 empfehlen sich aufgrund ihrer Aussicht in den Garten besonders.
Signora Linguerri führt gleich nebenan ein gehobenes Restaurant (sehr gute Weinkarte!); Sie können dort entweder in dem hübschen Speiseraum oder aber draußen unter der Pergola sitzen.

Umgebung: Galleria dell'Accademia; Zattere; Gesuati-Kirche • **Lage:** neben der Galleria dell'Accademia • **Vaporetto:** Accademia • **Mahlzeiten:** Frühstück, Mittag- und Abendessen • **Preise:** LL • **Zimmer:** 20; 13 Doppel- und Zweibettzimmer, 6 Einzelzimmer, 1 Familienzimmer, alle mit Bad oder Dusche; alle Zimmer mit Telefon, TV, Klimaanlage, Fön • **Anlage:** Aufenthaltsräume, Speiseraum, Fernsehraum, Bar, Terrasse • **Kreditkarten:** AE, MC, V • **Behinderte:** keine speziellen Einrichtungen • **Tiere:** erlaubt • **Geschlossen:** manchmal im Januar; das Restaurant mittwochs und Donnerstagmittag • **Besitzerin:** Anna Linguerri

Der Nordosten

Venedig

Tipp des Herausgebers

Ai Santi Apostoli

Stadthotel

Strada Nova 6, Cannaregio 4391, 30131 Venezia
Tel 041 5212612 **Fax** 041 5212611

Halten Sie nach einer hübschen dunkelgrünen Tür Ausschau, die diskret den Eingang dieses umgebauten Palazzo markiert; dahinter verbirgt sich ein verwahrloster Innenhof und ein etwas schrulliger Aufzug, der Sie in den dritten Stock bringt. Dort erwartet Sie das Unerwartete: ein wunderschönes Appartement, das von der Familie Bianchi Michiel in eine elegante, wenn auch teure Bed-&-Breakfast-Unterkunft umgewandelt wurde. Das Wohnzimmer ist der Inbegriff von Stil: An den glänzenden, apricotfarbenen Wänden hängen Ölgemälde, auf antiken Tischchen ruhen schwere Lampen, die Sofas und Sessel sind in ruhigen Chintz oder Kattun gehüllt. Im hinteren Teil des Raumes kann man durch ein dreigeteiltes, holzgerahmtes Fenster auf den Canal Grande blicken. Zierrat und Bücher erinnern eher an ein Privathaus als an ein Hotel.

Die Zimmer sind groß, individuell eingerichtet und alle mit glänzenden Chintzbezügen in überraschend kräftigen Farben ausgestattet. Wie im Wohnzimmer, so finden sich auch hier Antiquitäten und Gegenstände aus Porzellan in Hülle und Fülle. Die beiden Zimmer, die zum Canal Grande hinausgehen, sind erheblich teurer als die anderen. Dem Besitzer Stefano gehört auch ein in leuchtendem Grün gehaltenes 1-Zimmer-Appartement im zweiten Stock, das zwar nicht über einen Kanalblick, dafür aber über eine sonnige Dachterrasse verfügt.

Umgebung: Ca'd'Oro; Santi Apostoli; Santa Maria dei Miracoli • **Lage:** östlich des Campo Santi Apostoli • **Vaporetto** Ca'd'Oro • **Mahlzeiten:** Frühstück • **Preise:** LLL; Preise für die Appartements auf Anfrage • **Zimmer:** 11 Doppel- und Zweibettzimmer, 6 mit Bad, 4 mit Dusche; alle Zimmer mit Telefon, TV, Klimaanlage, Minibar, Fön • **Anlage:** Frühstücksraum, Aufenthaltsraum, Aufzug • **Kreditkarten:** AE, DC, MC, V • **Behinderte:** nicht geeignet • **Tiere:** erlaubt • **Geschlossen:** Januar bis Mitte Februar, 2 bis 3 Wochen im August, manchmal 2 Wochen im Dezember
Besitzer: Stefano Bianchi Michiel

Der Nordosten

Venedig

American

~ Stadthotel ~

Rio di San Vio, Dorsoduro 628, 30123 Venezia
Tel 041 5204733 **Fax** 041 5204048
e-mail reception@hotelamerican.com **website** www.hotelamerican.com

Das ruhige und stilvolle Hotel mit seinem geräumigen Empfangsbereich und seiner winzigen Terrasse, wo man im Sommer das Frühstück unter einer Pergola einnehmen kann, liegt ganz in der Nähe der Accademia und des Canal Grande. Die Gemeinschaftsräume sind eher düster im Stil der Zeit um 1900 ausgestattet: holzgetäfelte und mit Seidendamast bezogene Wände, gobelin- oder samtgepolsterte Stühle, orientalische Teppiche auf venezianischen Mosaikfußböden, gerüschte weiße Vorhänge und Topfpflanzen. Die Korridore sind ebenfalls holzgetäfelt, und kleine weiße Tische und Stühle sind über die Flure verstreut. Die teilweise frisch renovierten Zimmer sind ebenso wie die Badezimmer unterschiedlich groß und eher durchschnittlich eingerichtet: Sie verfügen über hübsche venezianisch bemalte Möbel, goldverzierte Spiegel und Tagesdecken mit Paisleymuster. Die Minibars sind gnädigerweise als frei stehende Schränke getarnt.
Wenn Sie sich für das American entscheiden, sollten Sie sich eines der neuen Zimmer mit Blick auf den Kanal sichern. Besonders empfehlenswert sind Nummer 14 und 23, die auf zwei Seiten Verandatüren und schmale Balkons haben.

~

Umgebung: Galleria dell'Accademia; Zattere; Santa Maria della Salute • **Lage:** an einem Kanal zwischen Canal Grande und Giudecca-Kanal • **Vaporetto:** Accademia oder Wassertaxi • **Mahlzeiten:** Frühstück • **Preise:** LLL • **Zimmer:** 28 Doppel-, Zweibett- und Einzelzimmer; alle mit Bad oder Dusche; alle Zimmer mit Telefon, TV, Klimaanlage, Minibar, Fön, Safe • **Anlage:** Sitzecken, Frühstücksraum, Terrasse
Kreditkarten: AE, MC, V • **Behinderte:** keine speziellen Einrichtungen
Geschlossen: nie • **Besitzer:** Salvatore Sutera Sardo

Der Nordosten

Venedig

Bucintoro

~ Gästehaus in der Stadt ~

Riva San Biagio, Castello 2135, 30122 Venezia
Tel 041 5223240 **Fax** 041 5235224

Am Flughafen von Venedig trafen wir ein Paar, das sich für die ersten Tage seines Aufenthalts das Londra Palace gegönnt hatte, das ihnen sehr gefiel, und sich dann mit dem Bucintoro (so hieß übrigens das Prunkschiff der Dogen) zufrieden geben musste – im Nachhinein fast die bessere Wahl. Abgesehen von dem wunderbaren Ausblick, den beide Hotels zu bieten haben, könnte der Unterschied nicht größer sein. Die Zimmer im Bucintoro, seit 30 Jahren fast unverändert, sind äußerst einfach; das Frühstück ist kärglich und der Aufenthaltsraum trotz seiner neu gepolsterten Sessel wenig einladend.

Das Geheimnis seines Erfolges liegt in der Lage des Hotels: Jedes einfache, aber saubere Zimmer hat einen Blick zur Lagune und wird vom venezianischen Licht durchflutet. Die Eckzimmer, besonders bei Künstlern sehr beliebt, sind die besten, da sie Fenster sowohl zur Lagune als auch zu San Marco haben (Nummer 1, 7, 9 und 11). Zimmer Nummer 26 kann bis zu 4 Personen beherbergen und hat ein recht großes Bad. Das bescheidene, mit Zement verputzte Gebäude, das im Sommer auch Tische draußen stehen hat, befindet sich in praktischer Nähe zur Vaporettohaltestelle Arsenale.

~

Umgebung: Arsenale; Schifffahrtsmuseum; Piazza San Marco • **Lage:** am Canale di San Marco, am östlichen Ende der Riva degli Schiavoni • **Vaporetto:** Arsenale, Tana oder Wassertaxi • **Mahlzeiten:** Frühstück, Abendessen (April bis Oktober) **Preise:** LL • **Zimmer:** 28, 22 Doppel-, Zweibett- und Dreibettzimmer, 17 davon mit Bad, 5 mit Dusche; 6 Einzelzimmer, 5 davon mit Dusche, 1 mit Waschbecken; alle Zimmer mit Telefon, Ventilator (auf Wunsch), Fön • **Anlage:** Frühstücksraum, Aufenthaltsraum, Terrasse • **Kreditkarten:** keine • **Behinderte:** nicht geeignet **Tiere:** nicht erlaubt • **Geschlossen:** Dezember und Januar • **Besitzer:** Familie Bianchi

Der Nordosten

Venedig

Tipp des Herausgebers

Ca'Foscari

Gästehaus in der Stadt

Calle della Frescada, Dorsoduro 3888-3887/b, 30123 Venezia
Tel 041 710401/710817 **Fax** 041 710817

Sie werden Hilfe brauchen, um die Calle Frescada zu finden, da diese kleine Gasse auf den meisten Stadtplänen nicht verzeichnet ist. Am besten nehmen Sie die Calle Larga Foscari in Richtung Frari-Kirche und biegen an der Crosera rechts ab. Am Ende dieser Gasse verläuft die Calle Frescada, und das Hotel liegt gegenüber der Crosera. Das kleine 1-Stern-Hotel ist die komplizierte Suche durchaus wert – das Ca'Foscari ist in jeder Hinsicht überdurchschnittlich. Schon die hübsche Eingangstür, der Klingelzug und die Laterne mit dem Namen des Hotels lassen dies ahnen, und das Innere des Hotels hält, was das reizvolle und trotzdem bescheidene Äußere verspricht.
Im Erdgeschoss gibt es einen kleinen Frühstücksraum. Im ersten Stock führt ein Korridor mit weiß gestrichenen Türen zu den Zimmern. Wie zu erwarten war, sind die Zimmer mit ihren Spitzenvorhängen und Tagesdecken bescheiden ausgestattet; wenn sie nicht über ein winziges, weiß gefliestes Badezimmer verfügen, sind sie mit einem ordentlichen Waschbecken ausgestattet. Im Gemeinschaftsbadezimmer gibt es allerdings nur eine Dusche und keine Badewanne. Die Betten mit ihren Metallrahmen sind gemütlicher als sie aussehen.

Umgebung: Scuola Grande di San Rocco; Frari-Kirche, Galleria dell'Accademia
Lage: zwischen Campo San Tomà und Palazzo Foscari • **Vaporetto:** San Tomà
Mahlzeiten: Frühstück • **Preise:** L • **Zimmer:** 11; 6 Doppel- und Zweibettzimmer; 3 davon mit Dusche, 3 nur mit Waschbecken; 1 Einzelzimmer mit Dusche, 2 Dreibettzimmer ohne Dusche, 2 Familienzimmer ohne Dusche, Gemeinschaftsbadezimmer mit Dusche • **Anlage:** Frühstücksraum • **Kreditkarten:** MC, V
Behinderte: nicht geeignet • **Tiere:** erlaubt • **Geschlossen:** 15. November bis Februar • **Besitzer:** Valter Scarpa

Der Nordosten

Venedig

La Calcina

Stadthotel

Fondamenta Zattere ai Gesuati, Dorsoduro 780, 30123 Venezia
Tel 041 5206466 **Fax** 041 5227045
e-mail la.calcina@libero.it **website** www.italyhotel.com/venezia/calcina/

Die vor kurzem renovierte einfache *pensione* wurde von ihren jungen Besitzern in ein stilvolles kleines Hotel umgewandelt, dessen ruhige und luftige Zimmer eine willkommene Abwechslung zum sonst üblichen überladenen venezianischen Rokoko darstellen. Das Hotel ist mit viel Liebe fürs Detail mit frischen Blumen geschmückt, in der Lobby ist klassische Musik zu hören, und Duftöle in den Badezimmern vertreiben eventuelle muffige Gerüche.

Im Gegensatz zu vielen anderen Hotels der Stadt gibt es im La Calcina einen erheblichen Preisunterschied zwischen den Zimmern, die zum Kanal hinausgehen, und den etwas dunkleren Hinterzimmern, die zwar keine Aussicht haben, aber ebenfalls sehr bequem sind. Die Eckzimmer, die auf zwei Seiten von der Sonne verwöhnt werden, sind am teuersten. Die Zimmer sind insgesamt zwar nicht groß, verfügen aber alle über cremefarbene Wände, Parkettböden, Antiquitäten und Badezimmer mit beheizten Handtuchhaltern. Im Sommer wird das Frühstück in der Regel auf der in Blau und Weiß gehaltenen Terrasse serviert; Sie können sich jedoch auch den romantischen Dachgarten für zwei Personen reservieren lassen.

Umgebung: Gesuati-Kirche; Galleria dell'Accademia • **Lage:** an der Westseite des San-Vio-Kanals • **Vaporetto:** Zattere oder Wassertaxi • **Mahlzeiten:** Frühstück **Preise:** LL • **Zimmer:** 29; 22 Doppel- und Zweibettzimmer; 2 mit Bad, 20 mit Dusche; 7 Einzelzimmer, 1 mit Bad, 3 mit Dusche, 3 mit Waschbecken; alle Zimmer mit Telefon, Klimaanlage, Fön, Safe • **Anlage:** Bar/Frühstücksraum, Sitzecken, Terrasse, Dachterrasse • **Kreditkarten:** AE, DC, MC, V • **Behinderte:** nicht geeignet **Tiere:** nicht erlaubt • **Geschlossen:** nie • **Besitzer:** Alessandro und Debora Szemere

Der Nordosten

Venedig

Ca'Pisani

Stadthotel

Dorsoduro 979/a, 30123 Venezia
Tel 041 2771478 **Fax** 041 2771061
e-mail info@capisanihotel.it **website** www.capisanihotel.it

Jeglicher venezianischer Hoteltradition zum Trotz ist das Ca'Pisani, das hinter den rosafarbenen Mauern eines Palazzo aus dem 16. Jh. gebaut wurde, cool, in und schick — oder auch nur einen Hauch von rotem Samt, Gold oder Muranoglas.
Der Stil im Inneren ist überwiegend minimalistisch, aber die originalen Steinbögen, Dachbalken und bemalten Decken, die sich vereinzelt finden lassen, sowie die schöne Möbelsammlung aus den 1930er und 1940er Jahren mildern dies teilweise. Die Schmuckelemente der Gemeinschaftsräume wiederholen sich in den Zimmern. Das Silber, das sich im Empfangsbereich, bei der Möblierung der Zimmer, in Spiegelrahmen, in der Einrichtung und den Stühlen findet, ist ein dominantes Thema und setzt sich gegen das dunkle Ebenholz und die blassgrün-violette Bemalung ab. Die warmen Hartholzböden und Türen wirken ausgesprochen modern. Die Badezimmer erinnern mit ihrem malvenfarbenen und grau-silber gesprenkelten Marmor an ein Designermagazin. Die Zimmer sind mit Lautsprechern und Fernsehern von Bang & Olufsen und mit elektrisch verstellbaren Jalousien ausgestattet. Die sandfarbenen Bettbezüge und Kissen passen gut zu den gestärkten weißen Laken aus Leinen. Das Frühstück wird in der Weinbar im Untergeschoss serviert, wo man auch kleinere Mahlzeiten einnehmen kann. Das Hotel ist erst vor kurzem eröffnet worden; Berichte erwünscht.

Umgebung: Galleria dell'Accademia; Collezione Guggenheim • **Lage:** zwischen Galleria dell'Accademia und Zattere • **Vaporetto:** Accademia, Zattere • **Mahlzeiten:** Frühstück, Mittagessen, Abendessen • **Preise:** LLL • **Zimmer:** 29; 25 Doppel- und Zweibettzimmer, 4 Suiten, alle mit Bad; alle Zimmer mit Telefon, TV, Klimaanlage, Minibar, Fön • **Anlage:** Aufenthaltsraum, Internetcafé, Restaurant, Bar, Türkisches Bad, Terrasse • **Kreditkarten:** AE, DC, MC, V • **Behinderte:** 2 geeignete Zimmer • **Tiere:** erlaubt • **Geschlossen:** nie • **Besitzer:** Familie Serandei

Der Nordosten

Venedig

Tipp des Herausgebers

Club Cristal

Bed-&-Breakfast-Unterkunft in der Stadt

Kontakt über Liz Heavenstone,
188 Regent's Park Road, London NW1 8XP, England
Tel (London) 020 7722 5060 **Fax** 020 7586 3004 e-mail susan.venice@iol.it

Für Gäste, die das ruhigere Venedig bevorzugen, könnte die Lage des Club Cristal kaum besser sein: Das luftige, prunkvolle Haus steht an einem von Bäumen eingesäumten Hof und einem kleinen Kanal in einem ruhigen Wohngebiet des Cannaregio und ist dennoch nur fünf Minuten von der Ca'd'Oro entfernt. Das Haus gehört der Familie der Engländerin Susan Schiavon, die seit vielen Jahren in Venedig lebt und jetzt fünf der Zimmer an ausgewählte Besucher vermietet, denen sie viel Wissenswertes über die Stadt erzählen kann.

Eine elegante weiße Marmortreppe führt zum *piano nobile* und einem hohen Aufenthaltsraum mit Büchern, gemütlichen Sofas und Sesseln. Auf der pflanzenüberwucherten Terrasse dahinter wird ein perfektes Frühstück serviert. Die Zimmer mit ihren familiären Möbeln, den bequemen Betten und dem gestärkten Leinen haben alle ihren eigenen Charakter. Das Abendessen wird nach Vereinbarung von Susan höchstpersönlich serviert – Sie sollten ihre gehobene Hausmannskost mindestens einmal probieren. Das Club Cristal ist alles in allem weniger ein Hotel als vielmehr ein Zuhause; Paare kehren oft hierher zurück, und allein reisende Frauen fühlen sich hier besonders wohl.

Umgebung: Gesuiti-Kirche; Ca'd'Oro; Rialto • **Lage:** an kleinem Kanal zwischen Ca'd'Oro und Gesuiti • **Vaporetto:** Ca'd'Oro, Fondamente Nuove • **Mahlzeiten:** Frühstück, Abendessen nach Vereinbarung • **Preise:** Zimmer (zahlbar in £ an das Londoner Büro): £50-125, Standarddoppelzimmer £80-125, Zuschlag für Einzelübernachtung; Abendessen £25 (inkl. Wein); Frühstück inklusive

Zimmer: 4 Doppelzimmer, 1 Einzelzimmer, alle mit Bad oder Dusche; alle Zimmer mit Fön • **Anlage:** Aufenthaltsraum, Speiseraum, Terrasse • **Kreditkarten:** AE, D

Behinderte: nicht geeignet • **Tiere:** nicht erlaubt • **Geschlossen:** nie

Besitzerin: Susan Schiavon

Der Nordosten

Venedig

✻ Tipp des Herausgebers ✻

Firenze

Stadthotel

Salizzada San Moisè, San Marco 1490, 30124 Venezia
Tel 041 5222858 **Fax** 041 5202668
e-mail hotelfirenze@flashnet.it **website** www.hotel-firenze.com

Das Firenze besticht durch seine vom obersten Stockwerk über eine Außentreppe erreichbare Dachterrasse, auf der im Sommer das Frühstück serviert wird, während man die markantesten Punkte im Stadtbild Venedigs ausmachen kann. Es verfügt außerdem über drei wunderschöne Zimmer mit eigener Terrasse, die genauso viel kosten wie die Zimmer ohne Terrasse.

Das Gebäude liegt ganz in der Nähe der reich verzierten Kirche San Moisè; seine elegante Jugendstil-Fassade aus Marmor und Eisen muss dringend restauriert werden (was der Besitzer auch vorhat). In der Zeit um 1900 war es eine österreichische Hutfabrik, wie die Fenster im ersten Stock immer noch stolz verkünden. Die neu renovierten Zimmer haben schmucklose und eher kalte marmorne Fußböden, pfirsichfarbene Wände, blassgrüne Kopfenden an den Betten und dazu passende Schränke, hübsche Wandleuchter aus Muranoglas und weiße geraffte Netzvorhänge. Der Frühstücksraum im ersten Stock ist dem berühmten Café Florian auf der Piazza San Marco nachempfunden. Doch trotz seiner polierten Holzbänke und Tische, die an den Wänden aufgereiht sind, wirkt der Raum eher unbeholfen und etwas peinlich.

Umgebung: Piazza San Marco • **Lage:** 30 Meter von der Piazza San Marco entfernt, neben San Moisè • **Vaporetto:** San Marco • **Mahlzeiten:** Frühstück
Preise: LLL • **Zimmer:** 25; 22 Doppel- und 3 Einzelzimmer, alle mit Bad, Telefon, TV, Klimaanlage, Minibar, Fön, Safe • **Anlage:** Frühstücksraum, Dachterrasse, Aufzug • **Kreditkarten:** AE, MC, V • **Behinderte:** nicht geeignet
Tiere: erlaubt • **Geschlossen:** nie • **Besitzer:** Paolo Fabris

Der Nordosten

Venedig

Flora

Stadthotel

Calle Larga XXII Marzo, San Marco 2283/a, 30124 Venezia
Tel 041 5205844 **Fax** 041 5228217
e-mail info@hotelflora.it **website** www.hotelflora.it

Um ein Zimmer in diesem kleinen Hotel zu bekommen, das am Ende einer Sackgasse in der Nähe der Piazza San Marco versteckt liegt, müssen Sie Wochen, wenn nicht Monate im Voraus buchen. Ein Blick in den Garten genügt, um zu verstehen, warum das Hotel so beliebt ist. Die Kletterpflanzen, Brunnen und blühenden Sträucher machen ihn zu einer bezaubernden Kulisse für das sommerliche Frühstück oder einen Drink am Abend.

Auch die kleine und einladende Empfangshalle profitiert von dem einzigartigen Blick in den Garten, den man durch einen Glasbogen hindurch sehen kann. Die Atmosphäre wird von freundlicher Betriebsamkeit bestimmt. Es gibt einige schöne Doppelzimmer mit bemalten geschnitzten Antiquitäten und anderen typisch venezianischen Gegenständen; andere wiederum sind recht spartanisch eingerichtet, noch nicht einmal groß genug für eine Person und kaum ihr Geld wert. Zwei der begehrtesten Zimmer befinden sich im Erdgeschoss gegenüber dem Garten. Drei weitere sind die geräumigen Eckzimmer; vom obersten dieser Zimmer hat man einen wunderbaren Blick auf die Kirche Santa Maria della Salute. Das gesamte Hotel wurde vor kurzem mit Brandschutztüren versehen, und die Zimmer wurden neu tapeziert. Ganz in der Nähe, am Campo San Maurizio, ist das Novicento, ein Schwesterhotel mit neun Zimmern, entstanden.

Umgebung: Piazza San Marco • **Lage:** 300 Meter von der Piazza San Marco in einer Sackgasse, die von der Calle Larga XXII Marzo abgeht • **Vaporetto:** San Marco • **Mahlzeiten:** Frühstück • **Preise:** LLL • **Zimmer:** 44; 32 Doppel- und Zweibettzimmer; 6 Einzelzimmer, 6 Familienzimmer; alle mit Bad oder Dusche, Telefon, TV, Klimaanlage, Fön, Safe • **Anlage:** Leseraum, Frühstücksraum, Bar, Aufzug, Garten • **Kreditkarten:** AE, DC, MC, V • **Behinderte:** 2 Zimmer im Erdgeschoss geeignet • **Tiere:** erlaubt • **Geschlossen:** nie • **Besitzer:** Roger und Joel Romanelli

Der Nordosten

Venedig

❄ Tipp des Herausgebers ❄

Leon Bianco

Gästehaus in der Stadt

Corte Leon Bianco, Cannaregio 5629, 30131 Venezia
Tel 041 5233572 **Fax** 041 2416392
e-mail leonebi@tin.it

Dieses Juwel, das in einem abgeschiedenen Innenhof hinter einer robusten Tür liegt und nur über eine abenteuerliche Steintreppe erreicht werden kann, haben wir erst vor kurzem entdeckt. Die *locanda* wurde vor einigen Jahren von drei Freunden eröffnet und erstreckt sich über ein Stockwerk eines alten Palazzo. Sie verfügt über einen Empfangsbereich und sieben große, attraktive Zimmer mit kleinen, modernen Bädern. In den oberen Stockwerken lassen nur die unebenen Marmor- und Parkettböden sowie die riesigen schiefen Holztüren erkennen, dass es sich hierbei um ein altes Gebäude handelt. Es gibt eine Küche, aber keinen Frühstücksraum; das Frühstück wird auf dem Zimmer serviert.

Drei Zimmer verfügen über den begehrtesten der Ausblicke in Venedig: Sie gehen zum Canal Grande hinaus. Sie sind einfach, aber geschmackvoll mit Antiquitäten und hübsch bemalten Möbeln eingerichtet und seit ihrer Renovierung in hellen Farben gestrichen und mit Puttenfresken an den Decken verziert. Ein weiteres Fresko befindet sich an der Wand eines riesigen Zimmers, das zur Straße hinausgeht. Obwohl das Leon Bianco nicht den Service oder die Eleganz der Schicki-Micki-Hotels in der Nähe von San Marco bietet, überzeugt es durch seine vergleichsweise bescheidenen Preise.

Umgebung: Santi Apostoli; Santa Maria dei Miracoli; Rialto • **Lage:** in einem Hof zwischen den Kanälen Santi Apostoli und Santa Giovanni Crisostomo • **Vaporetto:** Ca'd'Oro, Rialto • **Mahlzeiten:** Frühstück • **Preise:** LL • **Zimmer:** 7; 6 Doppel- und Zweibettzimmer mit Dusche, 1 Familienzimmer mit Bad; alle Zimmer mit Telefon
Anlage: keine • **Kreditkarten:** AE, DC, MC, V • **Behinderte:** nicht geeignet
Tiere: nicht erlaubt • **Geschlossen:** nie • **Besitzer:** Luciano Benedetti, Stefano Franceschini, Claudio Novo

Der Nordosten

Venedig (Torcello)

Locanda Cipriani

Restaurant mit Gästezimmern

Torcello, 30012 Burano, Venezia
Tel 041 730150 **Fax** 041 735433
e-mail info@locandacipriani.com **website** www.locandacipriani.com

Nach mehreren Jahren, in denen die Locanda Cipriani aufgrund von Planungsschwierigkeiten geschlossen bleiben musste, stehen die sechs bezaubernden Zimmer nun wieder für Gäste bereit.

Obwohl Torcello die Wiege der venezianischen Kultur ist, ist alles, was davon heute noch zu sehen ist, die wunderschöne Kirche Santa Fosca und der alte Dom mit seinem beeindruckenden byzantinischen Madonnenmosaik. Wenn die Touristenmassen Torcello am Abend verlassen haben, können Sie als Gast der *locanda* den Charme der Insel ungestört genießen. Unter den Gästen des Hotels befanden sich bereits Ernest Hemingway, Charlie Chaplin und Paul Newman; selbst die gesamte königliche Familie Englands hat schon dort gespeist. Die Zimmer sind mit ihren Holzböden, attraktiven Gemälden, Schreibtischen, Kunstobjekten, gemütlichen Sofas und Sesseln einfach, aber dennoch elegant eingerichtet. Das Hotel verfügt mittlerweile über Klimaanlagen, aber erfreulicherweise nicht über Fernseher; die Badezimmer sind renoviert worden.

Das Restaurant der *locanda* war auch während des Hotelumbaus geöffnet und wird es wohl auch bleiben. Trotz der exorbitanten Preise, die den Ruhm des Restaurants mindestens ebenso sehr wie die Qualität des Essens widerspiegeln, ist es ein Erlebnis, dort zu speisen, sei es in dem rustikalen Speisesaal oder auf der wunderschönen Terrasse mit Blick auf den Dom.

Umgebung: Venedig (40 Minuten); Laguneninseln • **Lage:** im Zentrum der Insel mit Blick auf die Kathedrale • **Vaporetto:** Torcello • **Mahlzeiten:** Frühstück, Mittagessen, Abendessen • **Preise:** LLL • **Zimmer:** 6; 3 Doppelzimmer mit Wohnzimmern, 3 Einzelzimmer, alle mit Bad; alle Zimmer mit Telefon, Klimaanlage **Anlage:** Aufenthaltsraum, Speiseraum, Bar, Terrasse, Garten • **Kreditkarten:** AE, MC, V • **Behinderte:** nicht geeignet • **Tiere:** erlaubt • **Geschlossen:** Januar **Besitzer:** Bonifacio Brass

Der Nordosten

Venedig

❄ Tipp des Herausgebers ❄

Palazetto San Lio

~ Stadthausappartements ~

Kontakt Venetian Apartments, 413 Parkway House, Sheen Lane, London SW14 8LS **Tel** (London) 020 8878 1130 **Fax** 020 878 0982
e-mail enquiries@venice-rentals.com **website**: www.venice-rentals.com

Hier kann man inmitten von Deckenfresken, seidenbezogenen Wänden, Kronleuchtern aus Muranoglas, Rokokobetten und antiken bemalten Möbeln seine venezianischen Fantasien ausleben. Zwischen den Antiquitäten stehen eher unschöne Sofas und Lampen, und die acht Appartements wirken geziert und etwas heruntergekommen, was allerdings zu ihrer romantischen Anziehungskraft beiträgt. Das schönste Appartement ist wahrscheinlich das »Affresco« im *piano nobile*. Im Eingangsbereich steht ein Bett, das mit Vorhängen abgeschirmt wird. Wie man auf den Gemälden Longhis sieht, war dies früher üblich, damit die Dame des Hauses Gäste in ihrem Schlafgemach empfangen und sich gleichzeitig zurückziehen konnte, wenn sie das wünschte. Das Zimmer macht mit seinem echten Deckenfresko einen altmodischen und sehr venezianischen Eindruck. Es gibt einen winzigen Raum mit Etagenbetten für Kinder, eine einfache Kochnische und ein noch einfacheres Bad.

Das Gebäude hat eine wunderschöne längliche Eingangshalle – einst für die Familiengondel. Es gibt eine marmorne Treppe, antike Mosaiken an den Treppenabsätzen und im ersten Stock sogar eine winzige stuckverzierte Kapelle. Über Berichte würden wir uns sehr freuen.

~

Umgebung: Campo Santa Maria Formosa; Rialto • **Lage:** am Ende einer kleinen Gasse, die von der Salzzada San Lio zwischen Rialto und Campo Santa Maria Formosa abgeht • **Vaporetto:** Rialto • **Preise:** Appartements zwischen £499 und £995 pro Woche (Minimum 1 Woche), »Affresco« £725 pro Woche • **Zimmer:** Studios und Appartements mit zwei Schlafzimmern; alle mit Kochnische und Bad, Telefon, Zentralheizung • **Behinderte:** nicht geeignet • **Tiere:** nicht erlaubt
Geschlossen: nie

Der Nordosten

Venedig

Palazetto da Schio

Appartements in privater Unterkunft

Fondamenta Soranzo, Dorsoduro 316/b, 30123 Venezia
Tel und **Fax** 041 5237937
e-mail avenezia@tin.it **website** web.tin.it/sangregorio

Der rot angestrichene Palazzo ist seit 300 Jahren das Heim der Familie da Schio. Heute bewohnt die Contessa da Schio Erdgeschoss und *piano nobile*, während andere Teile des Hauses in drei hübsche und bequeme Appartements umgewandelt wurden, die man von zwei Nächten bis zu sechs Monaten mieten kann. Mietet man sie wochen- oder monatsweise, ist das erheblich preisgünstiger als einzelne Übernachtungen. Die Zimmer sind großzügig mit Familienantiquitäten wie Gemälden und Spiegeln ausgestattet; hin und wieder findet sich auch ein modernes Möbel- oder Dekorationsstück. Das oberste Appartement (Achtung: nur für Treppenliebhaber!) verfügt über eine weit reichende Aussicht und einen großen Salon, während die Zimmer im Zwischengeschossappartement – auch das gemütliche, mit Antiquitäten angefüllte Wohnzimmer – alle zum Kanal hinausgehen.
Die großartige Eingangshalle des Palazzo wird von kostbaren venezianischen Fackeln erleuchtet und öffnet sich zum Garten hin. Die Eingangshalle kann ebenso wie das schöne 3-Zimmer-Appartement im *piano nobile* jederzeit für Feste gemietet und im Sommer für einen Monat bewohnt werden.

Umgebung: Santa Maria della Salute; Galleria dell'Accademia; Zattere • **Lage:** am Kanal zwischen Canal Grande und Giudecca-Kanal • **Vaporetto:** Salute oder Wassertaxi • **Preise:** pro Nacht: LLL; pro Woche: L-LL • **Zimmer:** 3 Appartements, 1 mit 1 Schlafzimmer, 2 mit 2 Schlafzimmern; alle mit Küche und Bad, Telefon, Zimmermädchen • **Kreditkarten:** AE, MC, V • **Behinderte:** nicht geeignet
Tiere: nicht erlaubt • **Geschlossen:** nie • **Besitzerin:** Contessa Anna da Schio

Der Nordosten

Venedig

❊ Tipp des Herausgebers ❊

Quattro Fontane

Hotel am Meer

Via Quattro Fontane 16, 30126 Lido, Venezia
Tel 041 5260227 **Fax** 041 5260726
e-mail quattrofontane@ila.chateau.com **website** www.ilachateau.com/quattrof/

Je länger wir uns im Quattro Fontane aufhielten, desto besser gefiel es uns. Zunächst erschien uns das 150 Jahre alte Gebäude im Stil Südtiroler Häuser etwas düster und vorstädtisch; dann überzeugten uns schon die einladenden Empfangsräume vom Charme des Hotels. An den Wänden und in den Regalen befinden sich überall kleine Reiseandenken des Hotelbesitzers: holzgeschnitzte Figuren, bemalte Muscheln, Schiffsmodelle, Porzellan und Briefmarken. In dem fürstlichen Speiseraum mit seinem riesigen Kamin und den kühnen dunkelroten Stühlen wird das Essen mit perfektem Service kredenzt. Bei schönem Wetter kann man auch auf der großen, baumbestandenen Terrasse essen.
Die bequemen, wenn nicht gar luxuriösen Zimmer im Hauptgebäude mit ihrer Ansammlung von Möbelstücken, Gemälden und Stoffen haben alle ihren ganz eigenen Stil. Die Zimmer im Nebengebäude, das aus den 1960er Jahren stammt, sind nicht ganz so individuell eingerichtet, aber ebenfalls attraktiv und gemütlich. Alles in allem ein altehrwürdiges Haus, das zwar älter, aber immer noch sehr gepflegt ist; unserer Meinung nach eines der besten am Lido. Als störend empfanden wir nur die kichernden und heimlich rauchenden Zimmermädchen.

Umgebung: Venedig; Laguneninseln • **Lage:** nicht direkt am Meer am südlichen Ende des Lido, in der Nähe des Casinos • **Vaporetto:** Santa Maria Elisabetta
Mahlzeiten: Frühstück, Mittag- und Abendessen • **Preise:** LLL • **Zimmer:** 58; 54 Doppelzimmer, 4 Einzelzimmer, 35 mit Bad, 23 mit Dusche; alle Zimmer mit Telefon, TV, Klimaanlage, Fön, Safe • **Anlage:** Aufenthaltsraum, Schreibzimmer, Speiseraum, Bar; Tennisplatz und Strandkabinen stehen ebenfalls zur Verfügung
Kreditkarten: AE, DC, MC, V • **Behinderte:** Zugang schwierig • **Tiere:** erlaubt
Geschlossen: November bis April • **Besitzer:** Familie Friborg-Bevilacqua

Der Nordosten

Venedig

La Residenza

~ Stadthotel ~

Campo Bandiera e Moro, Castello 3608, 30122 Venezia
Tel 041 5285315 **Fax** 041 5238859

Das Residenza zieht die wahren Liebhaber Venedigs an, die die Gelegenheit zu schätzen wissen, in dem großartigen gotischen Palazzo zu übernachten. Das Hotel ist der Blickfang des pittoresken, geheimnisvollen Platzes mit seiner kleinen Kirche San Giovanni in Bragora, die zu den schönsten der Stadt gehört.
Allein das Betreten des Hotels ist eine einmalige Erfahrung: Große Türen öffnen sich, um den Blick auf einen alten überdachten Innenhof freizugeben; Steinstufen führen zu einer riesigen barocken Halle mit reich verzierten Wänden. Das Frühstück hier im Morgenlicht einzunehmen, ist eine ganz besondere Freude, obwohl die gedämpfte Atmosphäre auch etwas bedrückend sein kann. Der Palazzo ist eben kein Grandhotel, sondern nur eine bescheidene 2-Sterne-Unterkunft in einer unbescheidenen Umgebung. Wem die gruselige und kitschige Atmosphäre der Zimmer gefällt, wird bedauern, dass die Hälfte bereits renoviert ist (ruhig und hübsch, aber Standard) und der Rest folgen soll. Vielleicht hört Signor Ballestra auf seine Stammgäste und belässt die Zimmer in ihrem ursprünglichen Zustand. Dann hätte man die Wahl zwischen Alt und Neu – was sicher die beste Lösung wäre.

~

Umgebung: San Giorgio degli Schiavoni; Arsenale • **Lage:** an einem kleinen Platz 100 Meter hinter der Riva degli Schiavoni • **Vaporetto:** Arsenale, San Zaccaria
Mahlzeiten: Frühstück • **Preise:** LL • **Zimmer:** 14; 11 Doppel- und Zweibettzimmer, 3 Einzelzimmer; alle mit Bad oder Dusche, Telefon, TV, Klimaanlage, Minibar • **Anlage:** Frühstücksraum, Aufenthaltsraum • **Kreditkarten:** AE, MC, V
Behinderte: nicht geeignet • **Tiere:** erlaubt • **Geschlossen:** nie • **Besitzer:** Giovanni Ballestra

Der Nordosten

Venedig

Salute da Cici

Bed-&-Breakfast-Unterkunft in der Stadt

Fondamenta di Ca' Balla , Dorsoduro 222, 30123 Venezia
Tel 041 5235404 **Fax** 041 5222271

Dieser ruhige und kultivierte Palazzo zwischen der Accademia und der Kirche Santa Maria della Salute zählt schon lange zu unseren Lieblingshotels. Wenn man von barocken Kirchen genug hat, ist das Hotel auch der ideale Ausgangspunkt, um einen Ausflug zur Collezione Guggenheim mit Werken der klassischen Moderne zu unternehmen.

Die hübsche Fassade ist typisch venezianisch: bröckelnder Stuck und rosafarbener Stein, gotische Fenster und blumengeschmückte Steinbalkons. Auch das Innere des Gebäudes enttäuscht die Erwartungen nicht. Die klassisch-elegante Lobby ist mit Säulen, Marmorfußböden und freigelegten Dachsparren ausgestattet. Die kleine Bar ist für Gäste reserviert, und in dem winzigen Garten stehen ein paar Tische für einen Drink bereit. In den oberen Stockwerken liegen die einfachen, weiß gestrichenen Zimmer mit ihren hohen Decken, venezianischen Marmorfußböden und antiken, aber praktischen Möbeln. Da die Zimmer alle in einer Preiskategorie liegen, empfiehlt es sich, eines mit Blick auf den Kanal zu nehmen. Wenn Sie es etwas bequemer haben wollen, können Sie auch eines der neun moderneren Zimmer im Anbau nehmen.

Umgebung: Collezione Guggenheim; Santa Maria della Salute • **Lage:** südlich des Rio Calle Terra Nuovo, östlich der Kirche Santa Maria della Salute • **Vaporetto:** Salute oder Wassertaxi • **Mahlzeiten:** Frühstück • **Preise:** L–LL • **Zimmer:** 50 Doppel-, Zweibett-, Einzel-, Dreibett- oder Familienzimmer, alle mit Bad oder Dusche; alle Zimmer mit Telefon • **Anlage:** Bar, Sitzecken, Frühstücksraum, Garten **Kreditkarten:** keine • **Behinderte:** nicht geeignet • **Tiere:** nicht erlaubt **Geschlossen:** Mitte November bis Weihnachten, Januar bis März (bzw. Karneval, wenn dieser vor März stattfindet) • **Besitzer:** Sebastiano Cagnin

Der Nordosten

Venedig

San Cassiano

Stadthotel

Calle della Rosa, Santa Croce 2232, 30135 Venezia
Tel 041 5241768 **Fax** 041 721033
e-mail sancassiano@sancassiano.it **website** www.sancassiano.it

Es ist erheblich einfacher, sich mit dem Boot dem privaten Anlegeplatz des San Cassiano am Canal Grande zu nähern, als sich von der nächstgelegenen Vaporetto- oder Traghettoanlegestelle aus zu Fuß durch ein Labyrinth enger Gassen zu schlagen. Vom Canal Grande her zu kommen, hat außerdem den Vorteil, die dunkelrote gotische Fassade des Palazzo aus dem 14. Jh. gegenüber der berühmten Ca'd'Oro angemessen bewundern zu können. Im Inneren hat das Hotel mit seiner schweren venezianischen Einrichtung und seinem recht lustlosen Personal eine eher verstaubte Atmosphäre. Die Zimmer sind etwas schwülstig, die sechs aber, die auf den Canal Grande hinausgehen, sind wirklich großartig ausgestattet: massive antike Kleiderschränke, dazu passende Tischchen und geschnitzte Kopfenden für die Betten, fließende weiße Vorhänge mit Samt- oder Brokatblenden und orientalische Teppiche. Diese Zimmer sind genauso teuer wie diejenigen, die nicht über die großartige Aussicht verfügen. Falls Sie keines mit Aussicht bekommen, sollten Sie sich nach einem anderen Hotel umschauen. Der lichte, elegante Frühstücksraum mit seinen riesigen Fenstern, aus denen man auf den Kanal blicken kann, ist allerdings wunderschön.

Umgebung: Ca'd'Oro; Rialtomärkte; Rialtobrücke • **Lage:** am Canal Grande, gegenüber der Ca'd'Oro • **Vaporetto:** San Stae oder Wassertaxi • **Mahlzeiten:** Frühstück • **Preise:** LLL • **Zimmer:** 36; 20 Doppel- und Zweibettzimmer; 12 Dreibett- und Familienzimmer, 4 Einzelzimmer; alle mit Bad oder Dusche; alle Zimmer mit Telefon, TV, Klimaanlage, Minibar, Fön, Safe • **Anlage:** Aufenthaltsraum, Frühstücksraum, Bar • **Kreditkarten:** AE, MC, V • **Behinderte:** 2 spezielle Zimmer **Tiere:** erlaubt • **Geschlossen:** nie • **Besitzer:** Franco Maschietto

Der Nordosten

Venedig

Seguso

Gästehaus in der Stadt

Zattere ai Gesuati, Dorsoduro 779, 30123 Venezia
Tel 041 5222340/5286858 **Fax** 041 5222340

Wenn man an der sonnigen Promenade der Zattere sitzt und das Wasser des Giudecca-Kanals plätschern hört, könnte man fast glauben, am Meer zu sein. Diese Szenerie mit dem großartigen Lagunenpanorama gehört ganz bestimmt zu den Reizen des Seguso. Die traditionsreiche Pension wird von der freundlichen und wohltuend altmodischen Familie Seguso geführt. Die Preise sind im Vergleich zu den meisten anderen Hotels in Venedig bescheiden. Auch wenn das Seguso nicht gerade berühmt für sein Essen ist: Die Halbpension kostet hier so viel wie Übernachtung mit Frühstück in anderen, ähnlich komfortablen Hotels, die näher an San Marco liegen.

Die großen Zimmer im vorderen Teil des Gebäudes mit Blick auf den Kanal sind die besten; obwohl sie nur teilweise über ein eigenes Badezimmer verfügen. Der hübsche Speiseraum ist im traditionellen Stil eingerichtet. In dem bescheidenen Aufenthaltsraum stehen große Ledersessel, in denen man sich in alte Ausgaben von Reiseliteratur und -führern vertiefen kann. Das Frühstück wird auf der vorderen Terrasse serviert. Sie werden feststellen, dass die übrigen Gäste des Hotels oft freundlich, interessiert und von Venedig restlos begeistert sind.

Umgebung: Galleria dell'Accademia; Gesuati-Kirche • **Lage:** südlich der Galleria dell'Accademia am Giudecca-Kanal • **Vaporetto:** Zattere oder Wassertaxi
Mahlzeiten: Frühstück, Mittag- und Abendessen • **Preise:** LL • **Zimmer:** 36; 31 Doppel- und Zweibettzimmer, 5 Einzelzimmer, 9 mit Bad, 9 mit Dusche; alle Zimmer mit Telefon • **Anlage:** Speiseraum, Aufenthaltsraum, Aufzug, Terrasse
Kreditkarten: AE, MC, V • **Behinderte:** Zugang möglich • **Tiere:** erlaubt
Geschlossen: Dezember bis Februar • **Besitzer:** Familie Seguso

Der Nordosten

Venedig

Sturion

Stadthotel

Calle del Storione, San Polo 679, 30125 Venezia
Tel 041 5236243 **Fax** 041 5228378
e-mail sturion@tin.it **website** www.locandasturion.com

Bevor Sie die Locanda Sturion im dritten Stock des Gebäudes erreichen, müssen Sie zunächst eine scheinbar endlose Treppe hinaufsteigen, die wie eine Leiter vom Erdgeschoss aus nach oben führt. Die freundliche Dame am Empfang ist den Anblick von Gästen offenbar gewohnt, die vor ihrem Schreibtisch nach Luft ringen, denn sie bleibt dabei vollkommen ernst. Einen Gepäckträger gibt es nicht, Sie können sich jedoch von den Mitarbeitern am Empfang helfen lassen.

Das Innere des Hotels ist etwas überladen. In einigen Zimmern sind die Wände mit dunkelroten Seidenstoffen bezogen, in anderen mit ausgeblichenem Seidendamast. In keinem der Zimmer darf geraucht werden. Die Möbel sind aus Walnussholz und Mahagoni, die mit roten Teppichen bedeckten Böden aus venezianischem Marmor. Zwei Zimmer gehen zum Canal Grande hinaus. Für zwei Personen sind sie so geräumig, dass man problemlos noch zwei weitere unterbringen kann. Ein zusätzliches Bett ist in einer Holzkiste versteckt, die tagsüber wie ein Schrank aussieht. Eine kleine Bibliothek mit – in der Mehrzahl englischen – Stadtführern trägt zum gemütlichen Ambiente des Hotels bei. Ein Möglichkeit, um im Internet zu surfen, ist vor kurzem geschaffen worden.

Umgebung: Rialto; Rialtomärkte; Ca'd'Oro • **Lage:** in der Nähe der Riva del Vin und der Rialtobrücke • **Vaporetto:** Rialto, San Silvestro • **Mahlzeiten:** Frühstück
Preise: LL • **Zimmer:** 11; 8 Doppel-, Zweibett- oder Dreibettzimmer, 3 Familienzimmer; 10 mit Bad, 1 mit Dusche; alle Zimmer mit Telefon, TV, Klimaanlage, Minibar, Fön, Safe • **Anlage:** Frühstücksraum, »Internetcafé«
Kreditkarten: AE, MC, V • **Behinderte:** nicht geeignet • **Tiere:** erlaubt
Geschlossen: nie • **Besitzer:** Signor Fragiacomo

Der Nordosten

Verona

Gabbia d'Oro

Stadthotel

Corso Portoni Borsari 4a, 37121 Verona
Tel 045 8003060 **Fax** 045 590293
e-mail gabbiadoro@easynet.it **website** www.hotelgabbiadoro.it

Dieser Palazzo aus dem 17. Jh. ist heute ein stilvolles und luxuriöses, aber nie pompöses Hotel, das sich einer Liebe zum Detail rühmen kann, die heute nur noch selten anzutreffen ist. Bei Ihrer Ankunft erwartet Sie ein kleines, hübsch verpacktes Geschenk, und das Personal ist so herzlich und tadellos wie das Hotel selbst. Die Gemeinschaftsräume, die man durch massive, goldverzierte Holztüren betritt, sind gleichzeitig bequem und elegant: Es gibt viele Ecken, in denen man sitzen und sich entspannen kann, und die Sofas sind groß und gemütlich. Kleine Lampen tauchen die getäfelte Bar in ein angenehmes Licht, und in der neuen, in Grün und Weiß gehaltenen Orangerie mit Blick zur Terrasse kann man sich gut ausruhen.

Die restaurierten oder den Originalen nachempfundenen Fresken wiederholen sich in den Friesen im Empfangsbereich und in den Zimmern. In fast allen gibt es alte seidene Bettbezüge. Das in Dunkelrot eingerichtete Zimmer Nummer 404 ist mit seinen schrägen Wänden, den Deckenbalken und verwinkelten Nischen so romantisch, dass es normalerweise von Flitterwöchnern bevorzugt wird. Die Preise sind zwar hoch, aber durchaus gerechtfertigt.

Umgebung: Piazza delle Erbe; Loggia del Consiglio; Arena • **Lage:** im mittelalterlichen Zentrum der Stadt, südlich der Porta Borsari; Garagenparkplatz möglich • **Mahlzeiten:** Frühstück • **Preise:** LLL-LLLL • **Zimmer:** 27; 8 Doppel- und Zweibettzimmer, 19 Suiten, alle mit Bad oder Dusche; alle Zimmer mit Telefon, TV, Klimaanlage, Minibar, Fön, Safe • **Anlage:** Frühstücksraum, Aufenthaltsraum, Orangerie, Bar, Tagungsraum, Aufzug, Terrasse • **Kreditkarten:** AE, DC, MC, V
Behinderte: Zugang schwierig • **Tiere:** erlaubt • **Geschlossen:** nie
Besitzerin: Signora Balzarro

Der Nordosten

Verona

Torcolo

~ Stadthotel ~

Vicolo Listone 3, 37121 Verona
Tel 045 8007512 **Fax** 045 8004058

Das Torcolo ist ein preisgünstiges Hotel in ausgezeichneter Lage im Herzen des lebhaften Verona. Ein Hotelgast schrieb uns kürzlich: »Seine hervorstechendsten Qualitäten sind die Wärme und Freundlichkeit, mit der man willkommen geheißen wird, und die Hilfsbereitschaft des Personals.« Jedes Zimmer ist individuell im italienischen Stil des 18. Jhs., im Jugendstil oder modern eingerichtet und wesentlich frischer und reizvoller als die meisten Zimmer dieser Preiskategorie. Das unsere war komplett mit Möbeln im Stil des 18. Jhs. bestückt; die weißen Leinenvorhänge und farbenfrohen Patchwork-Tagesdecken bildeten einen hübschen Kontrast dazu. Die keramikgefliesten Badezimmer wirken etwas beengt. Die Zimmer sind zwar doppelt verglast, um den beträchtlichen Straßenlärm (der Menschen, nicht der Autos!) abzuhalten, können aber trotz der Klimaanlagen besonders im Sommer stickig werden. Das Frühstück besteht aus frisch gepresstem Orangensaft, einer guten Auswahl an Brot, Croissants und Joghurt und kann auf dem Zimmer eingenommen werden, was dem beengten kleinen Frühstücksraum auf jeden Fall vorzuziehen ist. Im Sommer wird das Frühstück in dem kleinen Innenhof neben der Straße serviert.

Umgebung: Arena; Via Mazzini; Piazza delle Erbe • **Lage:** ganz in der Nähe der Piazza Brà; öffentlicher Parkplatz an der Piazza Cittadella • **Mahlzeiten:** Frühstück
Preise: L-LL • **Zimmer:** 19; 13 Doppel- und Zweibettzimmer, 4 Einzelzimmer, 2 Familienzimmer, 1 mit Bad, 18 mit Dusche; alle Zimmer mit Telefon, TV, Klimaanlage, Fön; 10 Zimmer mit Minibar und Safe • **Anlage:** Aufenthaltsraum, Frühstücksraum, Innenhof, Aufzug • **Kreditkarten:** AE, MC, V • **Behinderte:** Zugang schwierig • **Tiere:** erlaubt • **Geschlossen:** 10. bis 31. Januar
Besitzerinnen: Silvia Pommari und Diana Castellani

Der Nordosten

Barbarano Vicentino

Il Castello

Appartements in ländlicher Villa

Via Castello 6, 36021 Barbarano, Vicenza
Tel und **Fax** 0444 886055
e-mail ilcastello@tin.it
Mahlzeiten: keine • **Preise:** L
Geschlossen: nie • **Besitzerin:** Elda Marinoni

Das Il Castello ist eine hübsche Villa aus dem 17. Jh., die auf den Ruinen einer alten Burg erbaut worden ist. Gen Süden erstrecken sich die Weinberge der Familie Marinoni; auch Grappa, Olivenöl und Honig werden im Castello produziert. Inzwischen wird das Hotel von Elda Marinoni und ihren beiden Kindern geführt.

Es gibt drei separate Appartements, die wöchentlich gemietet werden können. Jedes verfügt über ein bis zwei Zimmer und voll ausgestattete Küchen und Bäder; man kann jedoch auch das ganze Haus mieten. Die Zimmer sind weiß gestrichen und luftig; sie machen – trotz der venezianischen Marmorfußböden und trotz der alten Familienmöbel – einen eher spartanischen Eindruck.

Cortina d'Ampezzo

Menardi

Stadthotel

Via Majon 110, 32043 Cortina d'Ampezzo, Belluno
Tel 0436 2400
Fax 0436 862183
e-mail hmenardi@sunrise.it
Website www.sunrise.it/cortina/alberghi/menardi • **Mahlzeiten:** Frühstück, Mittag- und Abendessen • **Preise:** LL • **Geschlossen:** Oktober bis Mitte Dezember; Mitte April bis Mitte Juni
Besitzer: Familie Menardi

Alte Fotografien zeugen davon, wie sich dieses Hotel im Norden Cortinas entwickelt hat. Als es 1836 an der Verbindungsstraße zum Habsburger Kaiserreich gebaut wurde und die Familie Menardi damit begann, müden Reisenden eine Unterkunft zur Verfügung zu stellen, wurde das private Gebäude zunächst zur Kutschenstation. Heute schmücken grüne Holzbalkons und Geranien das weiße, langgestreckte Haus; es gibt zusätzliche Zimmer unter dem Dach und ein separates Annexgebäude. Das Ambiente ist von familiärer Wärme geprägt, und der Service ist tadellos. Der versteckt gelegene große Garten ist besonders schön.

Der Nordosten

Marlengo / Marling

Oberwirt

Resorthotel in den Bergen

Vicolo San Felice 2, Marlengo (Marling), 39020 Meran, Bozen
Tel 0473 222020 • **Fax** 0473 447130 • **e-mail** OBERWIRT@-dnet.it • **Website** www.highlight-hotels.com/oberwirt
Mahlzeiten: Frühstück, Mittag- und Abendessen • **Preise:** LL
Geschlossen: Mitte November bis Mitte März • **Besitzer:** Familie Waldner

Das Gebäude ist typisch für die Region: Es ist solide, weiß getüncht, mit allen möglichen architektonischen Schnörkeln sowie einem Kruzifix und einer gemalten Sonnenuhr an der Fassade. Die Gemeinschaftsräume im Inneren sind im traditionellen Tiroler Stil eingerichtet: mit einer Vielfalt an Holztäfelungen, geschnitzten Möbeln und Nippes. Einige Zimmer fallen jedoch ein wenig aus dem Rahmen: sie sind komfortabel und geräumig, mit Balkon oder Terrasse, aber nur wenig traditionellem Dekor. Das Essen gehört jedoch zweifellos zu den Highlightst: »... zartschmelzende Entenleber aus der Pfanne ... Lammschnitzel in Kräuterkruste ... und der beste Nachtisch, den ich je gegessen habe.«

Merano / Meran

Castel Fragsburg

Umgebaute Burg

Via Fragsburg 3, 39012 Merano (Meran), Bozen
Tel 0473 244071 • **Fax** 0473 244493 • **e-mail** info@fragsburg.com • **website** www.fragsburg.com
Mahlzeiten: Frühstück, Mittag- und Abendessen • **Preise:** LL
Geschlossen: November bis Ostern • **Besitzer:** Familie Ortner

Von außen sieht das Fragsburg mit seinen geschnitzten Holzfensterläden und den Balkons immer noch nach Jagdhütte aus. Auf der Terrasse, die sich über die gesamte glyzinienübersäte Front des Hauses erstreckt, kann man wunderbar essen und trinken – man scheint dort geradezu über den Bergen zu schweben. Im Inneren des Hauses geht die Terrasse in den mit riesigen Fenstern versehenen Speisesaal über, in dem italienische, vegetarische und Südtiroler Gerichte serviert werden; des Weiteren kann man zwischen verschiedenen Aufenthaltsräumen im Tiroler Stil und einer ansprechenden kleinen Bibliothek wählen. Die Zimmer verfügen alle über Balkons, geschnitzte Kiefernmöbel und farbenfrohe, rustikale Stoffbezüge.

Der Nordosten

Merano / Meran

Castel Labers

Umgebaute Burg

Via Labers 25, 39012 Merano (Meran), Bozen
Tel 0473 234484 • **Fax** 0473 234146 • **Mahlzeiten:** Frühstück, Mittag- und Abendessen
Preise: LL • **Geschlossen:** November bis April • **Besitzer:** Familie Stapf-Neubert

An einem Hügel östlich von Meran liegt das Castel Labers inmitten eigener üppiger Obstgärten und Weinberge. Bei schlechtem Wetter würde das Haus sehr gut in einen Horrorfilm passen; nichtsdestotrotz hat es viel Charme, und das Innere mit seiner eindrucksvollen Steintreppe und der schmiedeeisernen Balustrade, die vom Empfangsbereich zu den Zimmern führt, wirkt ausgesprochen einladend. Die Zimmer sind in Größe und Standard unterschiedlich: Die schönsten sind die mit Eckbalkons; ein Zimmer im Dachgeschoss des Turms mit einer holzgetäfelten Nische ist ebenfalls sehr reizvoll.

Mira Porte

Villa Margherita

Ländliche Villa

Via Nazionale 416, 30030 Mira, Venedig
Tel 041 4265800
Fax 041 4265838 • **e-mail** hvillam@tin.it • **website** www.romantikhotels.com/rhmira
Mahlzeiten: Frühstück, Mittag- und Abendessen • **Preise:** LL
Geschlossen: nie • **Besitzer:** Familie Dal Corso

Die Lage dieser ländlichen Villa im venezianischen Hinterland ist zwar nicht besonders reizvoll, bietet dafür aber Ruhe und Abgeschiedenheit. Außerdem ist sie ideal für Ausflüge ins nahe Venedig. Die Villa Margherita ist im 17. Jh. als Adelslandsitz erbaut und 1987 in ein Hotel umgewandelt worden. Besonders die Gemeinschaftsräume haben uns sehr gefallen. Der wunderbar helle Frühstücksraum ist in Gelb und Blau gehalten, und große Verandatüren öffnen sich zu einem Garten. Das Wohnzimmer verfügt über ein Wandgemälde, einen offenen Kamin, einige schöne Lampen, Vasen und antike Uhren. Die Zimmer wurden vor kurzem renoviert und sind überaus bequem; die schönsten gehen zur Frühstücksterrasse hinaus.

Der Nordosten

San Valburga d'Ultimo / St. Walburg im Ultental

Eggwirt

Gästehaus in den Bergen

39016 San Valburga d'Ultimo (St. Walburg im Ultental), Bozen
Tel 0473 795319 • **Fax** 0473 795471 • **e-mail** eggwirt@rolmail.net • **Mahlzeiten:** Frühstück, Mittag- und Abendessen • **Preise:** L
Geschlossen: 10. November bis 24. Dezember • **Besitzer:** Familie Schwienbacher

Der Gasthof, der seit dem 14. Jh. existiert, ist ganzjährig ein idealer Ort für sportliche Aktivitäten. Er liegt am Rand des Dorfes und verfügt über eine große Terrasse mit wunderbarer Aussicht. Die lange Geschichte des Gebäudes wird besonders in der alten Stube aus dem Jahr 1611 deutlich: Sie ist gänzlich in dunklem Holz getäfelt, in der Ecke steht ein alter Keramikofen, an den Wänden hängen Hirschgeweihe. In den oberen Stockwerken ist die Einrichtung moderner und weniger persönlich. Die hellen Zimmer sind mit viel Holz und farbenfrohen Bettbezügen ausgestattet. Die größeren Zimmer sind in sich noch einmal unterteilt, und die meisten verfügen über Balkons mit großartiger Aussicht.

Venedig

Ca'del Borgo

Dorfhotel

Piazza delle Erbe, Malamocco, Lido, 30126 Venedig
Tel 041 770749 • **Fax** 041 770799 • **e-mail** mabapa@venicehotel.com • **website** www.venicehotel.com/mabapa
Mahlzeiten: Frühstück • **Preise:** LL • **Geschlossen:** Dezember und Januar • **Besitzer:** Signor Vianello

Die Ca'del Borgo liegt in einer breiten und ruhigen Straße in Malamocco. Die acht geräumigen, bequemen und wunderschön eingerichteten Zimmer haben große Terrassen und einen kleinen Garten, in dem ein steinerner Brunnen steht. Die großartige Eingangshalle mit ihren Orientteppichen bestimmt den Stil des gesamten Hauses. Die Zimmer verfügen über ausgezeichnete Betten, die marmornen Bäder zeichnen sich durch funktionale Duschen aus. Der Service ist tadellos und unaufdringlich. Da das Hotel etwas abseits liegt, kann ein Auto von Nutzen sein. Damit könnten Sie auch den Ca'del Moro-Sport- und Fitnessclub und den Strand des Hotels Excelsior erreichen, die Sie mitbenutzen dürfen. Fahrräder werden kostenlos zur Verfügung gestellt.

Der Nordosten

Venedig

Marconi

Stadthotel

Riva del Vin, San Polo 729, 30125 Venedig
Tel 041 5222068 • **Fax** 041 5229700 • **e-mail** marconi@marconi.it • **website** www.marconi.it • **Mahlzeiten:** Frühstück • **Preise:** LLL **Geschlossen:** nie • **Besitzer:** Franco Maschietto

Das Marconi ist ein alter Palazzo aus dem 16. Jh.; die Eingangshalle aus dem 19. Jh. ist mit Holz und Glas, Marmorsäulen, Samt und einer grüngolden eingefassten Decke ausgestattet. Sie sollten versuchen, eines der beiden Zimmer mit Balkons zu bekommen, die auf den Canal Grande hinausgehen. Insgesamt sind die Zimmer eher einfach, obwohl ihnen durch die Mahagonimöbel, die geschnitzten Kopfenden der Betten und die Damastvorhänge eine altmodische und prachtvolle Atmosphäre verliehen wird. Im Großen und Ganzen fehlen dem Hotel ein wenig die Wärme und Herzlichkeit. Weitere Berichte sind uns willkommen.

Venedig

Pausania

Stadthotel

Fondamenta Gherardini, Dorsoduro 2824, 30123 Venezia
Tel 041 5222083 • **Fax** 041 5222989 • **Mahlzeiten:** Frühstück • **Preise:** LLL • **Geschlossen:** nie • **Besitzer:** Guido Gatto

Das kleine Hotel Pausania liegt ganz in der Nähe des letzten schwimmenden Gemüsemarkts Venedigs, der heute noch als farbenprächtiger Kahn auf dem San-Barnaba-Kanal zu sehen ist. Der verwitterte gotische Palazzo mit seinen s-förmig verzierten spitzbogigen Fenstern ist von Grund auf venezianisch. Im Inneren zeugen Fachwerkdecken, korinthische Säulen, ein antiker Brunnen und eine ausgetretene, aber wunderschön gearbeitete Steintreppe noch von dem originalen Gebäude. Die Zimmer sind alle in geschmackvollem, aber zurückhaltendem Stil eingerichtet und kombinieren beruhigendes Blau mit cremefarbenem Gelb. Das Frühstück wird in einem modernen Anbau mit Blick auf den Garten serviert. Im Gegensatz zu vielen anderen kleineren Hotels gibt es im Pausania verschiedene gemütliche Sitzecken, darunter auch einen sonnigen Flur mit großen Fenstern zum Kanal und eine Bar. Das Personal ist hilfsbereit und freundlich.

Der Nordosten

Venedig

Piccola Fenice

Stadthotel

Calle della Madonna, San Marco 3614, 30124 Venedig
Tel und **Fax** 041 5204909
Mahlzeiten: Frühstück (im angrenzenden Hotel Fenice et des Artistes) • **Preise:** LL-LLL; Wochenrabatt möglich
Geschlossen: Januar
Besitzer: Michele Facchini

Das Piccola Fenice besteht aus sieben Suiten, in denen zwischen zwei und sechs Personen übernachten können, großen Zimmern und Bädern, die mit hübschen Fliesen, attraktiven Möbeln und Kochgelegenheiten für Tee oder Kaffee ausgestattet sind. Das Appartement im obersten Teil des Gebäudes ist geradezu perfekt für einen Familienurlaub. Dort gibt es ein kleines Kinderzimmer, ein Elternschlafzimmer mit Deckenbalken, elegantem Bett und angrenzendem Badezimmer, eine Küchenzeile mit Mikrowelle, einen runden Esstisch, eine Schlafcouch für zwei Personen und eine bezaubernde kleine Terrasse mit Holzgeländer und Blick über die Dächer von Venedig.

Venedig

San Samuele

Bed-&-Breakfast-Unterkunft in der Stadt

Salizzada San Samuele, San Marco 3358, 30124 Venedig
Tel und **Fax** 041 5205165
Mahlzeiten: Frühstück • **Preise:** L
Geschlossen: nie • **Besitzer:** San Samuele Verband

Die *pensione* liegt in den oberen Stockwerken eines hübschen Gebäudes in einer breiten Straße am Anlegeplatz des San Samuele-Vaporetto. Alle Zimmer wurden vor kurzem frisch gestrichen. Das wichtigste dekorative Element ist ein rosafarbenes Quadrat an der Wand hinter den niedrigen, eher karg aussehenden Betten, die jedoch hinlänglich bequem zu sein scheinen. Was den Räumen jedoch den Vorrang gegenüber anderen derselben Preisklasse gibt, sind zwei große Fenster zur Straße. Die zwei hinteren Zimmer gewinnen an Ruhe, was sie an Helligkeit einbüßen. Das Frühstück wird auf dem Zimmer serviert. Wir zählen San Samuele zu den echten Schnäppchen in Venedig, würden weitere Berichte aber begrüßen.

Der Nordosten

Venedig

Serenissima

Stadthotel

Calle Goldoni, San Marco 4486, 30124 Venedig
Tel 041 5200011 • **Fax** 041 5223292 • **Mahlzeiten:** Frühstück • **Preise:** LL
Geschlossen: nach dem Karneval bis Mitte März • **Besitzer:** Roberto dal Borgo

Gäste, die das Hotel kürzlich besucht haben, bestätigten uns, dass dies eines der schönsten und gepflegtesten 2-Sterne-Hotels in ganz Venedig sei. Die Zimmer sind zugegebenermaßen ziemlich klein, aber sauber und hübsch ausgestattet. Die Duschen in den gefliesten Badezimmern haben Duschkabinen statt bloßer Vorhänge. Wir empfehlen die Zimmer, die auf den hellen, ruhigen Innenhof gehen, in dem ein Brunnen steht. An den Wänden des Frühstücksraums im ersten Stock und in den Gängen hängen geschmackvolle moderne Gemälde. Im Empfangsbereich gibt es eine kleine Bar. Roberto dal Borgo und seine Familie kümmern sich seit 1960 liebevoll um das Hotel.

Zerman di Mogliano Veneto

Villa Condulmer

Ländliche Villa

Via Zermanese 1, 31020 Zerman di Mogliano Veneto, Treviso
Tel 041 457100 • **Fax** 041 457134 • **e-mail** condulme@tin.it • **Mahlzeiten:** Frühstück, Mittag- und Abendessen • **Preise:** LL–LLL
Geschlossen: nie • **Besitzer:** Davide Zuin

Für den Preis, den Sie in San Marco in einem 3-Sterne-Hotel bezahlen, können Sie in dieser eindrucksvollen Villa aus dem 18. Jahrhundert übernachten, die nur 20 Minuten mit dem Auto von Venedig entfernt ist. Von niedrigen Nebengebäuden flankiert, steht die quadratische Villa Condulmer in einer Miniaturparklandschaft, die von Sebatoni entworfen worden ist. Als wir das Hotel betraten, fiel uns der schiere Reichtum der Zimmer und der Ausstattung auf.
Die exotischsten – und teuersten – Zimmer sind die Suiten im oberen Stockwerk. Die Doppelzimmer in der Hauptvilla sind neu mit hellen Seidendamastbezügen eingerichtet; uns haben die etwas zurückhaltenderen angrenzenden Zimmer jedoch besser gefallen. Dort ist einem ein erholsamer Schlaf garantiert.

Emilia-Romagna

Überblick

Die Hotels in der Emilia-Romagna

Die Region hat ihren Namen von der Via Emilia, der römischen Straße, die sich am Fuß des Appenin von Piacenza nach Rimini an der Küste erstreckt und heute eine Autobahn ist. Im Norden vom Po und im Süden von den bewaldeten Abhängen des Appenin eingerahmt, ist die Emilia-Romagna eine sehr fruchtbare und wohlhabende Gegend; die ländlichen Abschnitte setzen sich aus Feldern, Hügeln und Ebenen zusammen, die Städte – darunter auch Bologna – liegen zumeist an der Via Emilia.

Bologna ist die für ihre Küche berühmte Hauptstadt der Provinz und damit auch das Geschäftszentrum mit den dazu passenden Geschäftshotels; Bologna ist jedoch auch eine Stadt der Gelehrten (die Universität ist die älteste Europas) und – mit einigen wunderschönen Renaissancegebäuden – eine Stadt der Kunst. Für Touristen gibt es also viel zu sehen, und wir können ihnen zwei der drei Hotels empfehlen, die sich im Besitz der Familie Orsi befinden: das *Corona d'Oro* (siehe Seite 128) und das *Commercianti* (siehe Seite 136). In Modena, das mit seinem eindrucksvollen romanischen Dom seit langem mit Bologna wetteifert, hat uns das *Canalgrande* (Tel. 059 21 71 60) besonders gut gefallen. Mit seinen 78 Zimmern ist es aber zu groß für einen Eintrag in unserem Führer, deshalb haben wir die stilvolle, friedvolle und angenehme Villa mit ihren wunderschönen Gärten im Herzen der Stadt nicht aufgenommen.

In Parma ein Hotel zu finden, das unseren Ansprüchen gerecht wird, gestaltete sich ebenfalls als etwas schwierig; wir hoffen, dass unsere einzige, bescheidene Empfehlung, das zentral gelegene *Torino* (siehe Seite 137), auch nach dem Besitzerwechsel, der vor kurzem stattgefunden hat, noch sein Geld wert ist. In Ferrara haben wir mit der *Locanda Borgonuovo* (siehe Seite 133) eine gemütliche Bed-&-Breakfast-Unterkunft innerhalb der historischen Stadtmauern gefunden. Wenn Sie es etwas stilvoller mögen, versuchen Sie es mit dem *Ripagrande* (Tel. 0532 67 52 50), einem Renaissancepalazzo, der 1980 renoviert wurde, oder dem luxuriösen *Duchessa Isabella* (Tel. 0532 20 21 21). In Reggio Emilia, das für seinen Parmesankäse und den Aceto Balsamico berühmt ist, können wir das *Hotel Posta* (siehe Seite 137) empfehlen.

An der Adriaküste der Emilia-Romagna stehen wenige kleine Hotels mit Charme, und auch in Ravenna haben wir immer noch nichts gefunden. Sie könnten es eventuell mit dem *Bisanzio* (Tel. 0544 21 71 11) oder mit dem einfachen, aber zentral gelegenen *Centrale Byron* (Tel. 0544 21 22 25) versuchen.

In den kleinen Ortschaften und Dörfern der Region sowie auf dem Land können wir mehrere Hotels empfehlen, unter denen sich einige alte Favoriten, aber auch einige Neuentdeckungen befinden.

Emilia-Romagna

Bologna

Corona d'Oro

Stadthotel

Via Oberdan 12, 40126 Bologna
Tel 051 236456 **Fax** 051 262679
e-mail hotcoro@tin.it **website** www.cnc.it/bologna

Das Corona d'Oro liegt in der Altstadt in der Nähe der beiden berühmten schiefen Türme in einer Straße mit Kopfsteinpflaster, die meistens für den Verkehr gesperrt ist. Die verlockenden Lebensmittelläden (darunter ein wunderbares Delikatessengeschäft) lassen erahnen, warum Bologna den Spitznamen La Grassa (die Fette) hat. Das Gebäude wurde um 1300 errichtet und ist seit 1890 Hotel. Hier stand einst Italiens erste Druckerpresse, von der immer noch einige Originalstücke zu sehen sind. Anfang der 1980er Jahre erwarb ein Verpackungsmagnat das Haus und machte daraus ein 4-Sterne-Hotel, wobei er geschickt alte und neue Elemente kombinierte. So blieben die Vorhalle aus dem 14. Jh. und die Renaissancedecken erhalten, während die luxuriösen Zimmer mit allem modernen Komfort ausgestattet wurden. Prunkstück ist das Foyer mit seinem schönen Jugendstilfries über den Säulen. Das von oben einfallende Licht, die frischen Blumen und üppige Blattpflanzen schaffen eine freundliche, einladende Atmosphäre.
Wenn Sie mit dem Auto unterwegs sind, lassen Sie sich im Hotel auf jeden Fall einen Stadtplan geben; Sie werden sonst nie Ihren Weg durch das Straßengewirr von Bologna finden.

Umgebung: Piazza Maggiore; Piazza del Nettuno • **Lage:** im Stadtzentrum, in der Nähe der beiden schiefen Türme auf der Piazza di Porta Ravegnan; Garage
Mahlzeiten: Frühstück • **Preise:** LLL • **Zimmer:** 35; 27 Doppelzimmer, 8 Einzelzimmer, alle mit Dusche; alle Zimmer mit Telefon, TV, Klimaanlage, Minibar, Safe
Anlage: Frühstücksraum, Aufenthaltsbereich, Bar, Fernsehraum
Kreditkarten: AE, DC, MC, V • **Behinderte:** nicht geeignet • **Tiere:** erlaubt
Geschlossen: August • **Besitzer:** Mauro Orsi

EMILIA-ROMAGNA

BRISIGHELLA

Gigiolè

Restaurant mit Gästezimmern

Piazza Carducci 5, 48013 Brisighella, Ravenna
Tel 0546 81209 **Fax** 0546 81275
e-mail gigiole.gigiole@tin.it **website** www.charmerelax.it/gigiole

Brisighella, eine malerische kleine Stadt und ein Badekurort 13 Kilometer südwestlich von Faenza, liegt in einer Gegend, die für ihre Ton- und Keramikprodukte berühmt ist. Das Gigiolè steht gegenüber der Hauptkirche von Brisighella und erinnert mit seinen Fensterläden und der schattigen Terrasse vage an französische Gebäude. Der französische Einschlag bezieht sich auch auf das Essen: Der Küchenchef Tarcisio Raccagni legt wie Paul Bocuse viel Wert darauf, nur lokale Zutaten der Saison von ausgesuchter Qualität zu verwenden. Die Resultate können sich schmecken lassen: saftige Fleischgerichte, köstliche Suppen und Einfallsreiches mit Gemüse und Kräutern – das Beste, was die italienische Küche derzeit zu bieten hat, und darüber hinaus zu erschwinglichen Preisen. Das Restaurant ist eine Mischung aus rustikal und elegant; an Steinbögen und Wänden hängen Kupfertöpfe und Keramikgefäße aus Faenza, während die Tische mit gestärktem weißem Leinen und glänzenden Gläsern gedeckt sind. Das einzige, worüber sich der Gast beschwerte, der das Restaurant vor kurzem für uns besuchte, war die laute Flötenmusik.

Der Standard der Zimmer und Bäder ist kürzlich auf 4-Sterne-Niveau angehoben worden. Die geräumigen Zimmer umfassen eine Sitzecke, Parkettböden und moderne Möbel; eine Suite verfügt zusätzlich über eine kleine Küche.

Umgebung: Bologna (50 km); Ravenna (42 km); Faenza (17 km) • **Lage:** im Stadtzentrum; öffentlicher Parkplatz • **Mahlzeiten:** Frühstück, Mittagessen, Abendessen • **Preise:** L-LL • **Zimmer:** 10; 7 Doppel-, 2 Einzelzimmer, 1 Suite, alle mit Dusche; alle Zimmer mit Telefon, TV, Klimaanlage, Minibar, Fön • **Anlage:** Restaurant, Bar, Aufenthaltsraum, Aufzug, Terrasse • **Kreditkarten:** AE, DC, MC, V **Behinderte:** keine speziellen Einrichtungen • **Tiere:** erlaubt • **Geschlossen:** 4 Wochen im Januar/Februar, Restaurant montags • **Besitzer:** Tarcision Raccagni

Emilia-Romagna

Brisighella

✻ Tipp des Herausgebers ✻

Torre Pratesi

Ländliches Hotel

Via Cavina 11, 48013 Brisighella, Ravenna
Tel 0546 84545 **Fax** 0546 84558
e-mail torrep@tin.it **website** www.torrepratesi.it

Der solide, viereckige Turm, der dieses ungewöhnliche Hotel in spektakulärer Lage auf einem Hügel auszeichnet, stammt aus dem Jahre 1510, das angrenzende Gebäude des Bauernhofs entstand erst viel später. Das Hotel ist 1993 liebevoll renoviert worden. Vom ursprünglichen Gebäude sind so viele Bauteile wie möglich erhalten worden; die Modernisierung wurde mit traditionellen Materialien wie Holz, Stein, Schmiedeeisen und Marmor vorgenommen. Die komfortablen Annehmlichkeiten in den Zimmern verstecken sich diskret in Schubladen und Schränken. Die einfache Einrichtung und die Farben sind harmonisch aufeinander abgestimmt: Terrakottaböden, warme, honigfarbene Wände, Ledersessel und eine kreative, zeitgenössische Beleuchtung. Die Zimmer und Bäder sind überraschend stilvoll; diejenigen, die im Turm selbst untergebracht sind, erfreuen sich eines atemberaubenden Panoramablicks, und jedes erstreckt sich über ein ganzes Stockwerk.
Die Raccagnis, herzliche und reizende Gastgeber, bemühen sich, die Atmosphäre des Hotels möglichst familiär zu halten. Die Gäste können sich an der gut ausgestatteten Bar selbst bedienen, bevor sie das aus heimischen Zutaten zubereitete Abendessen genießen. Im Torre Pratesi gibt es viele Orte, an die man sich zurückziehen und an denen man entspannen kann: der große Kamin, die Bibliothek, das Musikzimmer oder der wunderschöne Garten.

Umgebung: Faenza (25 km); Ravenna (50 km) • **Lage:** 8 km südwestlich von Brisighella, SS302 nach Florenz, nach Fognano Ausfahrt Valetta, Hotel ausgeschildert; Parkplatz • **Mahlzeiten:** Frühstück, Abendessen, leichtes Mittagessen auf Anfrage • **Preise:** LL • **Zimmer:** 9; 3 Doppelzimmer, 6 Suiten, 8 mit Bad, 1 mit Dusche; alle Zimmer mit Telefon, TV, Klimaanlage, Minibar, Fön **Anlage:** Aufenthaltsräume, Speiseraum, Garten, Swimmingpool • **Kreditkarten:** AE, DC, MC, V • **Behinderte:** 2 speziell eingerichtete Suiten • **Tiere:** erlaubt **Geschlossen:** nie • **Besitzer:** Nerio und Letizia Raccagni

Emilia-Romagna

Castelfranco Emilia

Villa Gaidello Club

Ländliches Hotel

Via Gaidello 18, 41013 Castelfranco Emilia, Modena
Tel 059 926806 **Fax** 059 926620
e-mail gaidello@tin.it **website** http://members.aol.com/gaidello

Die Villa Gaidello Club ist die Schöpfung dreier Schwestern, darunter eine Architektin, die sich des lange vernachlässigten Bauernhofs annahm. Der Familienansitz liegt in einer grünen, friedvollen Umgebung in der Nähe eines Sees voller Wildvögel. Eine der Schwestern, Paola Giovanna Bini, führt das Hotel auch heute noch. Aus dem Umbau der Villa sind insgesamt acht Appartements unterschiedlicher Größe entstanden; jedes verfügt über eine Küche, ein Bad und zwei Doppelzimmer. Drei der Appartements liegen in der Casa Padronale – eines beispielsweise in dem alten, mit Deckenbalken versehenen Stall. Andere Appartements liegen über den gesamten Besitz verstreut einige Fahrtminuten entfernt. Alle strahlen eine einfache, ländliche Eleganz aus.
Im Gaidello wird größter Wert auf Einfachheit, Frische und Ländlichkeit gelegt. Das Restaurant befindet sich in einem weiteren umgebauten Stall; das Essen wird von *rezdore*, versierten Bäuerinnen, zubereitet. Paola hat auf alles ein wachsames Auge und gibt jedem Gericht seinen letzten Schliff. Die regionale Spezialität, *tortellini in brodo*, steht immer auf der Speisekarte; daneben gibt es köstliche Vorspeisen sowie ausgezeichnete Geflügel- und Wildkaninchengerichte. Paolas Walnusslikör bildet den glanzvollen Abschluss des Abendessens, das im Allgemeinen ganz familiär an langen Holztischen serviert wird.

Umgebung: Modena (10 km); Bologna (25 km) • **Lage:** in den Außenbezirken von Castelfranco Emilia an der Via Emilia (Bundesstraße 9) zwischen Modena und Bologna; großer Parkplatz • **Mahlzeiten:** Frühstück, Mittagessen, Abendessen **Preise:** L-LL • **Zimmer:** 8 Appartements für 2 bis 6 Personen, 2 Doppelzimmer mit Bad; alle Zimmer mit TV, Fön • **Anlage:** Aufenthaltsraum, Speiseraum, Terrasse, Garten, See, Solarium • **Kreditkarten:** AE, DC, MC, V • **Behinderte:** Zugang schwierig • **Tiere:** nicht erlaubt • **Geschlossen:** August, Restaurant Sonntagabend, monatgs • **Besitzerin:** Paola Giovanna Bini

Emilia-Romagna

Castel Guelfo

Locanda Solarola

Restaurant mit Gästezimmern auf dem Land

Via Santa Croce 5, 40023 Castel Guelfo, Bologna
Tel 0542 670102 **Fax** 0542 670222
e-mail solarola@imola.queen.it

Die Locanda Solarola hat ihr Dasein als recht bescheidene *agriturismo*-Unterkunft mit ein paar Zimmern über einem Landgasthof begonnen. 1995 trafen die Besitzer jedoch Bruno Barbieri, einen talentierten jungen Küchenchef, der das Restaurant in das Etablissement verwandelte, das es heute ist: eines der 19 in ganz Italien, die sich zweier Michelin-Sterne rühmen können.

Das Hotel hat sich mittlerweile auf ein weiteres Gebäude des Komplexes ausgedehnt. Die Einrichtung mag manchem etwas zu süßlich sein: alles ertrinkt geradezu in einem Meer von Blumen. Jedes Zimmer trägt den Namen einer anderen Blumenart und verfügt über die entsprechende blumengemusterte Tapete, bemalte Kopfstützen an den Betten, besticktes Leinen und gerahmte Drucke – mit Blumenmotiven. Antonellas gesammelte Objekte machen aus jedem Zimmer etwas Besonderes. Die gemütlichen Gemeinschaftsräume sind mit Drucken und alten Fotografien, Tiffanylampen, Spitzendeckchen, Topfpflanzen, Büchern und Zeitschriften vollgestopft. In dem intimen Restaurant mit seinen schrägen Deckenbalken und der sanften Beleuchtung prasselt im Winter ein Feuer im Kamin. Die Mahlzeiten werden im Sommer unter einer Pergola serviert, die auf die offenen Felder hinausgeht. Das Essen ist natürlich ausgezeichnet und der Service tadellos.

Umgebung: Bologna (25 km); Ravenna (45 km); Faenza (30 km) • **Lage:** 4 km südöstlich von Medicina, auf der A14 Ausfahrt Castel San Pietro Terme nehmen; großer Parkplatz • **Mahlzeiten:** Frühstück, Mittagessen, Abendessen • **Preise:** LLL **Zimmer:** 15; 14 Doppel- und Zweibettzimmer, 1 Suite, 2 mit Bad, 13 mit Dusche; alle Zimmer mit Telefon, TV, Minibar, Fön; 10 mit Klimaanlage • **Anlage:** Frühstücksraum, Restaurant, Bar, Aufenthaltsräume, Billardraum, Bibliothek, Garten, Swimmingpool • **Kreditkarten:** AE, DC, MC, V • **Behinderte:** Zimmer im Erdgeschoss geeignet • **Tiere:** erlaubt • **Geschlossen:** Restaurant montags, Dienstagmittag • **Besitzer:** Valentino Parmiani und Antonella Scardovi

Emilia-Romagna

Ferrara

Locanda Borgonuovo

Bed-&-Breakfast-Unterkunft in der Stadt

Via Cairoli 29, 44100 Ferrara
Tel 0532 211100 **Fax** 0532 248000
e-mail info@borgonuovo.com **website** www.borgonuovo.com

Die Locanda Borgonuovo liegt im Herzen von Ferrara, in dem die vom späten 13. Jh. bis 1598 regierende Familie D'Este einen bleibenden Eindruck hinterlassen hat. Die *locanda* hebt sich wohltuend von normalerweise charakterlosen Unterkünften im Stadtzentrum ab. Sie ist ein echtes familiengeführtes Bed-&-Breakfast-Hotel mit vier einfachen Zimmern, die im Hause der freundlichen Besitzer, der Orlandinis, liegen, die übrigens fließend Englisch und Französisch sprechen. Das Haus der Familie ist Teil einer Klosteranlage aus dem 15. Jh.

Die vier Zimmer sind recht nüchtern mit Antiquitäten eingerichtet; die Ausstattung ist durchdacht und eines der Zimmer verfügt über eine kleine Küche. Bei schönem Wetter wird das großzügige Frühstück im Innenhof serviert – bei schlechtem Wetter im Wohnzimmer der Besitzer. Die Orlandinis beraten Sie auch gerne über die Sehenswürdigkeiten Ferraras und stellen Ihnen kostenlos Fahrräder zur Verfügung. Die *locanda* erfreut sich einer großartigen Lage, nur einige Meter vom Castello d'Estense und vom Dom entfernt. Ihre Gastgeber können Ihnen auch die besten Restaurants, Trattorien und Osterien empfehlen; in einigen – wie auch auf Ferraras Golfplatz – bekommen Sie sogar Rabatt.

Umgebung: Castello d'Estense; Palazzo del Comune, Dom • **Lage:** in der Fußgängerzone im Zentrum von Ferrara; Parkplatz • **Mahlzeiten:** Frühstück
Preise: L-LL • **Zimmer:** 4 Einzel-, Doppel- und Zweibettzimmer, alle mit Bad, 1 mit Küchenzeile; alle Zimmer mit Telefon, TV, Klimaanlage, Minibar, Fön, Safe
Anlage: Aufenthaltsraum, Frühstücksraum, Garten im Innenhof • **Kreditkarten:** AE, MC, V • **Behinderte:** nicht geeignet • **Tiere:** erlaubt • **Geschlossen:** nie
Besitzer: Filippo Orlandini

Emilia-Romagna

Portico di Romagna

Al Vecchio Convento

Umgebautes Kloster

Via Roma 7, 47010 Portico di Romagna, Forlì
Tel 0543 967053 **Fax** 0543 967157
e-mail info@vecchioconvento.it **website** www. vecchioconvento.asianet.it

Zentrum des verschlafenen mittelalterlichen Dorfes Portico di Romagna ist eine einzige gepflasterte Straße – Standort des Vecchio Convento. Das Gebäude wurde 1840 erbaut und in den 1980er Jahren in ein Hotel umgewandelt – mit überraschender Bravour.
Der Speiseraum an der Rückseite des Hauses ist die Hauptattraktion. Mit seiner schrägen Holzbalkendecke, dem Fliesenfußboden und dem offenen Kamin strahlt er etwas stilvoll Rustikales aus. Außerdem gibt es einen steingefliesten Familiensalon mit Klavier, Kartentisch, Büchern und Spielen, aber meistens wird man wohl eher auf der kleinen Terrasse vor der Eingangstür sitzen; an der Bar, die sich gleich dahinter befindet, kann man nur stehen.
Eine schlichte Steintreppe führt hinauf zu den Gästezimmern. Auch sie sind einfach, enthalten aber einige prächtige antike Möbel. Besonders bemerkenswert sind die Betten – derartig kunstvoll gearbeitete Stücke haben wir noch nie gesehen. (Unterlagen und Matratzen sind modern und fest.) Die meisten Zimmer sind recht geräumig, nur ein oder zwei Bäder im obersten Geschoß haben eine enorm niedrige Decke.
Signor Cameli verleiht den traditionellen Gerichten einen besonderen Pfiff, sogar seine Pommes frites sind ein würziges Vergnügen, während Marisa den Gästen die Spezialitäten des Tages aufzählt. Üppiges Frühstück mit hausgemachten Marmeladen.

Umgebung: Faenza (46 km), Ravenna (70 km); Florenz (80 km) • **Lage:** 30 km südöstlich von Forlì, im Dorf; begrenzte Parkmöglichkeit • **Mahlzeiten:** Frühstück, Mittagessen, Abendessen • **Preise:** LL • **Zimmer:** 15; 12 Doppel- und Zweibettzimmer, 9 mit Dusche, 3 Einzelzimmer, 2 mit Dusche; alle Zimmer mit Telefon
Anlage: Aufenthaltsraum, Speiseraum, Frühstücksraum, Bar, Terrasse
Kreditkarten: AE, DC, V • **Behinderte:** Zugang schwierig • **Tiere:** erlaubt
Geschlossen: nie • **Besitzer:** Marisa Raggi und Giovanni Cameli

Emilia-Romagna

Soragna

Locanda del Lupo

~ Restaurant mit Gästezimmern ~

Via Garibaldi 64, 43019 Soragna, Parma
Tel 0524 597100 **Fax** 0524 597066
e-mail info@locandadellupo.com **website** www.locandadellupo.com

Soragna ist ein ruhiges kleines Städtchen in den fruchtbaren Niederungen der Poebene. Dominantestes Kennzeichen ist seine befestigte Burg, die immer noch von der adligen Familie Meli Lupi bewohnt wird. Die Locanda del Lupo liegt im Zentrum der Stadt und wurde im 18. Jh. von den Meli Lupis erbaut; sie hat sich ihre zeitlose Atmosphäre bewahrt, vor allem in der Reihe von Speiseräumen ihres berühmten Restaurants. Sie sind, wie der Rest des Hotels auch, einfach eingerichtet und mit ihren Deckenbalken, den Terrakottaböden, den Antiquitäten, den alten Kaminen und den Kupfertöpfen an den weiß getünchten Wänden trotzdem elegant. Die Tische sind mit feinem weißem Leinen, Silber, Porzellan und Glas gedeckt. Die Küche ist viel gerühmt; leider hatten wir nicht die Gelegenheit, sie hin zu testen.
Die Atmosphäre ruhiger Vornehmheit erstreckt sich auch auf das formelle Wohnzimmer, die kleine Bar und die hübschen Zimmer, die man über eine Treppe erreicht. Diese sind in der Regel geräumig, mit schweren Deckenbalken und kühlen Fliesen ausgestattet und mit Antiquitäten wie Holzkommoden, Schmiedeeisen und Betten aus Mahagoni eingerichtet. Moderne Annehmlichkeiten wie Fernseher und Minibar lenken nicht von dem Gefühl ab, sich in einem anderen Zeitalter zu befinden.
Das freundliche und hilfsbereite Personal der Locanda del Lupo passt sich perfekt in die Umgebung ein.

~

Umgebung: Schloss Soragna; Busseto (6 km); Roncole (6 km); Fontanellato (8 km); Parma (30 km) • **Lage:** am Hauptplatz, 33 km nordwestlich von Parma; Parkplatz **Mahlzeiten:** Frühstück, Mittagessen, Abendessen • **Preise:** LL • **Zimmer:** 46 Einzel-, Doppel- und Zweibettzimmer, alle mit Bad oder Dusche; alle Zimmer mit Telefon, TV, Klimaanlage, Minibar, Fön • **Anlage:** Aufzug • **Kreditkarten:** AE, DC, MC, V **Behinderte:** Zugang schwierig • **Tiere:** erlaubt • **Geschlossen:** 5 Tage an Weihnachten • **Besitzer:** Signor Dioni

Emilia-Romagna

Bologna

Commercianti

Stadthotel

Via Pignattari 11, 40124 Bologna
Tel 051 233052 • **Fax** 051 224733 • **e-mail** hotcom@tin.it
website www.cnc.it/bologna
Mahlzeiten: Frühstück
Preise: LLL • **Geschlossen:** nie
Besitzer: Paolo Orsi

Eigentlich ein Hotel für Geschäftsleute, aber in einer Stadt, in der es kaum Touristenhotels gibt, sollte man es sich trotzdem merken. Es ist sehr günstig gelegen – direkt im Zentrum abseits von Bolognas Hauptpiazza und ganz in der Nähe einer Fußgängerzone mit eleganten Läden. Die Zimmer sind sauber und modern, nur hie und da erinnert ein alter Balken daran, dass man sich in einem mittelalterlichen Gebäude befindet. Ein Restaurant ist nicht vorhanden – nur ein caféartiger Frühstücksraum. Neben der Rezeption kann man in einer kleinen Sitzecke auf hübschen, blau geblümten Sofas Platz nehmen. Das Hotel wirkt eher effizient als stilvoll, ist jedoch gut geführt und nicht allzu teuer.

Busseto

I Due Foscari

Stadthotel

Piazza Carlo Rossi 15, 43011 Busseto, Parma
Tel 0524 930031 • **Fax** 0524 91625 • **website** www.italiaabc.it/az/duefoscari
Mahlzeiten: Frühstück, Mittag- und Abendessen • **Preise:** L-LL
Geschlossen: August, Januar; Restaurant montags
Besitzer: Marco Bergonzi und Roberto Morsia

Das I Due Foscari liegt an einer schönen Piazza in dem ruhigen Städtchen Busseto, der Heimatstadt Verdis und des berühmten Tenors Carlo Bergonzi, der das Hotel 1965 eröffnete. Heute wird es von seinem Sohn Marco zusammen mit Roberto Morsia geführt; Küchenchef ist Enrico Piazzi. Hauptattraktion des Hotels ist sein traditionelles Restaurant mit Terrasse, in dem man regionale Spezialitäten probieren kann. Was den Wein angeht, so weist das Restaurant einen der erstaunlichsten Weinkeller auf, den man auch besichtigen kann. Die Zimmer sind neu renoviert und verfügen nun alle über »moderne Annehmlichkeiten zu vernünftigen Preisen in einer ruhigen und geräumigen Umgebung«.

Emilia-Romagna

Parma

Torino

Stadthotel

Via Angelo Mazza 7, 43100 Parma
Tel 0521 281046 • **Fax** 0521 230725 • **Mahlzeiten:** Frühstück
Preise: LL • **Geschlossen:** nie
Besitzer: Signor Zecchino

Im Herzen der Stadt gelegen und nur einen Katzensprung von den Hauptsehenswürdigkeiten entfernt, ist das Torino ein ausgezeichneter und preiswerter Ausgangspunkt, um Parma zu erkunden: »Tadellos sauber, bequem und sehr einladend. Im Hotel selbst gibt es zwar nur Frühstück, aber die Empfehlungen des Personals hinsichtlich guter Restaurants waren Gold wert: hohe Qualität zu einem akzeptablen Preis.« Wir würden Ihnen ein Zimmer empfehlen, das zum Innenhof hinausgeht; sie sind ruhiger als die zur Straße. Die Zimmer und Bäder sind allesamt recht spartanisch, aber sehr sauber und gepflegt. Das Hotel steht auf dem Gelände eines Klosters, aber in der hübschen Lobby fühlt man sich an die Zeit des Jugendstils erinnert.

Reggio Emilia

Posta

Stadthotel

Piazza del Monte 2, 42100 Reggio Emilia
Tel 0522 432944 • **Fax** 0522 452602
e-mail info@ hotelposta.re.it
website www.hotelposta.re.it
Mahlzeiten: Frühstück
Preise: LLL • **Geschlossen:** nie
Geschäftsführerin: Caroline Salomon

Das Hotel Posta liegt im historischen Stadtkern von Reggio Emilia. Der Palazzo stammt aus dem Jahr 1280; seine strenge Fassade ist mit Wappenfresken verziert. Das Innere des Hotels spricht jedoch eine ganz andere Sprache. Am schönsten ist die Bar, deren Einrichtung aus einer berühmten *pasticceria* in das Hotel gebracht wurde. Trotz seiner Größe gibt es im Posta kein Restaurant. Die Zimmer sind alle verschieden, aber mit hübschen Bezügen eingerichtet und gut mit komfortablen Badezimmern ausgestattet. Viele bieten eine wunderschöne Aussicht auf die Piazza Grande, den Dom und das Baptisterium; einige gehen auf den ruhigen Innenhof hinaus. Im obersten Stock gibt es eine romantische Mansardensuite mit Dachterrasse, in der bis zu vier Personen übernachten können.

Toskana

Überblick

Die Hotels in der Toskana

In keiner anderen italienischen Region gibt es so viele gute kleine Hotels wie in der Toskana. Die meisten Unterkünfte konzentrieren sich natürlich um die Touristenzentren Florenz, Siena und San Gimignano. In Florenz können wir vier Neuentdeckungen empfehlen: das *Aprile*, das *Casci* (siehe Seiten 154 / 155), den *Palazzo Castiglione* (siehe Seite 163) und die *Villa Poggio San Felice* (siehe Seite 170). Bei unseren letzten Besuchen fiel uns jedoch auf, wie sehr der Tourismus auch in der sanften hügeligen Landschaft aus Weinbergen, Zypressen und mittelalterlichen Bergdörfchen zwischen Florenz und Siena — im Chiantianbaugebiet und der Wiege der Renaissancekunst — schon Fuß gefasst hat. Dort sind bereits seit Jahren schöne Hotels zu finden, darunter viele ehemalige Klöster und Adelssitze, aber zu den alten Favoriten kamen Neuentdeckungen, die wir dank des veränderten Formats hier ausführlicher vorstellen können. Wir haben auch hübsche kleine Hotels in abgelegeneren Orten gefunden: in und um Cortona beispielsweise oder in Sorano, einer entlegenen Ecke der Maremma, die einst eine alte etruskische Befestigungsanlage war.

Einladende Quartiere an der toskanischen Küste ausfindig zu machen, ist gar nicht so einfach. Wir können Ihnen in Pugnano das *Casetta delle Selve* (siehe Seite 194), in Pietrasanta den *Albergo Pietrasanta* (siehe Seite 189) und in Porto Ercole das *Il Pellicano* (siehe Seite 192) empfehlen, und obgleich viele der besseren Hotels in Badeorten wie Forte dei Marmi und Marina di Pietrasanta hübsche, schattige Gärten haben, verfügen sie selten über sonstige Besonderheiten. Erwähnenswert ist die *Villa Godilonda* in Livorno (Tel. 0586 75 20 32), ein blitzsauberes, bescheidenes Haus in der Nähe zweier Sandstrände.

Weiter südlich und etwas abseits der Küste (aber nicht weit von dem langen Sandstrand in Marina de Castagneto entfernt) liegt in Castagneto Carducci die alte Steinvilla *La Torre* (Tel. 0565 77 52 68), und zwar, wie der Name bereits verrät, neben einer Turmruine. Das schlichte Hotel hat 11 Zimmer und bietet Übernachtung mit Frühstück und einfache Abendessen an.

Die Insel Elba ist groß genug, um den Ansturm der Sommergäste besser zu verkraften als die kleineren und südlicher gelegenen Inseln, obwohl es auf Elba wenige kleine Hotels mit Charme gibt. Ein Hotel, das wir zwar nicht als Eintrag in diesen Führer aufgenommen haben, können wir aber dennoch empfehlen: Das *Capo Sud* (Tel. 0565 96 40 21) besteht aus mehreren modernen kleinen Villen, die zwischen Bäumen in Lacona verteilt sind, einem etwas entlegeneren Ort der Insel. Es verfügt über einen Swimmingpool und einen hoteleigenen Strand. Die kleinen Hotels auf Elba sind im Allgemeinen jedoch weniger attraktiv als viele der größeren, die leider nicht mehr unserer Kategorie der kleinen Hotels mit Charme angehören.

Toskana

Artimino

Paggeria Medicea

Landhotel

Viale Papa Giovanni XXIII, 59015 Artimino, Firenze
Tel 055 8718081 **Fax** 055 8718080
e-mail artimino@tin.it **website** www.artimino.it

Artimino ist ein recht bekanntes Dorf, das wegen seines Museums und der nahen etruskischen Gräber besucht wird. Außerdem stehen hier mehrere imposante Bauwerke, eines davon eine prächtige Villa, die Ferdinand I. aus dem Hause Medici, der von der schönen Landschaft hingerissen war, im 16. Jh. errichten ließ. Die Nebengebäude und Dienstbotenquartiere dieser Villa wurden inzwischen in ein elegantes, ruhiges Hotel umgewandelt.
Wie es seiner adligen Herkunft entspricht, wirkt das Ambiente vornehm, aber unaufdringlich. Die Einrichtung ist eine stilvolle, unprätentiöse Mischung aus Neu und Alt, und wo immer es möglich war, hat man Originalelemente wie schräges Sparrenwerk, Kamine und Decken in Gästezimmern und Gemeinschaftsräumen beibehalten.
Wenige Schritte über den gepflegten Rasen bringen Sie in das Restaurant »Biagio Pignatta« (benannt nach einem berühmten Küchenchef der Medici). Seine Spezialität sind toskanische Gerichte mit einem »Hauch von Renaissance« (Nudeln mit Kaninchensauce zum Beispiel), die auf einer Terrasse mit schönem Blick serviert werden. Dazu gibt es Wein aus eigenem Anbau.

Umgebung: Prato (15 km); Florenz (24 km); Etruskermuseum • **Lage:** 24 km nordwestlich von Florenz; Parkplatz • **Mahlzeiten:** Frühstück, Mittagessen, Abendessen • **Preise:** LL • **Zimmer:** 37; 36 Doppel- und Zweibettzimmer mit Bad oder Dusche, 1 Einzelzimmer mit Dusche; alle Zimmer mit Telefon, TV, Klimaanlage, Minibar; 43 Appartements im Dorf • **Anlage:** Aufenthaltsraum, Frühstücksraum, Fernsehraum, Restaurant, Garten, Swimmingpool, Tennisplatz
Kreditkarten: AE, DC, MC, V • **Behinderte:** Zugang möglich • **Tiere:** erlaubt
Geschlossen: nie • **Geschäftsführer:** Alessandro Gualtieri

Toskana

Castellina in Chianti

Il Colombaio

Landhotel

Via Chiantigiana 29, 53011 Castellina in Chianti, Siena
Tel 0577 740444 **Fax** 0577 740402

Das Colombaio, eines jener typischen toskanisch-ländlichen Hotels in der Nähe von Castellina in Chianti, stellt das erfolgreiche und relativ preiswerte Beispiel eines bewährten Prinzips dar. Wenn Sie von Greve in Chianti aus auf der geschäftigen Chiantigiana (SS222) unterwegs sind, wird Ihnen rechter Hand dieses von Rasen, Hecken und Bäumen umgebene Bauernhaus auffallen. Das Steingebäude mit seinen für die Toskana so typischen schiefen Dachziegeln sieht zwar sehr hübsch aus, steht jedoch sehr nah an der Straße.
Die Restaurierung des Gebäudes ist mit viel Liebe zum Detail durchgeführt worden; die ländlichen Möbel harmonieren ausgezeichnet mit dem rustikalen Stil des Hauses. Das Wohnzimmer, einst die Küche des Bauernhofs, ist hell und geräumig und verfügt über Deckenbalken, einen traditionellen offenen Kamin sowie in der Ecke über eine alte Steinspüle, in der jetzt Zimmerpflanzen stehen. Das Frühstück wird in einem kleinen gewölbten Raum auf der Terrasse serviert.
15 der Zimmer befinden sich im Haupthaus, die anderen 6 in einem Nebengebäude auf der anderen Straßenseite. Sie sind mit schmiedeeisernen Betten und altmodischen Frisierkommoden eingerichtet; die Badezimmer sind alle modern.

Umgebung: Siena (20 km); Florenz (40 km); San Gimignano (30 km) • **Lage:** nördlich von Castellina; Parkplatz • **Mahlzeiten:** Frühstück • **Preise:** L-LL
Zimmer: 21 Doppelzimmer mit Bad oder Dusche • **Anlage:** Aufenthaltsraum, Frühstücksraum, Garten, Swimmingpool • **Kreditkarten:** AE, DC, MC, V
Behinderte: Zugang möglich • **Tiere:** nach Voranmeldung erlaubt
Geschlossen: nie • **Geschäftsführerin:** Roberta Baldini

Toskana

Castellina in Chianti

Le Piazze

Landhotel

Loc. Le Piazze, 53011 Castellina in Chianti, Siena
Tel 0577 743190 **Fax** 0577 743191

Das Le Piazze stellt einen willkommenen Neuzugang der blühenden Hotelbranche um Castellina in Chianti dar und ist seinen Konkurrenten sogar noch ein wenig überlegen. Obwohl das Hotel nur 6 Kilometer von dem geschäftigen kleinen Städtchen entfernt liegt, ist es in seiner ländlichen Umgebung völlig abgeschirmt und nur über eine lange, unbefestigte Straße zu erreichen.

Das Hotel — und dies ist in dieser Gegend fast selbstverständlich — ist ein Bauernhaus aus dem 17. Jh.; es wurde jedoch mit mehr Fantasie und Eleganz als üblich restauriert. Das Frühstücksbüfett beispielsweise wird auf gekachelten Anrichten in einem Raum serviert, der an die Küche angrenzt und von dieser nur durch eine Glaswand abgeteilt ist. Man kann sich auf eine der zahlreichen Terrassen um das Haus zurückziehen, um ungestört die Aussicht auf die umliegende klassische Chiantilandschaft zu genießen.

Selbstverständlich wurden bei der Einrichtung die rustikalen Antiquitäten mit den allgegenwärtigen Terrakottaelementen, freien Deckenbalken und weißem Verputz kombiniert, aber dazu kommen interessanterweise noch Stücke aus Indonesien. Die Zimmer sind individuell mit gestreiften Stoffen eingerichtet; die im Dachgeschoss sollte man meiden, da sie im Sommer beinahe unerträglich stickig werden. Die großen Badezimmer verfügen über Whirlpools oder begehbare Duschen, in denen man Partys feiern könnte. Kinder unter 12 Jahren sind nicht erlaubt.

Umgebung: Siena (27 km); Florenz (50 km) • **Lage:** 6 km westlich von Castellina; Parkplatz • **Mahlzeiten:** Frühstück; auf Wunsch Mittagessen und Abendessen **Preise:** LL-LLL • **Zimmer:** 15 Doppel- und Zweibettzimmer mit Bad oder Dusche; alle Zimmer mit Telefon • **Anlage:** Aufenthaltsraum, Frühstücksraum, Bar, Terrassen, Garten, Swimmingpool • **Kreditkarten:** AE, DC, MC, V • **Behinderte:** 1 speziell geeignetes Zimmer • **Tiere:** ruhige Hunde nach Voranmeldung erlaubt **Geschlossen:** nie • **Besitzerin:** Maureen Skelly Bonini

Toskana

Castellina in Chianti

Salivolpi

Gästehaus auf dem Land

Via Fiorentina, 53011 Castellina in Chianti, Siena
Tel 0577 740484 **Fax** 0577 740998
e-mail info@hotelsalivolpi.com **website** www.hotelsalivolpi.com

Aus irgendeinem zunächst nicht ersichtlichen Grund häufen sich in Castellina, einem unauffälligen Dorf in Chianti, mehrere der reizvollsten Hotels der Toskana. Das Salivolpi, 1983 eröffnet, bietet eine wesentlich preiswertere Alternative zu seinen beiden illustren Nachbarn – dem Tenuta di Ricavo (rechts) und der Villa Casalecchi (Seite 211). Es umfasst zwei schön restaurierte Bauernhäuser und einen neuen Bungalow in ruhiger, offener Lage am Rande des Dorfes – angeblich Standort des etruskischen Castellina – und erlaubt einen weiten Blick über die Landschaft.

Das ältere der beiden Häuser mutet mit seinen Eisengittern, freiliegenden Balken, weißen Wänden und ockerfarbenen Fliesen spanisch an. Die geräumigen Zimmer sind sauber und stilvoll und zum Teil mit prächtigen alten Betten und anderen antiken Stücken ausgestattet. Das ganze Hotel wirkt sehr gepflegt und strahlt eine ruhige, zwanglose Atmosphäre aus.

In dem tadellos gepflegten Garten ist viel Platz für einen recht großen Swimmingpool. Das Frühstück (»molto abbondante«, wie der Chef erklärt) wird in einem hübschen kleinen Raum im kleineren Gebäude serviert; es ist zwar die einzige Mahlzeit, die man hier bekommen kann, es gibt jedoch eine Menge Restaurants in der Nähe.

Umgebung: Siena (21 km); San Gimignano (31 km); Florenz (45 km) • **Lage:** 500 m außerhalb des Dorfes; an der Straße nach San Donato in Poggio; Parkplatz **Mahlzeiten:** Frühstück • **Preise:** L-LL • **Zimmer:** 19 Doppel- und Zweibettzimmer mit Bad oder Dusche; alle Zimmer mit Telefon • **Anlage:** Aufenthaltsraum, Frühstücksraum, Garten, Swimmingpool • **Kreditkarten:** MC, V • **Behinderte:** 1 geeignetes Zimmer • **Tiere:** nicht erlaubt • **Geschlossen:** nie • **Besitzerin:** Angela Orlandi

Toskana

Castellina in Chianti

Tenuta di Ricavo

Landhotel

Loc. Ricavo 4, 53011 Castellina in Chianti, Siena
Tel 0577 740221 **Fax** 0577 741014
e-mail ricavo@chiantinet.it **website** www.ricavo.com

Wenn Sie Ihre Ruhe haben, aber auch Sehenswürdigkeiten bequem erreichen wollen, ist das Ricavo ideal. Es umfasst eine ganze Siedlung, die in den 1950er Jahren von ihren Bewohnern, die auf Arbeitssuche in die Städte abwanderten, verlassen wurde.

Die Häuser, die sich auf einer Lichtung gruppieren, sehen aus wie die Filmkulisse zu einem mittelalterlichen Dorf. Das Hauptgebäude, das auf einen kleinen Platz mit sanft getönten steinernen Hütten blickt, beherbergt einige Gästezimmer sowie mehrere Salons, die mit antiken Sesseln und Sofas möbliert sind. Einer enthält eine kleine Bibliothek. Das Restaurant »La Pecora Nera« (Das Schwarze Schaf) wird auch von Einheimischen besucht. Es empfiehlt sich also, im Voraus zu reservieren.

Fürs Frühstück bieten sich verschiedene Plätze im Freien an. Im Frühling ist der Garten voller Blüten, und es gibt zahlreiche lauschige Ecken, so dass man auch dann den Eindruck von Ruhe und Frieden hat, wenn das Hotel ausgebucht ist. Der kleine Swimmingpool im Garten bietet eine ideale Möglichkeit zum Abkühlen, der größere liegt weiter abseits.

Ein Besucher fand das Hotel »teuer, aber professionell geführt und seinen Preis wert« und das Essen »sehr zufriedenstellend«.

Umgebung: Siena (22 km); Florenz (45 km) • **Lage:** 1 km nördlich von Castellina; Parkplatz • **Mahlzeiten:** Frühstück, Mittagessen, Abendessen • **Preise:** LLL
Zimmer: 23; 13 Doppel- und Zweibettzimmer, 2 Einzelzimmer, 8 Suiten, alle mit Bad oder Dusche; alle Zimmer mit Telefon, TV, Minibar, Safe; in der Hochsaison Mindestaufenthalt von 3 Tagen • **Anlage:** Aufenthaltsräume, Bar, Restaurant, Terrasse, Fitnessraum, Garten, 2 Swimmingpools, Tischtennis • **Kreditkarten:** MC, V • **Behinderte:** Zimmer im Erdgeschoss geeignet • **Tiere:** nicht erlaubt
Geschlossen: November bis Ostern; Restaurant dienstags und mittwochs, im Sommer montags und donnerstags nur abends geöffnet • **Besitzerin:** Christina Lobrano-Scotoni

Toskana

Castelnuovo Berardenga

Relais Borgo San Felice

Hotel auf einem Hügel

Loc. Borgo San Felice, 53019 Castelnuovo Berardenga, Siena
Tel 0577 359260/396561 **Fax** 0577 359089
e-mail borgosfelice@flashnet.it **website** www.relaischateaux.fr/borgofelice

Obwohl das Borgo San Felice größer als die meisten Einträge in diesem Führer ist, kann es dennoch mit Fug und Recht aufgenommen werden, weil dieses wunderschön renovierte Dorf auf einem Hügel wie eine ganze Sammlung kleiner Hotels mit Charme ist. Umgeben von Zypressen und den Weinbergen des berühmten San-Felice-Besitzes, hat man in dem friedvollen Dorf den Eindruck, dass die Zeit stehen geblieben ist. Keine aufdringlichen Leuchtreklamen, keine Autoschlangen — nur die typisch toskanischen Eigenschaften perfekt proportionierten Raumes, in dem einfache Steingebäude mit Terrakottadächern stehen. Sogar der Swimmingpool sticht nicht durch ein leuchtendes Blau hervor, sondern passt sich perfekt in seine Umgebung ein. Kieswege, Brunnenskulpturen, Pergolen, Zitronenbäume in riesigen Terrakottatöpfen, eine Kirche, ein Glockenturm und eine Kapelle — das ist die wahre Toskana.
Alle ursprünglichen Bauteile der verschiedenen Gebäude sind erhalten geblieben: gewölbte Steindecken, imposante Kamine, geflieste Böden. Die Einrichtung besteht aus einer eleganten Mischung aus Alt und Modern, und die Wohnzimmer sind voller gemütlicher Nischen. Das stilvolle Restaurant vervollständigt das Bild. Erstklassig — mit ebensolchen Preisen.

Umgebung: Siena (21 km) • **Lage:** 21 km nordöstlich von Siena; Parkplatz
Mahlzeiten: Frühstück, Mittagessen, Abendessen • **Preise:** LLL • **Zimmer:** 45; 27 Doppel- und Zweibettzimmer, 6 Einzelzimmer, 12 Suiten, alle mit Bad oder Dusche; alle Zimmer mit Telefon, TV, Minibar • **Anlage:** Aufenthaltsräume, Konferenzräume, Billardräume, Restaurant, Schönheits- und Fitnesscentre, Swimmingpool, Tennisplatz, Bocciaplatz • **Kreditkarten:** AE, DC, MC, V
Behinderte: Zugang schwierig • **Tiere:** nicht erlaubt • **Geschlossen:** November bis April • **Geschäftsführerin:** Birgit Fleg

Toskana

Cetona

La Frateria

Umgebautes Kloster

Convento di San Francesco, 53040 Cetona, Siena
Tel 0578 238015 **Fax** 0578 239220
e-mail frateria@ftbcc.it **website** www.mondox.it

Ein etwas ungewöhnlicher Eintrag in unserem Führer und kein Hotel im eigentlichen Sinn, sondern ein Ort der Gastfreundschaft, von einer weltabgewandten Gemeinschaft geführt. Die Gebäude schließen sich zu einem weitläufigen Komplex zusammen; sie sind um eine franziskanische Kirche aus dem Jahr 1212 am Fuß eines Hügels angeordnet und aus hellem, goldglänzendem Stein erbaut. Es stehen lediglich sieben Zimmer und Suiten zur Verfügung, so dass man nie das Gefühl hat, in einem Hotel zu sein, selbst wenn das La Frateria ausgebucht ist. Es gibt keinen Swimmingpool, und keines der Zimmer ist mit einem Fernseher ausgestattet.

Das mag sich geradezu mönchisch anhören, aber die Einrichtung und die Umgebung sind wie in einem erstklassigen Hotel: Antiquitäten, Gemälde, bunte Holzschnitzereien mit generell religiösen Motiven und geräumige Zimmer mit steinernen und stuckverzierten beigen Wänden. Das Restaurant mit unerwartet gehobenem Standard ist auch überraschend teuer; auf der Speisekarte erscheint eine Mischung exquisiter und herzhafter Gerichte, zubereitet mit frischen Zutaten aus dem eigenen Garten.

Ein Spaziergang um das Kloster mit seiner Kirche und Kapelle, den Kreuzgängen und Innenhöfen und der gedämpften, ruhigen Atmosphäre macht dem Besucher deutlich, warum die jungen Menschen dieser Gemeinschaft anderen Menschen diesen friedvollen Ort näher bringen wollen.

Umgebung: Pienza (40 km); Montepulciano (26 km); Montalcino (64 km) • **Lage:** 26 km südlich von Montepulciano; Parkplatz • **Mahlzeiten:** Frühstück, Mittagessen, Abendessen • **Preise:** LLL • **Zimmer:** 7; 5 Doppelzimmer, 2 Suiten, alle mit Bad oder Dusche • **Anlage:** Aufenthaltsräume, Restaurant, Terrasse, Garten
Kreditkarten: AE, MC, V • **Behinderte:** keine speziellen Einrichtungen • **Tiere:** nicht erlaubt • **Geschlossen:** Januar; im Winter Restaurant dienstags
Geschäftsführerin: Maria Grazia Daolio

Toskana

Chianciano Terme

La Foce

~ Appartements auf dem Land ~

Strada della Vittoria 63, 53042 Chianciano Terme, Siena
Tel und **Fax** 0578 69101
e-mail lafoce@ftbcc.it

Jeder, der mit den Werken Iris Origos vertraut ist, wird am La Foce ein besonderes Interesse zeigen; die Geschichte dieses Ansitzes während des Zweiten Weltkrieges wird außerordentlich lebendig in ihrem Buch »Krieg im Val d'Orcia« beschrieben. Iris selbst starb 1988, aber ihre Familie lebt immer noch auf dem zum Bauernhof umfunktionierten Anwesen in dieser abgelegenen und seltsam schönen Ecke der Toskana.
Einige der Gebäude sind in erstklassige Selbstversorgungsunterkünfte umgewandelt worden, die vom hübschen Bersagliere für zwei Personen bis zum großartigen Montauto für zehn Personen reichen. Letztere hat einen eigenen ausgedehnten Garten mit Lavendelsträuchern und einem kleinen Pool.
Die Einrichtung der komfortablen Appartements ist im geschmackvollen ländlichen Stil gehalten; Antiquitäten herrschen zwar vor, werden jedoch durch einige ausgesuchte moderne Stücke ergänzt. Die bunten Teppiche, Kissen und Bezüge bringen Farbe in die Dekoration. Für Musikliebhaber besonders interessant ist das ausgezeichnete Kammermusikfestival, das jedes Jahr im Juli im La Foce stattfindet.

~

Umgebung: Pienza (20 km); Montepulciano (10 km) • **Lage:** 5 km südwestlich von Chianciano Terme (Ausschilderung Monte Amiata und Cassia folgen); Parkplatz **Mahlzeiten:** auf Wunsch Abendessen • **Preise:** L • **Zimmer:** 9 Selbstversorger-appartements für 2 bis 10 Personen, alle mit Bad und Dusche; alle Appartements mit Telefon, TV (auf Anfrage) • **Anlage:** Terrassen, Garten, Swimmingpools, Tennisplatz, Kinderspielplatz • **Kreditkarten:** keine • **Behinderte:** 2 Zimmer geeignet • **Tiere:** nicht erlaubt • **Geschlossen:** nie • **Besitzerinnen:** Benedetta und Donata Origo

Toskana

Cortona

Il Falconiere

Ländliche Villa

Loc. San Martino, 52044 Cortona, Arezzo
Tel 0575 612 679 **Fax** 0575 612 927
e-mail rfalco@ats.it **website** www.ilfalconiere.com

Vom Il Falconiere aus hat man eine wunderbare Aussicht über die Ebene um den Lago Trasimeno, die einst Schauplatz erbittertster Kämpfe zwischen Hannibal und den Römern war, und viele der lokalen Ortsnamen haben irgendetwas mit Knochen und Blut zu tun. Man erreicht das Hotel über eine von Weinbergen gesäumte, ruhige Landstraße außerhalb Cortonas. Die im 17. Jh. um einen ehemaligen befestigten Turm erbaute Hauptvilla liegt in einer Landschaft voller Obst- und Olivenbäume, Rosmarinhecken und Rosen. Zum Anwesen gehören auch die alte Orangerie, in der sich jetzt ein erstklassiges Restaurant befindet, und eine Suite neben der Kapelle, in der immer noch Gottesdienste abgehalten werden. Größter Wert wurde auf die Einrichtung gelegt, von den verschnörkelten aufgemalten Zimmernummern bis zu den handbestickten Vorhängen und leinenen Bettbezügen. Die unebenen antiken Terrakottaböden bedecken Perserteppiche. Im ehemaligen Taubenschlag des alten Turms, den man über eine enge, steinerne Wendeltreppe erreicht, befindet sich ein kleines Zimmer mit einer unschlagbaren Aussicht über das Valdichiana. Eine Villa in der Nähe ist vor kurzem renoviert worden und enthält nun acht weitere Zimmer und einen eigenen Frühstücksraum. Der Gast, der das Falconiere für uns besuchte, war begeistert: »Eines der elegantesten Hotels in ganz Italien. Hier stimmt alles.«

Umgebung: Cortona (3 km); Arezzo (29 km); Lago Trasimeno (10 km) • **Lage:** außerhalb Cortonas gegenüber dem Valdichiana; Parkplatz • **Mahlzeiten:** Frühstück, Mittagessen, Abendessen • **Preise:** LLL • **Zimmer:** 20; 17 Doppelzimmer, 3 Suiten, alle mit Bad oder Dusche; alle Zimmer mit Telefon, TV, Klimaanlage, Minibar, Fön, Safe • **Anlage:** Restaurant, Garten, Swimmingpool (Mai bis September) • **Kreditkarten:** AE, DC, V • **Behinderte:** keine speziellen Einrichtungen • **Tiere:** erlaubt • **Geschlossen:** Anfang Januar bis Mitte Februar
Besitzer: Riccardo Baracchi und Silvia Regi

Toskana

Cortona

San Michele

~ Stadthotel ~

Via Guelfa 15, 52044 Cortona, Arezzo
Tel 0575 604348 **Fax** 0575 630147
e-mail sanmichele@ats.it **website** www.cortona.net/sanmichele

Auf den ersten Blick scheint es nicht besonders schwierig zu sein, einen schönen Renaissancepalazzo aus dem 16. Jh. in ein ebenso schönes Hotel umzuwandeln, aber wir haben es leider zu oft erlebt, dass reizvolle alte Gebäude durch exzessive und unangebrachte Luxussanierung und Missachtung des ursprünglichen Stils vergewaltigt worden sind.

Das San Michele hat die Gelegenheit beim Schopfe ergriffen, die sich ihm durch den ehemaligen Sitz der Etruskischen Akademie bot, und sich auf der Gratwanderung zwischen radikaler Restaurierung und zaghafter Erhaltung des Baubestandes gut bewährt. Weißer Verputz und schlichte Deckenbalken werden durch farbenfrohe moderne Stoffbezüge ergänzt, teuerste Ledersofas stehen auf frisch gewachsten Terrakottaböden. Die sorgsam durchdachte Beleuchtung betont die sanften Rundungen des Innenhofs. Die Gemeinschaftsräume sind elegant mit bemalten Friesen und riesigen geschnitzten Kaminen ausgestattet.

Die Zimmer mit ihren schmiedeeisernen Betten und rustikalen Antiquitäten nehmen sich etwas bescheidener aus und sind dem Bericht eines Gastes zufolge renovierungsbedürftig. Einige der geräumigeren Zimmer verfügen über ein eigenes Zwischengeschoss mit Sitzecken und Schlafplätzen.

~

Umgebung: Diözesanmuseum; Arezzo (29 km); Perugia (51 km) • **Lage:** im Stadtzentrum; Garage in der Nähe • **Mahlzeiten:** Frühstück • **Preise:** LL • **Zimmer:** 40 Doppel- und Zweibettzimmer mit Bad oder Dusche; alle Zimmer mit Telefon, TV, Minibar • **Anlage:** Aufenthaltsraum, Frühstücksraum, Konferenzraum **Kreditkarten:** AE, DC, MC, V • **Behinderte:** Zugang möglich • **Tiere:** kleinere Hunde erlaubt • **Geschlossen:** Mitte Januar bis Anfang März • **Besitzer:** Paolo Alunno

Toskana

Feriolo

Casa Palmira

~ Gästehaus auf dem Land ~

Via Faentina, Feriolo, 50030 Borgo San Lorenzo, Firenze
Tel und **Fax** 055 8409749
e-mail palmira@cosmos.it **website** www.casapalmira.it

Hinter Florenz zieht sich die alte Straße nach Faenza durch Olivenhaine und Zypressen, bevor sie das schöne und relativ unbekannte Mugellogebiet erreicht und weiter zum Appenin führt. Die Casa Palmira liegt genau an dieser Straße in einer grünen Oase. Die umgebaute Scheune schließt an ein altes steinernes Bauernhaus mittelalterlichen Ursprungs an. Ihren Namen hat die Casa von Palmira, der alterslosen Bäuerin, die nebenan wohnt.

Die herzlichen und reizenden Gastgeber Stefano und Assunta haben die Scheune sehr erfolgreich in ein angenehmes und komfortables Gästehaus umgewandelt. Das Wohnzimmer im Erdgeschoss ist geräumig und lädt mit einem großen Kamin, weichen Sofas und Sesseln zum Verweilen ein. Neben der offenen Küche, in der das Frühstück bereitet wird, gibt es ein kleines Speisezimmer. Im ersten Stock gehen die Zimmer von einem wunderschönen, sonnendurchfluteten Treppenabsatz ab. Während die Gemeinschaftsräume mit Terrakottafliesen ausgelegt sind, verfügen die anderen Zimmer alle über Kastanienholzböden, die Stefano neben den Türen und einigen der Möbel selbst gemacht hat. Die cremefarbenen Wände mit ihrer rauchig-grünen Bemalung harmonieren ausgezeichnet mit den hübschen ländlichen Stoffbezügen und den Patchworkdecken. Die Gäste können sich Mountainbikes oder einen Smart ausleihen oder einfach in der Umgebung spazieren gehen.

~

Umgebung: Florenz (16 km); Fiesole (9 km) • **Lage:** zwischen Florenz und Borgo San Lorenzo an der SS302, an der Via Faentina; von Florenz aus gleich hinter Olmo rechts nach Feriolo abbiegen; Parkplatz • **Mahlzeiten:** Frühstück; auf Wunsch Abendessen • **Preise:** L • **Zimmer:** 7; 5 Doppel- und Zweibettzimmer, 1 Einzelzimmer, 1 Dreibettzimmer, 1 mit Bad, 6 mit Dusche; alle Zimmer auf Wunsch mit Fön • **Anlage:** Aufenthaltsraum, Frühstücks-/Speiseraum, Terrassen, Garten mit Grill • **Kreditkarten:** keine • **Behinderte:** Zugang schwierig • **Tiere:** nicht erlaubt **Geschlossen:** Januar bis März • **Besitzer:** Assunta Fiorini und Stefano Mattioli

Toskana

Fiesole

Bencistà

Gästehaus auf dem Land

Via B. da Maiano 4, 50014 Fiesole, Firenze
Tel und **Fax** 055 59163
e-mail bencista@uol.it

»Schicken Sie uns nicht zu viele Touristen«, bat der höfliche Simone Simoni unseren Tester – und er meinte es ernst. Es ist leicht zu verstehen, warum das Bencistà so beliebt ist. Die *pensione* steht auf einem Hügel mit Blick auf Florenz und die toskanische Landschaft; die Aussicht von der Terrasse und vielen Gästezimmern ist unvergesslich. Hinzu kommt der Reiz des Gebäudes, eines ehemaligen Klosters: eine prächtige Halle, drei Salons, die fast vollständig mit Antiquitäten möbliert sind (einer davon ein kleiner Leseraum mit Bücherregalen und einem gemütlichen offenen Feuer) sowie jede Menge faszinierender Nischen und Winkel.

Jedes der Zimmer ist unterschiedlich und weist irgendeine Besonderheit auf – zum Beispiel eine herrliche Aussicht, ein schönes Möbelstück, ein riesiges Bad oder eine eigene Terrasse. Mit ihren schmucklosen, weiß getünchten Wänden und den soliden antiken Möbeln wirken sie alle etwas altmodisch und eher charaktervoll als luxuriös. Nicht alle Zimmer haben angrenzende Badezimmer — diese sind jedoch in Planung. Der einfache, helle und geräumige Speiseraum blickt auf einen Garten mit Olivenbäumen, Rosen und Magnolien. Das Frühstück wird im Freien auf der Terrasse eingenommen – ein herrliches Fleckchen, um den Tag zu beginnen (und zu beenden). Abendessen gibt es pünktlich um 19.30 Uhr, und es werden, außer der Suppe statt der Pasta, keine Alternativen angeboten. Der Hauswein des Bencistà ist ausgezeichnet.

Umgebung: Römisches Theater; Dom; Kloster • **Lage:** 2,5 km südlich von Fiesole an der Straße nach Florenz; Garage und Parkplatz • **Mahlzeiten:** Frühstück, Mittagessen, Abendessen • **Preise:** LL • **Zimmer:** 42; 29 Doppelzimmer, 13 Einzelzimmer, 32 mit Bad oder Dusche; alle Zimmer mit Telefon • **Anlage:** 3 Aufenthaltsräume, Speiseraum • **Kreditkarten:** keine • **Behinderte:** keine speziellen Einrichtungen • **Tiere:** erlaubt • **Geschlossen:** manchmal im Dezember und Januar
Besitzer: Simone Simoni

Toskana

Fiesole

Le Cannelle

Bed-&-Breakfast-Unterkunft in der Stadt

Via Gramsci 52-56, 50014 Fiesole, Firenze
Tel 055 5978336 **Fax** 055 5978292
e-mail info@lecannelle.com **website** www.lecannelle.com

Mit dem Le Cannelle können wir Ihnen eine echte Rarität und Neuentdeckung vorstellen, die in (noch) keinem anderen Hotelführer erscheint. Der Vater der Besitzerinnen Sara und Simona Corsi ist im Baugeschäft tätig; wer wäre da besser geeignet, zwei alte Stadthäuser an Fiesoles Hauptstraße ein wenig nördlich der Piazza Mino da Fiesole zu restaurieren? Als er mit dem Umbau fertig war, übertrug er die Geschäftsführung der kleinen Bed-&-Breakfast-Unterkunft seinen beiden Töchtern, die sich seit der Eröffnung im November 1999 enthusiastisch ihrer Tätigkeit widmen.

Die kühlen Hügel um Fiesole sind mit spektakulären Villen durchsetzt, und viele der Hotels in der Gegend sind dementsprechend teuer. Es bereitet uns deshalb ein ganz besonderes Vergnügen, das Le Cannelle als preiswerte, aber reizende Alternative in diesen Führer aufzunehmen. Es wurde sorgsamst in einfachem, aber komfortablem Stil eingerichtet. Die Zimmer sind relativ geräumig – eines ist sogar zweigeschossig mit zwei einzeln stehenden Betten im oberen Stock. Aus zwei Zimmern hat man eine bezaubernde Aussicht auf die im Norden gelegenen Hügel. Diejenigen, die zu der etwas lauten Straße hinausgehen, sind doppelt verglast. Die in Blau und Weiß gehaltenen Badezimmer sind tadellos sauber. Der hübsche Raum, in dem Sara und Simona das Frühstück servieren, liegt leider direkt an der Straße.

Umgebung: Römisches Theater; Florenz (8 km) • **Lage:** an der Hauptstraße nördlich der Piazza Mino da Fiesole; öffentlicher Parkplatz • **Mahlzeiten:** Frühstück
Preise: LL • **Zimmer:** 5; 2 Doppelzimmer, 1 Einzelzimmer, 1 Dreibettzimmer, 1 Familienzimmer, alle mit Bad oder Dusche; alle Zimmer mit Telefon, TV, Klimaanlage • **Anlage:** Frühstücksraum • **Kreditkarten:** AE, MC, V • **Behinderte:** nicht geeignet • **Tiere:** nicht erlaubt • **Geschlossen:** 2 Monate im Winter • **Besitzerinnen:** Sara und Simona Corsi

Toskana

Fiesole

Villa San Michele

Ländliche Villa

Via Doccia 4, 50014 Fiesole, Firenze
Tel 055 59451 **Fax** 055 598734
e-mail villasanmichele@firenze.net **website** www.orient/expresshotels.com

Laut Werbeprospekt wurde die Villa Michele von Michelangelo entworfen – was vielleicht mit ein Grund für die hohen Preise ist. Die Zimmer hier gehören zu den teuersten in ganz Italien – sie sind nur geringfügig niedriger als in dem superelegenten Cipriani in Venedig und für die meisten Leser unerschwinglich. Trotzdem wäre unser Führer ohne dieses kleine Juwel in der friedlichen Hügellandschaft von Fiesole unvollständig. Das ehemalige Kloster wurde Anfang des 15. Jhs. erbaut und kürzlich um 13 Suiten erweitert. Was der Gast für sein Geld bekommt, sind jedoch keine Extravaganzen oder übertriebener Luxus, sondern zurückhaltend guter Geschmack und eine geschickt bewahrte Aura der Vergangenheit. Unter den überwiegend antiken Möbeln sind auch einige Meisterwerke aus dem 17. Jh. Viele Gästezimmer haben alte Fliesenfußböden. Die Bäder dagegen sind ausgesprochen modern. Die Aussicht ist traumhaft. Zu den schönsten Erlebnissen zählt eine Mahlzeit in der Loggia, wo man über Hänge mit Olivenbäumen und Zypressen auf die Stadt blicken kann. Auch von den Terrassen am Pool hat man eine herrliche Sicht. Zum Frühstück wird ein opulentes amerikanisches Büfett aufgebaut. Die hier angegebenen Preise für Halbpension umfassen ein Mittag- oder Abendessen à la carte.

Umgebung: Römisches Theater; Dom; Kloster San Francesco • **Lage:** an der Straße von Florenz nach Fiesole, kurz vor Fiesole; Parkplatz • **Mahlzeiten:** Frühstück, Mittagessen, Abendessen • **Preise:** LLLL • **Zimmer:** 40; 25 Doppel- und Zweibettzimmer, 15 Suiten, alle mit Bad; alle Zimmer mit Telefon, Klimaanlage; auf Wunsch TV und Minibar • **Anlage:** Leseraum/Bar, Pianobar, Speiseraum mit Loggia/Terrasse, Garten, Swimmingpool (geöffnet von Juni bis September) **Kreditkarten:** AE, DC, MC, V • **Behinderte:** Zugang möglich • **Tiere:** kleinere Hunde erlaubt • **Geschlossen:** Ende November bis Mitte März • **Geschäftsführer:** Maurizio Saccani

Toskana

Florenz

Annalena

Bed-&-Breakfast-Unterkunft in der Stadt

Via Romana 34, 50125 Firenze
Tel und **Fax** 055 222402/3
e-mail annalena@hotelannalena.it **website** www.annalena.it

Das Annalena ist eine traditionelle *pensione* in Florenz, die sich ihren alten Stil bewahrt hat und über eine Stammkundschaft verfügt. Das Hotel liegt gegenüber den Boboligärten, dem berühmten, von Mediciherzögen angelegten Park, und viele der Zimmer genießen die wunderschöne Aussicht auf das Gartenparadies nebenan. Glücklicherweise geht keines der Zimmer auf die geschäftige Via Romana hinaus.
Der Palazzo stammt angeblich aus dem 15. Jh. und soll irgendwann einmal einer jungen Adligen, Annalena, gehört haben, deren tragische Liebesgeschichte und frühes Dasein als Witwe sie dazu veranlasst haben, sich von der Welt zurückzuziehen und ihren Besitz zu einem Zufluchtsort für andere junge Witwen zu machen. Seit damals ist der Palazzo auf die eine oder andere Weise immer ein Ort der Gastfreundschaft gewesen – im Zweiten Weltkrieg diente er Regimegegnern als Unterschlupf.
Die Tradition der Gastfreundschaft wird auch heute noch aufrecht erhalten, und obwohl das Annalena kein Luxushotel ist, bietet es soliden und stilvollen Komfort zu vernünftigen Preisen. Der äußerst aufmerksame Besitzer liest seinen Gästen jeden Wunsch von den Augen ab. Ein riesiger Salon dient mittlerweile als Rezeption, Aufenthaltsraum, Frühstücksraum und Bar. Die Größe der Zimmer variiert beträchtlich, und die Badezimmer sind annehmbar.

Umgebung: Palazzo Pitti; Ponte Vecchio; Palazzo Vecchio; Uffizien • **Lage:** 3 Minuten zu Fuß vom Palazzo Pitti auf der Südseite des Arno; öffentlicher Parkplatz in der Nähe • **Mahlzeiten:** Frühstück • **Preise:** LL-LLL • **Zimmer:** 20; 16 Doppel- und Zweibettzimmer, 4 Einzelzimmer, alle mit Bad oder Dusche; alle Zimmer mit Telefon, TV • **Anlage:** Aufenthaltsraum/Bar/Frühstücksraum, Terrasse **Kreditkarten:** AE, DC, MC, V • **Behinderte:** keine speziellen Einrichtungen **Tiere:** erlaubt • **Geschlossen:** nie • **Besitzer:** Claudio Salvestrini

Toskana

Florenz

Aprile

Stadthotel

Via della Scala 6, 50123 Firenze
Tel 055 216237 **Fax** 055 280947
e-mail relais.uffizi@flashnet.it **website** www.venere.it/firenze/aprile

Die Büste Cosimo I de Medici über dem Eingang verrät schon etwas über die Ursprünge des Palazzo aus dem 15. Jh., in dem dieses attraktive Hotel liegt: Er gehörte einst der berühmtesten Familie der Stadt. Aus dem architektonischen Erbe hätte vielleicht etwas Stilvolleres gemacht werden können, aber die Atmosphäre hat etwas reizend Altmodisches.

Die Gemeinschaftsräume liegen im hinteren Teil des Gebäudes. Der elegante Frühstücksraum verfügt über Deckenfresken, die Bar dient gleichzeitig als Aufenthaltsraum, und außer dem hübschen kleinen Garten gibt es auch noch einen Wintergarten. Die Zimmer variieren erheblich in Form und Größe. Obwohl sie nach und nach alle renoviert werden, sind einige immer noch sehr altmodisch. Andere sind mit Deckengewölben, Fresken oder Wandmalereien ausgestattet. Der Besitzer des Aprile hat vor kurzem auch den angrenzenden Palazzo gekauft, in dem Pastellmalereien, dicke Teppiche und eine sanfte Beleuchtung für moderneres Ambiente sorgen.

Die Badezimmer aus hübschem grauem Marmor sind hingegen alle renoviert. Viele Zimmer verfügen über eine spektakuläre und ungewöhnliche Aussicht über Dächer und Kreuzgang der nahe gelegenen Kirche Santa Maria Novella. Jeden Abend findet im Hotel ein kostenloser Vortrag über einen anderen Aspekt von Florenz und seiner Geschichte statt.

Umgebung: Santa Maria Novella; Dom; San Lorenzo • **Lage:** südlich des Bahnhofs Santa Maria Novella, 10 Minuten zu Fuß vom Dom entfernt; gebührenpflichtiger Parkplatz in der Nähe • **Mahlzeiten:** Frühstück • **Preise:** LL • **Zimmer:** 40; 30 Doppel- und Zweibettzimmer, 6 Einzelzimmer, 4 Familienzimmer, alle mit Bad oder Dusche; alle Zimmer mit Telefon, TV, Klimaanlage, Minibar, Fön • **Anlage:** Aufenthaltsraum, Frühstücksraum, Bar, Wintergarten, Aufzug, Garten • **Kreditkarten:** AE, DC, MC, V • **Behinderte:** 2 speziell geeignete Zimmer • **Tiere:** erlaubt • **Geschlossen:** nie • **Besitzer:** Riccardo Zucconi

Toskana

Florenz

Casci

Stadthotel

Via Cavour 13, 50129 Firenze
Tel 055 211686 **Fax** 055 2396461
e-mail casci@italyhotel.com **website** www.hotelcasci.com

Musikliebhaber mögen es interessant finden, dass der Palazzo aus dem 15. Jh., der dieses Hotel beherbergt, einst Giacomo Rossini gehört hat. Das unprätentiöse Casci liegt an einer geschäftigen Straße nördlich von San Lorenzo; von den Besitzern, den Lombardis, werden die Gäste immer auf das Herzlichste empfangen.
Die Einrichtung ist modern und funktional; nur die Deckengemälde in einigen der Gemeinschaftsräume geben einen Hinweis auf das Alter des Gebäudes. Der offen gestaltete Empfangsbereich ist hell, freundlich und immer geschäftig. Das erste, was dem Gast, der das Hotel für uns besuchte, auffiel, waren zwei Bücherregale voller Reiseführer und Informationsbroschüren über Florenz, die den Hotelgästen kostenlos zur Verfügung stehen. Zur Rechten der Rezeption befindet sich der Frühstücksraum, zur Linken eine Bar und ein Aufenthaltsbereich, beide mit Deckengemälden. Die Zimmer variieren in Größe und Form (in einigen können bis zu fünf Personen übernachten) und sind zwar recht spartanisch, dafür aber mit attraktiven hellgelben Wänden und modernen grünen Holzmöbeln ausgestattet.
Viele der Badezimmer sind neu; einige verfügen über Badewannen und alle über beheizte Handtuchhalter, was in einem Zwei-Sterne-Hotel einen unerwarteten Bonus darstellt. Die ruhigsten Zimmer gehen auf den Garten hinter dem Gebäude hinaus; die Fenster an der Hotelfront sind doppelt verglast.

Umgebung: San Lorenzo; Palazzo Medici-Riccardi; Medicikapellen; Dom • **Lage:** an einer geschäftigen Straße nördlich des Doms; gebührenpflichtiger Parkplatz in der Nähe • **Mahlzeiten:** Frühstück • **Preise:** LL • **Zimmer:** 26; 14 Doppel- und Zweibettzimmer, 4 Einzelzimmer, 8 Familienzimmer, 7 mit Bad, 19 mit Dusche; alle Zimmer mit Telefon, TV, Klimaanlage, Fön • **Anlage:** Frühstücksraum, Bar, Aufzug **Kreditkarten:** AE, DC, MC, V • **Behinderte:** 1 Zimmer geeignet • **Tiere:** kleinere Tiere erlaubt • **Geschlossen:** Januar • **Besitzer:** Familie Lombardi

Toskana

Florenz

Classic

Stadthotel

Viale Machiavelli 25, 50125 Firenze
Tel 055 229351/229352 **Fax** 055 229353

Diese rosa angestrichene Villa mit eigenem üppigem Garten, Seite an Seite mit einigen der eindrucksvollsten Wohnsitze in ganz Florenz, steht an einer schattigen Allee fünf Minuten von der Porta Romana, dem alten südlichen Stadttor, entfernt. Bis 1991 war das Gebäude ein privates Wohnhaus; danach wurde es vor dem Verfall gerettet und in ein komfortables, freundliches und bemerkenswert preisgünstiges Hotel umgewandelt.
Die Zimmer sind zwar unterschiedlich groß, aber alle recht geräumig und mit Parkettböden, originalem Verputz, antiken Möbeln und hübschen Bezügen versehen. Zwei verfügen über Fresken, ein anderes über einen beeindruckenden Kamin. Die hohen Decken im ersten Stock machen ein zweites Geschoss mit zusätzlichen Schlaf- und Aufenthaltsbereichen möglich; die Zimmer im obersten Stock haben wunderschöne, mit Deckenbalken geschmückte schräge Wände und Klimaanlagen. Im Garten des Hotels ist eine romantische angebaute Suite mit einer winzigen Küche versteckt, die zum selben Preis wie ein Standarddoppelzimmer noch mehr Intimität bietet.
Bei schönem Wetter wird das Frühstück im Freien unter einer Pergola serviert; im Winter ermöglicht der Wintergarten einen sonnigen und warmen Start in den Tag.

Umgebung: Palazzo Pitti; Piazzale Michelangelo; Museum La Specola • **Lage:** in einem Wohngebiet 5 Minuten zu Fuß von der Porta Romana; Parkplatz
Mahlzeiten: Frühstück • **Preise:** LL • **Zimmer:** 14; 10 Doppel- und Zweibettzimmer, 1 Einzelzimmer, 3 Suiten, alle mit Bad oder Dusche; alle Zimmer mit Telefon, TV; Zimmer im obersten Stock mit Klimaanlage • **Anlage:** Frühstücksraum, Wintergarten, Garten • **Kreditkarten:** AE, DC, MC, V • **Behinderte:** Zugang schwierig
Tiere: erlaubt • **Geschlossen:** 2 Wochen im August • **Besitzerin:** Corinne Kraft

Toskana

Florenz

Gallery Art Hotel

Stadthotel

Vicolo del'Oro 5, 50120 Firenze
Tel 055 27263 **Fax** 055 268557
e-mail galleryhotel@lungarnohotels.com **website** www.lungarnohotels.it

Für das neueste Hotel in Florenz haben wir über unser Auswahlkriterium der Größe gerne hinweggesehen: Zum einen ist es geradezu einzigartig, und zum anderen macht es den Eindruck eines viel kleineren Hotels. Auf einer winzigen Piazza nur einige Schritte vom Ponte Vecchio entfernt gelegen, ist das Gallery ein Tempel zeitgenössischen Designs, eine Kombination von westlichen und östlichen Dekorationselementen, die man bestaunen und berühren kann. Der Stil ist zwar minimalistisch, aber keineswegs kalt. Die Farben sind gedämpft und ruhig. Grau- und Cremetöne sowie Weiß dominieren und werden von dunklen und warmen afrikanischen Hölzern kontrastiert. An den Wänden hängt zeitgenössische Kunst, und in den Gemeinschaftsräumen hat man unendlich viel Platz.
In der hübschen Bar mit ihren weichen Sofas befindet sich ein großer Videobildschirm; im Leseraum steht ein riesiges Regal voller interessanter Bände, in denen man in Ruhe stöbern kann. Die hellen Sofas laden mit ihren Decken den Gast geradezu dazu ein, sich mit einem guten Buch gemütlich in sie hineinzukuscheln.
Die Zimmer sind von unterschiedlicher Größe, folgen aber alle derselben nüchternen stilvollen Linie. Die Badezimmer mit ihren klassischen Chromarmaturen sind großartig.

Umgebung: Ponte Vecchio; Palazzo Pitti; Uffizien • **Lage:** im Stadtzentrum am Ponte Vecchio; Parkservice in der Nähe • **Mahlzeiten:** Frühstück, leichtes Mittagessen, Abendessen • **Preise:** LLL • **Zimmer:** 65; 60 Doppel- und Zweibettzimmer, 5 Suiten, alle mit Bad oder Dusche; alle Zimmer mit Telefon, TV, Klimaanlage, Fön, Safe • **Anlage:** Aufenthaltsraum, Bibliothek, Bar, Frühstücksraum, Terrasse • **Kreditkarten:** AE, DC, MC, V • **Behinderte:** 2 speziell eingerichtete Zimmer • **Tiere:** kleinere Hunde erlaubt • **Geschlossen:** nie • **Geschäftsführer:** Nedo Naldini

Toskana

Florenz

Helvetia und Bristol

Stadthotel

Via dei Pescioni 2, 50123 Firenze
Tel 055 287814 **Fax** 055 288353 **e-mail** information-hbf@charminghotels.it
website www.charminghotels.it/helvetia

Das Helvetia war ursprünglich ein Schweizer Hotel im Herzen von Florenz, das seinem Namen »Bristol« hinzufügte, um im 19. Jh. britische Reisende anzuziehen. Nach 1945 verfiel es allmählich, bis es im Jahre 1987 unter neuer Geschäftsführung äußerst fantasievoll renoviert wurde. Die Besitzer scheuten weder Kosten noch Mühen, um aus dem Helvetia und Bristol wieder ein Luxushotel aus dem 19. Jh. zu machen.

Für diejenigen, die an die klassische Einfachheit des toskanischen Stils gewöhnt sind, mag das Ergebnis schlechterdings zu schwülstig sein; anderen wiederum mögen die üppigen Farben und die massiven, düsteren Antiquitäten gefallen. Das Restaurant ist zweifelsohne sehr elegant und mit zwei beeindruckenden Jugendstilleuchtern in Form einer Muschel und eines Felsens ausgestattet. In dem Wintergarten aus den 1920er Jahren mit seiner grünen Glasdecke stehen hübsche Korbmöbel und Topfpflanzen. Die Zimmer sind mit Antiquitäten, venezianischen Spiegeln und Kronleuchtern opulent ausgestattet. Das Hotel verfügt außerdem über eine schöne und große Sammlung an Drucken und Gemälden. Personal und Service sind unauffällig und professionell. Im Jahr 2000 annektierte das Helvetia und Bristol das angrenzende Gebäude, in dem 18 neue Doppelzimmer und drei Suiten untergebracht sind.

Umgebung: Ponte Vecchio; Uffizien; Palazzo Vecchio • **Lage:** im Stadtzentrum, gegenüber dem Palazzo Strozzi, westlich der Piazza della Repubblica; öffentlicher Parkplatz in der Nähe • **Mahlzeiten:** Frühstück, Mittagessen, Abendessen
Preise: LLLL • **Zimmer:** 67 Doppel-, Zweibett-, Einzelzimmer und Suiten, alle mit Bad oder Dusche; alle Zimmer mit Telefon, TV, Klimaanlage, Minibar • **Anlage:** Aufenthaltsräume, Restaurant, Bar, Wintergarten • **Kreditkarten:** AE, DC, MC, V
Behinderte: einige Einrichtungen • **Tiere:** kleinere Hunde erlaubt • **Geschlossen:** nie • **Geschäftsführer:** Pietro Panelli

Toskana

Florenz

Hermitage

Stadthotel

Vicolo Marzio 1, Piazza del Pesce, 50122 Firenze
Tel 055 287216 **Fax** 055 212208
e-mail florence@hermitagehotel.com **website** www.hermitagehotel.com

Die Lage des Hermitage nördlich des Ponte Vecchio, die natürlich auch einen entsprechenden Blick bietet, ist sehr zentral und sehr begehrt: nur wenige Häuser in der Innenstadt kann man als ruhig bezeichnen, aber dieses Hotel im Liliput-Format trägt seinen Namen nicht zu Unrecht. Es hat etwas sehr Friedliches an sich, wozu die Doppelverglasung der Fenster auf der Flussseite sicherlich beiträgt.

Alles am Hermitage ist klein wie in einem Puppenhaus. Die altmodischen Gästezimmer liegen in den unteren Stockwerken, während Rezeption und Gemeinschaftsräume mit Aussicht auf den Arno in der fünften Etage untergebracht sind. Der Aufstieg lohnt sich: Bar/Salon und Frühstücksraum, in kühlem Zitronengelb gehalten, das durch Blumen und Bilder eine freundliche Note erhält, wirken äußerst anheimelnd.

Das Hermitage war einst nichts weiter als eine *pensione* alten Stils, die mittlerweile in Florenz so selten geworden sind. In den letzten Jahren erfuhr sie jedoch eine Verschönerung und macht jetzt einen überdurchschnittlich stilvollen und gepflegten Eindruck. Von der blumengeschmückten Dachterrasse, einem reizenden Platz zum Frühstücken, blickt man über die Dächer der Altstadt auf den Dom.

Umgebung: Palazzo Vecchio; Uffizien; Ponte Vecchio • **Lage:** im Herzen der Stadt am Arno; Garage • **Mahlzeiten:** Frühstück, Snacks • **Preise:** LLL • **Zimmer:** 28 Doppel- und Zweibettzimmer, 21 mit Bad, 7 mit Dusche; alle Zimmer mit Telefon, TV, Klimaanlage • **Anlage:** Frühstücksraum, Bar/Aufenthaltsraum, Dachterrasse **Kreditkarten:** MC, V • **Behinderte:** Zugang schwierig • **Tiere:** kleinere Hunde erlaubt • **Geschlossen:** nie • **Besitzer:** Vincenzo Scarcelli

Toskana

Florenz

J and J

Stadthotel

Via di Mezzo 20, 50121 Firenze
Tel 055 2345005 **Fax** 055 240282
e-mail jandj@dada.it **website** www.hoteljandj.com

In einem umgebauten Kloster ein ganzes Stück östlich vom Dom ist dieses kühl wirkende, schicke Hotel untergebracht. Es liegt auf dem Weg zum Sant'Ambrogio-Markt und dem merkwürdigerweise recht abseits gelegenen Haupttouristenbüro von Florenz. Die Straße ist relativ ruhig, das Haus selbst ein Zufluchtsort vor Hitze und Staub, so wirkungsvoll sind die Klimaanlage und die Atmosphäre der Stille.

Viele Originalelemente des Gebäudes sind noch erhalten – Säulen, Deckengewölbe, Fresken und Holzbalken –, und die Einrichtung, wenn auch hier und da recht modern, ist gut auf das antike Ambiente abgestimmt und hat durchaus ihren eigenen Reiz. Ein hübscher kleiner Patio hinter dem Hotel mit eleganten, weißen Sonnenschirmen und Topfpflanzen verlockt zu einem Frühstück im Freien, obwohl der Raum hinter den Glastüren, in Gelb- und Grüntönen gehalten und mit Korbstühlen ausgestattet, nicht weniger einladend ist.

Die Gästezimmer sind unterschiedlich – alle sehr komfortabel, manche ungewöhnlich groß. Sie verlaufen über mehrere Ebenen, haben Sitzecken und hohe Decken mit freiliegenden Balken.

Das Empfangspersonal schien uns sachkundig und effizient.

Umgebung: Dom; Santa Croce • **Lage:** östlich des Doms, nördlich von Santa Croce; Parkhaus in der Nähe • **Mahlzeiten:** Frühstück • **Preise:** LLL • **Zimmer:** 20; 18 Doppel-, 2 Familienzimmer, alle mit Bad; alle Zimmer mit Telefon, Klimaanlage, Minibar, Fön • **Anlage:** Aufenthaltsraum, Bar • **Kreditkarten:** AE, DC, MC, V **Behinderte:** keine speziellen Einrichtungen • **Tiere:** nicht erlaubt **Geschlossen:** nie • **Besitzer:** Familie Cavagnari

Toskana

Florenz

Loggiato dei Serviti

Stadthotel

Piazza SS Annunziata 3, 50122 Firenze
Tel 055 289592 **Fax** 055 289595 **e-mail** loggiato_serviti@italyhotel.com
website www.venere.it/firenze/loggiato_serviti

Das Hotel, eines der neuesten reizvollen Häuser der Stadt, ist in einem der schönsten Renaissancebauten von Florenz untergebracht. Er wurde (um 1527) von Sangallo dem Älteren passend zu Brunelleschis berühmtem Ospedale degli Innocenti entworfen, das sich gegenüber erhebt. Bis vor wenigen Jahren beherbergte er eine bescheidene *pensione*, und die herrliche Piazza war ein riesiger Parkplatz. Dank der geschmackvollen Renovierung und der Einsicht der Stadtväter gehört das Loggiato heute zu den ruhigsten Hotels der Stadt.

Die Ausstattung ist eine gelungene Mischung aus Alt und Neu, die mit einem Minimum an Schnörkeln auf die Originalelemente, etwa das Gewölbe, abgestimmt wurde. Die Böden sind mit Terrakottafliesen belegt, die Wände in Pastelltönen getüncht. Möbel und Gemälde sind überwiegend alt. Es gibt einen kleinen, hellen Frühstücksraum, wo man den Tag mit Fruchtsaft, Käse, Schinken, Brioches, Obst und Kaffee beginnt, und eine kleine Bar.

Ein Gast, der das Hotel vor kurzem besuchte, lobte besonders den »bemerkenswerten« Komfort und Standard, den »individuell auf den Gast abgestimmten« Empfang und Service und die »ruhige und komfortable« Atmosphäre. «Man bekommt dort das beste Frühstück in ganz Italien«; das Preis-Leistungs-Verhältnis ist »ausgezeichnet«. Nur die »etwas düstere Beleuchtung« hat ihm nicht so gut gefallen.

Umgebung: Santissima Annunziata; Ospedale degli Innocenti • **Lage:** einige Minuten zu Fuß vom Dom, auf der Westseite der Piazza Santissima Annunziata; Garagenservice auf Anfrage • **Mahlzeiten:** Frühstück • **Preise:** LLL • **Zimmer:** 29; 19 Doppel- und Zweibettzimmer, 6 Einzelzimmer, 4 Suiten, alle mit Bad oder Dusche; alle Zimmer mit Telefon, TV, Klimaanlage, Minibar, Fön, Safe • **Anlage:** Frühstücksraum, Bar • **Kreditkarten:** AE, DC, MC, V • **Behinderte:** nicht geeignet **Tiere:** erlaubt • **Geschlossen:** nie • **Besitzer:** Rodolfo Budini-Gattai

Toskana

Florenz

Morandi alla Crocetta

~ Stadthotel ~

Via Laura 50, 50121 Firenze
Tel 055 2344747 **Fax** 055 2480954
e-mail welcome@hotelmorandi.it **website** www.hotelmorandi.it

Das reizende alte Gebäude, ein ehemaliges Kloster, ist das Domizil von Kathleen Doyle Antuono, einer Engländerin, die hier seit den 1920er Jahren lebt. Inzwischen verwitwet, hat sie es mit ihrem Sohn und ihrer Tochter mit großem Erfolg auch für zahlende Gäste geöffnet.
Die geschmackvolle und durchdachte Einrichtung macht deutlich, dass es sich hier um ein Wohnhaus und kein bloßes Hotel handelt. Überall findet man antike toskanische Möbel, gemusterte Vorleger, interessante Bilder und frische Blumen. Vielleicht entdecken Sie auch Konsolen mit eingeschnitzten Wappen in der Empfangshalle, alte, bemalte Fliesen oder Fragmente von Fresken in den Gästezimmern oder ein Porträt von Mrs. Doyle als 18-jährige Schönheit. Das Haus ist gut für Erkundungen des historischen Stadtkerns geeignet und liegt in der Nähe der Piazza Santissima Annunziata mit dem berühmten Ospedale degli Innocenti, der Akademie der Schönen Künste und des Archäologischen Museums. Die Doyles kümmern sich sehr individuell um ihre Gäste. Uns gefiel die freundliche Atmosphäre, andere Besucher beschwerten sich über die mit Koffern anstrengenden Treppen.

Umgebung: Dom; Archäologisches Museum; Ospedale degli Innocenti
Lage: in einer ruhigen Nebenstraße nordöstlich des Domplatzes; öffentlicher Parkplatz • **Mahlzeiten:** Frühstück • **Preise:** LL • **Zimmer: 10;** 4 Doppel-, 2 Einzelzimmer, 4 Familienzimmer, alle mit Dusche; alle Zimmer mit Telefon, TV, Klimaanlage, Minibar, Fön, Safe • **Anlage:** Aufenthaltsraum, Frühstücksraum
Kreditkarten: AE, DC, MC, V • **Behinderte:** keine speziellen Einrichtungen
Tiere: wohlerzogene kleine Hunde erlaubt • **Geschlossen:** nie
Besitzer: Kathleen Doyle Antuono und ihre Familie

Toskana

Florenz

Palazzo Castiglione

Bed-&-Breakfast-Unterkunft in der Stadt

Via del Giglio 8, 50123 Firenze
Tel 055 214886 **Fax** 055 2740521
e-mail torre.guelfa@flashnet.it

Das einzige Zeichen, das die Existenz dieser kleinen Bed-&-Breakfast-Unterkunft verrät, ist ein winziges diskretes Messingschild neben der Klingel. Der solide Palazzo aus dem 16. Jh. liegt in einer Nebenstraße, die zum Markt um San Lorenzo führt, und gehörte bis vor etwa 20 Jahren der Familie Castiglione.
Das Hotel erstreckt sich über den zweiten Stock des Gebäudes, in dem ein sanft beleuchteter Empfangsbereich gleichzeitig als Aufenthalts- und Frühstücksraum dient. Das Farbarrangement ist in eleganten hellen Grün- und Cremetönen gehalten. Die Sofas und Stühle sind mit hübschem Brokat bezogen, der ausgezeichnet mit den Vorhängen und der Malerei an den Wänden harmoniert. Mehrere der sechs Zimmer sind mit Fresken geschmückt. Die Wände eines besonders hübschen Zimmers sind komplett mit ländlichen Szenen bemalt; in einem anderen ist ein Schlosshof mit Wappen, Rüstungen, Nischen und Vögeln aufgemalt. Alle Zimmer sind mit echten oder imitierten Antiquitäten, Sesseln, gepolsterten Kopfstützen an den Betten und hübschen Stoffvorhängen eingerichtet.
Die Badezimmer mit ihren gelben und hellblauen Wänden, den dunkelblauen Keramikfliesen, den Drucken und den bemalten Spiegeln heben sich wohltuend von der sonst üblichen weiß gefliesten Hotelnorm ab.

Umgebung: Dom; San Lorenzo; Medicikapellen; Santa Maria Novella
Lage: zwischen Dom und Bahnhof; gebührenpflichtiger Parkplatz nebenan
Mahlzeiten: Frühstück • **Preise:** LL • **Zimmer:** 6 Doppelzimmer, 1 mit Bad, 5 mit Dusche; alle Zimmer mit Telefon, TV, Klimaanlage, Minibar, Fön • **Anlage:** Aufenthaltsraum, Frühstücksraum, Aufzug • **Kreditkarten:** AE, MC, V
Behinderte: keine speziellen Einrichtungen • **Tiere:** kleinere Tiere erlaubt
Geschlossen: Weihnachten • **Besitzer:** Giancarlo Avuri

Toskana

Florenz

Residence Johanna Cinque

Gästehaus in der Stadt

Via delle Cinque Giornate 12, 50129 Firenze
Tel und **Fax** 055 473377

Die Hotelzimmer in Florenz stehen in dem schlechten Ruf, zu den teuersten in ganz Italien zu gehören. Deshalb waren wir vom Preis-Leistungs-Verhältnis dieser »Residence« sehr angetan.
Nordwestlich des Stadtzentrums an verschiedenen Buslinien gelegen, kündet ein diskretes Messingschild an einem soliden Eisentor von der Existenz des Gästehauses. Das hübsche Gebäude verfügt über einen eigenen kleinen mit Kieselsteinen ausgelegten Garten.
Das Innere ähnelt mit seinen kühlen, cremefarbenen Wänden eher einem privaten Wohnsitz; die hohen Decken vermitteln das Gefühl von Geräumigkeit. Im hinteren Teil des Gebäudes dient ein gemütlicher Aufenthaltsraum gleichzeitig als Rezeption.
Die Zimmer, besonderes eines, sind alle recht groß und mit großen Betten und einer Mischung aus Antiquitäten und modernen Möbelstücken eingerichtet. Geschmackvolle Stoffe, vorwiegend hellgrün und cremefarben gestreift, bringen zusätzlich Stil in die Dekoration. Die Badezimmer sind von unterschiedlicher Größe, aber auch das kleinste ist immer noch akzeptabel. In jedem Zimmer sind Vorrichtungen vorhanden, um sich das Frühstück auch selbst bereiten zu können: ein Wasserkocher, Kaffee, Tee, Kekse und anderes Gebäck.

Umgebung: Santa Maria Novella; Fortezza da Basso • **Lage:** in einer Wohngegend 15 Minuten zu Fuß vom Bahnhof entfernt; kleiner Parkplatz • **Mahlzeiten:** Frühstück • **Preise:** L • **Zimmer:** 9; 6 Doppel-, 3 Zweibettzimmer, 1 mit Bad, 8 mit Dusche; alle Zimmer mit TV, 3 mit Klimaanlage • **Anlage:** Aufenthaltsraum, kleiner Garten • **Kreditkarten:** keine • **Behinderte:** keine speziellen Einrichtungen; 3 Zimmer im Erdgeschoss geeignet • **Tiere:** erlaubt • **Geschlossen:** nie
Besitzerin: Lea Gulmanelli

Toskana

Florenz

Tornabuoni Beacci

~ Gästehaus in der Stadt ~

Via Tornabuoni 3, 50123 Firenze
Tel 055 212645/268377 **Fax** 055 283594
e-mail info@bthotel.it **website** www.BThotel.it

Was die Lage dieses Hotels angeht, so kann man sich eigentlich kaum eine schönere vorstellen. Die Via Tornabuoni gehört zu den elegantesten Einkaufsstraßen in ganz Florenz. Top-Designer wie Gucci, Ferragamo und Ferré haben dort ihre Geschäfte, und die Hauptsehenswürdigkeiten der Stadt sind alle leicht zu Fuß zu erreichen. Und doch macht die Lage des Hotels im vierten und fünften Stock des aus dem 15. Jh. stammenden Palazzo Minerbetti Strozzi an einer Ecke der Piazza Santa Trinità es zu einem Zufluchtsort vor den Menschenmassen und dem Straßenlärm.
Die Atmosphäre der *pensione* ist von der Zeit um 1900 geprägt. Fans von E. M. Forsters Roman »Zimmer mit Aussicht« werden die Ähnlichkeit des Tornabuoni Beacci mit der im Buch beschriebenen Unterkunft sofort erkennen. Viele der Zimmer haben tatsächlich eine Aussicht, und am schönsten ist die der Dachterrasse mit Pflanzen und Pergola, die über Florenz bis zu den Türmen und Villen des Bellosguardohügels reicht. Dort weht sogar in den heißen Sommermonaten ein kühlendes Lüftchen.
Die Einrichtung ist zwar altmodisch, aber in ausgezeichnetem Zustand. Überall gibt es Parkettböden und einfach bezogene Sofas. Die Größe der Zimmer variiert, einige sind recht winzig. Die neue Geschäftsführung sieht hierfür jedoch Verbesserungen vor.

~

Umgebung: Santa Trinità; Ponte Vecchio; Piazza della Signoria; Palazzo Vecchio
Lage: im Stadtzentrum; hoteleigene Garage in der Nähe • **Mahlzeiten:** Frühstück, Abendessen, Snacks (im Sommer) • **Preise:** LL-LLL • **Zimmer:** 28; 20 Doppel- und Zweibettzimmer, 8 Einzelzimmer, alle mit Bad oder Dusche; alle Zimmer mit Telefon, TV, Klimaanlage, Minibar, Fön • **Anlage:** Aufenthaltsraum, Restaurant, Dachterrasse • **Kreditkarten:** AE, DC, MC, V • **Behinderte:** Zugang schwierig
Tiere: kleinere Hunde erlaubt • **Geschlossen:** nie • **Besitzer:** Francesco Bechi

TOSKANA

FLORENZ

TIPP DES HERAUSGEBERS

Torre di Bellosguardo

Villa auf einem Hügel

Via Roti Michelozzi 2, 50124 Firenze
Tel 055 2298145 **Fax** 055 229008
e-mail torredibellosguardo@dada.it

1980 begann Giovanni Franchetti mit der Renovierung dieses wunderhübschen Wohnhauses aus dem 16. Jh. in den Hügeln südlich des Arno. Sein Ziel, »eine friedliche Oase zu schaffen, in der sich Reisende so wohl fühlen wie in den eigenen vier Wänden«, hat er erreicht, obgleich wohl nur wenige Besucher das Glück haben, zu Hause in einer derartig traumhaften Umgebung zu leben. Bellosguardo – »schöne Aussicht« – ist ein passender Name.
In dem zwar vornehmen, aber keineswegs steifen oder langweiligen Hotel gibt es sechzehn luxuriöse Gästezimmer. Jedes ist eine Welt für sich, ebenso sehr Wohn- wie Schlafraum, sorgfältig und individuell mit faszinierenden antiken Stücken eingerichtet. Einige verlaufen über mehrere Ebenen, andere sind mit herrlichen Intarsien getäfelt. Der Garten mit seinen gepflegten Rasenflächen, Lilienteichen, alten Zypressen und schattigen Terrassen (nicht zu vergessen den lauschigen Swimmingpool) hat genauso viel Anziehungskraft wie die Innenräume. Die unprätentiöse Herzlichkeit des Gastgebers steht in erfrischendem Gegensatz zu so manchem arroganten Personal in den Florentiner Hotels.
Tatkräftige Besucher können gut zu Fuß in die Stadt gehen.

Umgebung: Ponte Vecchio; Palazzo Pitti; Passeggiata ai Colli • **Lage:** auf einem Hügel oberhalb der Stadt, südlich der Porta Romana; Parkplatz • **Mahlzeiten:** Frühstück, Mittagessen (am Pool) • **Preise:** LLLL • **Zimmer:** 16; 8 Doppelzimmer, 1 Einzelzimmer, 7 Suiten, alle mit Bad; alle Zimmer mit Telefon, 5 mit Klimaanlage
Anlage: Aufenthaltsraum, Frühstücksraum, Bar, Aufzug, Garten, Swimmingpool
Kreditkarten: AE, DC, MC, V • **Behinderte:** Zugang möglich • **Tiere:** erlaubt
Geschlossen: nie • **Besitzer:** Giovanni Franchetti

Toskana

Florenz

Torre Guelfa

Bed-&-Breakfast-Unterkunft in der Stadt

Borgo SS Apostoli 8, 50123 Firenze
Tel 055 2396338 **Fax** 055 2398577
e-mail torre.guelfa@flashnet.it **website** www.home.venere.it/florence/torreguelfa

Es gibt nur wenige Orte in Florenz, die besser dazu geeignet wären, nach einem anstrengenden Besichtigungstag einen gemütlichen Aperitif zu nehmen: Der größte in Privatbesitz befindliche Turm der Stadt stammt aus dem 13. Jh. und bietet einen Rundumblick über die Dächer, wichtigsten Orientierungspunkte und die Landschaft um Florenz.

Das Hotel ist vor allem bei den Geschäftsleuten der Modebranche sehr beliebt. Die deutsch-italienischen Besitzer haben eine gemütliche, informelle Atmosphäre geschaffen. Die Zimmerwände sind in Pastelltönen gehalten, die Vorhänge bestehen zum größten Teil aus bestickter weißer Baumwolle. Die Einrichtung setzt sich aus schmiedeeisernen und hübsch bemalten Stücken sowie aus Antiquitäten zusammen. Die Badezimmer sind mit grauem Carraramarmor ausgestattet.

Ein – selbstverständlich heiß begehrtes – Zimmer verfügt über eine eigene Terrasse, auf der sogar ein Olivenbäumchen steht. Die verglaste Loggia dient als sonniger Frühstücksraum, und im Salon mit seiner Holzdecke und der kleinen Bar kann man wunderbar entspannen.

Umgebung: Ponte Vecchio; Palazzi Vecchio und Pitti • **Lage:** im Stadtzentrum in einem verkehrsberuhigten Bereich; Garage in der Nähe • **Mahlzeiten:** Frühstück
Preise: LL • **Zimmer:** 16; 13 Doppel- und Zweibettzimmer, 1 Einzelzimmer, 2 Familienzimmer, alle mit Bad oder Dusche; alle Zimmer mit Telefon, TV, Klimaanlage, Minibar • **Anlage:** Aufenthaltsraum, Frühstücksraum, Bar, Terrassen
Kreditkarten: AE, DC, MC, V • **Behinderte:** 1 speziell ausgestattetes Zimmer, aber Zugang dennoch schwierig • **Tiere:** kleinere Tiere erlaubt • **Geschlossen:** nie
Besitzer: Giancarlo Avuri

Toskana

Florenz

Villa Azalee

~ Stadthotel ~

Viale Fratelli Rosselli 44, 50123 Firenze
Tel 055 214242 **Fax** 055 268264
e-mail villaazalee@fi.flashnet.it **website** www.villaazalee.it

Die Villa Azalee liegt zwar in praktischer Nähe des Bahnhofs, jedoch etwas – 15 Minuten zu Fuß – von den Sehenswürdigkeiten der Stadt entfernt. Sie spricht vor allem Besucher an, die familiengeführte Hotels mit Stil den größeren Luxusbauten vorziehen; die Preise sind – gemessen an denen der übrigen Hotels – sehr günstig. Die Villa Azalee besteht aus zwei Gebäuden: der ursprünglichen, aus dem 19. Jh. stammenden Villa und einem azaleenübersäten Anbau hinter dem Garten, der dem Hotel seinen Namen gab.

Die Einrichtung folgt einem ganz eigenen Stil, den einige für schön, andere wiederum für übertrieben launisch halten mögen. Pastelltöne, Baldachine mit Fransen und dazu passende Vorhänge und Bettbezüge bestimmen das Ambiente der Zimmer. Sie verfügen alle über Klimaanlagen und makellose neue Badezimmer. Die Gemeinschaftsräume mit ihrer interessanten Sammlung von Familiengemälden sind etwas zurückhaltender. Das Frühstück wird auf dem Zimmer, im – leider etwas lauten – Garten oder im separaten Frühstücksraum serviert.

Ein Nachteil des Hotels besteht in seiner Lage an den Viali, den stark befahrenen Verkehrsadern um Florenz. Ein Lärmschutz wurde zwar installiert, aber Sie sollten dennoch ein Zimmer im Nebengebäude oder zum Garten hinaus buchen.

~

Umgebung: Santa Maria Novella, Ognissanti; San Lorenzo; Dom • **Lage:** einige Minuten zu Fuß westlich des Bahnhofs in Richtung Porta al Prato; Garage in der Nähe • **Mahlzeiten:** Frühstück • **Preise:** LL • **Zimmer:** 24; 22 Doppel- und Zweibettzimmer, 2 Einzelzimmer, alle mit Bad oder Dusche; alle Zimmer mit Telefon, TV, Klimaanlage, Minibar, einige mit Fön • **Anlage:** Aufenthaltsraum, Bar, Garten
Kreditkarten: AE, DC, MC, V • **Behinderte:** keine speziellen Einrichtungen
Tiere: nach Voranmeldung erlaubt • **Geschlossen:** nie • **Besitzerin:** Ornella Brizzi

Toskana

Florenz

Villa Belvedere

~ Ländliche Villa ~

Via Benedetto Castelli 3, 50124 Firenze
Tel 055 222501 **Fax** 055 223163
e-mail reception@villa_belvedere.com **website** www.villa_belvedere.com

Das Hotel, ein Familienbetrieb, liegt in einer netten, hügeligen Wohngegend am südlichen Stadtrand und bietet, wenn der Smog in Florenz es zulässt, einen wunderbaren Blick durch klassisch toskanische Zypressen. Das Gebäude selbst ist eher funktional und modern als besonders schön, der gepflegte Garten mit dem kleinen Swimmingpool bei Hitze jedoch eine Wohltat und die ruhige Lage ohne Durchgangsverkehr zu jeder Jahreszeit eine Erholung vom Trubel des Zentrums.

Die Familie Ceschi-Perotto führt die Geschäfte mit viel Engagement und Effizienz und hat ein ambitioniertes Renovierungsprogramm in Angriff genommen. Die Gästezimmer und Bäder werden nach und nach zueinander passend mit hübschen Zweigmustern und Grün als Dekorationsmotiven sowie hochwertigen, soliden Holzmöbeln verschönert. Die blitzweißen gekachelten Wände der Bäder schließen mit geometrischen Friesen ab. Die Gemeinschaftsräume sind hell, geräumig und komfortabel, und beim Frühstücken kann man den Garten genießen.

Abends werden kleine Imbisse gereicht (bis 20.30 Uhr), die nach einem anstrengenden Tag voller Besichtigungen sehr gelegen kommen, da es in der nächsten Umgebung nur wenige Restaurants gibt.

Umgebung: Palazzo Pitti; Boboligärten • **Lage:** 3 km südlich von Florenz; Parkplatz • **Mahlzeiten:** Frühstück, Snacks • **Preise:** LL-LLL • **Zimmer:** 26; 21 Doppel- und Zweibettzimmer, 2 Einzelzimmer, 3 Suiten, alle mit Bad oder Dusche; alle Zimmer mit Telefon, TV, Klimaanlage, Safe • **Anlage:** 2 Aufenthaltsräume, Frühstücksraum, Bar, Fernsehraum, Veranda, Garten, Swimmingpool, Tennisplatz • **Kreditkarten:** AE, DC, MC, V • **Behinderte:** keine speziellen Einrichtungen • **Tiere:** nicht erlaubt • **Geschlossen:** Dezember bis Februar
Besitzer: Familie Ceschi-Perotto

Toskana

Florenz

❊ Tipp des Herausgebers ❊

Villa Poggio San Felice

Villa auf einem Hügel

Via San Matteo in Arcetri 24, 50125 Firenze
Tel 055 220016 **Fax** 055 2335388
e-mail ilpoggio@tin.it **website** www.wel.it/Sanfelice

Die Hügel unmittelbar südlich der Stadt sind voller großartiger und wunderschöner Villen, die einst vielen wohlhabenden Florentiner Familien als Sommerresidenzen dienten. Die aus dem 15. Jh. stammende Villa Poggio San Felice auf ihrem kleinen Hügel (oder eben »poggio«) ist ein solches Gebäude. Es wurde von Gerardo Bernardo Kraft, einem Schweizer Hotelier, im frühen 19. Jh. gekauft und vor kurzem von seinen Nachfahren restauriert.
Die Villa liegt in einem wunderschönen Garten, der im späten 19. Jh. von Porcinaie gestaltet worden ist. Im Inneren ähnelt sie eher einem eleganten, aber nicht mit Möbeln überfüllten privaten Wohnsitz. Lebendige Stoffe und interessante Farben verjüngen den Ort und harmonieren gleichzeitig ausgezeichnet mit den Familienantiquitäten und Gemälden. Man beginnt den Tag in dem langen und hohen Frühstücksraum, in dem sich Verandatüren zum Garten hin öffnen. Zur Zerstreuung und Entspannung gibt es hübsche, teilweise überdachte Loggien, Sitzmöglichkeiten im Garten oder einen Aufenthaltsraum für schlechteres Wetter. Die komfortablen und geräumigen Zimmer gehen vom Treppenabsatz im ersten Stock ab und sind alle individuell gestaltet. Zwei Zimmer verfügen über einen funktionierenden Kamin und die Suite sogar über ein Lesezimmer und eine Terrasse mit Blick über die Stadt.

Umgebung: San Miniato al Monte; Piazzale Michelangelo • **Lage:** südlich der Porta Romana, der Ausschilderung Arcetri folgen; Parkplatz • **Mahlzeiten:** Frühstück • **Preise:** LL • **Zimmer:** 5; 4 Doppelzimmer, 1 Zweibettzimmer, 4 mit Bad, 1 mit Dusche; alle Zimmer mit Telefon; Fön auf Anfrage • **Anlage:** Aufenthaltsraum, Frühstücksraum, Terrassen, Garten, kostenloser Shuttleservice zum Ponte Vecchio • **Kreditkarten:** AE, DC, MC, V • **Behinderte:** Zugang schwierig • **Tiere:** kleinere Tiere erlaubt • **Geschlossen:** Januar bis März • **Besitzer:** Livia Pulcinelli und Lorenzo Magnelli

Toskana

Gaiole in Chianti

Castello di Tornano

Appartements auf dem Land

Loc. Lecchi, Gaiole in Chianti, 53013 Siena
Tel und **Fax** 0577 746067/055 6580103 (für Buchungen)
e-mail castellotornano@chiantinet.it **website** www.chiantinet.it/castelloditornano

Das Castello di Tornano ist in einem der für die Toskana charakteristischen Wehr- und Wachtürme untergebracht, die oben in den Hügeln mit einem herrlichen Blick über die umliegende Landschaft und oft in einer Sichtlinie zum Nachbarn erbaut wurden. Hier erleben Sie eine der rauheren Regionen des Chianti mit bewaldeten Steilhängen, öde im Winter, aber auch im Sommer von undurchdringlicher Abgeschiedenheit.

Die Appartements befinden sich hauptsächlich in einem Bauernhaus, das an die Basis des alten Turmes angrenzt, und haben jeweils ein Wohnzimmer mit Küchenbereich und ein oder zwei Schlafzimmer. Sie sind im rustikalen Stil relativ schlicht eingerichtet. Der Turm beherbergt die restlichen, etwas eleganteren Appartements, die jeweils einen eigenen Eingang und einen privaten Außenbereich haben.

Der Swimmingpool im Gemeinschaftsbereich wurde aus den Überresten des ehemaligen Turmgrabens gestaltet, der immer noch von einer Holzbrücke überspannt ist. In der Nähe gibt es einen Fischweiher, wo man angeln kann, und unmittelbar unterhalb des Hügels eine typisch toskanische Trattoria. Die Erzeugnisse des Landgutes wie Wein, Essig, Öl, Käse, Eier und Wurst werden zum Kauf angeboten.

Umgebung: Siena (16 km); Florenz (50 km) • **Lage:** 5 km südlich von Gaiole; Parkplatz • **Mahlzeiten:** keine (familiäre Trattoria in der Nähe) • **Preise:** L-LL
Zimmer: 9 Appartements für 2 bis 6 Personen, alle mit Bad oder Dusche, Küche
Anlage: Bar, Garten, Swimmingpool, Tennisplatz • **Kreditkarten:** AE, DC, MC, V
Behinderte: 1 geeignetes Appartement • **Tiere:** kleinere Tiere nach Voranmeldung erlaubt • **Geschlossen:** nie • **Geschäftsführerin:** Barbara Sevolini

Toskana

Giogoli

Il Milione

Gästehaus auf dem Land

Loc. Galluzzo, Via di Giogoli 14, 50124 Firenze
Tel 055 2048713 **Fax** 055 2048046

Für diejenigen unter Ihnen, die eine Städtereise mit einem Ausflug aufs Land kombinieren möchten, stellt Giogoli die ideale Wahl dar. Das Il Milione befindet sich zwar theoretisch noch innerhalb der Stadtgrenze von Florenz, praktisch aber schon in der tiefsten Toskana. Die Autostrada – und damit auch der Weg nach Siena, San Gimignano, Pisa, Lucca und Arezzo – ist leicht mit dem Auto zu erreichen. Die berühmte Certosa di Galluzzo liegt ebenfalls ganz in der Nähe. Und doch hat das Il Milione alle Züge eines Bauernhofs: Weinberge und Olivenhaine, Honig, frische Eier und frisches Gemüse, und darüber hinaus eine sehenswerte Umgebung, die man genüsslich durchstreifen kann. Ein Swimmingpool und ein kleiner See bieten zusätzliche Attraktionen.
Der exzentrische Name des Gästehauses stammt von Guscelli Brandimarte, dem inzwischen leider verstorbenen Ehegatten Signora Husys; der Goldschmied wollte das Bauernhaus unbedingt kaufen und lieh sich zu diesem Zweck von jedem seiner Freunde eine Million Lire. Zurückgezahlt hat er ihnen das Geld in Form von selbst angefertigten Goldschmiedearbeiten. Sein faszinierender Geist durchweht das Il Milione immer noch: In den Gärten stehen überall Skulpturen von ihm und im Speisesaal sein silberner Tischschmuck. Die Zimmer und Appartements sind über den gesamten Bauernhof verteilt. Frühzeitiges Buchen ist dringend zu empfehlen.

Umgebung: Florenz (8 km); Siena (60 km) • **Lage:** 8 km südlich von Florenz; Parkplatz • **Mahlzeiten:** auf Wunsch Abendessen (frische Zutaten zum Frühstück erhältlich) • **Preise:** L-LL • **Zimmer:** 2 Appartements für 2 Personen, 5 Appartements für 4 Personen, alle mit Bad oder Dusche; alle Appartements mit Telefon, TV; Mindestaufenthalt 3 Tage • **Anlage:** Aufenthaltsraum, Speiseraum, Garten, Swimmingpool, Bocciaplatz, Reiten • **Kreditkarten:** keine • **Behinderte:** keine speziellen Einrichtungen • **Tiere:** nicht erlaubt • **Geschlossen:** nie
Besitzerin: Jessica Husy

Toskana

Greve in Chianti

Castello di Uzzano

Appartements auf dem Land

Via Uzzano 5, Greve in Chianti, 50022 Firenze
Tel 055 854032 **Fax** 055 854375

Diese elegante ländliche Villa, die auf ihrem Hügel von stattlichen Zypressen und Pinien umgeben ist, war ursprünglich eine Burg und stammte aus dem 12. Jh. An die Villa grenzt ein wunderschön angelegter Garten mit geometrisch geschnittenen Buchsbaumhecken, alten Statuen und Terrakottagefäßen voller Blumen. Auf der anderen Seite befindet sich eine Terrasse mit fein säuberlich angelegten Kieswegen und verwitterten Steinbalustraden.
Die Appartements sind um einen Innenhof herum angeordnet, der von der eleganten Loggia des Castello gesäumt wird. In der Restaurierung und Einrichtung der Appartements steckt viel Einfallsreichtum und Flair. Jedes ist individuell mit interessanten Antiquitäten und schönen alten Drucken und Gemälden ausgestattet, die man von ihrer Qualität her an einem solchen Ort auch erwartet.
Küchen sind geschickt in die Appartements integriert worden; falls Sie es jedoch vorziehen, auswärts zu essen, so finden Sie in der Gegend viele ausgezeichnete Restaurants.
Das historisch interessante Castello di Uzzano ist unleugbar aristokratisch angehaucht und bietet seinen Gästen eine Oase kultivierten Wohnens.

Umgebung: Florenz (30 km); Siena (45 km) • **Lage:** 1 km nördlich von Greve in Chianti; Parkplatz • **Mahlzeiten:** keine • **Preise:** LLL-LLLL (Mindestaufenthalt 3 Nächte) • **Zimmer:** 6 Appartements mit Bad für 2 bis 4 Personen; alle Appartements mit Telefon, Küche • **Anlage:** Garten • **Kreditkarten:** MC, V • **Behinderte:** keine speziellen Einrichtungen • **Tiere:** nach Voranmeldung erlaubt
Geschlossen: nie • **Besitzerin:** Marion de Jacobert

Toskana

Greve in Chianti

Villa di Vignamaggio

~ Ländliche Villa ~

Greve in Chianti, 50022 Firenze
Tel 055 8544840 **Fax** 055 8544468
e-mail agriturismo@vignamaggio.com **website** www.vignamaggio.com

In den sanften Hügeln der Chiantiregion finden sich unendlich viele Villen und Castelli, die in Hotels oder – wie in diesem Fall – in *agriturismo*-Appartements umgewandelt worden sind. Die Villa befand sich zunächst im Besitz der Familie Gherardini, deren wohl berühmteste Tochter die 1479 geborene Mona Lisa war. Vielleicht hat Leonardo da Vinci sie sogar erstmals auf diesem Ansitz getroffen. In jüngerer Zeit diente die Villa als Schauplatz für Kenneth Branaghs Shakespeareverfilmung von *Viel Lärm um Nichts*.
Die Villa ist in einem warmen toskanischen Rosa angestrichen. Der kleine formale Garten vor dem Haus öffnet sich zu den Weinbergen hin; der Pool liegt in freier Natur. Das Innere des Gebäudes stellt eine perfekte Kombination aus Schlichtheit und gutem Geschmack dar; besonders viel Wert wird hier auf die Natürlichkeit der verwendeten Materialien gelegt. Die Betten, Stühle und Sofas sind bequem und attraktiv. Kleine Küchenzeilen sind in alten Wandschränken versteckt. Die beiden Gemeinschaftsräume sind ebenso gefällig; das Frühstück, das dort oder auf der Terrasse serviert wird, besteht aus Brot, das morgens frisch aus einer Bäckerei in Greve geholt wird, und hausgemachter Marmelade. Das Personal ist freundlich und hilfsbereit. Dennoch ist das Vignamaggio kein Hotel im eigentlichen Sinn – der »Service« ist auf ein Minimum reduziert.

Umgebung: Greve in Chianti (5 km); Florenz (19 km); Siena (38 km) • **Lage:** 5 km südöstlich von Greve an der Straße nach Lamole auf der SS222; Parkplatz
Mahlzeiten: Frühstück; Abendessen an 3 Abenden in der Woche • **Preise:** LLL-LLLL
Zimmer: 21 Zimmer, Suiten, Selbstversorgerappartements mit Bad für 2 bis 4 Personen; alle Zimmer/Appartements mit Telefon; einige mit Klimaanlage
Anlage: Aufenthaltsraum, Bar, Fitnessraum, Terrasse, Garten, 2 Swimmingpools, Tennisplatz, Kinderspielplatz • **Kreditkarten:** AE, MC, V • **Behinderte:** 1 speziell geeignetes Appartement • **Tiere:** erlaubt • **Geschlossen:** nie • **Besitzer:** Gianni Nunziante

Toskana

Lucca

Villa La Principessa Elisa

~ Ländliche Villa ~

Via Nuova per Pisa (SS12bis), Massa Pisana, 55050 Lucca
Tel 0583 379737 **Fax** 0583 379019
e-mail locanda.elisa@lunet.it

Die Villa aus dem 18. Jh. war einst Wohnsitz des französischen Offiziers zur Zeit der Napoleonischen Kriege, der die Schwester des Kaisers, Elisa Baciocchi, nach Lucca begleitete. Möglicherweise lässt sich so der deutlich wahrnehmbare französische Stil des Hauses erklären, der es unter den toskanischen Hotels einzigartig macht. Das quadratische Gebäude ist drei Stockwerke hoch und in einem markanten Blau angestrichen, von dem sich die leuchtend weißen Fenster und Gesimse abheben. Die Villa befindet sich ganz in der Nähe der geschäftigen alten Straße von Lucca nach Pisa.
Bei der Restaurierung wurde glücklicherweise auf den pompösen Empirestil verzichtet, den die kleinen Zimmer ohnehin nicht vertragen hätten; vielmehr wurde überall auf Leichtigkeit und Eleganz Wert gelegt. Der Eingang mit seinem geometrisch gemusterten Parkett und den getäfelten Wänden ist eine Symphonie in Holz; durch große Spiegel wird die Illusion von Geräumigkeit geschaffen. Zur Rechten befindet sich ein kleiner Aufenthaltsraum, der mit hübschen Antiquitäten und Knole-Sofas eingerichtet ist. Der polygonale Wintergarten aus dem 19. Jh. dient heute als Restaurant. Die Suiten sind alle individuell mit gestreiften, karierten und Blumenmustern sowie weiteren Antiquitäten gestaltet — offenbar wurden hier keine Kosten gescheut. Das Schwesterhotel des Principessa, die Locanda L'Elisa, liegt direkt gegenüber und ist sogar noch geschmackvoller und eleganter.

~

Umgebung: Lucca (3 km); Pisa (15 km) • **Lage:** 3 km südlich von Lucca an der alten Straße nach Pisa; Parkplatz • **Mahlzeiten:** Frühstück, Mittagessen, Abendessen • **Preise:** LLL-LLLL • **Zimmer:** 10; 1 Doppel-, 1 Einzelzimmer, 8 Suiten, alle mit Bad oder Dusche; alle Zimmer mit Telefon, TV, Klimaanlage • **Anlage:** Aufenthaltsräume, Restaurant, Garten, Swimmingpool • **Kreditkarten:** AE, DC, MC, V **Behinderte:** Zimmer im Erdgeschoss geeignet • **Tiere:** kleinere Hunde erlaubt **Geschlossen:** Anfang Januar bis Anfang Februar • **Besitzer:** Giancarlo Mugnani

Toskana

Mercatale Val di Pesa

Salvadonica

~ Landsitz ~

Via Grevigiana 82, 50024 Mercatale Val di Pesa, Firenze
Tel 055 8218039 **Fax** 055 8218043
e-mail salvadonica@tin.it

Diese hübsche Ansammlung ländlicher Bauten zwischen Olivenhainen und Weinbergen wird das Herz jedes Liebhabers der toskanischen Landschaft erfreuen. Mit Hilfe eines EU-Zuschusses haben zwei unternehmungslustige junge Schwestern ein Privathaus auf einem bis vor kurzem feudalen Anwesen tatkräftig in eine Unterkunft mit Frühstück und einen blühenden »Agriturismo«-Betrieb umgewandelt.

In den beiden Hauptgebäuden des Gutes – das eine sattrot verputzt, das andere aus Stein und Ziegeln – befinden sich jetzt fünf ordentlich ausgestattete, komfortable Gästezimmer und zehn Appartements. Sie haben geflieste Böden und Holzbalkendecken und wirken harmonisch und behaglich oder auch regelrecht prächtig – etwa der backsteinüberwölbte ehemalige Kuhstall. Von den umliegenden gepflasterten Terrassen blickt man über einen Olivenhain auf den hübschen Swimmingpool mit Jacuzzi. Tennisplätze und Reitpferde sind zusätzliche Attraktionen.

Das Frühstück wird in einem netten Frühstücksraum mit unverputzten Steinwänden serviert oder auf einer sonnigen Terrasse mit Aussicht auf eine weite Landschaft, in der man heute noch den heimischen Chianti »Gallo Nero« und ausgezeichnetes Olivenöl produziert.

~

Umgebung: Florenz (20 km) • **Lage:** 20 km südlich von Florenz, östlich der Straße nach Siena; Parkplatz • **Mahlzeiten:** Frühstück • **Preise:** LL-LLL • **Zimmer:** 5 Doppelzimmer, 10 Appartements, alle mit Dusche; alle Zimmer mit Telefon; auf Wunsch TV; Appartements mit Kühlschrank • **Anlage:** Billardzimmer, Garten, Swimmingpool, Tennisplatz • **Kreditkarten:** AE, DC, MC, V • **Behinderte:** 1 speziell geeignetes Zimmer und 1 Appartement • **Tiere:** nicht erlaubt • **Geschlossen:** November bis Februar • **Besitzer:** Familie Baccetti

Toskana

Monte San Savino

Castello di Gargonza

Umgebaute Burg

Gargonza, 52048 Monte San Savino, Arezzo
Tel 0575 847021 **Fax** 0575 847054
e-mail gargonza@teta.it **website** www.gargonza.it

Gargonza ist ein ausgezeichnet erhaltenes, von Mauern und Zypressen umschlossenes Hügeldorf in typisch toskanischer Landschaft. Seine gepflasterten Gassen sind autofrei, nur das Gepäck darf man hineinfahren. Jedes Haus hat seinen eigenen Charakter und Namen und wird einzeln vermietet, meist für eine Woche.
Die Gebäude, die überwiegend aus dem 13. Jh. stammen, wurden stilvoll restauriert und komfortabel eingerichtet; Familien oder sonstige Kleingruppen kommen hier gut auf ihre Kosten – haben allerdings zu bedenken, dass sie sich selbst verpflegen müssen, auch wenn sie vielleicht gar nicht kochen wollen. Auch wird zum Beispiel nicht täglich aufgeräumt und sauber gemacht.
Alle Häuser enthalten Küchen, aber es gibt ein Restaurant außerhalb der Mauern, das von den Besuchern stark frequentiert wird, zu seinen Spezialitäten gehören mit Spinat und Ricotta gefüllte Rouladen und Wildschwein. Frühstücken kann man in der alten Ölmühle (»il fantoio«). Neben einem neuen Swimmingpool sind weitere Renovierungen vorgenommen worden. Die Häuser werden nur wochenweise vermietet, aber die eher spartanischen Zimmer des Gästehauses kann man auch für nur eine Übernachtung buchen. Ein Bericht bestätigt unsere positive Einschätzung des Castello: »eine friedvolle, magische Umgebung«, »äußerst gepflegt«, »sehr sauber«.

Umgebung: Arezzo (25 km); Chiantigebiet; Val di Chiana • **Lage:** 35 km östlich von Siena an der SS73, 7 km westlich von Monte San Savino; Parkplatz außerhalb des Dorfs • **Mahlzeiten:** Frühstück, Mittagessen, Abendessen • **Preise:** LL
Zimmer: 7 Doppelzimmer im Hauptgästehaus, 25 Selbstversorgerhäuser; alle Zimmer mit Telefon; die Zimmer im Haupthaus mit Minibar • **Anlage:** 2 Aufenthaltsräume, 2 Konferenzräume, Fernsehraum, Garten, Swimmingpool • **Kreditkarten:** AE, DC, MC, V • **Behinderte:** nicht geeignet • **Tiere:** kleinere Hunde erlaubt • **Geschlossen:** 3 Wochen im November, Januar • **Besitzer:** Conte Roberto Guicciardini

Toskana

Montefiridolfi

Il Borghetto

Ländliche Villa

Via Collina Sant'Angelo 23, Montefiridolfi, San Casciano Val di Pesa, 50020 Firenze
Tel 055 8244442 **Fax** 055 8244247 **e-mail** rcaval@galactica.it

Zu den Schlüsseleigenschaften dieses familiengeführten Gästehauses, das erst vor kurzem eröffnet wurde, gehören Diskretion, Geschmack und Eleganz; schon jetzt verfügt das Borghetto über eine Stammkundschaft, die kultiviertes Wohnen in einem nahezu bukolischen Idyll zu schätzen weiß.

Ein manikürter Kiesweg führt am Rasen mit seinen Rosenbeeten und Zypressen vorbei zu den Hauptgebäuden, darunter die Ruinen zweier Festungstürme aus dem 15. Jh. Von der überdachten Terrasse, auf der das Frühstück genossen werden kann, führt ein breitbogiger Eingang zum offen gestalteten Erdgeschoss der Hauptvilla. Im Inneren wird die Strenge des toskanischen Stils durch gedämpfte Farbtöne an Wänden und Stoffen gemildert. In den Gemeinschaftsräumen stehen überall bequeme Möbel. Im oberen Stockwerk schaffen blumengemusterte Tapeten und die sanfte Beleuchtung eine entspannte Atmosphäre in den oft nicht besonders großen Zimmern. Es gibt keine aufdringlichen Telefone oder Fernseher; eine Minibar würde schlichtweg für vulgär gehalten.

Doch sogar die Vornehmen drehen gelegentlich gerne eine Runde in einem Swimmingpool; für diejenigen, die auch das ablehnen, gibt es immer noch den beruhigenden Wassergarten. Für kleine Kinder ist dieses Hotel nicht geeignet.

Zu bestimmten Zeiten im Jahr werden hier Kochkurse angeboten.

Umgebung: Florenz (18 km); Siena (45 km); San Gimignano (40 km) • **Lage:** 18 km südlich von Florenz, östlich der Straße nach Siena, rechter Hand vor dem Dorf; Parkplatz • **Mahlzeiten:** Frühstück; Mittagessen und Abendessen nur bei entsprechend großer Personenzahl • **Preise:** LLL; Mindestaufenthalt 2 Tage
Zimmer: 8; 6 Doppelzimmer, 2 Suiten, alle mit Dusche • **Anlage:** Aufenthaltsraum, Speiseraum, Terrasse, Garten, Swimmingpool • **Kreditkarten:** EC, MC, V
Behinderte: 1 Zimmer geeignet • **Tiere:** nicht erlaubt • **Geschlossen:** November bis März • **Geschäftsführer:** Antonio Cavallini

Toskana

Montefiridolfi

Fattoria la Loggia

~ Landsitz ~

Via Collina 40, 50020 Montefiridolfi, Firenze
Tel 055 8244288 **Fax** 055 8244283
e-mail fatlaloggia@ftbcc.it **website** www.fatlaloggia.it

Montefiridolfi liegt in klassischer Chianti-Landschaft, die gesprenkelt ist mit uralten Anwesen, auf denen Wein und Olivenöl produziert wird. Viele der aus sanft getöntem Stein erbauten Bauernhöfe in dieser Gegend werden in Touristenunterkünfte umgewandelt. Die Fattoria la Loggia gehört zu den gelungensten Beispielen: In einer weilerartigen Ansammlung ländlicher Wohnhäuser auf einem Hügel mit Blick auf die wunderbar friedvolle Umgebung sind mehrere geräumige und attraktive Appartements untergebracht. Sie werden tage- oder wochenweise vermietet. Selbst versorgen muss man sich jedoch nicht – es wird Frühstück serviert, und im Keller finden gelegentlich Kochstunden und Weinproben statt. Jede Einheit ist liebevoll mit rustikalen Möbeln und vielen persönlichen Kleinigkeiten ausgestattet; die Küchen und Bäder dagegen sind funktional und modern. Die Gäste können schwimmen, reiten oder auf dem Anwesen, auf dem Wein und Olivenöl produziert werden, spazierengehen. La Loggia hat eine Künstlerwerkstatt mit einer ständigen Ausstellung zeitgenössischer Kunst eingerichtet. Außerdem finden hier Konzerte und Theateraufführungen statt.

~

Umgebung: Florenz (18 km); San Gimignano (40 km); Siena (45 km) • **Lage:** 18 km südlich von Florenz, östlich der Straße nach Siena; Parkplatz • **Mahlzeiten:** Frühstück, gelegentlich Abendessen • **Preise:** LL • **Zimmer:** 4 Doppelzimmer, 11 Appartements für 2 bis 6 Personen, alle mit Bad oder Dusche; alle Zimmer/Appartements mit Telefon, Kühlschrank, Safe • **Anlage:** Restaurant, Garten, Solarium, Swimmingpool, Tischtennis, Grill • **Kreditkarten:** keine • **Behinderte:** keine speziellen Einrichtungen • **Tiere:** nach Voranmeldung erlaubt • **Geschlossen:** nie • **Besitzer:** Giulio Baruffaldi

Toskana

Monteriggione

Monteriggioni

~ Dorfhotel ~

Via 1 Maggio 4, 53035 Monteriggione, Siena
Tel 0577 305009/305010 **Fax** 0577 305011

Toskanabesucher schätzen es immer mehr, in dem gut erhaltenen mittelalterlichen Städtchen Monteriggione anzuhalten und ein paar Stunden auf der Piazza zu verbringen, wo man in einer Bar Snacks verzehren, durch die Antiquitätengeschäfte bummeln oder die Speisekarte des »Il Pozzo« studieren kann, das zu den besten Restaurants in der Gegend um Siena gehört. Und endlich ist auch jemand auf die Idee gekommen, dass sich ein kleines Hotel hier sehr gut ausnehmen könnte, insbesondere da sich das friedvolle Städtchen ausgezeichnet für Ausflüge in die Umgebung eignet.

Das attraktive Hotel besteht aus einigen zusammengewürfelten alten Steingebäuden, die stilsicher renoviert wurden. Die ehemaligen Stallungen dienen heute als großer, heller und luftiger Gemeinschaftsbereich, der Rezeption, Aufenthalts- und Frühstücksraum in einem ist.

Im hinteren Teil des Gebäudes führt eine Tür zu einem gepflegten Garten, der sich bis an die Stadtmauern erstreckt und den möglicherweise winzigsten Swimmingpool der ganzen Toskana beherbergt. Die im gehobenen rustikalen Stil eingerichteten Zimmer sind absolut akzeptabel und verfügen über stilvolle, hypermoderne Badezimmer.

~

Umgebung: Siena (10 km); San Gimignano (18 km); Florenz (55 km); Volterra (40 km) • **Lage:** innerhalb der Stadtmauern von Monteriggioni, 10 km nördlich von Siena; Parkplatz außerhalb der Stadt • **Mahlzeiten:** Frühstück • **Preise:** LL-LLL
Zimmer: 12; 10 Doppel- und 2 Zweibettzimmer, alle mit Bad oder Dusche; alle Zimmer mit Telefon, TV, Klimaanlage, Minibar • **Anlage:** Aufenthaltsbereich, Frühstücksraum, Bar, Garten, Swimmingpool • **Kreditkarten:** AE, DC, MC, V
Behinderte: keine speziellen Einrichtungen • **Tiere:** nach Voranmeldung erlaubt
Geschlossen: Januar bis Februar • **Geschäftsführerin:** Michela Gozzi

Toskana

Montevettolini

Tipp des Herausgebers

Villa Lucia

Rustikale Bed-&-Breakfast-Unterkunft

Via dei Bronzoli 144, 51010 Montevettolini, Pistoia
Tel 0572 617790 **Fax** 0572 628817
e-mail lvallera@tin.it **website** www.bboftuscany.com

Lucia Vallera führt ihr hübsches, an einem Hang gelegenes Bauernhaus ganz im Sinne der englischen Bed-&-Breakfast-Unterkünfte: Sowohl die Gäste als auch die Mitglieder der Familie essen zusammen in der traditionellen toskanischen Küche oder — wenn es die Zahl der Gäste erforderlich macht — an dem riesigen Holztisch im Speiseraum. Das Essen sowie der entspannte und elegante Stil der ganzen Villa zeugen unbestreitbar von kalifornischem Einfluss. Lucia ist eine Amerikanerin italienischer Abstammung, die nach Italien zurückgekehrt ist, nachdem sie lange in den USA gelebt hat. In der Villa Lucia finden sich viele moderne Errungenschaften — vom CD-Spieler über Satellitenfernsehen bis zum Computer; die Kundschaft besteht größtenteils aus immer wiederkehrenden amerikanischen Anwälten und Ärzten.

Im Speiseraum stehen verschiedene Kommoden vollgestopft mit buntem Porzellan und Glas, im Aufenthaltsraum Bücherregale und gemütliche Sofas und Sessel, die mit traditionell toskanischen Stoffen bezogen sind. Die mit Patchworkdecken, Terrakottaböden und Antiquitäten eingerichteten Zimmer sind attraktiv und verfügen über funktionierende Kamine. Die teilweise nicht in die Zimmer integrierten tadellos sauberen Bäder sind mit blauen und weißen Fliesen ausgestattet. Zum Haus gehört außerdem ein wunderschöner Garten, von dem aus man auf die Altstadt von Montevettolini blicken kann.

Umgebung: Montecatini Terme (5 km); Lucca (30 km); Pisa (50 km) • **Lage:** an einem Hügel außerhalb von Montevettolini; Parkplatz • **Mahlzeiten:** Frühstück; auf Wunsch Abendessen • **Preise:** LL-LLL • **Zimmer:** 7; 5 Doppelzimmer, 2 Appartements für 2 Personen, alle mit Bad; alle Zimmer mit Telefon, TV, Klimaanlage **Anlage:** Aufenthaltsraum, Konferenzraum, Terrassen, Garten, Swimmingpool **Kreditkarten:** keine • **Behinderte:** keine speziellen Einrichtungen • **Tiere:** nicht erlaubt • **Geschlossen:** November bis April • **Besitzerin:** Lucia Vallera

Toskana

Montichiello di Pienza

✲ Tipp des Herausgebers ✲

L'Olmo

Gästehaus auf dem Land

53020 Montichiello di Pienza, Siena
Tel 0578 755133 **Fax** 0578 755124
website www.nautilus-mp.com/olmo

Der erste Eindruck, den man von diesem Steingebäude am Hang mit Blick auf die sanften Hügel des Val d'Orcia bis nach Pienza erhält, ist ein wenig streng. Ein paar Bäume würden die Atmosphäre erheblich auflockern. Das Innere des Gästehauses mit seinem eleganten, komfortablen Aufenthaltsraum, den Orientteppichen, den niedrigen Deckenbalken, Antiquitäten und mit Büchern beladenen Glastischchen wirkt jedoch schon viel angenehmer. Als wir das Hotel besuchten, prasselte ein Feuer im Kamin und im Hintergrund spielte sanfte Mozartmusik.

Die geräumigen Zimmer und Suiten (zwei davon mit eigenen Kaminen) sind individuell und elegant im ländlichen Stil eingerichtet und verfügen über blumengemusterte Stoffe, frische weiße Leinenbezüge, Drucke mit botanischen Motiven, eine angenehme Beleuchtung und unzählige Pflanzen und Trockenblumen. In einem Zimmer befindet sich eine heute mit Glas versetzte Steinwand, die so typisch für die Scheunen in der Toskana ist. Die schmiedeeisernen Armaturen wurden von einem Handwerker aus der Umgebung angefertigt. Zwei Suiten verfügen über eigene Terrassen, die in den großen Garten hinausführen.

Vom Pool aus hat man eine wunderbare Aussicht, und der mit Arkaden versehene Innenhof eignet sich hervorragend für einen Aperitif.

Umgebung: Siena (50 km); Pienza (7 km); Montepulciano (12 km) • **Lage:** 7 km südlich von Pienza; Parkplatz • **Mahlzeiten:** Frühstück; Abendessen auf Anfrage **Preise:** LLL • **Zimmer:** 6; 1 Doppelzimmer, 5 Suiten, alle mit Bad; alle Zimmer mit Telefon, TV, Minibar, Fön, Safe; 1 Selbstversorgerappartement • **Anlage:** Aufenthaltsraum, Frühstücks-/Speiseraum, Terrassen, Garten, Swimmingpool • **Kreditkarten:** AE, MC, V • **Behinderte:** 1 Zimmer im Erdgeschoss geeignet • **Tiere:** nicht erlaubt • **Geschlossen:** Mitte November bis April • **Besitzerin:** Loredana Lindo

Toskana

Panzano in Chianti

Tipp des Herausgebers

Villa le Barone

Ländliche Villa

Via San Leolino 19, 50020 Panzano in Chianti, Firenze
Tel 055 852621 **Fax** 055 852277
e-mail villalebarone@libero.it **website** www.tuscanynet/lebarone

Der schöne Landsitz der Familie della Robbia (einer alten Künstlerdynastie, berühmt in der Keramikbranche) ist seit 1976 ein Hotel, das aber immer noch die Atmosphäre eines Privathauses hat. Die kleinen Zimmer tun das ihre, aber hinzu kommen weitere Faktoren: Die antiken Möbel sind offensichtlich persönliche Sammlerstücke, die Rezeption ist wenig mehr als ein Gästebuch in der Halle, es gibt jede Menge Bücher sowie stets frische Blumensträuße in den eleganten kleinen Salons, und bei den Getränken bedient man sich selbst und schreibt auf, wieviel man konsumiert hat. Früher trug noch der Mindestaufenthalt von drei Nächten – eine Regel, die inzwischen nicht mehr gilt – dazu bei, dass man sich wie auf einer Wochenendgesellschaft fühlte.
Wer gerade nicht auf einem Ausflug unterwegs ist, hat in dem stillen, bewaldeten Garten oder an dem entzückenden Pool mit herrlichem Rundblick über die umliegenden Hügel der Toskana viel Platz für sich.
Das Restaurant und einige Gästezimmer befinden sich in renovierten Nebengebäuden. In jüngsten Berichten ist von einem gastfreundlichen, komfortablen Hotel zu einem angemessenen Preis die Rede.

Umgebung: Siena (31 km); Florenz (31 km) • **Lage:** 31 km südlich von Florenz an der SS222; überdachter Parkplatz • **Mahlzeiten:** Frühstück, Mittagessen, Abendessen • **Preise:** LLL • **Zimmer:** 29; 28 Doppel- und Zweibettzimmer, 22 mit Bad, 6 mit Dusche, 1 Einzelzimmer mit Dusche; alle Zimmer mit Telefon, Fön; 5 Zimmer mit Klimaanlage • **Anlage:** 3 Aufenthaltsräume, Fernsehraum, Selbstbedienungsbar, Speiseraum, Frühstücksraum, Garten, Tischtennis, Swimmingpool, Tennisplatz
Kreditkarten: AE, MC, V • **Behinderte:** nicht geeignet • **Tiere:** nicht erlaubt
Geschlossen: November bis März • **Besitzerin:** Marchesa Franca Viani della Robbia

Toskana

Panzano in Chianti

Villa Rosa

Gästehaus auf dem Land

Via San Leolino 59, Panzano in Chianti, Firenze
Tel 055 852577 **Fax** 055 8560835
e-mail torre.guelfa@flashnet.it **website** www.home.venere.it/florence/torreguelfa

Die Villa ist erst kürzlich zu den zahllosen Hotels und Gästehäusern in dieser Gegend des Chiantigebiets hinzugekommen. Das solide Gebäude aus dem frühen 20. Jh. liegt an der Straße von Panzano nach Radda, und sein hellrosa Anstrich stellt eine Alternative zu den üblichen rustikalen toskanischen Bauernhäusern dar.
Die Einrichtung der Villa zeichnet sich vor allem durch Leichtigkeit aus. Es gibt zwar die typischen Terrakottaböden und weiß getünchten Wände im Erdgeschoss, die Zimmer verfügen jedoch über pastellfarbene Wände, schmiedeeiserne Himmelbetten und eine Mischung aus Korbmöbeln und Antiquitäten. Die attraktive und recht eigenwillige Ausstattung wurde von einem Künstler der Gegend angefertigt. Auch die Badezimmer sind farbig eingerichtet; die beheizten Handtuchhalter verleihen ihnen einen Hauch von Luxus. Das Gebäude liegt leider sehr nahe an der Straße; im hinteren Teil des Grundstücks gibt es jedoch eine ruhigere und teilweise überdachte Terrasse für Mahlzeiten im Freien. Oberhalb eines kleinen Hanges im Garten liegt ein hübscher Pool mit Blick auf die offene, rebendurchsetzte Landschaft dahinter. Vernünftige Preise und eine entspannte Atmosphäre machen dieses Hotel sehr beliebt; im letzten Jahr wurde die Zahl der Zimmer von 12 auf 16 erhöht.

Umgebung: Florenz (34 km); Siena (28 km) • **Lage:** 3 km südöstlich von Panzano an der Straße nach Radda in Chianti; Parkplatz • **Mahlzeiten:** Frühstück, Abendessen • **Preise:** LL • **Zimmer:** 16 Doppel- und Zweibettzimmer mit Bad oder Dusche; alle Zimmer mit Telefon, TV, Minibar • **Anlage:** Aufenthaltsraum, Restaurant, Terrassen, Garten, Swimmingpool • **Kreditkarten:** AE, EC, MC, V **Behinderte:** 1 speziell geeignetes Zimmer, aber Zugang schwierig • **Tiere:** erlaubt **Geschlossen:** Mitte November bis kurz vor Ostern • **Besitzerin:** Sabine Buntenbach

Toskana

Panzano in Chianti

Villa Sangiovese

Ländliche Villa

Piazza Bucciarelli 5, 50020 Panzano in Chianti, Firenze
Tel 055 852461 **Fax** 055 852463

Früher waren die Bleulers Manager der etablierten Tenuta di Ricavo in Castellina (siehe Seite 143). Ihr Hotel in Panzano, ein paar Kilometer nördlich gelegen, eröffneten sie 1988, nachdem sie die Villa komplett renoviert hatten. Seitdem ernten sie großes Lob bei unseren Lesern.

Das Hauptgebäude ist ein hübsches steinernes Haus mit Stuck an einer ruhigen Seitenstraße; Topfpflanzen und eine Messingtafel neben der Tür sind der einzige Hinweis auf ein Hotel. Daneben befindet sich ein alter, langgestreckter Steinbau mit blumengeschmückter, gekiester Hofterrasse, von der man eine herrliche Aussicht hat. Der unterhalb gelegene Landschaftsgarten umfasst einen recht großen Swimmingpool.

Die Innenräume wirken auf zurückhaltende Weise stilvoll und einladend; sorgsam ausgewählte antike Möbel heben sich von den schmucklosen, hellen Wänden ab. Die Gästezimmer – einige mit Balkendecken – sind geräumig, komfortabel und sehr geschmackvoll eingerichtet. Ebenso schlicht und elegant ist der Speiseraum mit den Bugholzstühlen auf gefliestem Boden im gedämpften Licht.

Die Auswahl an Speisen ist begrenzt, aber interessant und wechselt jeden Abend – im Sommer Bedienung auf der Terrasse.

Umgebung: Greve (5 km); Siena (31 km); Florenz (31 km) • **Lage:** am Dorfrand, 5 km südlich von Greve; Parkplatz • **Mahlzeiten:** Frühstück, Mittagessen, Abendessen • **Preise:** LL • **Zimmer:** 19; 15 Doppel-, 1 Einzelzimmer, 3 Suiten, alle mit Bad oder Dusche; alle Zimmer mit Telefon, Zimmer zur Piazza mit Klimaanlage
Anlage: 2 Aufenthaltsräume, Bibliothek, Speiseraum, Bar, Terrasse, Garten, Swimmingpool • **Kreditkarten:** MC, V • **Behinderte:** keine speziellen Einrichtungen • **Tiere:** nicht erlaubt • **Geschlossen:** Januar bis Februar; Restaurant mittwochs • **Besitzer:** Ulderico und Anna Maria Bleuler

Toskana

Pelago

❊ Tipp des Herausgebers ❊

La Doccia

~ Gästehaus auf dem Land ~

Ristonchi 19-20, 50060 Pelago, Firenze
Tel 055 8361387 **Fax** 055 8361388 **e-mail** ladoccia@tin.it
website www.ladocciawelcomes.com

Edward und Sonia Mayhew haben ihr wunderschön umgebautes Steinbauernhaus im Mai 1999 eröffnet. Das Hotel mit seinen handgefertigten Pflastersteinen aus Terrakotta, den Deckenbalken und den steinernen Treppen und Bögen hat hoch oben in den Hügeln einer bisher unentdeckten Ecke der Toskana eine herrliche Lage. Die warmen Farben des Gemäuers setzen sich wohltuend von dem üblichen grellen Weiß ab. Die Einrichtung stellt eine erfolgreiche Mischung aus lokalen Stücken und englischen Antiquitäten der Besitzer dar; die überall verstreuten Bücher, die Bilder an den Wänden und andere Details vermitteln die Atmosphäre eines privaten Wohnhauses. Die gemütlichen Zimmer und zurückhaltenden Appartements mit ihren hübschen Bädern sind ebenfalls sorgfältig eingerichtet.
Es gibt zwei Aufenthaltsräume, beide mit Kamin, und eine Bar. Frühstück und Abendessen — Letzteres bereitet Edward selbst zu — werden an einem langen Gemeinschaftstisch serviert. Das Gebäude befindet sich 630 Meter über dem Meeresspiegel; die lange, von Lavendel- und Rosenbüschen eingesäumte Terrasse, auf der weiße Sonnenschirme stehen, bietet eine fantastische Aussicht auf die umliegenden Hügel und auf das weit entfernte Florenz.

~

Umgebung: Florenz (27 km); Vallombrosa (8 km) • **Lage:** 27 km östlich von Florenz, 5 km südlich von Pelago; Parkplatz • **Mahlzeiten:** Frühstück; Mittagessen und Abendessen nach Voranmeldung • **Preise:** LL • **Zimmer:** 9; 5 Doppelzimmer, 4 Appartements für 2 bis 4 Personen, alle mit Bad oder Dusche • **Anlage:** Aufenthaltsräume, Speiseraum, Bar, Terrassen, Garten, Swimmingpool • **Kreditkarten:** AE, MC, V • **Behinderte:** keine speziellen Einrichtungen • **Tiere:** erlaubt **Geschlossen:** nie • **Besitzer:** Edward und Sonia Mayhew

TOSKANA

PIENZA

Il Chiostro di Pienza

Umgebautes Kloster

Corso Rossellino 26, 53026 Pienza, Siena
Tel 0578 748400 **Fax** 0578 748440

In der ihm eigenen Bescheidenheit benannte Papst Pius II. seine mittelalterliche Heimatstadt Corsignano kurzerhand nach sich selbst um und begann ihren Umbau zur Idealstadt im Sinne der Renaissance, der jedoch nicht vollendet wurde. So ist es nur passend, dass der moderne Touristenpilger in diesem stilvollen umgebauten Kloster Unterkunft findet. Der Eingang des Hotels liegt im hinteren Teil des strengen, weiß getünchten Kreuzganges, der dem Hotel seinen Namen gab und auf den die Hälfte der Zimmer hinausgeht; von den anderen Zimmern aus hat man einen Blick auf die großartigen Hügel des Val d'Orcia.

Von den ehemaligen Mönchszellen ist viel erhalten geblieben, darunter auch die mit Fresken geschmückten Deckengewölbe und die gefliesten Böden. Die Einrichtung dagegen ist modern, ohne sich gegen den Stil des Gebäudes zu versündigen. Die Badezimmer sind zwar nicht besonders groß, aber bestens ausgestattet.

Die Aufenthaltsräume mit ihren alten Deckenbalken und das Restaurant führen auf einen wunderschönen Terrassengarten hinaus, in dem vor kurzem ein Pool angelegt wurde — ein idealer Ort, um abends einen Aperitif zu sich nehmen, bevor man Pienzas eleganten Corso zu einem der vielen Restaurants des Städtchens hinunterschlendert.

Umgebung: Palazzo Piccolomini; Dom; Siena (52 km) • **Lage:** im Stadtzentrum neben dem Palazzo Piccolomini; öffentlicher Parkplatz außerhalb der Stadt **Mahlzeiten:** Frühstück, Mittagessen, Abendessen • **Preise:** LL • **Zimmer:** 29; 25 Doppel- und Zweibettzimmer, 2 Einzelzimmer, 2 Suiten, alle mit Bad; alle Zimmer mit Telefon, TV • **Anlage:** Aufenthaltsräume, Bar, Restaurant, Garten, Swimmingpool • **Kreditkarten:** AE, DC, MC, V • **Behinderte:** Zugang schwierig • **Tiere:** nicht erlaubt • **Geschlossen:** November bis März • **Geschäftsführerin:** Loriana Codogno

Toskana

Pienza

La Saracina

~ Gästehaus auf dem Land ~

Strada Statale 146, 53026 Pienza, Siena
Tel 0578 748022 **Fax** 0578 748018
e-mail saracina@bccmp.com **website** www.emmeti.it

Als die McCobbs sich 1996 aus dem La Saracina zurückzogen, um in die USA zurückzukehren, hatten sie mit diesem Hotel ein ausgesprochen komfortables Gästehaus geschaffen. Mit viel Liebe zum Detail, die vor allem Ausländern zu eignen scheint, die sich in die Branche begeben, haben sie das herrlich gelegene alte steinerne Bauernhaus und seine Nebengebäude zu etwas ganz Besonderem gemacht.

Stil und guter Geschmack herrschen vor: Die Zimmer, alle separat von außen zu erreichen, sind geräumig und elegant, die Suiten verfügen über eigene Wohnzimmer. Die antike Einrichtung harmoniert gut mit den bunten Ralph-Lauren-Stoffen; überhaupt erinnert die Dekoration an amerikanischen Landhausstil. Die luxuriösen und teilweise riesigen Badezimmer sind mit marmornen Waschbecken und Whirlpools ausgestattet. Das Frühstück wird bei gutem Wetter auf der Terrasse und bei schlechtem in dem hübschen kleinen Frühstücksraum serviert. Der attraktive Swimmingpool ist von einem gepflegten Rasen eingesäumt.

Das La Saracina ist sehr anspruchsvoll und stellt für die neue, junge Besitzerin eine recht große Herausforderung dar. Wir hoffen, dass ihr Elan und ihre Begeisterung anhalten werden.

~

Umgebung: Pienza (7 km); Montepulciano (6 km) • **Lage:** an einem ruhigen Hügel, 7 km von Pienza entfernt an der Straße nach Montepulciano; Parkplatz
Mahlzeiten: Frühstück • **Preise:** LL-LLL • **Zimmer:** 5; 2 Doppelzimmer, 3 Suiten, alle mit Bad oder Dusche; alle Zimmer mit Telefon, TV, Minibar; 1 Selbstversorger-appartement • **Anlage:** Frühstücksraum, Garten, Swimmingpool, Tennisplatz
Kreditkarten: AE, MC, V • **Behinderte:** keine speziellen Einrichtungen, aber alle Zimmer im Erdgeschoss • **Tiere:** nicht erlaubt • **Geschlossen:** nie
Besitzerin: Simonetta Vessichelli

Toskana

Pietrasanta

Albergo Pietrasanta

~ Stadthotel ~

Via Garibaldi 35, 55045 Pietrasanta, Lucca
Tel 0584 793726 **Fax** 0584 793727
e-mail a.pietrasanta@versilia.toscana.it **website** www.albergopietrasanta.com

Pietrasanta, der »heilige Stein«, bezieht sich auf den Marmor, denn die weltberühmten Steinbrüche in Carrara befinden sich ganz in der Nähe, und das attraktive Städtchen lebt von seinen Marmorwerkstätten, Bronzegießereien und einer Subkultur von Künstlern aus der ganzen Welt. Der Tourismus in dieser Gegend verfolgt seit einiger Zeit höhere Ansprüche, und der Albergo Pietrasanta ist die Antwort darauf. Der elegante Palazzo Barsanti-Bonetti stammt aus dem 17. Jh.; das Hotel wurde 1997 eröffnet. Das Innere erinnert stark an einen Adelssitz: kunstvolle Stuckarbeiten, wunderschöne Fresken und Kamine aus Marmor, geräumige Zimmer und Antiquitäten, bereichert durch eine Sammlung zeitgenössischer Kunst der Besitzerin.

Die komfortablen, geradlinigen Zimmer verfügen über warme Parkettböden, Sessel sowie hübsche Bezüge und sind in verschiedenen Farben gehalten. Der Gast, der das Hotel für uns besuchte, war vor allem von den vielen kleinen Aufmerksamkeiten beeindruckt: von den kühlen Leinenbettlaken, den vielen Spiegeln, der durchdachten Beleuchtung und dem Tablett mit Vin Santo und Cantuccini. Im Erdgeschoss dient der Wintergarten gleichzeitig als Frühstücksraum und Bar, während der hübsche Garten mit seinen Kieswegen und den drei alten Palmen im Sommer einen kühlen Ort darstellt, an dem man ausruhen und sich erholen kann.

~

Umgebung: Pisa (25 km); Lucca (25 km); Strand (4 km) • **Lage:** im Stadtzentrum in der Fußgängerzone; hoteleigene Garage • **Mahlzeiten:** Frühstück • **Preise:** LL-LLL • **Zimmer:** 19; 8 Doppel- und Zweibettzimmer, 1 Einzelzimmer, 10 Suiten, alle mit Bad oder Dusche; alle Zimmer mit Telefon, TV, Minibar, Klimaanlage, Safe **Anlage:** Aufenthaltsräume, Bar, Frühstücksraum/Wintergarten, Fitnessraum, türkisches Bad, Garten • **Kreditkarten:** AE, DC, MC, V • **Behinderte:** 2 speziell geeignete Zimmer • **Tiere:** nach Voranmeldung erlaubt • **Geschlossen:** Anfang Januar bis März • **Geschäftsführerin:** Marisa Giuliano

Toskana

Pieve Santo Stefano

Locanda La Pergola

Landgasthof

Via Tiberina, Pieve Santo Stefano, Arezzo
Tel 0575 797053

Die Locanda La Pergola war früher die Locanda Sari, ein örtlicher Gasthof und praktischer Platz, um auf dem Weg nach Ravenna halt zu machen. Als der Verkehr, der gewissermaßen an der Haustür der Locanda vorbeiführte, sich vor ein paar Jahren zur Autobahn auf der anderen Seite des Tals verlagerte, ergriffen die früheren Besitzer Carmen und Pio Pierangeli die Gelegenheit beim Schopfe und wandelten die Unterkunft in ein sehenswertes Hotel um. Im Juni 2000 wechselte es den Besitzer und wird nun von Marida, Oriana und Valeria geführt.

Das Haus wurde mit viel Schwung im klassischen Landhausstil renoviert. In den Zimmern stehen rustikale Antiquitäten und bemalte Schränke auf glänzenden, gefliesten Böden, die mit cremefarbenen Läufern bedeckt sind. An den Wänden hängen alte Bettkopfstützen aus Eisen; die Betten selbst sind jedoch alle neu und wunderbar fest. Die Duschen sind kompakt, aber sehr hübsch. Auch im Speisesaal herrscht derselbe einfache, gute Geschmack, aber die Hauptattraktion hier ist zweifelsohne Maridas exquisite Hausmannskost, die man als Tourist selten findet. Die Ravioli mit Ricotta beispielsweise, so sind sich die Gäste einig, schmecken wunderbar. Marida, Oriana und Valeria sind reizende Gastgeberinnen, und die meisten Gäste finden die Nähe der Hauptstraße zwar »etwas störend, aber überraschenderweise keineswegs hinderlich«.

Umgebung: Sansepolcro (16 km); La Verna (20 km) • **Lage:** auf dem Land, 3 km nördlich des Dorfes an einer kleineren Straße; Parkplatz über die Straße
Mahlzeiten: Frühstück, Mittagessen, Abendessen • **Preise:** L-LL • **Zimmer:** 8 Doppel- und Zweibettzimmer, 1 mit Bad, 7 mit Dusche • **Anlage:** Speiseraum, Lobby, Bar, Terrasse • **Kreditkarten:** AE, DC • **Behinderte:** Zugang schwierig
Tiere: nicht erlaubt • **Geschlossen:** nie • **Besitzerinnen:** Marida Gorini und Loreana Marini

Toskana

Pistoia

Villa Vannini

~ Ländliche Villa ~

Villa di Piteccio, 51030 Pistoia
Tel 0573 42031 **Fax** 0573 42551
e-mail v.vannini@dada.it **website** www.dadacasa.com/villavannini

Dieses Hotel ist ein echtes Juwel in einer Gegend, in der es erstaunlich wenig kleine, reizvolle Unterkünfte gibt. Auf seinem abgelegenen und wunderbar ruhigen Standort etwa 2 km oberhalb des Dorfes Piteccio und unweit der lebhaften kleinen Stadt Pistoia erhebt es sich auf einem Hügel, den man über eine schmale, schlecht ausgebaute, durch unberührte Landschaft führende Straße erreicht. Die sympathische Signora Vannini nimmt ihre Gäste herzlich auf und kümmert sich liebevoll um ihr Haus. Einem Gast zufolge ist das Hotel »äußerst komfortabel und erholsam, sehr sauber und gepflegt«. Es gibt mehrere kleine Sitzecken mit großen Blumenvasen, chintzbezogenen oder schweren modernen Sesseln, Drucken und Aquarellen sowie Antiquitäten von der Art, die man in einem eleganten Privathaushalt antrifft. Der Speiseraum gibt mit seinen weiß getünchten Wänden, dem glänzenden Parkett und dem Marmorkamin einen würdigen Rahmen für die hervorragenden toskanischen Spezialitäten ab, die hier serviert werden (»köstlich und sehr reichlich«). Die Zimmer sind wunderschön und sehr individuell gestaltet – viele mit geblümten Textilien und hübschen antiken Stücken. Auf einer schlichten Terrasse vor dem Hotel kann man sich von einem anstrengenden Tagesausflug nach Pistoia, Florenz, Lucca oder gar Bologna ausruhen. Kinder sind im Hotel zwar erlaubt, dennoch ist es für einen Urlaub mit Kindern nicht gerade geeignet.

~

Umgebung: Dom; Ospedale del Ceppo; Sant'Andrea • **Lage:** 6 km nördlich von Pistoia, an der Abelonestraße von Pistoia rechts nach Piteccio abbiegen, vor der Piazza; Parkplatz • **Mahlzeiten:** Frühstück, Mittagessen, Abendessen • **Preise:** L
Zimmer: 8 Doppel- und Zweibettzimmer mit Bad • **Anlage:** 2 Aufenthaltsräume, Spieleraum, 2 Speiseräume, Terrasse, Garten • **Kreditkarten:** keine
Behinderte: keine speziellen Einrichtungen • **Tiere:** nicht erlaubt • **Geschlossen:** nie • **Besitzerin:** Marie-Rosa Vannini

Toskana

Porto Ercole

Il Pellicano

~ Hotel am Meer ~

Cala dei Santi, 58018 Porto Ercole, Grosseto
Tel 0564 858111 **Fax** 0564 833418
e-mail Pr@Pellicanohotel.com **website** www.Pellicanohotel.com

Porto Ercole ist einer jener mondänen kleinen Häfen, in denen reiche Römer am Wochenende mit ihren Booten anlegen. Der Garten des Pellicano, einer eleganten rostfarbenen, von Wein überwucherten Villa, zieht sich bis zu den flachen Felsen hinunter, die das Hotel zu seinem »Privatstrand« erklärt hat. Es bietet den Luxus und die Exklusivität, die man von einem sehr teuren 4-Sterne-Haus erwartet; dennoch blieben der Stil und die Ungezwungenheit eines toskanischen Privatdomizils erhalten, und das freiliegende Gebälk, die Steinbögen und antiken Stücke lassen es wesentlich älter erscheinen, als es ist. Die ländlichen Möbel kommen vor den weiß getünchten Wänden und zwischen den bunt bezogenen, stilvollen Sofas und großen Blumenvasen gut zur Geltung. Fisch und andere Meeresfrüchte sind die Spezialitäten des Restaurants – vorausgesetzt, man lässt sich durch die Preise nicht den Appetit verderben. Im Sommer werden die Mahlzeiten auf einer entzückenden Terrasse im Garten oder am Pool serviert, wo das Vorspeisenbüfett eine wahre Augenweide ist. Die ruhigen Gästezimmer, viele davon in zweistöckigen Häuschen untergebracht, sind mit antiken Möbeln und modernen Textilien ausgestattet. Sie verfügen alle über eine Terrasse oder einen Balkon. Ein Gast warnte uns vor den sommerlichen Mückenschwärmen. Nur Kinder über 12 Jahre erlaubt.

~

Umgebung: Orbetello (16 km) • **Lage:** 4 km vom Zentrum Porto Ercoles entfernt; Parkplatz • **Mahlzeiten:** Frühstück, Mittagessen, Abendessen • **Preise:** LLLL
Zimmer: 41; 27 Doppelzimmer, 14 Suiten, alle mit Bad; alle Zimmer mit Telefon, TV, Klimaanlage, Minibar • **Anlage:** Aufenthaltsbereich, Restaurants, Bars, Schönheitscentre, Terrassen, Salzwasserswimmingpool, Tennisplatz, Tontaubenschießen, Reiten, Wasserski • **Kreditkarten:** AE, DC, MC, V
Behinderte: einige Zimmer im Erdgeschoss, aber Zugang schwierig • **Tiere:** nicht erlaubt • **Geschlossen:** November bis März • **Geschäftsführerin:** Cinzia Fanciulli

Toskana

Prato

Villa Rucellai

~ Ländliche Villa ~

Via di Canneto 16, 59100 Prato, Firenze
Tel und **Fax** 0574 460392

Die Villa Rucellai ist ein kleines Hotel mit Charme im eigentlichen Sinn des Wortes. Das Industriegebiet von Prato reicht zwar fast bis an die Pforten des heiteren alten Gebäudes heran, und auch die Bahngleise grenzen an das Grundstück, aber dies sollte Sie nicht davon abhalten, diesen ganz besonderen Ort zu besuchen.

Die Ursprünge der Villa liegen in einer mittelalterlichen Befestigungsanlage; seit 1740 befindet sie sich im Besitz der ehrbaren Familie Rucellai. Die Aussicht von der wunderschönen, mit Zitronenbäumchen geschmückten Terrasse und der Loggia ist zwar nicht gerade spektakulär, wird jedoch durch die Atmosphäre des Hauses, den herzlichen Empfang und die bescheidenen Preisen wettgemacht. Hinter dem Anwesen erheben sich die großartigen Hügel von Prato, die bequem zu Fuß erkundet werden können.

Die Gäste können sich im Hauptteil des Hauses mit seiner fürstlichen Halle und dem gemütlichen Wohnzimmer voller Bilder und Bücher völlig frei bewegen. Das Frühstücksbüfett steht auf einem großen Tisch in dem einladenden Speiseraum. Die Zimmer sind einfach, aber geschmackvoll eingerichtet und spiegeln die seltene Qualität des ganzen Ortes wider: die eines gut geführten Hotels, das nichts anderes als ein gepflegtes Zuhause sein möchte. Ein Gast, der die Villa vor kurzem für uns besuchte, zeigte sich beeindruckt – außer vom Essen und vom Wein.

~

Umgebung: Prato (4 km); Florenz (20 km) • **Lage:** am Ende einer kleinen Straße im Tal des Bisenzio, 4 km nordöstlich von Prato; halten Sie sich parallel zum Fluss und den Zuggleisen zu Ihrer Linken, Parkplatz • **Mahlzeiten:** Frühstück • **Preise:** L
Zimmer: 13; 12 Doppel- und Zweibettzimmer, 1 Familienzimmer, alle mit Bad oder Dusche • **Anlage:** Aufenthaltsraum, Fernsehraum, Speiseraum, Fitnessraum, Terrasse, Garten, Swimmingpool • **Kreditkarten:** keine • **Behinderte:** nicht geeignet • **Tiere:** nicht erlaubt • **Geschlossen:** nie • **Besitzer:** Familie Rucellai Piqué

Toskana

Pugnano

Casetta delle Selve

~ Bed-&-Breakfast-Unterkunft auf dem Land ~

56010 Pugnano, Pisa
Tel und **Fax** 050 850359

Dieses Bauernhaus, auf das uns ein französischer Leser aufmerksam machte, der es als »kleines Paradies« beschrieb, ist zwar typisch toskanisch, hat aber einen ganz eigenen Charakter. Die blendend weiße Fassade, die friedliche Lage, der von Blumen überquellende Garten und die rot geflieste Terrasse mit der herrlichen Aussicht sind alle erwartungsgemäß vorhanden – nur das Innere unterscheidet sich von der Norm.

Mit dem gefirnissten Gebälk, das sich gegen den makellos weißen Anstrich vorteilhaft abhebt, fällt es nicht nur durch seinen außerordentlich gut erhaltenen Zustand auf, sondern insbesondere durch die Gästezimmer, in denen die kühnen Farben von Kissen, Vorlegern, Bettdecken (alles Handarbeiten von Signora Menchi) und (den sehr zahlreichen) Bildern einen fröhlichen Kontrast zu den antiken Möbeln bilden. Die Gemeinschaftsräume wirken nüchterner, enthalten aber ebenfalls Bilder, Zierat und prächtige Antiquitäten.

Außerdem ist Nicla Menchi nicht die übliche Hotelbesitzerin – »die ungewöhnlichste Gastgeberin, die wir je kennen gelernt haben«, »sie macht ein Frühstück, das kaum zu überbieten ist« –, so dass viele Besucher als Freunde scheiden. Nicht geeignet für Kinder unter 12 Jahren.

~

Umgebung: Lucca (10 km); Pisa (12 km); Strände (15 km) • **Lage:** auf dem Land, 2 km östlich von Pugnano an der SS12, 10 km südwestlich von Lucca; Parkplatz
Mahlzeiten: Frühstück • **Preise:** L; Mindestaufenthalt 3 Tage • **Zimmer:** 6 Doppelzimmer mit Bad oder Dusche, 2 liegen nebeneinander; alle Zimmer mit Telefon, TV, Klimaanlage, Fön • **Anlage:** Aufenthaltsraum, Terrasse, Garten • **Kreditkarten:** keine • **Behinderte:** nicht geeignet • **Tiere:** erlaubt • **Geschlossen:** nie
Besitzerin: Nicla Menchi

Toskana

Radda in Chianti

Relais Fattoria Vignale

~ Landhotel ~

Via Pianigiani 15, 53017 Radda in Chianti, Siena
Tel 0577 738300 **Fax** 0577 738592
e-mail vignale@vignale.it **website** www.vignale.it

Dieses Hotel war immer schon ein Favorit unserer Tester, und kürzliche Besuche haben ihre Begeisterung nicht gedämpft. Sie sind von der geschmackvollen Art und Weise, in der das ehemalige Herrenhaus umgebaut worden war, besonders angetan. Das Gebäude wurde an einem in der Mitte des Dorfes abfallenden Hang errichtet. Das »Erdgeschoss« beherbergt vier ineinander übergehende Salons, die alle Wohnzimmergröße haben. Sie sind wunderschön mit gemütlichen Sofas, Antiquitäten, Terrakottafußböden und prächtigen Steinkaminen ausgestattet, die weißen Wände entweder mit Bildern oder Wandmalereien geschmückt. Die Gästezimmer im oberen Stock wirken mit ihren gewachsten Holztüren, weißen Wänden und antiken Bettgestellen ähnlich elegant.

Im Untergeschoss des Hauses befindet sich, überspannt von einem Backsteingewölbe, der hübsche Frühstücksraum. An Sommertagen kann man auf einer herrlichen Terrasse das Frühstück einnehmen. Das bekannteste Restaurant des Ortes (das ebenfalls Vignale heißt) ist nur 300 m entfernt. Von den Salons, den nach hinten gelegenen Zimmern und dem Swimmingpool hat man einen herrlichen Blick über das Radda-Tal. Obwohl Kinder hier zwar geduldet werden, sind sie dennoch nicht besonders willkommen — es sei denn, sie sind mucksmäuschenstill.

~

Umgebung: Siena (31 km); Florenz (52 km) • **Lage:** mitten im Dorf, 31 km nördlich von Siena; Parkplatz • **Mahlzeiten:** Frühstück, Snacks • **Preise:** LLL-LLLL
Zimmer: 29; 20 Doppelzimmer, 4 mit Bad, 16 mit Dusche, 3 Einzelzimmer mit Dusche, 3 Familienzimmer mit Bad, 3 Suiten mit Dusche; alle Zimmer mit Telefon, Klimaanlage, Minibar • **Anlage:** 3 Aufenthaltsräume, Frühstücksraum, Bars, Konferenzraum, Terrasse, Garten, Swimmingpool • **Kreditkarten:** AE, MC, V
Behinderte: Zugang schwierig • **Tiere:** nicht erlaubt • **Geschlossen:** 3 Wochen im Dezember, Anfang Januar bis Ende März • **Geschäftsführerin:** Silvia Kummer

Toskana

Radda in Chianti

Vescine – Il Relais del Chianti

Landhotel

Loc. Vescine, 53017 Radda in Chianti, Siena
Tel 0577 741144 **Fax** 0577 740263

Wir führen dieses Hotel unter Radda auf, obgleich es in Wirklichkeit kilometerweit davon entfernt und daher gut geeignet für Reisende ist, die Stille und Frieden suchen. Als wir dort waren, nahmen die meisten Gäste gerade in aller Ruhe am Pool ein Sonnenbad und blinzelten nur gelegentlich auf die herrliche Landschaft, die sich vor ihnen ausbreitete.
Vescine ist eine von mehreren kleinen toskanischen Anwesen, die durch ihre Umwandlung in ein Hotel – das in diesem Fall 1990 eröffnet wurde – dem Verfall entgingen. Seine Restaurierung war äußerst gründlich; Vegetation gibt es nur dort, wo die Architekten sie auch eingeplant hatten, ansonsten ist jeder Quadratzentimeter mit Ziegeln und Fliesen bedeckt. Randstreifen und Terrassen sind jedoch üppig bepflanzt.
Die Gästezimmer befinden sich in separaten Häusern und sind mit ihren schmucklosen Wänden, den Fliesenböden, freiliegenden Balken und der sparsamen Möblierung sehr gelungen gestaltet. Es gibt einen stilvollen Frühstücksraum und darüber eine hübsche Bar mit Salon und großer Terrasse. Zum Abendessen müssen Sie sich allerdings in Bewegung setzen und einen 700-Meter-Ausflug in das zum Hotel gehörige Restaurant »La Cantoniera« oder noch weiter nach Radda oder Castellina machen.

Umgebung: Siena (31 km); Florenz (52 km) • **Lage:** auf dem Land, zwischen Radda und Castellina, 31 km nördlich von Siena; Parkplatz Mahlzeiten: Frühstücksbüfett; zum Hotel gehöriges Restaurant 700 m entfernt • **Preise:** LLL • **Zimmer:** 25; 19 Doppel- und Zweibettzimmer, 6 Suiten, alle mit Bad oder Dusche; alle Zimmer mit Telefon, TV, Minibar • **Anlage:** Bar/Aufenthaltsraum, Frühstücksraum, Garten, Swimmingpool, Tennisplatz • **Kreditkarten:** AE, MC, V • **Behinderte:** Zugang schwierig • **Tiere:** erlaubt • **Geschlossen:** November, Februar • **Geschäftsführerin:** Birgit Fleig

Toskana

Reggello

Villa Rigacci

Villa auf einem Hügel

Vaggio 76, 50066 Reggello, Firenze
Tel 055 8656718/562 **Fax** 055 8656537
e-mail hotel@villarigacci.it **website** www.villarigacci.it

Das mit Kletterpflanzen berankte Bauernhaus aus dem 15. Jh., das vor rund zehn Jahren als Hotel eröffnet wurde, erhebt sich in wunderbar abgeschiedener Lage auf einem Hügel, umgeben von Olivenbäumen, Pinien, Kastanien und Wiesen – trotzdem ist es nur wenige Kilometer von der Autobahn Florenz–Rom und nicht weit von Florenz und Arezzo entfernt.

Viele der ursprünglichen Bauelemente – Türbögen, altes Gebälk in den Gästezimmern, geflieste oder mit Stein gepflasterte Böden – blieben erhalten. Die Einrichtung ist liebevoll zusammengestellt, wie in einem Privathaus. Im Salon wärmt bei kühlem Wetter ein offenes Feuer. Die Zimmer, von denen die besten (wenn auch nicht alle) herrlich geräumig sind, enthalten glänzend polierte antike Möbel und bieten einen Blick auf den Garten, den Swimmingpool, der recht groß ist und eine hübsche Einfassung aus Kacheln und Gras hat, oder die waldreiche Umgebung. Im Park, der einige prachtvolle Bäume aufweist, gibt es zahlreiche stille, schattige Winkel, in denen man sich gut entspannen kann.

Im Restaurant werden hervorragend zubereitete internationale und toskanische Gerichte serviert. Planen Sie hier keinen Familienurlaub — das Hotel ist nicht wirklich für Kinder geeignet.

Umgebung: Florenz (35 km); Arezzo (45 km) • **Lage:** 300 m nördlich von Viaggio, 30 km südöstlich von Florenz, A1, Ausfahrt Incisa; Parkplatz • **Mahlzeiten:** Frühstück, Mittagessen, Abendessen • **Preise:** LL • **Zimmer:** 23; 16 Doppel- und Zweibettzimmer, 3 Einzelzimmer, 4 Suiten, alle mit Bad oder Dusche; alle Zimmer mit Telefon, TV, Klimaanlage, Minibar • **Anlage:** Aufenthaltsräume, Bibliothek, Speiseraum, Garten, Swimmingpool • **Kreditkarten:** AE, DC, MC, V
Behinderte: nicht geeignet • **Tiere:** kleinere Tiere erlaubt • **Geschlossen:** nie
Besitzer: Frederic und Florence Pierazzi

Toskana

San Casciano dei Bagni

Sette Querce

Gästehaus auf dem Dorf

53040 San Casciano dei Bagni, Siena
Tel 0578 58174 **Fax** 0578 58172
e-mail settequerce@krenet.it **website** www.evols.it/settequerce

Bereits seit einigen Generationen wird die örtliche Bar dieses winzigen Badekurortes hoch in den Hügeln einer abgelegenen Ecke der südlichen Toskana von Daniela Bonis Familie geführt. 1997 expandierte das Familiengeschäft, zu dem seither dieses hübsche und ursprüngliche Hotel und – seit kurzem – auch ein ausgezeichnetes Restaurant gehören, das nur etwa 100 Meter vom Hauptgebäude entfernt liegt.
Seinen Namen verdankt das Hotel der Tatsache, dass das weitläufige Stadthaus im hinteren Teil an ein Eichenwäldchen grenzt. Das zeitgenössische Design im Inneren des Hauses hebt sich wohltuend von der toskanischen Norm ab. Im Erdgeschoss dominieren Erdfarben und lebhafte Rot- und Rosatöne. Die Zimmer im zweiten Stock sind in sonnigem Gelb und in Grün gehalten, im obersten Stock herrschen Blautöne vor. Die fröhlichen Stoffe der Stühle, Vorhänge, Kissen und Steppdecken stammen von den Designern Guild. Hier und da verstreut finden sich Dekorationsstücke wie alte Eisenarbeiten, rustikale Keramikstücke und Korbware, während gerahmte Schwarz-Weiß-Fotografien an den Wänden die Geschichte der Stadt erzählen. Jedes Zimmer verfügt über eine bequeme Sitzecke (einen Aufenthaltsraum gibt es nicht) und eine intelligent geschnittene kleine Küche. Die Badezimmer sind tadellos; einige sind sogar mit Whirlpools ausgestattet.

Umgebung: Thermalbäder; Orvieto (40 km); Montepulciano (40 km) • **Lage:** an einer Straße kurz vor der Stadt; öffentlicher Parkplatz nebenan • **Mahlzeiten:** Frühstück • **Preise:** LL-LLL • **Zimmer:** 9 Suiten mit Bad; alle Zimmer mit Telefon, TV, Klimaanlage, Minibar, Fön • **Anlage:** Bar, Restaurant, Terrassen • **Kreditkarten:** AE, MC, V • **Behinderte:** 2 speziell geeignete Suiten • **Tiere:** kleinere Tiere erlaubt **Geschlossen:** 2 Wochen im Januar • **Besitzer:** Daniela Maurizio und Silvestro Boni

Toskana

San Gimignano

L'Antico Pozzo

Gästehaus in der Stadt

Via San Matteo 87, 53037 San Gimignano, Siena
Tel 0577 942014 **Fax** 0577 942117
e-mail info@anticopozzo.com **website** www.anticopozzo.com

Der besagte alte Steinbrunnen (»pozzo« heißt Brunnen) befindet sich in der Eingangshalle dieses schönen Stadthauses aus dem 15. Jh., das an einer Straße der Fußgängerzone liegt, die zu San Gimignanos Hauptplatz, der Piazza del Duomo, führt. Das Gebäude ist 1990 restauriert worden – und ist jetzt unseres Erachtens das beste Hotel der Stadt.

Eine steinerne Treppe führt zu den großen Zimmern im ersten Stock und zum Frühstücksraum, der »Sala Rosa«, hinauf. Die gewachsten und ausgetretenen Terrakottafliesen auf dem Boden gehören ebenso wie die hohen, mit Balken versehenen Decken zu den ursprünglichen Bauteilen des Hauses. Einige Zimmer verfügen über wunderschöne Fresken, auf denen Blumengirlanden und grazile Tänzer dargestellt sind.

Die Zimmer in den oberen Stockwerken sind etwas kleiner, aber dennoch sehr attraktiv. Aus den mit schrägen Wänden versehenen Dachgeschosszimmern blickt man auf die berühmten Geschlechtertürme San Gimignanos oder die umliegende Landschaft.

Die Einrichtung insgesamt ist einfach, aber geschmackvoll; die sorgfältig ausgewählten Antiquitäten passen gut zu den schmiedeeisernen Betten und gedämpften Farben. Die Badezimmer sind vor kurzem renoviert worden. Die hübsche Terrasse stellt einen zusätzlichen Pluspunkt dar.

Umgebung: Dom; Museo Civico; Torre Grossa • **Lage:** in der Fußgängerzone im Stadtzentrum; öffentlicher Parkplatz (300 m) • **Mahlzeiten:** Frühstück • **Preise:** LL **Zimmer:** 18; 17 Doppel- und Zweibettzimmer, 1 Einzelzimmer, alle mit Bad oder Dusche; alle Zimmer mit Telefon, TV, Klimaanlage, Minibar • **Anlage:** Bar, Frühstücksraum, Terrasse • **Kreditkarten:** AE, DC, MC, V • **Behinderte:** 2 speziell geeignete Zimmer • **Tiere:** nicht erlaubt • **Geschlossen:** 6 Wochen im Winter **Besitzer:** Emanuele Marro

Toskana

San Gusme

Villa Arceno

Ländliche Villa

Loc. Arceno, San Gusme, 53010 Castelnuovo Berardenga, Siena
Tel 0577 359292 **Fax** 0577 359276

Die Villa Arceno diente ursprünglich einer toskanischen Adelsfamilie als Jagdhütte, wobei das Wort »Hütte« für dieses aristokratische Anwesen viel zu bescheiden ist. Eine lange Auffahrt schlängelt sich durch das 1000 Hektar große Grundstück mit den in Appartements umgewandelten Bauernhäusern zu der quadratischen und streng symmetrischen Villa, die von Efeu, Rasenflächen, Kieswegen und blumengefüllten Terrakottaurnen umgeben ist. Vor der Villa liegt ein separater romantischer Park, in dem schattige Wege zu einem kleinen Teich führen.

Im Inneren der Villa dominiert stilvolle Eleganz; eierschalenfarbene Wände und Deckengewölbe kontrastieren mit der Wärme der mit Perserteppichen belegten Terrakottaböden, den nachgeahmten antiken Möbeln und den hellgelben Gardinen. Die Atmosphäre ist zwar etwas formell, aber nicht steif; bei dem hochprofessionellen Personal fühlen sich die Gäste mehr als willkommen.

Die hellen und geräumigen Zimmer im oberen Stock sind alle individuell eingerichtet; die Suite, die über drei rundbogige Fenster verfügt, ist ganz besonders schön. Einige Zimmer haben eigene Terrassen. Unbedingt ansehen sollten Sie sich auch die Wendeltreppe im Hauptturm, die zu einem Dachpavillon führt. Im Hotel sind keine Kinder erlaubt.

Umgebung: Siena (30 km); Florenz (90 km) • **Lage:** 30 km nordöstlich von Siena; Parkplatz • **Mahlzeiten:** Frühstück, Mittagessen, Abendessen • **Preise:** LLL-LLLL
Zimmer: 16; 15 Doppelzimmer, 1 Suite, alle mit Bad; alle Zimmer mit Telefon, TV, Klimaanlage, Minibar • **Anlage:** Aufenthaltsräume, Restaurant, Garten, Tennisplatz, Swimmingpool • **Kreditkarten:** AE, DC, MC, V • **Behinderte:** nicht geeignet
Tiere: kleinere Hunde nach Voranmeldung erlaubt • **Geschlossen:** Mitte November bis Mitte März • **Besitzer:** Gualtiero Mancini

Toskana

Santa Maria del Giudice

Villa Rinascimento

Ländliche Villa

Loc. Santa Maria del Giudice, 55058 Lucca
Tel 0583 378292 **Fax** 0583 370238
e-mail hotelvr@mbox.lognet.it

Ziemlich genau auf halbem Wege zwischen Pisa und Lucca gelegen, bietet diese Villa an einem Hang auf den ersten Blick architektonisch Überraschendes: Rechter Hand liegt eine rosafarbene ländliche Renaissancevilla, die drei Stockwerke hoch ist und aus einer Mischung aus Backstein und Stein besteht. Das dominierende Bauelement stellt eine wunderschöne Eckloggia dar, die von vier Backsteinbögen auf dorischen Steinsäulen eingerahmt wird. Linker Hand liegt ein viel einfacheres Bauernhaus. Die beiden Gebäude werden durch eine lange gepflasterte Terrasse miteinander verbunden, auf der Zitronenbäumchen in großen Terrakottatöpfen stehen. Man kann hier frühstücken oder am Abend einen Aperitif nehmen. Im Inneren der Villa herrscht ein einheitlicherer ländlicher Stil vor. Die Gemeinschaftsräume liegen alle in einer Reihe gegenüber der Terrasse und sind mit den Deckenbalken, Deckengewölben oder interessanten Resten einer alten steinernen Olivenpresse tadellos restauriert. Auf die Einrichtung der Zimmer wurde besonders viel Mühe verwendet. Einige der Badezimmer sind etwas klein, aber trotzdem akzeptabel.
Am Hang hinter der Villa liegen ein Nebengebäude mit zusätzlichen modernen Zimmern und Studios sowie ein Pool.

Umgebung: Lucca (9 km); Pisa (11 km) • **Lage:** 9 km südwestlich von Lucca; Parkplatz • **Mahlzeiten:** Frühstück, Abendessen • **Preise:** LL • **Zimmer:** 27; 17 Doppel- und Zweibettzimmer mit Bad oder Dusche; alle Zimmer mit Telefon, einige mit TV; 4 einfachere Zimmer und 6 Studios (Mindestaufenthalt 1 Woche) in einem Nebengebäude • **Anlage:** Aufenthaltsräume, Bar, Restaurant, Garten, Swimmingpool • **Kreditkarten:** MC, V • **Behinderte:** 1 Zimmer geeignet • **Tiere:** nach Voranmeldung erlaubt • **Geschlossen:** November bis März; Restaurant mittwochs • **Besitzerin:** Carla Zaffora

Toskana

Scansano

Antico Casale di Scansano

~ Landhotel ~

Scansano, 58054 Grosseto
Tel 0564 507219 **Fax** 0564 507805
e-mail antico.casale@tiscalinet.it **website** www.wel.it/Casale

Zwei weit gereiste Leser lenkten mit ihren begeisterten Zuschriften unsere Aufmerksamkeit auf dieses bezaubernde Hotel in der Küstenregion der Toskana südöstlich von Grosseto, die unter dem Namen Maremma bekannt ist. Wir haben ihrem Urteil kaum etwas hinzuzufügen: »Mit ländlichen Antiquitäten reizend eingerichtete Zimmer und schönes Restaurant mit Terrasse, von der man auf ein herrlich grünes Tal mit Weingärten und Olivenhainen blickt; ein echt erholsames Erlebnis.« Und: »Auf unserer viermonatigen Reise durch das Land bekam dieses Hotel von uns die Note Eins; wir waren beeindruckt von der herzlichen Gastfreundschaft, der Küche, der Umgebung – selbst die Betten waren die besten, die wir in Italien antrafen.«

Das Antico Casale ist ein wundervoll restauriertes 200 Jahre altes Bauernhaus, das sich viel von seiner Ursprünglichkeit bewahrt hat. Auf dem Gut Macereto, zu dem es gehört, produziert man Grappa, Olivenöl und Weine (darunter den Morellino di Scansano DOC), auf den umliegenden Höfen Olivenöl. Es werden Reiterferien (notfalls mit Unterricht) und sogar spezielle »Halbpension-mit-Pferd«-Tarife angeboten. Außerdem kann man an Weinprobierkursen teilnehmen.

~

Umgebung: Thermalbad von Saturnia (20 km); Küste am Monte Argentario (35 km)
Lage: auf dem Land, 30 km östlich von Grosseto; Parkplatz • **Mahlzeiten:** Frühstück, Mittagessen, Abendessen, Snacks • **Preise:** LL-LLL • **Zimmer:** 15; 11 Doppel-, 3 Einzelzimmer, 1 Familienzimmer, alle mit Dusche; alle Zimmer mit Telefon, TV, Klimaanlage, Minibar, Fön • **Anlage:** Aufenthaltsraum, Speiseraum, Bar, Terrasse, Swimming-pool, Reiten • **Kreditkarten:** AE, DC, MC, V • **Behinderte:** keine speziellen Einrichtungen • **Tiere:** gut erzogene Tiere erlaubt • **Geschlossen:** Mitte Januar bis Ende Februar • **Besitzer:** Massimo Pellegrini

Toskana

Siena

Certosa di Maggiano

Umgebautes Kloster

Via Certosa 82, 53100 Siena
Tel 0577 288180 **Fax** 0577 288189
e-mail certosa@relaischateaux.fr **website** www.relaischateaux.fr/certosa

Wer in Siena ein exklusives, aber unprätentiöses Hotel sucht, ist hier am richtigen Platz: ein ehemaliges Kartäuserkloster, das älteste der Toskana, lauschig in einem großen Park gelegen (und doch nur wenige Minuten von der bezaubernden Altstadt entfernt), mit nur 17 Zimmern, hauptsächlich Suiten. Obwohl die Preise extrem hoch sind, ist die Certosa keineswegs pompös. Die zurückhaltend geschmackvolle Ausstattung, die Landhausatmosphäre und der diskrete Service werden vor allem denjenigen gefallen, die Ruhe suchen und ungestört bleiben wollen.
Die Mahlzeiten nimmt man in dem herrlichen Speiseraum, im stillen Kreuzgang aus dem 14. Jh. oder unter den Arkaden am Swimmingpool ein. Die Gäste können sich von den Getränken in der Bibliothek selbst bedienen, in einem kleinen Vorraum Backgammon oder Schach spielen oder sich im Salon entspannen. Überall stehen Blumensträuße, und Schalen mit frischem Obst verleihen den Zimmern eine persönliche Note. Siena können Sie mit dem Auto (gut ausgeschildertes Parkhaussystem), besser jedoch per Taxi oder Bus erreichen. Vielleicht wollen Sie aber auch im Hotel bleiben und dessen Schönheit genießen.

Umgebung: Altstadt von Siena; San Gimignano (40 km); Florenz (58 km)
Lage: 1 km südöstlich des Stadtzentrums und der Porta Romana; Parkplatz und Garage • **Mahlzeiten:** Frühstück, Mittagessen, Abendessen • **Preise:** LLLL
Zimmer: 17; 5 Doppelzimmer, 12 Suiten, alle mit Bad; alle Zimmer mit Telefon, TV, Radio • **Anlage:** Aufenthaltsraum, Speiseraum, Bar, Bibliothek, Garten, Swimmingpool, Tennisplatz, Hubschrauberlandeplatz • **Kreditkarten:** AE, DC, MC, V
Behinderte: Zugang möglich • **Tiere:** nicht erlaubt • **Geschlossen:** nie
Geschäftsführerin: Margherita Grossi

Toskana

Siena

Palazzo Ravizza

~ Stadthotel ~

Pian dei Mantellini 34, 53100 Siena
Tel 0577 280462 **Fax** 0577 221597
e-mail bureau@palazzoravizza.it **website** www.palazzoravizza.it

Siena ist berühmt-berüchtigt für seinen Mangel an vernünftigen Hotels im Stadtzentrum. Umso mehr hat es uns gefreut, dass das Palazzo Ravizza, das schon seit einigen Jahren in unserem Italienführer steht, einer Renovierung unterzogen wurde und nun eine mehr als annehmbare Unterkunft darstellt. Glücklicherweise ist der altmodische, etwas heruntergekommene Charme des Hotels seiner Modernisierung nicht zum Opfer gefallen. Die Zimmer verfügen immer noch über die massiven und manchmal schrulligen antiken Möbel und über polierte Parkett- oder Terrakottaböden, aber die Stoffbezüge sind alle erneuert worden, und in den frisch renovierten Badezimmern finden sich beheizte Handtuchhalter. Einige verfügen sogar über Doppelwhirlpools.
Die Gemeinschaftsräume im Erdgeschoss sind teilweise mit hübschen, schwarz-weiß-gemusterten Bodenfliesen, Deckengemälden und bequemen Sesseln und Sofas ausgestattet. Es gibt eine gemütliche Bibliothek, eine neue Bar und einen eleganten Speiseraum.
Der leicht verwilderte Garten im hinteren Teil des Grundstücks, in dem bei schönem Wetter die Tische für Frühstück und Abendessen gedeckt sind, spendet in der sommerliche Hitze der Stadt angenehme Kühle.

~

Umgebung: Dom; Ospedale Santa Maria della Scala • **Lage:** südwestlich des Stadtzentrums; Parkplatz • **Mahlzeiten:** Frühstück, Abendessen • **Preise:** LL (Halbpension in der Hochsaison obligatorisch) • **Zimmer:** 40; 35 Doppel- und Zweibettzimmer, 5 Suiten, alle mit Bad oder Dusche; alle Zimmer mit Telefon, TV, Minibar • **Anlage:** Aufenthaltsräume, Bar, Restaurant, Garten • **Kreditkarten:** AE, DC, MC, V • **Behinderte:** keine speziellen Einrichtungen • **Tiere:** erlaubt **Geschlossen:** nie • **Besitzer:** Francesco Grotanelli de Santi

Toskana

Sinalunga

Tipp des Herausgebers

Locanda dell'Amorosa

Landgasthof

53048 Sinalunga, Siena
Tel 0577 679497 **Fax** 0577 632001
e-mail mailbox@abitarelastoria.it **website** www.abitarelastoria.it

Die Locanda dell'Amorosa ist so romantisch, wie ihr Name (Gasthof der Geliebten) verspricht. Das elegante Renaissancegebäude, zu dem auch ein kleines Dorf gehört, erhebt sich zwischen den Resten einer Mauer aus dem 14. Jh. und wurde zu einem reizenden Landgasthof umgestaltet.
Die ehemaligen Ställe mit ihren alten Balken und Backsteinwänden beherbergen heute das entzückend rustikale (wenn auch teure) Restaurant, in dem traditionelle toskanische Gerichte, à la Nouvelle cuisine abgewandelt, serviert werden. Die Zutaten stammen vom eigenen Anwesen, das auch Wein produziert. Bis zu 80 Personen fassen die Räumlichkeiten, die aber trotzdem gemütlich wirken; oft sind sie bis auf den letzten Platz besetzt. Nur einige wenige Glückliche können hier auch übernachten – entweder in Appartements, die sich in den einst von Bauern und Landarbeitern bewohnten Häusern befinden, oder in ganz normalen Gästezimmern im Herrenhaus. Die Zimmer wirken mit ihren weiß getünchten Wänden, den Terrakottafußböden und antiken Möbeln, den Gardinen und Bettdecken aus Florentiner Spitze kühl, luftig und adrett und verfügen über makellose moderne Bäder.

Umgebung: Siena (45 km); Arezzo (45 km); Chiantigebiet • **Lage:** 2 km südlich von Sinalunga; Parkplatz • **Mahlzeiten:** Frühstück, Mittagessen, Abendessen
Preise: LLLL • **Zimmer:** 16; 12 Doppelzimmer, 4 Suiten, alle mit Bad oder Dusche; alle Zimmer mit Telefon, TV, Klimaanlage, Minibar • **Anlage:** Aufenthaltsraum, Speiseraum, Bar • **Kreditkarten:** AE, DC, MC, V • **Behinderte:** Zugang schwierig
Tiere: nicht erlaubt • **Geschlossen:** Mitte Januar bis Ende Februar, Restaurant montags und dienstags • **Geschäftsführer:** Carlo Citterio

Toskana

Sorano

Hotel della Fortezza

~ Burggasthaus ~

Piazza Cairoli, 58010 Sorano, Grosseto
Tel 0564 632010 **Fax** 0564 632012
e-mail fortezzahotel@tin.it **website** www.fortezzahotel.it

Für Archäologiebegeisterte stellt diese entlegene Ecke der Maremma mit ihrem Reichtum an etruskischen Funden ein richtiges Schlaraffenland dar. Die alte und malerische Stadt Sorano ist auf einer Tuffsteinfelsnase erbaut worden und von den Hügeln der Alta Maremma umgeben. Die imposante Orsinifestung aus dem 11. Jh. liegt geradezu dramatisch am Rand der Stadt und beherbergt mittlerweile ein neues Hotel. Nach Einbruch der Dunkelheit wird die Festung durch Flutlicht angestrahlt. Man nähert sich ihr auf einer alten Hängebrücke und durch mehrere Innenhöfe hindurch, was den Eindruck einer Zeitreise zurück ins Mittelalter erweckt.
Der Komfort im Inneren des Hotels lässt jedoch nichts zu wünschen übrig, obwohl die geschmackvolle und sorgfältige Restaurierung immer im Einklang mit den Ursprüngen der Anlage durchgeführt wurde. Die massiven Mauern sind in warmen Tönen angestrichen und erhalten durch die sanfte Beleuchtung und die dazu passenden Deckenbalken und Terrakottaböden noch zusätzlich Wärme. Eine aus dem 19. Jh. stammende Antiquitätensammlung harmoniert ausgezeichnet mit den hübschen neueren Möbelstücken und den in Dunkelblau und Gold gehaltenen Stoffen. In den unterschiedlich großen, aber komfortablen Zimmern stehen einige wunderschöne alte Betten. In jedem Zimmer hat man eine sagenhafte Aussicht über die Dächer von Sorano auf die unberührte Landschaft.

~

Umgebung: Pitigliano (9 km); Lago di Bolsena (20 km) • **Lage:** 9 km nördlich von Pitgliano, am Stadtrand; Parkplatz • **Mahlzeiten:** Frühstück • **Preise:** LL
Zimmer: 16; 14 Doppel- und Zweibettzimmer, 2 Suiten, alle mit Bad; alle Zimmer mit Telefon, TV, Minibar, Fön • **Anlage:** Frühstücksraum, Aufenthaltsraum, Terrassen • **Kreditkarten:** AE, MC, V • **Behinderte:** 1 speziell ausgestattetes Zimmer • **Tiere:** kleinere Tiere erlaubt • **Geschlossen:** Anfang Januar bis März
Besitzer: Amparo Hurtado Perez

Toskana

Sovicille

Borgo Pretale

~ Dorf an einem Hügel ~

Loc. Pretale, 53018 Sovicille, Siena
Tel 0577 345401 **Fax** 0577 345625
e-mail info@borgopretale.it **website** www.borgopretale.it

Diese um einen massiven Befestigungsturm aus dem 12. Jh. herum angeordnete Ansammlung grauer Steingebäude erreicht man über eine lange, ungeteerte Straße, die sich durch bewaldete Hügel schlängelt. Örtliche Historiker behaupten, dass der Turm nur einer von vielen in den Hügeln um Siena war, die in Sichtweite zueinander standen, um die Nachricht einfallender Angreifer möglichst schnell weitergeben und sich vor ihren Raubzügen schützen zu können. Heute bietet dieser kultivierte Ort eine Zuflucht vor der Hektik des modernen Lebens.

Bei der Restaurierung und Einrichtung wurde auf jedes Detail geachtet. Die ursprüngliche mittelalterliche Kargheit wurde mit ausgesuchten Antiquitäten, einer freundlichen Beleuchtung und schweren gestreiften Stoffen gemildert. In einer steinernen Nische steht eine wunderschön heitere, aus dem 15. Jh. stammende Madonnenfigur mit Kind aus Holz.

Jedes Zimmer stellt eine andere Mischung der gleichen kunstvollen Zutaten dar, und jedes ist auf seine Weise groß- und einzigartig; am besten haben uns jedoch die Zimmer im Turm gefallen. Im eleganten Restaurant wird nur eine begrenzte Auswahl an allerdings exzellent zubereiteten Gerichten angeboten; bei der umfangreichen Weinkarte kann Ihnen ein Sommelier weiterhelfen. Am Rande des Waldes versteckt liegt ein kleiner einladender Pool.

~

Umgebung: Siena (20 km); San Gimignano (28 km) • **Lage:** 20 km südöstlich von Siena an einem ruhigen Hang; Parkplatz • **Mahlzeiten:** Frühstück, Mittagessen, Abendessen • **Preise:** LLL • **Zimmer:** 35; 32 Doppelzimmer, 3 Suiten, alle mit Bad oder Dusche; alle Zimmer mit Telefon, TV, Klimaanlage, Minibar • **Anlage:** Aufenthaltsraum, Restaurant, Bar, Sauna, Garten, Swimmingpool, Tennisplatz, Bogenschießplatz • **Kreditkarten:** AE, DC, MC, V • **Behinderte:** nicht geeignet **Tiere:** nicht erlaubt • **Geschlossen:** November bis Anfang April • **Geschäftsführer:** Daniele Rizzardini

Toskana

Vicchio di Mugello

Villa Campestri

~ Ländliche Villa ~

Via di Campestri 19, 50039 Vicchio di Mugello, Firenze
Tel 055 8490107 **Fax** 055 8490108
e-mail villacampestri@villacampestri.it **website** www.villacampestri.it

Erkundigen Sie sich genau nach dem Weg, bevor Sie sich zu dieser Villa aufmachen; sie liegt einsam auf einem Hügel ein Stück südlich des Dorfes Vicchio di Mugello.
Das Gebäude sieht aus wie ein klassischer Renaissancebau, stammt jedoch aus dem 13. Jh. Man hat von hier einen Blick auf hügelige Ländereien, die sich zum großen Teil im Besitz der Villa befinden. Im Inneren des Hauses blieben viele Originalelemente erhalten: eine alte Kapelle, Fresken aus dem 14. Jh., massive Türen und Holzbalkendecken. Die Einrichtung, darunter einige wertvolle antike Stücke, etwa ein riesiges, prächtiges Himmelbett und ein Sofa aus dem 18. Jh., ist gut auf die altehrwürdige Umgebung abgestimmt. Von den schlichten weißen Wänden hebt sich das dunkle Holz von Gebälk und Möbeln wirkungsvoll ab. Die Zimmer sind schön ausgestattet und herrlich geräumig, obwohl sie manchem vielleicht zu imposant erscheinen, um gemütlich zu sein, die Bäder wunderhübsch blau-weiß gekachelt. Salon und Speiseraum sind traditionell und recht formal eingerichtet; das Restaurant ist berühmt, und die örtlichen Honoratioren scheuen den weiten Weg nicht, um seine Spezialitäten zu kosten.

~

Umgebung: Florenz (35 km) • **Lage:** auf dem Land, 3 km südlich von Vicchio, 35 km nordöstlich von Florenz; Parkplatz • **Mahlzeiten:** Frühstück, Abendessen, Snacks • **Preise:** LLL • **Zimmer:** 21; 14 Doppel- und Zweibettzimmer, 1 Einzelzimmer, 6 Suiten, alle mit Bad oder Dusche; alle Zimmer mit Telefon, TV, Minibar
Anlage: Aufenthaltsraum, Speiseraum, Garten, Swimmingpool
Kreditkarten: MC, V • **Behinderte:** 4 speziell geeignete Zimmer • **Tiere:** nach Voranmeldung erlaubt • **Geschlossen:** Januar bis März • **Besitzer:** Paolo Pasquali

Toskana

Volpaia

❄ Tipp des Herausgebers ❄

La Locanda

Gästehaus auf dem Land

Loc. Montanino, Volpaia, 53017 Radda in Chianti, Siena
Tel und **Fax** 0577 738833
e-mail info@lalocanda.it **website** www.lalocanda.it

Die Bevilaquas (er stammt aus Neapel, sie aus Mailand) haben vor vier Jahren damit begonnen, den idealen Platz für ihr Gästehaus zu suchen. Im April 1999 wurde La Locanda – einst eine Ansammlung heruntergekommener Bauernhäuser hoch oben in den Hügeln des Chiantigebietes – schließlich eröffnet. Sie könnte kaum schöner gelegen sein: 600 Meter über dem Meeresspiegel, mit Aussicht von Terrassen, Garten, Pool und einigen der Zimmer auf die mit Reben und Wäldern durchsetzten Hügel, und im Vordergrund das mittelalterliche befestigte Dorf Volpaia.
Die Restaurierung der hellen Steingebäude ist mit unfehlbar gutem Geschmack durchgeführt worden. Im Inneren der *locanda* sind zwar viele rustikale Elemente erhalten geblieben, der fantasievolle Gebrauch der Farben, der die Materialien Terrakotta und Holz besonders hervorhebt, verleiht ihr jedoch ein erfrischend zeitgenössisches Aussehen.
Die komfortablen Zimmer wirken nicht zu vollgestellt, und die glänzenden Badezimmer sind geräumig. Eine Seite des großen, sonnigen Wohnzimmers wird ganz von einem massiven steinernen Kamin beherrscht; ansonsten ist es mit bunt bezogenen Sofas und Sesseln ausgestattet.

Umgebung: Florenz (48 km); Siena (38 km) • **Lage:** 4 km westlich von Volpaia, ab der Piazza ausgeschildert; Parkplatz • **Mahlzeiten:** Frühstück, Abendessen auf Anfrage • **Preise:** LLL • **Zimmer:** 7; 6 Doppel- und Zweibettzimmer, 1 Suite, alle mit Bad; alle Zimmer mit Telefon, TV, Fön, Safe • **Anlage:** Aufenthaltsräume, Bar, Speiseraum, Terrassen, Garten, Swimmingpool • **Kreditkarten:** AE, DC, MC, V
Behinderte: Zimmer im Erdgeschoss zugänglich • **Tiere:** nicht erlaubt
Geschlossen: Mitte Januar bis Mitte März • **Besitzer:** Guido und Martina Bevilaqua

Toskana

Barberino Val d'Elsa

La Chiara di Prumiano

Bauerngasthof

Strada di Cortine 12, 50021 Barberino Val d'Elsa, Firenze
Tel 055 8075583 • **Fax** 055 8075678
e-mail prumiano@tin.it
Mahlzeiten: Frühstück; auf Wunsch Mittag- und Abendessen
Preise: L • **Geschlossen:** Weihnachten bis Mitte Januar
Besitzer: Gaia Mezzadri und Antonio Pescetti

Die großartige, wenn auch ein wenig baufällige Villa beherbergt bescheiden eingerichtete, aber geräumige Zimmer, ein Wohnzimmer fürstlichen Ausmaßes, zwei Speiseräume und verschiedene Örtlichkeiten für Seminare und Workshops. In den nahe gelegenen Nebengebäuden befinden sich weitere Zimmer.
Das ganze Jahr über werden Kurse abgehalten; es ist demnach durchaus möglich, dass Sie sich beim Abendessen an einem der langen, geselligen Tische neben einer Yogagruppe wiederfinden. Die köstlichen Gerichte (viel Vegetarisches) machen ausgesprochen kreativen Gebrauch von den hauseigenen Produkten.

Barberino Val d'Elsa

Il Paretaio

Gästehaus auf dem Land

Loc. San Filippo, 50021 Barberino Val d'Elsa, Firenze
Tel 055 8059218 • **Fax** 055 8059231 • **e-mail** ilparetaio@tin.it • **website** www.ilparetaio.it
Mahlzeiten: Frühstück, Abendessen • **Preise:** L • **Geschlossen:** nie • **Besitzer:** Giovanni und Cristina de Marchi

Das Paretaio eignet sich besonders für Reiter; es ist jedoch auch eine gute Adresse für Reisende, die sich nach dem Leben auf dem Land sehnen. Strategisch günstig zwischen Florenz und Siena gelegen, wird das Bauernhaus aus dem 17. Jh. von Hügeln umgeben. Die Unterbringung ist einfach, aber durchaus attraktiv. Der Speiseraum mit seinem Lärchenholztisch, an dem die gemeinsamen Mahlzeiten eingenommen werden, und seinem offenen Kamin ist ganz besonders schön. Die meisten Zimmer gehen von diesem Raum ab und verfügen über eine ländliche Einrichtung und Drucke mit Reitmotiven. Das attraktivste Zimmer befindet sich im »Taubenschlag«, einem winzigen Turm im obersten Teil des Hauses, aus dem man durch drei hübsche kleine rundbogige Fenster auf die typisch toskanische Landschaft blicken kann.

Toskana

Castellina in Chianti

Palazzo Squarcialupi

Stadthotel

Via Ferruccio 26, 53011 Castellina in Chianti, Siena
Tel 0577 741186 • **Fax** 0577 740386 • **e-mail** squarcialupi@italyexpo.com • **website** www.italyexpo.com/squarcialupi
Mahlzeiten: Frühstücksbüfett; kleine Gerichte in der Bar
Preise: L-LL • **Geschlossen:** Mitte Januar bis Mitte März
Besitzer: Familie Targioni

Der Palazzo Squarcialupi aus dem 14. Jh., ursprünglich ein imposanter Bauernhof, verfügt über 17 große Zimmer und Suiten mit einfachen weißen Wänden, Deckenbalken und dunklen Holzmöbeln. Im Erdgeschoss befindet sich ein rustikaler Aufenthaltsraum, der in gedämpften Weiß-, Creme- und Terrakottatönen gehalten ist. Das Hotel eignet sich besonders für Weinkenner. In der *fattorìa* wird immer noch Chianti Classico produziert, und im Weinkeller stapeln sich die Fässer des Hausweins »La Castellina«. Die Gäste des Hotels können die verschiedenen Jahrgänge in der Bar, in der *enoteca* oder auf der Terrasse kosten.

Castellina in Chianti

Villa Casalecchi

Ländliche Villa

Loc. Casalecchi, 53011 Castellina in Chianti, Siena
Tel 0577 740240 • **Fax** 0577 741111 • **website** www.villacasalecchi.it
Mahlzeiten: Frühstück, Mittag-, Abendessen • **Preise:** LL-LLL
Geschlossen: Oktober bis März
Besitzerin: Elvira Lecchini-Giovannoni

Diese Villa aus dem 18. Jh. erstreckt sich über mehrere Hangterrassen inmitten von Wäldern und Weinbergen südlich von Castellina. Ursprünglich wurde sie als Jagdhütte genutzt, wovon die Trophäen im Eingangsbereich zeugen. Die Einrichtung — auch die des Speiseraums — ist etwas düster; schöner isst man auf der Terrasse mit Blick auf die offene Landschaft. Die individuell eingerichteten Zimmer befinden sich entweder in der Villa oder in einem Anbau; sie alle haben Zugang zu den Gärten und zum Pool. Durch ihre Parkettböden und Antiquitäten sind sie wesentlich freundlicher als die Gemeinschaftsräume. Die Terrassen sind sehr gepflegt und machen das Beste aus ihrer herrlichen Lage. Eine Ebene weiter unten befindet sich der Swimmingpool und darunter, am Rande der Weingärten, eine weitere Terrasse, auf der man sich sonnen kann.

Toskana

Castelnuovo Berardenga

Podere San Quirico

Bauerngasthof

Via del Paradiso 1, 53019 Castelnuovo Berardenga, Siena
Tel 0577 355206 • **Fax** 0577 355206 • **Mahlzeiten:** Frühstück auf Anfrage • **Preise:** L
Geschlossen: nie • **Besitzerin:** Maria Consiglio Picone

Maria Consiglio Picone empfängt ihre Gäste mit echter neapolitanischer Herzlichkeit. Das etwas mitgenommene Gebäude stammt aus dem 14. Jh. und verfügt über einen Torbogen und kleine, mit braunen Läden versehene Fenster. Im Vorhof stehen Terrakottatöpfe um kleine Sitzgelegenheiten. Das Innere ist äußerst fantasievoll eingerichtet, was vielleicht daran liegen mag, dass Maria in Neapel als Kostümbildnerin tätig war. Die Zimmer sind mit bunten Stoffen, alten Läufern und Terrakottaböden ausgestattet. Die Badezimmer entsprechen dem Standard. Die Gäste können in einem der zahlreichen Restaurants oder in einer Pizzeria in der Nähe essen oder sich der separaten Küche und des Speiseraums bedienen.

Castelnuovo Berardenga

Villa Curina

Ländliche Villa

Loc. Curina, 53019 Castelnuovo Berardenga, Siena
Tel 0577 355586 • **Fax** 0577 355412 • **e-mail** infolucy@tin.it
website www.villacurina.it
Mahlzeiten: Frühstück, Abendessen • **Preise:** LL • **Geschlossen:** Nov. bis März/April • **Geschäftsführer:** Franco Sbardelati

Als wir die Villa Curina besuchten, war einiges geboten: Die Gäste genossen den Pool, spielten Tennis oder bereiteten sich auf eine Radtour vor. Die Hauptvilla aus dem 18. Jh. liegt zwischen Ziergärten und Bäumen und beherbergt die Gästezimmer sowie die Hauptgemeinschaftsräume. Die meisten Appartements sind in drei alten Bauernhäusern untergebracht. Die Zimmer sind im etwas schwereren ländlichen Stil eingerichtet, aber alle äußerst komfortabel. Im Restaurant werden Gerichte mit Zutaten aus eigener Produktion sowie selbst produzierter Wein und Grappa serviert. Die terrassenförmigen Gärten ertrinken förmlich in einem Meer von Blumen; geometrisch geschnittene Buchsbaumhecken führen von einer Seite der Villa zum Pool und der großen, terrakottagefliesten Sonnenterrasse. Im hinteren Teil des Grundstücks befindet sich eine ruhigere und schattigere Kiesterrasse.

Toskana

Gaiole in Chianti

Castello di Spaltenna

Burghotel

Gaiole in Chianti, 53013 Siena
Tel 0577 749483 • **Fax** 0577 749269 • **e-mail** info@spaltenna.it • **website** spaltenna.it • **Mahlzeiten:** Frühstück, Mittagessen, Abendessen • **Preise:** LLLL
Geschlossen: Anfang Januar bis Ende März • **Geschäftsführer:** Giancarlo Bellvonini

Das befestigte Kloster liegt sehr eindrucksvoll auf einem Hügel und ist mit seinen vier Ecktürmen um einen zentralen Innenhof herum angeordnet. Die Mahlzeiten werden entweder im todschicken Restaurant oder im Innenhof serviert. Die früheren Besitzer bewiesen bei der Ausgestaltung des Hotels guten Geschmack: Alle Zimmer sind individuell eingerichtet; Antiquitäten, Himmelbetten und ausgefallene Stoffbezüge beleben die mittelalterliche Architektur. Die Einrichtung ist im Großen und Ganzen dieselbe geblieben. Nur die Anzahl der Zimmer hat sich erhöht: Im Hauptgebäude gibt es nun 18 Zimmer.

Lecchi in Chianti

San Sano

Dorfhotel

Loc. San Sano, 53010 Lecchi in Chianti, Siena
Tel 0577 746130 • **Fax** 0577 746156 • **e-mail** hotelsansano@chiantinet.it • **website** www.chiantinet.it/hotelsansano
Mahlzeiten: Frühstück, Abendessen • **Preise:** LL • **Geschlossen:** Mitte November bis Mitte März
Besitzer: Giancarlo und Heidi Matarazzo

Das mittelalterliche Städtchen von San Sano besteht aus einer Gruppe von Steinhäusern und einem ehemaligen Wehrturm, der zerstört und wieder aufgebaut wurde; er stellt den Kern eines entzückenden Familienhotels dar, das in einem wenig besuchten, aber geschichtsreichen Teil des Chianti liegt. Die Gebäude sind durch enge Passagen, steile Stiegen und versteckte Innenhöfe verbunden. Die Restaurierung wurde behutsam und sorgfältig ausgeführt. Die Inneneinrichtung im klassischen rustikalen Stil der Toskana zeigt guten Geschmack und Originalität. Der Speisesaal im ehemaligen Stall, von einem Steingewölbe überspannt, stellt eine Zuflucht vor der Sommerhitze dar. Jedes Schlafzimmer hat seinen eigenen Charakter und zu jedem gehört ein blitzblankes Badezimmer.

TOSKANA

MASSA E COZZILE

Villa Pasquini

Ländliche Villa

Via Vacchereccia 56, Margine Coperta, 51010 Massa e Cozzile, Pistoia
Tel 0572 72205 • **Fax** 0572 910888 • **Mahlzeiten:** Frühstück, Abendessen • **Preise:** LL
Geschlossen: Ende November bis Mitte März • **Besitzer:** Familie Innocenti

Ein Aufenthalt in der Villa Pasquini versetzt Sie in das 19. Jh. zurück. Bis vor sieben Jahren war die Villa der Herbstsitz der Adelsfamilie Pasquini aus Rom; danach wurde sie von den heutigen Besitzern gekauft und vollständig im Sinne der alten Adelsfamilie eingerichtet. Die Atmosphäre ist zwar leicht museal, aber dennoch nicht angestaubt. Die Zimmer sind alle unterschiedlich eingerichtet; in einigen stehen großartige Betten mit Baldachinen. Die altmodischen Badezimmer verfügen teilweise über wunderschöne Fresken. In dem attraktiven Speisesaal wird besonders viel Wert auf traditionelle Rezepte gelegt. Der Gast, der das Hotel für uns besuchte, hat sich für das 5-Gänge-Menü entschieden und nichts bereut. Auch der Preis war angemessen.

MONTEFOLLONICO

La Chiusa

Gästehaus auf dem Land

Via della Madonnina 88, 53040 Montefollonico, Siena
Tel 0577 669668 • **Fax** 0577 669593 • **Mahlzeiten:** Frühstück, Mittagessen, Abendessen
Preise: LLL-LLLL • **Geschlossen:** Januar bis März, Restaurant dienstags • **Besitzer:** Dania Masotti und Umberto Lucherini

Einige der besseren Hotels in diesem Führer haben ihre Karriere als Restaurants begonnen, die ganz allmählich ein paar Zimmer für Übernachtungsgäste herrichteten und damit so erfolgreich waren, dass sie diese Seite ihrer Aktivitäten verstärkten. Nichtsdestotrotz bleibt jedoch das Restaurant der Mittelpunkt des Unternehmens. Was wiederum nicht bedeutet, dass im La Chiusa der Komfort der Gäste sekundär wäre. Den Zimmern und Suiten wurde im Gegenteil die größte Sorgfalt gewidmet: Elegant und geräumig, ist jedes individuell mit Antiquitäten eingerichtet. Dania Masotti ist zu Recht stolz auf ihre Kochkünste; die Mahlzeiten in dem eleganten (und teuren) Restaurant basieren zwar auf heimischen und selbst angebauten Zutaten, wagen sich jedoch erfolgreich über die Grenzen der rein regionalen Küche hinaus.

Toskana

Monteriggioni

San Luigi

Landhotel

Loc. Strove, Via della Cerreta 38, 53030 Monteriggioni, Siena
Tel 0577 301055 • **Fax** 0577 301167 • **Mahlzeiten:** Frühstück, Mittagessen, Abendessen
Preise: LLL • **Geschlossen:** nie
Besitzer: Signor Michelagnoli

Der Umbau dieses Landgutes in ein etwas anderes Landhotel ist gelungen. Am besten wird dieses Hotel wohl jungen Familien gefallen. Eine lange, ungepflasterte Auffahrt führt durch das große Grundstück zum Haupt- und Empfangsgebäude. Die jetzigen Besitzer des San Luigi haben das Beste aus der fruchtbaren Gegend gemacht. Der sogar im Sommer grüne Park bietet viele Freizeitmöglichkeiten: Schwimmen, Tennis, Volley- und Basketball, Boccia und sogar ein riesiges Schachbrett. Wenn Ihnen diese Gruppenaktivitäten nicht zusagen, können Sie auch lange Spaziergänge unternehmen oder sich mit einem Buch in eine ruhige Ecke zurückziehen. Es wäre unfair, das San Luigi als Feriensiedlung zu beschreiben; es wäre jedoch ebenso irreführend, es unseren Lesern als Oase der Ruhe zu empfehlen.

Montignoso

Il Bottaccio

Restaurant mit Gästezimmern

Via Bottaccio 1, 54038 Montignoso
Tel 0585 340031 • **Fax** 0585 340103 • **e-mail** bottaccio@relaischateaux.fr • **website** www.relaischateaux.fr/bottacio
Mahlzeiten: Frühstück, Mittagessen, Abendessen • **Preise:** LLL-LLLL • **Geschlossen:** nie
Besitzer: Stefano und Elizabeth d'Anna

Il Bottaccio ist eines der bezauberndsten – und teuersten – Häuser in diesem Buch. In erster Linie ist es ein Restaurant (mit Michelin-Stern), in dem 10-gängige Menüs aufgetischt werden. Es ist jedoch auch ein fantastisches Hotel. Beim Umbau der ehemaligen Olivenölmühle unterhalb einer Burgruine verband man geschickt Alt und Neu. Jede Suite ist individuell gestaltet, riesig und luxuriös und stilsicher ausgestattet. Im Appartamento della Macine findet man das hölzerne Originalmahlwerk der Mühle, Orientteppiche und eine mosaikgekachelte, versenkte Badewanne. In allen Bädern wurden einheimischer Marmor und handbemalte Kacheln effektvoll kombiniert. Der Speiseraum ist schlicht und extravagant zugleich: auf einem Fliesenfußboden mit Orientteppichen stehen Bugholzstühle unter einer Balkendecke, daneben ein großes Becken mit Statuen.

Toskana

San Gimignano

Le Renaie

Landhotel

Loc. Pancole, 53037 San Gimignano, Siena
Tel 0577 955044 • **Fax** 0577 955126 • **e-mail** lerenaie@iol.it **website** sangimignano.com/lerenaie • **Mahlzeiten:** Frühstück, Mittagessen, Abendessen
Preise: L-LL • **Geschlossen:** November • **Besitzer:** Leonetto Sabatini

Dieses einfache, gut geführte Landhotel ist aus einer Bar und einem Restaurant entstanden und liegt nur wenige Autominuten von San Gimignano entfernt. Das Gebäude selbst ist ein typisches Beispiel moderner, rustikaler Architektur. Eine überdachte Terrasse, auf der bei schönem Wetter Frühstück und Abendessen serviert werden, wird von Steinarkaden eingerahmt. Einige der Zimmer sind mit eigenen Balkons und großen Verandatüren ausgestattet. Die leichtere und frischere Atmosphäre im Inneren wird von modernen Terrakottaböden und Korbmöbeln bestimmt. Das eher mittelmäßige Restaurant, »Da Leonetto«, ist vor allem bei den Einheimischen sehr beliebt.

Sarteano

Le Anfore

Gästehaus auf dem Land

Via di Chiusi 30, 53047 Sarteano, Siena
Tel 0578 265969 • **Fax** 0578 265521 • **e-mail** leanfore@priminet.it • **website** www.balzarini.it • **Mahlzeiten:** Frühstück, Abendessen
Preise: L-LL • **Geschlossen:** 3 Wochen im November
Geschäftsführer: Maurizio Pozielli

Wir haben hier eine echte Entdeckung: Le Anfore, einen Landgasthof, der am Ende eines Pfades unweit der Straße von Sarteano nach Chiusi liegt. Das Hotel ist ein ehemaliges Bauernhaus, das hervorragend restauriert und mit Stil und Geschmack eingerichtet wurde. Die Gemeinschaftsräume sind im Erdgeschoss und gehen fließend ineinander über. Sie sind durch Ziegelsteinbögen verbunden, die ein Echo in den ebenfalls bogenförmigen Fenstern finden. Die Gästezimmer sind im ersten Stock. Sie sind geräumig und haben auf Hochglanz polierte, dunkle Parkettböden mit Orientteppichen. In einigen gibt es Kamine und Sitzecken. Jedes Zimmer ist mit mehr oder weniger rustikalen Antiquitäten eingerichtet. Die Badezimmer sind modern gefliest und gut beleuchtet. Man kann hier baden, Tennis spielen und reiten.

Toskana

Sesto Fiorentino

Villa Villoresi

Stadtvilla

Via Ciampi 2, 50019 Colonnata di Sesto Fiorentino, Firenze
Tel 055 443212 • **Fax** 055 442063 • **e-mail** cvillor@tin.it
website www.villoresi@abitarefastoria.it • **Mahlzeiten:** Frühstück, Mittagessen, Abendessen • **Preise:** LL-LLLL
Geschlossen: nie • **Besitzerin:** Contessa Cristina Villoresi

Die vornehme Villa Villoresi wirkt in diesem heutigen Industrievorort von Florenz ziemlich deplatziert, aber in Haus und Garten fühlt man sich dann in einer anderen, prächtigen Welt. Die Eingangshalle ist eine herrliche Galerie mit schweren Kandelabern, freskengeschmückten Wänden, Antiquitäten und hohen Topfpflanzen. Auch auf dem Treppenabsatz des ersten Stocks sind schöne Fresken zu bewundern. Die Zimmer sind auffallend unterschiedlich – von kleinen und recht einfachen Räumen bis zu großartigen Appartements mit Wandmalereien und venezianischen Kerzenleuchtern. Von einigen blickt man auf einen Innenhof, von anderen auf Pool und Garten.

Sovicille

Borgo di Toiano

Landhotel

Loc. Toiano, 53018 Sovicille, Siena
Tel 0577 314639 • **Fax** 0577 314641 • **Mahlzeiten:** Frühstück
Preise: LL-LLL • **Geschlossen:** November bis März
Geschäftsführer: Pierluigi Pagni

Die meisten der verlassenen Dörfer, die einst kleine Bauerngemeinden beherbergten und mittlerweile in Hotels umgewandelt wurden, liegen aus Verteidigungsgründen an steilen Hängen oder hinter schweren Mauern. Das Borgo di Toiano dagegen erfreut sich einer angenehm offenen Lage: Die alten, ausgezeichnet restaurierten Steingebäude stehen auf großen Stein- und Terrakottaterrassen und bieten eine wunderschöne Aussicht über das fruchtbare Tal zu den niedrigen Hügeln am Horizont. Die Terrassen, auf die man von vielen der Zimmern direkt gelangt, sind mit Rosenbeeten, Blumentöpfen und schmiedeeisernen Gartenmöbeln geschmückt, so dass man das Frühstück dort in der frühen Morgensonne genießen kann. Die Einrichtung der einfachen, aber bequemen Zimmer wird durch eine Mischung aus rustikalen und modernen Elementen bestimmt.

Umbrien und die Marken

Überblick

Die Hotels in Umbrien und den Marken

Assisi ist und bleibt Hauptattraktion Umbriens, obwohl die Wahl eines Hotels nicht ganz einfach ist: Viele Häuser sind lediglich Durchschnitt, die komfortableren dagegen meist zu groß, um sie hier ausführlich vorzustellen. Das *Subasio* (Tel. 075 81 22 06, 70 Zimmer) zum Beispiel ist von recht förmlicher Eleganz, bietet aber einen schönen Blick von den besseren Zimmern und den herrlichen, blumenbewachsenen Terrassen. Wir empfehlen weiterhin das *Umbra* in der Stadt (siehe Seite 221) und das *Le Silve* auf dem Land (siehe Seite 220). Außerdem können wir zwei Neuentdeckungen vorstellen: das *Sant'Andrea* in Bettona, das nur 11 km von Assisi entfernt liegt (siehe Seite 222), und das *L'Orto degli Angeli* in Bevagna (siehe Seite 223), nur 24 km von Assisi entfernt.

Wenn Sie lieber außerhalb übernachten möchten, sollten Sie sich das *Poppy Inn-Locanda del Papavero* (Tel. 075 803 80 41) im 9 km entfernten Petrignano, ein Restaurant mit 9 Gästezimmern, merken.

Perugia ist längst nicht so bekannt wie Assisi, lohnt jedoch durchaus einen Besuch. Da sich das *Brufani* (Tel. 075 573 25 41) inzwischen auf über 90 Zimmer ausgedehnt hat, haben wir dem dennoch interessanten, wenn auch teuren Hotel keinen Eintrag mehr gewidmet. Ganz in der Nähe des Brufani liegt das *La Rosetta* (Tel. 075 572 08 41); obwohl es auch recht groß ist, wirkt es dennoch nicht unpersönlich und bietet auch ein weitaus besseres Preis-Leistungs-Verhältnis. Das *Da Sauro* (Tel. 075 82 61 68) stellt als auf der ruhigen Isola Maggiore im Lago Trasimeno gelegenes Familienhotel ebenfalls einen guten Ausgangspunkt dar, um die Gegend um Assisi zu erkunden.

Pesaro, wenngleich ziemlich groß, bietet eine interessantere Mischung aus Altstadt und Strandbad als viele andere vergleichbare Orte; hier empfehlen wir vor allem die *Villa Serena* (siehe Seite 235), aber auch das *Vittoria,* ein stilvolles, gut ausgestattetes Haus an der Strandpromenade im Ort selbst (Tel. 0721 343 43), ist in Betracht zu ziehen. In Ancona, Regionalhauptstadt der Marken und großer Hafen, sollte man sicher nicht übernachten, aber für den beliebten Badeort Portonovo 12 km weiter südlich haben wir für das *Emilia* (siehe Seite 236) eine ganzseitige Empfehlung und können außerdem noch das *Fortino Napoleonico* (Tel. 071 80 14 50) vorschlagen, ein ausgesprochen ungewöhnliches Hotel, das in einer eingeschossigen Festung direkt am Meer liegt. Das *Eden Gigli* (Tel. 071 933 06 52, 30 Zimmer) im noch weiter südlich gelegenen Numana ist ein elegantes Hotel in schöner Umgebung und mit Blick aufs Meer.

Landeinwärts von Pesaro ist Urbino, ein Zentrum der Renaissancekunst, einen Besuch wert, doch es gibt dort kein Hotel, zu dem wir vorbehaltlos raten könnten. Unser bester Tipp ist das *Raffaello* (Tel. 0722 48 96), ein einfaches Haus mit 19 Zimmern.

Gubbio lohnt ebenfalls einen Ausflug; versuchen Sie es mit dem *Bosone* (Tel. 075 922 06 88) oder auch mit dem *Torre dei Calzolari* Palace (Tel. 075 925 63 27). Etwas außerhalb der Stadt liegen die *Villa Montegranelli* (Tel. 075 922 01 85), ein strenges, an einem Hang gelegenes Steingebäude, und das extravagante *Park Hotel ai Cappuccini* (Tel. 075 92 34).

Umbrien und die Marken

Amelia

Piccolo Hotel Carleni

Stadthotel

Via Pellegrino Carleni 21, 05022 Amelia, Terni
Tel 0744 983925 **Fax** 0744 978143
e-mail carleni@tin.it **website** www.giubileoitalia.com/carleni

Man nimmt an, dass das kleine, auf einem Hügel gelegene Städtchen Amelia bereits im 12. Jh. v. Chr. gegründet worden ist, was es zu einer der ältesten Siedlungen in ganz Italien machen würde. Es liegt wunderschön zwischen dem Nera- und dem Tibertal.

Das Carleni hat als Restaurant begonnen, das von einem italienisch-französischen Paar geführt wurde, und auch heute noch ist das Restaurant das Herz des Etablissements. Zwei gemütlich-rustikale Räume mit warmen gelben Wänden und einem einladenden Kamin dienen den ausgezeichneten, von Marie France zubereiteten regionalen Gerichten mit französischem Einschlag als kultivierte Kulisse. Die Unterbringung in Form hübscher Zimmer und Suiten im Nebengebäude, die man über eine Außentreppe erreicht, gibt es erst seit ein paar Jahren. Die komfortablen Zimmer mit ihren Deckenbalken sind geschmackvoll und sorgfältig mit ländlichen Antiquitäten, Kiefer- oder Korbmöbeln und traditionell oder orientalisch gemusterten Stoffen eingerichtet; die weiß gefliesten Badezimmer sind makellos. Die Wände sind auch hier in einem warmen Gelbton gestrichen, und die Tagesdecken auf den Betten verströmen einen Hauch von Luxus. Eine der Suiten verfügt über eine eigene Terrasse; alle haben kleine Küchenzeilen und eine spektakuläre Aussicht. Bei schönem Wetter wird das Frühstück in dem bezaubernden Garten zwischen Glyzinien und Olivenbäumen serviert.

Umgebung: Orvieto (32 km); Spoleto (40 km); Viterbo (30 km) • **Lage:** 20 km südwestlich von Terni, im Stadtzentrum; öffentlicher Parkplatz 100 m vom Hotel entfernt • **Preise:** L-LL • **Zimmer:** 7; 4 Doppelzimmer, 3 Suiten, 6 mit Bad, 1 mit Dusche; alle Zimmer mit Telefon, TV, Minibar, Fön • **Anlage:** Restaurant, Frühstücksraum, Garten • **Kreditkarten:** AE, DC, MC, V • **Behinderte:** 4 speziell geeignete Zimmer • **Tiere:** nicht erlaubt • **Geschlossen:** 3 bis Wochen im Januar/Februar • **Besitzer:** Massimo Ralli und Marie France de Boiscuillé

Umbrien und die Marken

Assisi

Le Silve

~ Landhotel ~

Loc. Armenzano, 06081 Assisi, Perugia
Tel 075 8019000 **Fax** 075 8019005
e-mail hotellesilve@tin.it **website** www.lesilve.it

Auch wenn Sie gar nicht vorhaben, hier zu übernachten, lohnt sich die Fahrt hinauf nach Le Silve – aber nur, wenn Sie nicht allzu ängstlich sind. Die Straße schlängelt sich über eine Reihe von Hügeln und Pässen, bevor Sie das Gebäude erreichen, das ganz allein 700 m über dem Meeresspiegel auf einem Bergkamm thront. Die Aussicht ist einfach wundervoll. Le Silve ist ein altes Bauernhaus (wirklich sehr alt – zum Teil aus dem 10. Jh.), das äußerst einfühlsam und gekonnt für seinen jetzigen Zweck umgestaltet wurde. Es ist herrlich weitläufig; seine Zimmer befinden sich auf mehreren Ebenen. Das rustikale Flair wurde durch die glänzenden Fliesenböden, die unverputzten oder weißen Wände, die Holzbalkendecken und Vorleger und die Möblierung mit ländlichen Antiquitäten geschickt bewahrt. Die Zimmer sind stilvoll schlicht, die Suiten in etwa 1,5 km vom Hauptgebäude entfernten Villen untergebracht.

Das Essen ist schmackhaft und gut; Öl, Käse und Fleisch stammen vom hauseigenen Bauernhof. Le Silve liegt nahe genug bei Assisi, um die dortigen Sehenswürdigkeiten zu besichtigen, aber auch so einsam, dass man hier völlig ungestört ist. Außerdem stehen etliche Sporteinrichtungen (darunter ein recht großer Pool) zur Verfügung.

Umgebung: Sehenswürdigkeiten von Assisi • **Lage:** auf dem Land, 12 km östlich von Assisi, zwischen der S444 und der S3; bitten Sie im Hotel um eine Wegbeschreibung; großer Parkplatz • **Mahlzeiten:** Frühstück, Mittagessen, Abendessen, Zimmerservice • **Preise:** LLL • **Zimmer:** 18; 11 Doppel- und 3 Einzelzimmer, 4 Suiten, alle mit Bad; alle Zimmer mit Telefon, TV, Minibar, Safe • **Anlage:** 2 Aufenthaltsräume, Speiseraum, Bar, Terrasse, Swimmingpool, Tennisplatz, Sauna, Reiten, Bogenschießen, Minigolf, Motorräder • **Kreditkarten:** AE, DC, V
Behinderte: keine speziellen Einrichtungen • **Tiere:** nicht erlaubt • **Geschlossen:** Mitte November bis Mitte Januar • **Geschäftsführerin:** Daniela Taddia

Umbrien und die Marken

Assisi

Tipp des Herausgebers

Umbra

Stadthotel

Via degli Archi 6, 06081 Assisi, Perugia
Tel 075 812240 **Fax** 075 813653 **e-mail** humbra@mail.caribusiness.it
website www. caribusiness.it/carifo/iz/hotelumbra

In einer kleinen Gasse, die von Assisis Hauptplatz abgeht, versteckt sich dieser hübsche kleine Familienbetrieb. Das Umbra besteht aus mehreren Häuschen – die zum Teil aus dem 13. Jh. datieren – und einem gekiesten und begrünten, von einer Pergola überschatteten Innenhof. Es ist komfortabel ausgestattet und erinnert oft mehr an ein Privathaus als an ein Hotel. In dem hellen kleinen, im mediterranen Stil gefliesten Salon stehen brokatbezogene Sessel. Die Gästezimmer sind überwiegend recht einfach eingerichtet, aber jedes hat seinen spezifischen Charakter. Von manchen hat man außerdem einen herrlichen Blick über die umbrische Ebene. Der elegante Speiseraum gefiel uns besonders; bei schönem Wetter wird auch draußen serviert. Allerdings wurde dieses Jahr erneut die Beschwerde vorgebracht, dass das Essen mäßig sei. Zum Glück gibt es in der bei Touristen so populären Stadt genügend Alternativen.
Das Umbra bietet so viel Ruhe und Ungestörtheit, wie man sich in Assisi nur wünschen kann, und Alberto Laudenzi, dessen Familie das Hotel seit über 50 Jahren leitet, gibt sich für seine Gäste jede erdenkliche Mühe.

Umgebung: Basilika des hl. Franziskus; Santa Chiara; Dom; mittelalterliche Burg
Lage: im Stadtzentrum an der Piazza del Comune, mit kleinem Garten; Parkplatz recht weit entfernt • **Mahlzeiten:** Frühstück, Mittagessen, Abendessen
Preise: LL • **Zimmer:** 25; 16 Doppel-, 5 Einzelzimmer, 4 Suiten, alle mit Bad; alle Zimmer mit Telefon, TV • **Anlage:** 3 Aufenthaltsräume, Speiseraum, Bar, Garten
Kreditkarten: AE, DC, MC, V • **Behinderte:** Zugang schwierig • **Tiere:** nicht erlaubt
Geschlossen: Mitte November bis Mitte Dezember, Mitte Januar bis Mitte März
Besitzer: Alberto Laudenzi

Umbrien und die Marken

Bettona

Sant'Andrea

Stadthotel

Via Santa Caterina 2, 06084 Bettona, Perugia
Tel 075 987114 **Fax** 075 9869130
e-mail hsandrea@tin.it **website** www.hotelsantandrea.it

Das von Olivenhainen gesäumte idyllische Bettona mit seiner interessanten etruskischen Geschichte weist einen beinahe elliptischen Grundriss auf. Wir waren angenehm überrascht, an einem solchen Ort über das stilvolle Sant'Andrea zu stolpern. Das Hotel liegt ganz in der Nähe der attraktiven zentralen Piazza in einem mittelalterlichen Gebäude, das seinerzeit vielen verschiedenen Zwecken diente: Neben einem Krankenhaus und einem Oratorium war es vor kurzem auch eine Olivenpresse. Bei seiner sorgfältigen Renovierung und Modernisierung zeigte man Respekt vor den ursprünglichen Bauelementen wie beispielsweise der Steinwölbung, den schweren Dachbalken oder den Arkaden. Der helle Empfangs- und Aufenthaltsbereich, in dem man von einem hilfsbereiten Mitglied des Personals willkommen geheißen wird, wird von moderner Kunst geschmückt. Die Zimmer sind mit dunklen Hartholzböden, eleganten Kirschholzmöbeln und dunkelblauen Bettbezügen und Polsterungen ausgestattet; in jedem hängen andere Schwarz-Weiß-Fotografien mit Blumenmotiven. Die hübschen Bäder sind in gedämpftem Grau gehalten und verfügen über glänzende Chromarmaturen. In dem steingewölbten Restaurant im Keller werden Spezialitäten der Gegend angeboten.

Umgebung: Assisi (11 km); Perugia (22 km) • **Lage:** 11 km südwestlich von Assisi, im Stadtzentrum; Parkplatz • **Mahlzeiten:** Frühstück, Mittagessen, Abendessen **Preise:** LL • **Zimmer:** 19; 18 Doppel-, 1 Einzelzimmer, 4 mit Bad, 15 mit Dusche; alle Zimmer mit Telefon, TV, Minibar, Fön • **Anlage:** Aufenthaltsraum, Bar, Restaurant, Aufzug • **Kreditkarten:** AE, MC, V • **Behinderte:** 1 speziell geeignetes Zimmer • **Tiere:** nicht erlaubt • **Geschlossen:** nie • **Geschäftsführer:** Marco Bolatti

Umbrien und die Marken

Bevagna

✻ Tipp des Herausgebers ✻

L'Orto degli Angeli

Stadthotel

Via Dante Alighieri, 06031 Bevagna, Perugia
Tel 0742 360130 **Fax** 0742 361756
e-mail ortoangeli@ortoangeli.it **website** www.ortoangeli.it

Bevagna ist ein weiteres verschlafenes kleines Dorf in Umbrien voller handwerklich-künstlerischer Kleinode. Das aus dem 17. Jh. stammende L'Orto degli Angeli liegt an der alten Via Flaminia im Zentrum des Ortes und ist vor allem aufgrund zweier Merkmale interessant: ein wunderschöner hängender Garten, der in einem alten römischen Amphitheater angelegt ist, und ein zitronengelb gestrichenes Restaurant, dessen eine Wand der Rest eines Minervatempels aus dem 1. Jh. darstellt.

Die Besitzerfamilie mit dem klangvollen Namen Antonini Angeli Nieri Mongalli hat auf die Restaurierung ihres faszinierenden Zuhauses viel Sorgfalt verwendet. Das Haus mit seinen Fresken, alten Terrakottaböden und riesigen Kaminen aus Stein ist immer noch sehr groß, aber es ist gleichzeitig anheimelnd und gemütlich – also alles andere als Furcht einflößend. Die Zimmer sind fantasievoll im großen Stil eingerichtet: Die hübschen Stoffe passen hervorragend zu den originalen Terrakottafliesen, den großartigen Familienantiquitäten und den bemalten Holzarbeiten. Die diversen modernen Annehmlichkeiten sind gänzlich den Blicken entzogen. Die Speisekarte im von Tiziana Antonini geführten Restaurant wechselt wöchentlich. Tiziana bäckt das Brot selbst täglich frisch und mahlt sogar ihr Mehl selbst. Auch die Marmeladen und Kuchen, die es zum Frühstück gibt, sind hausgemacht.

Umgebung: Assisi (24 km); Perugia (45 km); Spello (13 km) • **Lage:** 8 km südwestlich von Foligno, im Stadtzentrum; öffentlicher Parkplatz 100 m entfernt
Mahlzeiten: Frühstück, Mittagessen, Abendessen • **Preise:** LL • **Zimmer:** 9; 6 Doppelzimmer, 3 Suiten, 2 mit Bad, 7 mit Dusche; alle Zimmer mit Telefon, TV, Klimaanlage, Minibar, Fön • **Anlage:** Frühstücksraum, Restaurant, Aufenthaltsraum, Leseraum, Garten • **Kreditkarten:** AE, DC, MC, V • **Behinderte:** nicht geeignet • **Tiere:** erlaubt • **Geschlossen:** Mitte Januar bis Mitte Februar
Besitzer: Tiziana und Francesco Antonini Angeli Nieri Mongalli

Umbrien und die Marken

Campello sul Clitunno

Il Vecchio Molino

Umgebaute Mühle

Loc. Pissignano, Via del Tempio 34, 06042 Campello sul Clitunno, Perugia
Tel 0743 521122 **Fax** 0743 275097
website www.perugiaonline.com

Es ist und bleibt ein Rätsel, warum dieser Gasthof, der so nahe an der Straße von Perugia nach Spoleto liegt, eine solche Oase der Ruhe ist. Beinahe das einzige wahrnehmbare Geräusch ist das leise Gurgeln des Baches, der sich durch den schattigen Garten schlängelt. Wie es sich für eine alte Mühle gehört, stehen alle Gebäude in harmonischer Nähe des Flusses: Die Auffahrt macht einen Bogen um den Mühlenteich und endet an einem efeubewachsenen Gebäude, an dem alte Mühlsteine lehnen. Die schmalen Gärten stehen voller Trauerweiden, die sich auf beiden Seiten des Flusses zum Wasser neigen. Das Wasser fließt sogar durch einige Gebäudeteile, in die dekorativ alte Arbeitsmaschinerie eingearbeitet ist.

Die Zahl der Gemeinschaftsräume scheint endlos. Sie alle sind ganz individuell eingerichtet: elegante weiße Sofas vor einem großen Kamin, über den geschnitzte Holzlampen ragen; Tische mit kleinen Pulten, auf denen frühe Ausgaben von Dantes Purgatorio liegen; zu Türen umfunktionierte Mühlenräder. Die Zimmer, so stellten wir mit Erleichterung fest, sind angenehm trocken und sehr zurückhaltend mit hübschen Antiquitäten eingerichtet; an den weißen Wänden hängen Lampen mit Schirmen aus Pergament.

Das Hotel wird gerne von Hochzeitsgesellschaften gebucht und ist vor allem auch während des Festivals in Spoleto stark frequentiert.

Umgebung: Spoleto (11 km); Perugia (50 km) • **Lage:** 50 km südöstlich von Perugia zwischen Trevi und Spoleto, in eigener Anlage am Clitunnofluss; großer Parkplatz • **Mahlzeiten:** Frühstück • **Preise:** LL • **Zimmer:** 13; 6 Doppel-, 2 Einzelzimmer, 5 Suiten, alle mit Bad oder Dusche; alle Zimmer mit Telefon, Minibar; einige mit Klimaanlage • **Anlage:** Aufenthaltsräume, Bar, Gärten • **Kreditkarten:** AE, DC, MC, V • **Behinderte:** Zugang schwierig • **Tiere:** erlaubt • **Geschlossen:** November bis März • **Besitzer:** Paolo Rapanelli

Umbrien und die Marken

Canalicchio

Relais Il Canalicchio

Hotel auf einem Hügel

Via della Piazza 13, 06050 Canalicchio, Perugia
Tel 075 8707325 **Fax** 075 8707296
e-mail relais@ntt.it **website** www.wel.it/Rcanalicchio.html

Ein Paradoxon des modernen Italien ist die Tatsache, dass die ursprünglich bescheidenen Bauern- und Handwerkerhäuser durch eine sorgfältige Restaurierung und die Verwendung und stilvolle Kombination von alltäglichen Materialien wie Stein, Holz, Verputz und Terrakotta zu Musterbeispielen modernen Geschmacks und Komforts geworden sind. Die Besitzer des Relais Il Canalicchio haben einen Großteil der gleichnamigen halbbefestigten Hügelsiedlung übernommen und daraus ein Hotel geschaffen, das umbrische Kultur kreativ mit zeitgenössischem Flair verbindet. Die Gemeinschaftsräume befinden sich im alten Arbeitsteil der Mühle; Steinbögen und massive Mühlsteine setzen sich gegen die eleganten Möbel ab. Die einfach verputzten Wände sind mit englischen Drucken, Ölgemälden und brillanten Keramikarbeiten der Gegend geschmückt. Eine alte Weinpresse ist erhalten geblieben.

Jedes Zimmer ist individuell eingerichtet; einige verfügen über Terrassengärten, und viele genießen eine wunderschöne Aussicht. Im Restaurant werden ausgezeichnet zubereitete Gerichte mit Zutaten aus eigener Produktion serviert; wir haben bisher nur einen einzigen Bericht erhalten, der anderer Meinung war. Wenn Sie sich nach dem Essen noch etwas bewegen wollen, stehen Ihnen ein Fitnessraum, ein Pool und eine Sauna zur Verfügung. Sie werden sich in diesem Dorf bestimmt geradezu königlich wohl fühlen.

Umgebung: Perugia; Assisi; Gubbio; Todi (alle etwa 40 km) • **Lage:** in einem ruhigen Dorf auf einem Hügel, 40 km südöstlich von Perugia; Parkplatz
Mahlzeiten: Frühstück, Mittagessen, Abendessen • **Preise:** LL-LLL • **Zimmer:** 27; 18 Doppel-, 5 Einzelzimmer, 4 Suiten, alle mit Bad oder Dusche; alle Zimmer mit Telefon, TV, Klimaanlage, Minibar, Safe • **Anlage:** Aufenthaltsräume, Restaurant, Billardraum, Fitnessraum, Sauna, Terrassen, Gärten, Swimmingpool, Mountainbikes
Kreditkarten: AE, DC, MC, V • **Behinderte:** einige Zimmer geeignet • **Tiere:** erlaubt • **Geschlossen:** nie • **Besitzer:** Antonio Setter

Umbrien und die Marken

Castel Rigone

Relais La Fattoria

~ Stadthotel ~

Via Rigone 1, 06060 Castel Rigone, Lago Trasimeno, Perugia
Tel 075 845322 **Fax** 075 845197
e-mail pammelati@edisons.it **website** www.relaislafattoria.com

Das kleine mittelalterliche Städtchen Castel Rigone liegt in den Bergen nordöstlich des Lago Trasimeno. Das angenehme, familiengeführte Hotel Relais La Fattoria — ehemals ein stattliches Herrenhaus — befindet sich direkt im Zentrum des Ortes.

Von dem Augenblick an, in dem man den Empfangsbereich mit seiner Holzdecke, den Steinwänden und den bequemen Knole-Sofas betritt, fühlt man sich auch dank des eifrigen jungen Personals wohl. Die Gemeinschaftsräume sind geschmackvoll mit Perserteppichen auf den polierten Korkböden und farbenprächtigen modernen Gemälden an den weißen Wänden ausgestattet. Der einzige Anbau, der vom italienischen Ministerium für Kunst und Kultur genehmigt worden ist, ist das Restaurant, das ganz und gar im ursprünglichen Stil des Gebäudes gehalten ist. Unter den Gerichten findet man auch frischen Fisch aus dem See.

Bei der Einrichtung der Zimmer hat man mehr Wert auf modernen Komfort als auf Individualität gelegt; einige verfügen über eine Aussicht auf den See. Die Badezimmer sind alle neu und sehr bunt. Über die gesamte Front des Hauses erstreckt sich eine Terrasse mit Sitzmöglichkeiten und ein kleiner Swimmingpool. Hier wird bei schönem Wetter auch das ausgezeichnete und reichhaltige Frühstücksbüfett (selbst gebackenes Brot, hausgemachte Marmelade, Käse und selbst geräuchertes Fleisch) serviert.

~

Umgebung: Perugia (27 km); Assisi (35 km); Gubbio (50 km) • **Lage:** 27 km nordwestlich von Perugia, im Stadtzentrum; Parkplatz in der Nähe • **Mahlzeiten:** Frühstück, Mittagessen, Abendessen • **Preise:** LL • **Zimmer:** 29; 23 Doppel-, 3 Einzelzimmer, 3 Juniorsuiten, alle mit Bad oder Dusche, Suiten mit Whirlpools; alle Zimmer mit Telefon, TV, Minibar • **Anlage:** Aufenthaltsraum, Restaurant, Terrasse/Garten, Swimmingpool • **Kreditkarten:** AE, DC, MC, V • **Behinderte:** keine speziellen Einrichtungen • **Tiere:** erlaubt • **Geschlossen:** Hotel nie; Restaurant im Januar • **Besitzer:** Familie Pammelati

Umbrien und die Marken

Cenerente

Castello dell'Oscano

Burghotel

06134 Loc. Cenerente, Perugia
Tel 075 690125 **Fax** 075 690666
e-mail info@oscano.com **website** www.oscano.it

Auf den ersten Blick ist das Castello dell'Oscano eine Märchenburg: Efeuumrankte Erker, Zinnen und krenelierte Türme erheben sich über einen Pinienwald an einem steilen Hang. Die Anlage des Gebäudes ist schön proportioniert, geräumig und hell. Die Eingangshalle ist so hoch wie die Burg selbst und verfügt über eine imposante geschnitzte Treppe, polierte Holzböden und neogotische Fenster. Die Gemeinschaftsräume gehen ineinander über und sind mit originalen Möbeln ausgestattet: mit einer Bibliothek, die mit ihren klassischen Holzregalen und ihren Bänden aus dem 18. Jh. jeden Bibliophilen in ihren Bann ziehen wird; mit Wohnzimmern, die über eine Holztäfelung, Wandbehänge und Kamine aus Marmor verfügen; mit einem Speiseraum, in dem alte Deruta-Töpferwaren ausgestellt sind.

Die Gänge im oberen Stock sind geometrisch mit schwarzem und weißem Marmor gemustert. Im Castello selbst gibt es nur zehn Zimmer, die alle individuell mit Antiquitäten möbliert sind. Die übrigen Zimmer befinden sich in der Villa Ada nebenan; sie sind weniger Aufsehen erregend und billiger. Die spektakulärsten Unterbringungsmöglichkeiten befinden sich in den Ecktürmen: Sie sind mit Himmelbetten und Türen ausgestattet, die zu den Schutzwällen führen, von denen aus man eine wunderbare Aussicht über die romantischen Gärten des Hotels hat.

Umgebung: Perugia (5 km); Assisi (28 km); Gubbio (40 km) • **Lage:** in eigener Anlage an einem Hang; großer Parkplatz • **Mahlzeiten:** Frühstück, Abendessen **Preise:** LL-LLL • **Zimmer:** 19; 11 Doppelzimmer im Castello, 8 Doppel- und 2 Einzelzimmer in der Villa Ada, alle mit Bad oder Dusche; alle Zimmer mit Telefon, TV, Klimaanlage, Minibar, Fön • **Anlage:** Aufenthaltsräume, Speiseraum, Bibliothek, Bar, Gärten, Swimmingpool • **Kreditkarten:** AE, DC, MC, V **Behinderte:** 1 Zimmer geeignet • **Tiere:** erlaubt • **Geschlossen:** Hotel nie; Restaurant Mitte Januar bis Mitte Februar • **Geschäftsführer:** Maurizio Bussolati

Umbrien und die Marken

Foligno

Villa Roncalli

Stadtvilla

Via Roma 25, 06034 Foligno, Perugia
Tel 0742 391091 **Fax** 0742 391001

Lassen Sie sich von der industrieähnlichen Umgebung dieser großartigen Villa aus dem 18. Jh. nicht abschrecken. Die hohen Kastanien, die die Auffahrt säumen und die diese ehemalige Jagdhütte einrahmen, schirmen die Villa Roncalli fast vollständig von der Außenwelt ab. Die jetzigen Besitzer haben das Hotel erst vor kurzem erworben; dennoch haben sie es bereits jetzt erfolgreich in ein Hotel mit der Atmosphäre eines luxuriösen Privatdomizils umgewandelt. Die Gemeinschaftsräume beispielsweise sind mit großartigen Antiquitäten und Gemälden eingerichtet.
Das Erdgeschoss wird vom eleganten Speiseraum, der ehemaligen Eingangshalle der Villa, mit seinem massiven, verglasten Weinregal dominiert. Die Küche, ein wahrer Gastronomietempel im Herzen Umbriens, wird von Angelos Frau Alessandra geführt, während sich die gemeinsame Tochter Maria Luisa mit freundlicher Effizienz um den Rest des Geschäfts kümmert.
Im ersten Stock, dem *piano nobile*, gibt es vier luftige Zimmer mit großen, jalousienbestückten Fenstern; sie gehen vom kühlen, mit Fresken geschmückten Wohnzimmer ab. Die restlichen Zimmer befinden sich in der Mansarde im zweiten Stock. Jedes einzelne ist prächtig in einem zeitlos-modernen Stil eingerichtet.

Umgebung: Spello (7 km); Montefalco (12 km); Assisi (15 km) • **Lage:** 1,5 km südlich von Foligno; großer Parkplatz • **Mahlzeiten:** Frühstück, Mittagessen, Abendessen • **Preise:** LL • **Zimmer:** 10; 8 Doppel-, 2 Einzelzimmer, alle mit Dusche; alle Zimmer mit TV, Klimaanlage, Minibar • **Anlage:** Aufenthaltsraum, Frühstücksraum, Restaurant, Bar • **Kreditkarten:** AE, DC, MC, V • **Behinderte:** keine speziellen Einrichtungen • **Tiere:** nicht erlaubt • **Geschlossen:** Hotel nie; Restaurant 2 Wochen im März • **Besitzer:** Angelo und Alessandra Scolastra

Umbrien und die Marken

Montecastello Vibio

Fattoria di Vibio

Gästehaus auf dem Land

Loc. Buchella 1a, 9-Doglio, 05010 Montecastello Vibio, Perugia
Tel 075 8749607 **Fax** 075 8780014
e-mail info@fattoriadivibio.com **website** www.fattoriadivibio.com

Manchmal ist es nur ein winziges Detail, das die Atmosphäre eines Ortes bestimmt: Im Fall der Fattoria di Vibio ist es das handbemalte Geschirr, auf dem Signora Saladini ihre köstlichen Mahlzeiten serviert. Das Bauernhaus aus dem 18. Jh. mit den weißen Wänden und den bunten Stoffen und Keramiken ist insgesamt im modernen rustikalen italienischen Stil gehalten. Die großzügig geschnittenen, offenen Räumlichkeiten sind mit viel Geschmack und Aufwand gestaltet worden. Die meisten Zimmer befinden sich in einem Nebengebäude.

Die Familie Saladini meint es ernst mit dem Komfort und dem Wohlbefinden ihrer Gäste. Dies fängt schon in der Küche an. Ein Großteil der Zutaten stammt aus der *fattorìa* selbst oder ist frisch vom Markt und wird geradezu spektakulär vor den Augen der Gäste zubereitet. Die obligatorische Halbpension ist demzufolge keineswegs eine Strafe. Wenn Sie einige der Kalorien auch wieder abbauen wollen, können Sie schwimmen, Tischtennis spielen, reiten oder in der großartigen Umgebung spazieren gehen; es gibt sogar einen Tennisplatz in der Nähe. Wenn Sie sich allerdings lieber entspannen wollen, so können Sie auch dies tun: in der Ruhe und Abgeschiedenheit des Gartens.

Umgebung: Todi (20 km); Orvieto (30 km) • **Lage:** an einem ruhigen Hang an der S448 zwischen Todi und Orvieto; großer Parkplatz • **Mahlzeiten:** Frühstück, Mittagessen, Abendessen • **Preise:** LL; Halbpension obligatorisch; im August Mindestaufenthalt 1 Woche • **Zimmer:** 10 Doppel- und Zweibettzimmer, alle mit Bad oder Dusche; einige Zimmer mit TV • **Anlage:** Aufenthaltsraum, Speiseraum, Terrasse, Garten, Swimmingpool, Fahrräder, Reiten, Fischen • **Kreditkarten:** AE, DC, MC, V • **Behinderte:** 1 Zimmer geeignet • **Tiere:** erlaubt • **Geschlossen:** Januar und Februar, November bis Dezember • **Besitzer:** Gabriella, Giuseppe und Filippo Saladini

Umbrien und die Marken

Montefalco

Villa Pambuffetti

Villenhotel

Via della Vittoria 20, 06036 Montefalco, Perugia
Tel 0742 379417 **Fax** 0742 379245
e-mail villabianca@interbusiness.it **website** www.umbria.org

Wie Hemingway seinerzeit in Spanien, so scheint auch der Dichter Gabriele d'Annunzio überall in Italien schon einmal gewesen zu sein; im Fall der Villa Pambuffetti trifft dies allerdings mit sehr großer Wahrscheinlichkeit auch zu. Er widmete einerseits der nahe gelegenen Stadt Montefalco ein Gedicht, die aufgrund ihrer unvergleichlichen Aussicht als der »Balkon Umbriens« bekannt ist; andererseits strahlt die Villa selbst die den Idealen des Dichters entsprechende Eleganz der Zeit um 1900 aus.
Das Hauptgebäude wird von 10 000 Quadratmetern schattigen Gartens eingerahmt. Die Einrichtung und Dekoration der Villa ist beinahe noch dieselbe wie zu Beginn des 20. Jhs., als die Familie Pambuffetti damit begann, »zahlende Gäste« aufzunehmen: Böden und Täfelungen bearbeiteten Eichenholzes, Bambussessel, Tiffanylampen und alte Familienfotografien in Jugendstilrahmen, die den Optimismus des jungen Jahrhunderts verkörpern. Viele Zimmer sind mit den älteren und schöneren Antiquitäten der Familie ausgestattet; die zwar modern eingerichteten Badezimmer sind stilistisch alle fast vollkommen. Wenn Sie ein Zimmer mit Aussicht wollen, sollten Sie eines der Turmzimmer mit den sechs Panoramafenstern nehmen. Die Aussicht aus dem Speisesaal ist zwar etwas bescheidener, aber hier sollte man die Aufmerksamkeit schließlich auch ganz dem Essen widmen.

Umgebung: Montefalco; Assisi (30 km); Perugia (46 km) • **Lage:** kurz vor Montefalco, in eigener Anlage; großer Parkplatz • **Mahlzeiten:** Frühstück, Abendessen **Preise:** LL-LLL • **Zimmer:** 15; 11 Doppel- und Zweibettzimmer, 1 Einzelzimmer, 3 Suiten, 2 mit Bad, 13 mit Dusche; alle Zimmer mit Telefon, TV, Klimaanlage, Minibar, Fön • **Anlage:** Aufenthaltsraum, Bar, Restaurant, Loggia, Garten, Swimmingpool • **Kreditkarten:** AE, DC, MC, V • **Behinderte:** 2 Zimmer im Erdgeschoss geeignet • **Tiere:** nicht erlaubt • **Geschlossen:** nie • **Geschäftsführer:** Alessandra und Mauro Angelucci

Umbrien und die Marken

Orvieto

La Badia

~ Umgebaute Abtei ~

Loc. La Badia, 05019 Orvieto, Terni
Tel 0763 301959 **Fax** 0763 305396

La Badia könnte den Schauplatz für einen Schauerroman aus dem 18. Jh. darstellen: verfallene Mauerbögen, Krähen, die von den Zinnen des alten Glockenturms krächzen, Silhouetten von Zypressen, die sich dunkel gegen den Abendhimmel abzeichnen, und – auf der gegenüberliegenden Seite des Tales – der Umriss des Domes von Orvieto. Das aus goldfarbenem Stein gebaute Kloster, das auf seinem Hügel von Umbriens sattgrüner Landschaft umgeben ist, entpuppt sich jedoch alsbald als ein äußerst komfortables Hotel.
Zurückhaltung ist das Stichwort, das einem bei der Umwandlung dieses schönen Gebäudes in ein distinguiertes Hotel einfällt. Der robusten Architektur der alten Abtei wird immer genügend Raum zur Entfaltung gelassen, und moderne Veränderungen sind auf ein Minimum reduziert. Die schweren antiken Holzmöbel passen sehr gut zu den massiven Steinwänden, schmiedeeiserne Leuchter erhellen Deckengewölbe, und die Böden bestehen entweder aus einfachem oder aus geometrisch gemustertem Terrakotta. Hier und da trifft der Gast auf willkürlich verteiltes Kirchengestühl, das ihn an den Ursprung des Gebäudes erinnert.
Am Hang hinter dem Hotel ist ein großartiger Pool angelegt; neben dem berühmten polygonalen Turm vor der Abtei befindet sich ein friedvoller Garten, in dem der kontemplative Besucher die Aussicht auf Orvieto genießen kann.

~

Umgebung: Orvieto (5 km); Todi (40 km); Viterbo (45 km) • **Lage:** an einem ruhigen Hang, 5 km südlich von Orvieto • **Mahlzeiten:** Frühstück, Mittagessen, Abendessen • **Preise:** LLL • **Zimmer:** 26; 16 Doppel-, 3 Einzelzimmer, 7 Suiten, alle mit Bad oder Dusche; alle Zimmer mit Telefon, Klimaanlage • **Anlage:** Aufenthaltsraum, Frühstücksraum, Bar, Restaurant, Tennisplatz, Swimmingpool
Kreditkarten: AE, V • **Behinderte:** Zugang schwierig • **Tiere:** nicht erlaubt
Geschlossen: Januar, Februar • **Besitzerin:** Luisa Fiume

Umbrien und die Marken

Orvieto

Palazzo Piccolomini

~ Stadthotel ~

Piazza Ranieri 36, 05018 Orvieto, Terni
Tel 0763 341743 **Fax** 0763 391046
e-mail piccolomini.hotel@orvieto.it **website** www.argoweb.it/hotel_piccolomini/

Endlich gibt es auch im Zentrum dieser bemerkenswerten, zauberhaften Stadt, die sich auf ihrem Tuffsteinpodest etwa 300 Meter über den Meeresspiegel erhebt, ein mehr als annehmbares Hotel. Orvieto kann mit einem großartigen Dom, einem Centro Storico voller Atmosphäre, einer guten Auswahl an Restaurants, die ausgezeichnete regionale Gerichte servieren, und – last, but not least – einem exzellenten Weißwein aufwarten.

Der hellrosafarbene Palazzo Piccolomini ist nach der Familie benannt, die ihn im ausgehenden 16. Jh. erbaut hat, und liegt im Herzen der Altstadt. 1998 ist er in ein wunderschönes Hotel umgewandelt worden. Im Inneren der kühlen, gewölbten Räume, die etwas spartanisch, aber geschmackvoll eingerichtet sind, herrscht eine wundervolle Ruhe. Im geräumigen Salon heben sich schmiedeeiserne Kandelaber und die weißen Bezüge der Sofas und Stühle stilvoll von den weißen Wänden und polierten Terrakottaböden ab; durchsichtige weiße Vorhänge kräuseln sich im Luftzug und filtern das helle Sonnenlicht. Die Zimmer variieren zwar in Größe und Form, sind jedoch alle im gleichen Stil mit modernen dunklen Holzmöbeln und dunkelblauen Farbtupfern eingerichtet. Einige verfügen über eine Aussicht über die Dächer von Orvieto. Das Frühstück wird in einem ursprünglich etruskischen gewölbten Kellerraum serviert.

~

Umgebung: Dom; unterirdische Höhlen • **Lage:** im Süden der Stadt nahe der Porta Romana; öffentlicher Parkplatz 200 m entfernt • **Mahlzeiten:** Frühstück
Preise: LL • **Zimmer:** 31; 6 Einzelzimmer, 22 Doppel- und Zweibettzimmer, 3 Suiten, alle mit Dusche; alle Zimmer mit Telefon, TV, Klimaanlage, Minibar, Fön
Anlage: Frühstücksraum, Aufenthaltsraum, Bar, Aufzug • **Kreditkarten:** AE, DC, MC, V • **Behinderte:** einige Zimmer geeignet • **Tiere:** erlaubt • **Geschlossen:** 1 Woche im Januar • **Geschäftsführer:** Roberto Mazzolai

Umbrien und die Marken

Panicale

Le Grotte de Boldrino

Stadthotel

Via Virgilio Cappari 30, 06064 Panicale, Perugia
Tel 075 837161 **Fax** 075 837166

Der ehemalige Palazzo Belleschi-Grifoni, der in die Stadtmauern der mittelalterlichen Hügelstadt Panicale gehauen ist, wurde erst 1990 zu seinem jetzigen Zweck umfunktioniert. Ganz im Gegensatz zu seiner strengen Fassade, wirkt der Palazzo im Inneren klein und intim; die schöne zeitgenössische Einrichtung macht besonders kreativen Gebrauch von Eisen und Holz.

Man kann das Hotel entweder durch den Eingang betreten, der an einer der engen Passagen des alten Borgo liegt, oder – etwas praktischer – durch das Restaurant, das sich weiter unten an der Straße befindet, die sich wie ein Ring um die Stadt schließt. Ein labyrinthartiger Korridor führt zu den mit Parkettböden ausgestatteten Zimmern. In überraschendem Kontrast zu ihrem sonst modernen Stil, sind sie mit beeindruckenden Möbeln aus dem ausgehenden 19. Jh. – wie z. B. riesigen Bettkopfenden aus Walnussholz – eingerichtet. Bemerkenswert ist auch die gut durchdachte sanfte Beleuchtung.

Das Restaurant im Erdgeschoss hat mittlerweile einen ausgezeichneten Ruf. Auch hier findet sich eine angenehme Gegenüberstellung von Alt und Neu: unverputzte mittelalterliche Mauern, traditionelle Eichenholzdecken, Steinfliesen und moderne verputzte Wände mit Eisengittern in der oberen Galerie. Auf der kleinen, aber feinen Speisekarte werden verschiedene umbrische Spezialitäten angeboten.

Umgebung: Castiglione del Lago (15 km); Città della Pieve (25 km) • **Lage:** in die Stadtmauern gebaut; Parkplatz in der Nähe • **Mahlzeiten:** Frühstück, Mittagessen, Abendessen • **Preise:** L • **Zimmer:** 11; 9 Doppel- und Zweibettzimmer, 2 Einzelzimmer, alle mit Bad oder Dusche; alle Zimmer mit Telefon, TV • **Anlage:** Aufenthaltsraum, Frühstücksraum, Restaurant • **Kreditkarten:** AE, DC, MC, V
Behinderte: Zugang schwierig • **Tiere:** kleinere Tiere erlaubt • **Geschlossen:** nie
Besitzer: Attilio Spadoni

Umbrien und die Marken

Panicale

Tipp des Herausgebers

Villa di Montesolare

Ländliche Villa

Loc. Colle San Paolo, 06070 Panicale, Perugia
Tel 075 832376 **Fax** 075 8355462
e-mail info@villamontesolare.it **website** www.villamontesolare.it

Diese Stuckvilla liegt – durch hohe Mauern vor der umliegenden ausgedörrten Landschaft geschützt – in einer grünen Oase. Das Gebäude stammt aus dem Jahr 1780, obwohl die kleine Kapelle im Garten aus dem 16. Jh. viel frühere Ursprünge vermuten lässt. Als die jetzigen Besitzer die Villa kauften, machten sie sich daran, den Garten aus dem 19. Jh. und den dahinter verborgen liegenden zweiten Garten einer intensiven Pflege zu unterziehen, den Swimmingpool diskret ein Stück von der Villa entfernt anzulegen und die Villa originalgetreu wiederherzurichten.

Das Ergebnis stellt einen der komfortabelsten Landsitze der gesamten Gegend um den Lago Trasimeno dar. Der ursprüngliche Charakter der Zimmer ist weitestgehend erhalten geblieben: Deckenbalken, Bodenfliesen und weiß getünchte Wände, hohe Betten aus der Zeit des frühen 20. Jhs., alte Wand- und Kleiderschränke. Das kühle blaue Wohnzimmer im *piano nobile* wirkt in der Tat sehr nobel, während die Speiseräume und die Bar etwas bescheidener im Erdgeschoss liegen. 1995 unternahmen die Strunks auch die Renovierung der Casa Colonica jenseits der Grundstücksmauern. Sie teilten sie in fünf Suiten auf und legten einen zweiten Pool an. Ein weiteres Nebengebäude ist vor kurzem noch hinzugekommen. Die Zimmer sind im einfachen rustikalen Stil eingerichtet.

Umgebung: Panicale (12 km); Città della Pieve (25 km) • **Lage:** 2 km nördlich der SS220, Richtung Colle San Paolo; großer Parkplatz • **Mahlzeiten:** Frühstück, Mittagessen, Abendessen • **Preise:** LL; Mindestaufenthalt 3 Tage • **Zimmer:** 20; 8 Doppelzimmer mit Bad, 2 Suiten in der Villa, 10 Suiten in 2 Nebengebäuden, alle mit Bad oder Dusche • **Anlage:** 2 Speiseräume, Aufenthaltsraum, Bar, 2 Swimmingpools, Tennisplatz, Bocciaplatz, Reiten • **Kreditkarten:** DC, MC, V **Behinderte:** 1 Appartement geeignet • **Tiere:** erlaubt • **Geschlossen:** Mitte Dezember bis Mitte Januar • **Besitzerin:** Rosemarie Strunk

Umbrien und die Marken

Pesaro

Villa Serena

~ Ländliche Villa ~

Via San Nicola 6/3, 61100 Pesaro
Tel 0721 55211 **Fax** 0721 55927

An der Adriaküste südlich von Rimini herrscht kein Mangel an Hotels, aber es sind nur wenige darunter, die in diesen Führer passen. Deshalb ist das stattliche, mit Zinnen geschmückte Herrenhaus aus dem 17. Jh., das sich in einem bewaldeten Park oberhalb des Getümmels der Küste erhebt, ein echter Glücksfall.
Die Villa ist seit eh und je im Besitz derselben Familie – nämlich der Grafen Pinto de Franca y Vergaes, denen sie als Sommerresidenz diente, bis sie sie 1950 in ein Hotel umwandelten, das wie ein Privathaushalt geführt wird. Renato Pinto fungiert als Küchenchef und serviert überdurchschnittliche Gerichte (die man außerhalb der Hochsaison vorbestellen muss). Stefano und Filippo sind für die Gäste und den Empfang zuständig, während ihre Mutter, Signora Silvana, sich um Haus und Garten kümmert. Sie alle sind sehr bodenständig und legen mehr Wert auf Charakter, Einfachheit und Ruhe als auf Luxus. Die Salons sind prächtig ausgestattet, und in den Fluren stehen überall hübsche Topfpflanzen. Ein paar verwohnte Ecken erinnern aber daran, dass man sich hier im Haus einer verarmten Adelsfamilie befindet. Kein Gästezimmer gleicht dem anderen, doch die meisten weisen Antiquitäten und Kamine auf.

Umgebung: Stadtmuseum von Pesaro; Herzogspalast von Urbino • **Lage:** 4 km südöstlich von Pesaro und dem Strand, in einem großen Park mit Baumbestand an einem Hang gelegen; hoteleigener Parkplatz • **Mahlzeiten:** Frühstück, Mittagessen, Abendessen • **Preise:** LL • **Zimmer:** 10 Doppel- und Zweibettzimmer, alle mit Bad oder Dusche; alle Zimmer mit Telefon • **Anlage:** Aufenthaltsräume, Speiseraum, Bar, Terrasse, Swimmingpool • **Kreditkarten:** AE, DC, V • **Behinderte:** Zugang schwierig • **Tiere:** erlaubt • **Geschlossen:** 2 Wochen Anfang Januar
Besitzer: Renato Pinto

Umbrien und die Marken

Portonovo

Emilia

Hotel am Meer

Via Poggio, 149/A Portonovo, 60020 Ancona
Tel 071 801145 **Fax** 071 801330
e-mail info@hotelemilia.com

Man kann das Emilia zwar als Hotel am Meer bezeichnen, aber es erhebt sich abseits der Strände südlich von Ancona an der Flanke des Monte Conero oberhalb des kleinen Badeorts Portonovo, den man am besten mit dem Auto erreicht. Das moderne Gebäude ist architektonisch nicht sehr bemerkenswert. Allerdings hatten die Besitzer vor Jahren eine geniale Idee, wie sie aus dem Hotel etwas Besonderes machen könnten: sie luden Künstler ein und ließen sie ihre Rechnungen in »Naturalien« bezahlen. Die Ergebnisse, zahllose Gemälde (von denen, so versicherte man uns, bisher keins verkauft wurde), kann man an allen Wänden bewundern.
Auch ohne diese ungewöhnliche Wanddekoration wäre das Haus attraktiv. Ein langer, niedriger Salon mit wuchtigen, modernen Sesseln leitet von der Rezeption in den großen, hellen, schlicht möblierten Speiseraum über, dessen Fenster den Blick auf die passable Imitation eines *prato inglese* (englischen Rasens) freigeben. Die Küche ist um gute Qualität bemüht. Auf der Speisekarte dominiert Fisch, der kompetent zubereitet, aber teuer ist. Die Zimmer sind ausgesprochen schick und modern. Die meisten liegen im älteren Teil des Hotels und sind so angeordnet, dass jedes über einen Balkon mit Meerblick verfügt. Kürzlich kamen 6 Zimmer mit Klimaanlage und 2 »wundervolle Suiten« hinzu.

Umgebung: Kirche Santa Maria in Portonovo; Monte Conero; Ancona (12 km)
Lage: 2 km westlich von Portonovo, auf den Klippen; großer Parkplatz
Mahlzeiten: Frühstück, Mittagessen, Abendessen • **Preise:** LL-LLL
Zimmer: 33; 28 Doppel- und Zweibettzimmer, 2 mit Bad, 26 mit Dusche, 2 Einzelzimmer mit Dusche, 3 Suiten, 2 mit Bad, 1 mit Dusche; alle Zimmer mit Telefon, TV, Klimaanlage, Minibar • **Anlage:** Speiseraum, Fernsehraum, Bar, Pavillonbar, Swimmingpool, Tennisplatz • **Kreditkarten:** AE, DC, MC, V • **Behinderte:** einige Zimmer im Erdgeschoss geeignet • **Tiere:** erlaubt • **Geschlossen:** November bis März • **Besitzer:** Maurizio Fiorini

Umbrien und die Marken

Spoleto

Gattapone

Stadthotel

Via del Ponte 6, 06049 Spoleto, Perugia
Tel 0743 223447 **Fax** 0743 223448
e-mail gattapone@mail.caribusiness.it **website** www.caribusiness.it/gattapone

In diesem nahe dem Zentrum Spoletos gelegenen Hotel können Sie die unvergleichlich schöne Aussicht auf die Turmbrücke aus dem 13. Jh. genießen, die das Tessinotal überspannt. Zum anderen können Sie aber auch die flippige Jetset-Einrichtung aus den 1960er Jahren bewundern, die zur Gänze aus Holz, Glas, Chrom und Leder besteht. Wenn Sie des üblichen rustikalen Stils überdrüssig sind, werden Sie den altmodischen Charme des beliebten Gattapone zu schätzen wissen.

Das Hotel ist vor allem bei den Besuchern des Festival dei due Mondi sehr gefragt; die Wände der amerikanischen Bar sind mit Bildern der Reichen und Berühmten und solchen, die es werden wollen, übersät. Selbst wenn Sie nicht im Gattapone absteigen, wird es Ihnen unweigerlich auffallen. Von außen sieht es wie eine solide, zweigeschossige Villa mit klassisch ockerfarbenen Wänden und grünen Fensterläden aus. Im Inneren wird dem Besucher erst richtig bewusst, wie sehr sich die Architektur der Hanglage des Gebäudes angepasst hat. Viele Zimmer verfügen über große Fenster mit Panoramablick.

Wir haben das Hotel in der Nebensaison besucht und die dann herrschende Ruhe und den Frieden sehr genossen. Während des Festivals Ende Juni bis Mitte Juli ist es schwer, im Gattapone Zimmer zu bekommen.

Umgebung: Assisi (48 km); Todi (42 km); Perugia (63 km) • **Lage:** an einem Hang in der Nähe des historischen Zentrums von Spoleto; kein hoteleigener Parkplatz
Mahlzeiten: Frühstück • **Preise:** LL • **Zimmer:** 14; 7 Doppel- und Zweibettzimmer, 7 Juniorsuiten, alle mit Bad oder Dusche; alle Zimmer mit Telefon, TV, Klimaanlage, Minibar • **Anlage:** Aufenthaltsraum, Frühstücksraum, Bar, Terrasse
Kreditkarten: AE, DC, MC, V • **Behinderte:** keine speziellen Einrichtungen
Tiere: erlaubt • **Geschlossen:** nie • **Besitzer:** Pier Giulio Hanke

Umbrien und die Marken

Torgiano

✻ Tipp des Herausgebers ✻

Le Tre Vaselle

~ Dorfhotel ~

Via Garibaldi 48, 06089 Torgiano, Perugia
Tel 075 9880447 **Fax** 075 9880214
e-mail 3vaselle@3vaselle.it **website** www.3vaselle.it

Mit seinen über 50 Zimmern und mehreren Konferenzräumen könnte das Tre Vaselle leicht unpersönlich wirken. Es ist jedoch völlig unprätentiös, der in einer engen Gasse befindliche Eingang kaum auszumachen, und der Konferenzbereich wurde inzwischen ganz abgetrennt. Das hilfsbereite Personal vermittelt dem Gast sofort ein heimeliges Gefühl. Die Salons im Erdgeschoss bestechen durch ihre massiven Bögen, weißen Wände, rustikalen Balken, Terrakottafußböden, die zwar abgenutzten, aber farbenfrohen Sessel und Sofas, den Kartentisch und die Steinkamine.
Die Gästezimmer, einige in einem moderneren Bau hinter dem Hauptgebäude und andere in einem neuen, ein Stück entfernten Luxusanbau gelegen, sind elegant und gepflegt. Es gibt zwei hübsche Speiseräume, aber bei gutem Wetter ißt man am schönsten in dem kürzlich hergerichteten Innenhof. Die Küche ist hervorragend und wird ausgezeichnet ergänzt durch die Weine, durch die Dottore Lungarotti, der Besitzer des Hauses, Torgiano bekannt gemacht hat. Lassen Sie sich das faszinierende Weinmuseum eine Straße weiter nicht entgehen.

~

Umgebung: Deruta (5 km); Perugia (8 km); Assisi (16 km) • **Lage:** in einer ruhigen Straße in Torgiano, 13 km südöstlich von Perugia; Parkplatz auf der Piazza in der Nähe • **Mahlzeiten:** Frühstück, Mittagessen, Abendessen, Zimmerservice
Preise: LL-LLL • **Zimmer:** 61; 52 Doppel- und Zweibettzimmer, 2 Einzelzimmer, 7 Suiten, die meisten mit Bad, einige mit Dusche; alle Zimmer mit Telefon, TV, Klimaanlage, Fön • **Anlage:** Aufenthaltsräume, Speiseräume, Frühstücksraum, Bar, Aufzug, Terrasse, Swimmingpool, Sauna • **Kreditkarten:** AE, DC, MC, V
Behinderte: Zugang möglich • **Tiere:** nicht erlaubt • **Geschlossen:** nie
Geschäftsführer: Giovanni Margheritini

Umbrien und die Marken

Asproli

Poggio d'Asproli

Gästehaus auf dem Land

Loc. Asproli 7, 06059 Todi, Perugia
Tel und **Fax** 075 8853385
e-mail aovalp@tin.it
website www.emmeti.it/asproli
Mahlzeiten: Frühstück, Abendessen auf Anfrage • **Preise:** L-LL
Geschlossen: Mitte Januar bis Mitte März • **Besitzer:** Bruno Pagliari

Bruno Pagliari verkaufte sein großes Hotel im Süden, um seine Karriere als Künstler in der Abgeschiedenheit der Wälder Umbriens fortzusetzen. Der Gastfreundschaft fühlte er sich dennoch weiterhin verpflichtet: Also machte er sein an einem Hang gelegenes Bauernhaus Gästen zugänglich, die mit ihm in entspannter Atmosphäre diese Oase der Ruhe genießen können. Das weitläufige Gebäude ist mit einer faszinierenden Mischung von Antiquitäten und Brunos eigener Kunst vollgepackt. Das Hauptwohnzimmer mit seinem großen Kamin und den weißen Sofas wird von einer langen Terrasse flankiert. Im übrigen Haus rahmen steinerne Bögen dekorativ bemalte Türen ein, und alte Holzschnitzereien werden sanft beleuchtet.

Baschi

Pomurlo Vecchio/ Le Casette

Gästehaus auf dem Land

Loc. Pomurlo Vecchio, 05023 Baschi, Terni
Tel 0744 950190/950475
Fax 0744 950500 • **Mahlzeiten:** Frühstück, Abendessen • **Preise:** L; im August Mindestaufenthalt 1 Woche • **Geschlossen:** nie
Besitzer: Lazzaro und Daniela Minghelli

Pomurlo Vecchio, das romantische Zuhause Lazzaro Minghellis, besteht zum einen aus einem Turm aus dem 12. Jh., der sich über eine bewaldete Anhöhe erhebt. Er beherbergt vier kleinere Appartements mit jeweils separatem Eingang. Sie sind zwar gemütlich, machten bei unserem letzten Besuch jedoch einen etwas renovierungsbedürftigen Eindruck. Das Le Casette, in dem die Gäste hauptsächlich untergebracht werden, befindet sich auf der anderen Seite des Grundstücks. Obwohl den Zimmern ein wenig die Patina fehlt, eignen sie sich als Sommerdomizil vor allem für Familien. Jedes ist einfach, aber bequem eingerichtet. Das bemerkenswerte Restaurant wird von Lazzaros Tochter Daniela geführt. Hervorzuheben ist die Herzlichkeit der Familie, die mit ihren Gästen isst und alles tut, damit man sich bei ihnen wohl fühlt.

Umbrien und die Marken

Baschi

Villa Bellago
Landhotel

Strada per Todi (SS 448), 05023 Baschi, Terni
Tel 0744 950521 • **Fax** 0744 950524 • **Mahlzeiten:** Frühstück, Mittagessen, Abendessen
Preise: L-LL • **Geschlossen:** nie; Restaurant dienstags
Geschäftsführer: Massimo Benedetti

Die modernisierte Villa Bellago, ursprünglich ein Bauernhof aus dem 19. Jh., wird vor allem die Reisenden ansprechen, die auf Komfort und eine gut ausgestattete Hotelanlage nicht verzichten wollen. Sie liegt einfach großartig am Ufer des künstlich angelegten Lago di Corbara. Die niedrigen Gebäude fügen sich gut in das baumbestandene, unebene Grundstück ein, das zum See hinabführt. Das Innere wird durch klare Linien bestimmt, Akzente setzen traditionellen Steinbögen oder ein Kamin. Die Einrichtung ist stilvoll modern und bewirkt, dass die Zimmer sehr geräumig erscheinen. Die Gärten sind sehr gepflegt; unter der Pergola neben dem Restaurant kann man nicht nur die Mahlzeiten, sondern auch die kühle Abendluft genießen, die vom See heraufweht.

Narni

Dei Priori
Stadthotel

Vicolo del Comune 4, 05035 Narni, Terni
Tel und **Fax** 0744 726843
Mahlzeiten: Frühstück, Mittagessen, Abendessen
Preise: L • **Geschlossen:** nie
Besitzer: Maurizio Bravi

In einer ruhigen Straße einer mittelalterlichen Stadt im Süden Umbriens versteckt, bietet dieses freundliche kleine Hotel den idealen Aufenthaltsort für Reisende, die sich Rom auf der Via Flaminia nähern wollen. Die Fleischerhaken in der Decke der Eingangshalle weisen noch heute darauf hin, dass sie einst als Vorratskammer des Palazzo diente. Ein Aufzug sowie eine grandiose ovale Treppe führen zu den bequemen und modernen Zimmern, die auf den Innenhof oder zu den Dächern des mittelalterlichen Borgo hinausgehen. Einige verfügen über eigene kleine Balkons. Im Sommer sitzen die Gäste des Restaurants meist im Innenhof des Hotels; die Speisekarte setzt sich hauptsächlich aus umbrischen Spezialitäten zusammen, obwohl der venezianische Küchenchef hin und wieder auch eine Köstlichkeit aus dem Norden Italiens auf die Karte schmuggelt.

Umbrien und die Marken

Orvieto

Villa Ciconia
Ländliche Villa

Loc. Ciconia, Via dei Tigli 69, 05018 Orvieto, Terni
Tel 0763 305582/3 • **Fax** 0763 302077 • **Mahlzeiten:** Frühstück, Mittagessen, Abendessen
Preise: LL–LLL • **Geschlossen:** Mitte Januar bis Mitte Februar; Restaurant montags
Besitzer: Valentino Petrangeli

Die attraktive Steinvilla aus dem 16. Jh. ist durch ihre Gärten vor der nahe gelegenen, stark befahrenen Straße geschützt. Im Inneren trifft man auf unterschiedliche Stilrichtungen: Die großen Gemeinschaftsräume im Erdgeschoss sind mit geometrisch gemusterten Böden, Kaminen und freskengeschmückten Friesen, die einfacheren, aber ruhigeren Wohnzimmer im oberen Stock mit modernen Ledersofas ausgestattet. Die Zimmer sind im rustikaleren Stil mit schmiedeeisernen Himmelbetten und antiken Kommoden eingerichtet, die sich gut mit den frei liegenden Deckenbalken und den warmen Terrakottaböden vertragen. Im Restaurant werden umbrische Spezialitäten mit Öl und Wein aus eigener Produktion serviert.

Ospedalicchio de Bastia

Lo Spedalicchio
Mittelalterliches Herrenhaus

Piazza Bruno Buozzi 3, 06080 Ospedalicchio de Bastia, Perugia
Tel und **Fax** 075 801 0323
Mahlzeiten: Frühstück, Mittagessen, Abendessen • **Preise:** LL
Geschlossen: nie • **Geschäftsführer:** Signor Costarelli

Trotz der Attraktionen von Assisi spricht vieles dafür, dass der motorisierte Reisende in einem Hotel außerhalb der Stadt übernachtet, das gut mit dem Auto zu erreichen ist. Dieses an der Straße nach Perugia gelegene Haus ist das beste der Umgebung. Die Gemeinschaftsräume im Erdgeschoss haben hohe Deckengewölbe aus Backstein und geflieste, sparsam mit Läufern belegte Fußböden. Das bei den Einheimischen sehr beliebte Restaurant ist stilvoll mit Bugholzstühlen und rosa Tischwäsche ausgestattet; im Gegensatz dazu wirkt der Salon mit Bar, der einen großen Teil des unteren Stockwerks einnimmt, mit seinen unverputzten Steinwänden traditionell karg. Die Gästezimmer sind sehr unterschiedlich – manche sind recht hoch, andere verlaufen über zwei Ebenen und haben Sitzecken. Alle, die wir gesehen haben, waren jedoch groß und einladend.

Umbrien und die Marken

Pesaro

Villa La Torraccia

Ländliche Villa

Strada Torraccia 3, 61100 Pesaro
Tel und **Fax** 0721 21852
website www.dimorestoriche.com • **Mahlzeiten:** Frühstück
Preise: LL • **Geschlossen:** nie
Besitzer: Antonio Galeazzi

Die Villa La Torraccia ist ideal für alle, die sowohl Kultur als auch ein wenig Strand wollen: Urbino und seine Kunstschätze sind nur einen Katzensprung entfernt, und in Pesaro findet jedes Jahr im August das Rossinifestival statt. Der Strand zählt leider nicht gerade zu den schönsten in Italien. Das Haus befindet sich inmitten eines üppigen Gartens, in dem eine Reihe von Terrassen den Blick auf Pesaro und die Küste eröffnet. Der jetzige Besitzer ließ 1994 umfangreiche Renovierungsarbeiten durchführen. Die eher einschüchternde Größe der Villa wird durch die bequeme Einrichtung gemildert; in den geräumigen Suiten gibt es einige clevere Doppelstockarrangements. Die Zimmer sind mit einer Mischung aus Antiquitäten und rustikalen Stücken eingerichtet. Jede Suite verfügt über ein separates Wohnzimmer.

Spoleto

San Luca

Stadthotel

Via Interna delle Mura 21, 06049 Spoleto, Perugia
Tel 0743 223399 • **Fax** 0743 223800 • **e-mail** sanluca@hotelsanluca.com • **website** www.hotelsanluca.com
Mahlzeiten: Frühstück • **Preise:** LL-LLL • **Geschlossen:** nie
Besitzerin: Daniela Zuccari

Das eindrucksvolle Gebäude aus dem 19. Jh. ist in einem warmen Gelbton gestrichen und verfügt über hölzerne Türen und Fensterläden sowie ein rotes Ziegeldach. Nach umfangreichen Renovierungsarbeiten wurde es 1995 in ein elegantes Hotel umgewandelt. Der gelbe Farbton setzt sich im Inneren in der hellen, sonnigen Halle und den Sitzecken fort, in denen bequeme Stühle, antike Möbel, Porzellanterrinen und hübsche Blumenarrangements stehen. Einige der in Pastell gehaltenen Zimmer verfügen über eigene Balkons oder Terrassen; alle sind lärmgeschützt und haben große Badezimmer (mit Telefonen). Das San Luca liegt mitten im Zentrum von Spoleto, aber dennoch sehr ruhig inmitten üppiger Gärten; außer der Dachterrasse gibt es auch einen geräumigen Innenhof. Weitere Berichte sind uns sehr willkommen.

Latium und Abruzzen

Überblick

Die Hotels in Latium und den Abruzzen

Es ist uns tatsächlich gelungen, auch in Rom ein paar kleinere Hotels mit Charme zu finden, darunter das wunderschöne *Due Torri* und sein elegantes Schwesterhotel, das *Fontanella Borghese* (siehe Seiten 250 / 251). Etwas außerhalb des Stadtzentrums liegt die *Villa del Parco* (siehe Seite 262) in einem schattigen Garten. Dem *Teatro di Pompeo* (siehe Seite 260), der *Pensione Parlamento* (siehe Seite 255), dem *Portoghesi* (siehe Seite 256) und dem *Gregoriana* (siehe Seite 252) widmen wir in dieser Ausgabe nun ganzseitige Einträge. Das luxuriöse *Lord Byron* (Tel. 06 322 04 04, 37 Zimmer) am oberen Ende der Preisskala (und der Spanischen Treppe) haben wir dagegen nicht aufgenommen — es ist sicherlich weniger unpersönlich als die meisten römischen Hotels, aber doch immer noch recht mondän und entsprechend teuer.

Das im Country-Club-Stil gehaltene *Borgo Paraelios* (siehe Seite 246) liegt etwas nördlich von Rom in der Nähe von Poggio Mirteto Scalo und ist gut mit dem Auto zu erreichen. An der Küste in der Nähe von Palo Laziale befindet sich das *Posta Vecchia* (siehe Seite 265), eine Villa aus dem 17. Jh., die einst Jean Paul Getty gehörte. Ein Aufenthalt hier, inmitten großartiger Kunstwerke und verblasster Eleganz, ist sicher ein teures, aber einzigartiges Erlebnis. Nach Palestrina (dem Geburtsort des gleichnamigen Komponisten aus dem 16. Jh.) und Tivoli (mit den Villen von Kaiser Hadrian und dem Kardinal d'Este aus dem 16. Jh.) kann man von Rom aus einen Tagesausflug machen. Wenn Sie in Palestrina übernachten wollen, versuchen Sie es im *Stella* – modernes, ausgezeichnetes Restaurant, saubere, geräumige Zimmer (Tel. 06 953 81 72). Nördlich der Hauptstadt kommt man um Viterbo und den Lago di Vico in eine reizvolle, waldreiche Landschaft. Ein durchschnittliches Stadthotel im Herzen Viterbos ist das *Leon d'Oro* (Tel. 0761 34 44 44). Im weiter nordwestlich gelegenen Farnese haben wir das *Il Voltone* (siehe Seite 244) entdeckt, ein hübsches Hotel in einer unberührten Landschaft. Östlich von Rom können wir mit dem *Antico Borgo* (siehe Seite 247) erstmals eine einfache Bed-&-Breakfast-Unterkunft in dem mittelalterlichen Städtchen Fumone empfehlen. In dem südlichen, küstennahen San Felice Circeo stellen wir Ihnen das hübsche Ferienhotel *Punta Rossa* (siehe Seite 264) vor und auf der nahe gelegenen Insel Ponza das *Gennarino a Mare* (siehe Seite 247).

Die Abruzzen sind eine unwegsame, bewaldete Bergregion und Teil der Apenninen. Kleine Hotels mit Charme sind hier schwer zu finden, und es ist am besten, das Gebiet von einem näher an Rom gelegenen Ausgangspunkt zu erkunden. Sie können es aber auch mit dem mittelalterlichen *Castello di Balsorano* in Balsorano (Tel. 0863 95 12 36), mit dem hübschen *Chalet Mille Pini* in Scanno (Tel. 0864 743 87) oder mit dem *Del Lago* (Tel. 0864 743 43) probieren, das an einem See 3 km außerhalb der Stadt liegt.

L'Aquila, die Hauptstadt der Region weiter nördlich, liegt immer noch mitten im Gebirge. Obgleich heute überwiegend Handelszentrum, ist es mit den umliegenden Bergen und seinen imposanten historischen Bauten durchaus interessant. Übernachten Sie im *Grand Hotel del Parco* (Tel. 0862 41 32 48, 36 Zimmer), das kleiner und weniger auf Geschäftsreisende ausgerichtet ist als die meisten anderen Häuser der Stadt.

Latium und Abruzzen

Farnese

Tipp des Herausgebers

Il Voltone

Landhotel

Il Voltone, 01010 Farnese, Viterbo
Tel und **Fax** 0761 422540
e-mail info@voltone.it **website** www.voltone.it

Kaum jemand findet das Il Voltone auf Anhieb; es ist deshalb ratsam, sich eine präzise Wegbeschreibung geben zu lassen. Es gibt jedoch auch kaum jemanden, der sich nicht auf Anhieb in dieses bezaubernde Hotel verliebt. Das Il Voltone besteht aus einer Reihe wunderschön restaurierter Gebäude aus dem 17. Jh., darunter auch eine kleine Kirche, die in Rosa-, Gelb- und Cremetönen gestrichen sind und inmitten eines 465 Hektar großen Grundstücks stehen. Sanfte Hügel, Weinberge, Wälder und Felder umgeben das Hotel.
Die einfache Einrichtung ist eher toskanisch als römisch und spiegelt mit ihren warmen und frischen Farben das Äußere des Gebäudes wider. Auf den terrakottagefliesten Böden liegen Perserteppiche. Tischlampen tauchen die Umgebung in ein warmes, schmeichelhaftes Licht. Die mit ein paar hübschen Möbelstücken ausgestatteten Zimmer weisen wunderschöne alte Deckenbalken auf.
Im Speisesaal kann man unter verschiedenen, frisch zubereiteten Spezialitäten der Region und den Weinen aus eigener Produktion eine Auswahl treffen. Um sich im Freien zu entspannen, steht eine Terrasse mit Tischen und Stühlen, einer Rosskastanie und Sonnenschirmen zur Verfügung. In der Gegend gibt es so viel zu sehen, dass die Parentischwestern für ihre Gäste sogar Tagesausflugsrouten zusammenstellen.

Umgebung: Farnese (12 km); Lago di Bolsena • **Lage:** nördlich von Farnese an der Straße von Ischia di Castro nach Latera; Parkplatz • **Mahlzeiten:** Frühstück, Mittagessen, Abendessen • **Preise:** LL • **Zimmer:** 30 Doppel- und Zweibett-, Dreibett- und Familienzimmer, alle mit Bad oder Dusche; alle Zimmer mit Telefon, TV, Fön • **Anlage:** Aufenthaltsraum, Frühstücksraum, Terrasse, Garten, Swimmingpool • **Kreditkarten:** MC, V • **Behinderte:** 1 Zimmer im Erdgeschoss mit speziellen Einrichtungen • **Tiere:** nach Voranmeldung erlaubt • **Geschlossen:** Anfang November bis Anfang April • **Besitzerinnen:** Daniela und Donatella Parenti

Latium und Abruzzen

Fumone

Antico Borgo

~ Bed-&-Breakfast-Unterkunft in der Kleinstadt ~

Via del Fico 5, 3010 Fumone , Frosinone
Tel und **Fax** 0775 49791
e-mail lisaeagles@infinito.it **website** www.italiaabc.it/az/anticoborgo

In dem bezaubernden befestigten Städtchen Fumone, das nach den Rauchsignalen benannt ist, die die Römer vor der Invasion der Neapolitaner warnen sollten, scheint sich seit dem Mittelalter wenig verändert zu haben. Innerhalb der alten Stadtmauern sind keine Autos erlaubt, und es gibt nur zwei Zugänge zur Stadt — einer weist in Richtung Rom, der andere in Richtung Neapel. Sollten Sie also mit dem Auto anreisen, müssen Sie außerhalb der Stadtmauern parken und sich durch die labyrinthartigen Gässchen schlagen, bis Sie diese einfache und freundliche Bed-&-Breakfast-Unterkunft in einem der alten Stadthäuser erreichen. Das Innere des Gebäudes ist luftig und hell gehalten. Die Zimmer mit ihren einfachen weißen Wänden werden durch warme Terrakottaböden und Holz akzentuiert. Die Bar im unteren Geschoss ist holzgetäfelt; außerdem gibt es hölzerne Treppen, Türen und Decken.
Es gibt keinen Speiseraum, dafür aber viele gute Restaurants und Pizzerien in der Stadt; zwei davon sind nur einen Katzensprung vom Hotel entfernt. Lisa Eagles, die freundliche, kompetente englische Gastgeberin, hilft Ihnen, zusammen mit ihrem italienischen Mann Giampaolo, gerne weiter. Manchmal holen Lisa und Giampaolo ihre Gäste sogar vom Flughafen oder vom Bahnhof ab. Wir halten das Antico Borgo in einer Gegend, in der kleine Hotels mit Charme nur spärlich vertreten sind, für ein wahres Juwel.

~

Umgebung: Frosinone (21 km); Lago Canterno • **Lage:** im Zentrum von Fumone, 12 km nördlich von Ferentino; öffentlicher Parkplatz außerhalb der Befestigungsmauern • **Mahlzeiten:** Frühstück • **Preise:** L • **Zimmer:** 8; 7 Doppel- und Zweibettzimmer, 1 mit Bad, 6 mit Dusche, 1 Einzelzimmer mit Dusche; alle Zimmer mit TV • **Anlage:** Aufenthalts-/Frühstücksraum, Bar • **Kreditkarten:** AE, DC, MC, V **Behinderte:** Zugang schwierig • **Tiere:** nicht erlaubt • **Geschlossen:** nie **Besitzerin:** Lisa Eagles

Latium und Abruzzen

Poggio Mirteto Scalo

Borgo Paraelios

~ Ländliche Villa ~

Valle Collicchia, 02040 Poggio Mirteto Scalo, Rieti
Tel 0765 26267 **Fax** 0765 26268
e-mail borgo@fabaris.it

Das Herzstück des Borgo Paraelios ist eine Villa aus dem 19. Jh.. Die attraktive, im Landhausstil gehaltene Anlage befindet sich in den Hügeln zwischen Rom und Rieti; die meisten der tadellos eingerichteten Zimmer und Suiten sind um die wunderschönen Gärten und Innenhöfe herum angeordnet, die ihren Bewohnern Ruhe und Abgeschiedenheit versprechen. Jedes Zimmer verfügt außerdem über eine eigene Terrasse. Die Einrichtung ist zwar von Zimmer zu Zimmer verschieden, im Großen und Ganzen jedoch eine elegant-rustikale Mischung aus warmen Farben, Chintzstoffen und antiken Möbeln. In einigen Zimmern befinden sich auch freigelegte Deckenbalken und Messingbetten. Die zahlreichen Gemeinschaftsräume sind noch stilvoller eingerichtet: Man kann gelegentlich sogar einen Canaletto oder einen Attardi unter den Wandgemälden finden.
Auf der riesigen überdachten Terrasse mit ihrer großartigen Aussicht auf die umliegenden Hügel und den wunderbar gepolsterten Korbstühlen sitzt man am schönsten. Wenn das Wetter es zulässt, werden auch die Mahlzeiten hier serviert, die zu einem Großteil aus einfachen, aber köstlichen Spezialitäten der Region bestehen.
Die ausgezeichnet ausgestattete Anlage umfasst ein Hallenbad und einen Swimmingpool, eine Sauna, ein türkisches Bad und einen Minibus-Shuttle-Service nach Rom.

Umgebung: Rom (40 km); Lago Piediluco • **Lage:** 4 km nördlich von Poggio Mirteto an der SS313; Parkplatz • **Mahlzeiten:** Frühstück, Mittagessen, Abendessen • **Preise:** LLL • **Zimmer:** 15; 13 Doppel- und Zweibettzimmer, 2 Suiten, alle mit Bad oder Dusche; alle Zimmer mit Telefon, TV, Klimaanlage, Fön
Anlage: Restaurant, Spieleräume, Tagungsraum, Heilbad, Garten, Hallenbad, Swimmingpool, Tennisplatz, Golfplatz • **Kreditkarten:** AE, DC, MC, V • **Behinderte:** Zugang schwierig • **Tiere:** kleinere Hunde erlaubt • **Geschlossen:** nie, Restaurant dienstags • **Besitzer:** Familie Salabe

Latium und Abruzzen

Ponza

Gennarino a Mare

Restaurant mit Gästezimmern am Meer

Via Dante 64, 04027 Ponza , Latina
Tel 0771 80071/80593 **Fax** 0771 80140
e-mail pagreca@tin.it **website** www.wel.it/gennarino

Kernstück des Gennarino a Mare ist sein beliebtes Restaurant. Seiner Lage entsprechend bietet es vor allem Meeresfrüchte, Fisch und Schaltiere an. Da das Gennarino über eine eigene Anlegestelle verfügt, treffen die Gäste des Hotels in der Ferienzeit häufig auf Yachtbesitzer, die ihren Tagesfang an Land anbieten.

Das kleine, blau angestrichene Hotel selbst ist mit seiner Kulisse der bunten Häuser Ponzas, die sich hinter ihm an die Küste schmiegen, bescheiden, aber lichtdurchflutet. Die weiß gestrichenen Zimmer sind einfach mit Deckenventilatoren, bunten Vorhängen und Bettbezügen und Balkons mit Meerblick ausgestattet; die besten Zimmer verfügen außerdem über große Terrassen mit einem Tisch und Liegestühlen.

Das Hotel begann seine Karriere als winzige *pensione*, die von den Eltern des jetzigen Besitzers geführt wurde. Francesco Silvestri selbst hat sein ganzes Leben in dem Haus verbracht. Der nette Besitzer scheut keine Mühen und zeigt seinen Gästen gerne die vielen Naturschätze der Umgebung: die Strände, Klippen, Höhlen und Grotten. Dieses Hotel hebt sich durch sein großartiges Restaurant, die Atmosphäre und die vernünftigen Preise erheblich von den anderen Unterkünften Ponzas ab.

Umgebung: Strand von Chiaia di Luna; Pilatushöhlen • **Lage:** am Meer gegenüber vom Hafen; Garage mit 30 Stellplätzen • **Mahlzeiten:** Frühstück, Mittagessen, Abendessen • **Preise:** LL • **Zimmer:** 12 Doppel- und Zweibettzimmer mit Bad; alle Zimmer mit Telefon, TV, Minibar • **Anlage:** Aufenthaltsraum, Restaurant, Bar **Kreditkarten:** AE, DC, MC, V • **Behinderte:** Zugang schwierig • **Tiere:** nicht erlaubt **Geschlossen:** nie • **Besitzer:** Francesco Silvestri

Latium und Abruzzen

Rom

Carriage

Stadthotel

Via della Carrozze 36, 00187 Roma
Tel 06 699 0124 **Fax** 06 678 8279
e-mail hotel.carriage@alfanet.it **website** www.hotelcarriage.net

Das elegante kleine Hotel steht in einer der engen Straßen nahe der Piazza di Spagna, die für ihre schicken Boutiquen mit den wahnwitzig teuren Kleidern berühmt sind. Das Carriage passt in diese Umgebung, obgleich die Preise für diesen Stadtteil nicht einmal übermäßig hoch sind.

Der Empfangsbereich mit den dick gepolsterten, kostspielig wirkenden Sofas und den golden und blau gestreiften Sesseln, der hübsche Frühstücksraum mit den schwarzen Bugholzstühlen, Rattanmöbeln und Goldschnörkeln, die schönen Blumensträuße – all das scheint geradezu auf den Fotografen und seine Modelle zu warten. Die in Blau-Weiß gehaltenen Gästezimmer im oberen Stock mit den hübschen, gediegenen, französisch anmutenden Stilmöbeln sind weniger pompös. Die mit beheizten Böden ausgestatteten Bäder sind sauber, modern und gut beleuchtet.

Die kleine Dachterrasse wirkt nicht ganz so adrett wie der Rest des Hotels, bietet sich aber für ein sommerliches Frühstück in frischer Luft an. Das Frühstück hat mit seiner großen Auswahl an Gebäck und Espresso bzw. Cappuccino überdurchschnittliches Niveau. Ein zufriedener Gast bezeichnete das Personal als »äußerst höflich und hilfsbereit«.

Umgebung: Piazza di Spagna; Via del Corso • **Lage:** zwischen der Via del Corso und der Piazza di Spagna • **Mahlzeiten:** Frühstück • **Preise:** LLL • **Zimmer:** 22; 17 Doppel- und Zweibettzimmer mit Bad, 3 Einzelzimmer mit Dusche, 2 Suiten mit Bad; alle Zimmer mit Telefon, TV, Klimaanlage, Minibar, Fön • **Anlage:** Frühstücksraum, Empfangs-/Aufenthaltsbereich • **Kreditkarten:** AE, DC, MC, V **Behinderte:** keine speziellen Einrichtungen • **Tiere:** nicht erlaubt **Geschlossen:** nie • **Geschäftsführer:** Signor Cau

Latium und Abruzzen

Rom

Condotti

Stadthotel

Via Mario De' Fiori 37, 00187 Roma
Tel 06 6794661 **Fax** 06 6790457
e-mail hotelcondotti@italyhotel.com **website** www.hotelcondotti.com

In diesem ansprechenden kleinen Hotel im Herzen von Roms schicker Einkaufsmeile werden von den Besitzern ständig kleine Verbesserungen vorgenommen. Die sanft beleuchtete Empfangshalle wirkt durch ihre doppelt verglasten Türen hindurch von der Nebenstraße aus sehr einladend; die Gäste werden an einem antiken Schreibtisch von dem kompetenten und hilfsbereiten – und oft aus Kanada stammenden – Personal begrüßt. In den Empfangsbereich integriert ist eine hübsche Sitzecke, in der weiche, in Gelb und Blau gehaltene und mit Kissen übersäte Sofas zum Verweilen einladen. Im Untergeschoss befindet sich am Ende einer langen Marmortreppe ein attraktiver und frisch renovierter Frühstücksraum, in dem cremefarbene Wände, blaue Farbtupfer und warmes Licht das Beste aus seiner Lage im Keller machen.

Als ein Gast das Hotel für uns besuchte, war die Renovierung der Zimmer, die jetzt in die Kategorien Standard und Superior eingeteilt sind, fast abgeschlossen. Stoffe und Teppiche sind vorwiegend in den Farben Blau und Gold gehalten, während die Möbel aus schwerem und warmem Kirschholz bestehen. Einige Zimmer verfügen über geräumige Terrassen. Die fünf neuen Zimmer im Nebengebäude um die Ecke sollen der großen Nachfrage in diesem verständlicherweise beliebten Hotel gerecht werden.

Umgebung: Spanische Treppe; Via del Corso; Villa Borghese • **Lage:** zwischen der Via del Corso und der Piazza di Spagna; öffentlicher Parkplatz in der Nähe
Mahlzeiten: Frühstück • **Preise:** LLL • **Zimmer:** 17 Doppel- und Zweibettzimmer, 12 mit Bad, 5 mit Dusche; alle Zimmer mit Telefon, TV, Klimaanlage, Minibar, Fön
Anlage: Empfangsbereich, Frühstücksraum, Aufzug • **Kreditkarten:** AE, DC, MC, V
Behinderte: Zugang schwierig • **Tiere:** nicht erlaubt • **Geschlossen:** nie
Besitzer: Massimo Funaro

Latium und Abruzzen

Rom

✻ Tipp des Herausgebers ✻

Due Torri

~ Gästehaus in der Stadt ~

Vicolo del Leonetto 23, 00186 Roma
Tel 06 68806956 **Fax** 06 68805531
e-mail hotelduetorri@interfree.it **website** www.hotelduetorriroma.com

Dieses elegante kleine Hotel in einer ruhigen, kopfsteingepflasterten Straße nördlich der Piazza Navona ist eine echte Neuentdeckung. Die frisch gestrichene Fassade stellt einen Vorgeschmack auf das reizvolle Innere dar, in dem ein geräumiger Empfangsbereich zu einer Reihe von bequemen Gemeinschaftsräumen führt. Die glänzenden Marmorböden harmonieren mit einigen wunderschönen Antiquitäten, während die Stühle und Sofas mit rotem Samt oder in Rot und Beige bezogen sind. Diese Farbkombination bestimmt die Einrichtung des gesamten Hauses. Jeder Treppenabsatz ist mit riesigen antiken Spiegeln geschmückt; gegen die kühlen, cremefarbenen Wände setzen sich alte Lampen und schöne Drucke wirkungsvoll ab.

Die Zimmer sind auf fünf Stockwerke verteilt und über eine elegante Marmortreppe mit einem Eisengeländer aus der Zeit um 1900 oder über den Aufzug erreichbar; jedes der kleinen, aber hübschen und bequemen Zimmer verfügt über einen eigenen Türklopfer aus Messing. Die attraktiven, aber niemals übertrieben dekorierten Kopfenden, Volants, Vorhänge und Bettbezüge folgen ebenfalls dem rot-beigen Farbmuster. Einige Zimmer bieten eine großartige Aussicht über die Dächer und Terrassen der Stadt. Vier Zimmer, darunter auch ein Einzelzimmer, sind mit Terrassen ausgestattet, auf denen Tische und Stühle stehen.

~

Umgebung: Piazza Navona; Piazza di Spagna; Via del Corso • **Lage:** in einer ruhigen Nebenstraße nördlich der Piazza Navona; öffentlicher Parkplatz in der Nähe • **Mahlzeiten:** Frühstück • **Preise:** LL • **Zimmer:** 26; 15 Doppel- und Zweibettzimmer, 7 Einzelzimmer, 4 Familienzimmer, alle mit Dusche; alle Zimmer mit Telefon, TV, Klimaanlage, Minibar, Fön • **Anlage:** Aufenthaltsräume, Frühstücksraum, Aufzug • **Kreditkarten:** AE, DC, MC, V • **Behinderte:** keine speziellen Einrichtungen • **Tiere:** nicht erlaubt • **Geschlossen:** nie
Besitzerin: Cinzia Giordani Pighini

Latium und Abruzzen

Rom

Fontanella Borghese

~ Gästehaus in der Stadt ~

Largo Fontanella Borghese 84, 00186 Roma
Tel 06 68809504 **Fax** 06 6861295
e-mail fontanellaborghese@interfree.it **website** www.fontanellaborghese.com

Dieses neue Hotel, das sich über die beiden oberen Stockwerke eines eleganten Gebäudes aus dem 16. Jh. erstreckt, das einst den Sprösslingen der Familie Borghese gehörte, befindet sich in demselben Besitz wie das bescheidenere Due Torri (siehe links). Ein neoklassizistisch gestalteter Innenhof trennt das Gebäude von dem bunten Treiben der geschäftigen Straße, und ein diskreter Aufzug bringt die Gäste in Sekundenschnelle zum Hotel hinauf.

Der großzügige Empfangsbereich bestimmt den Stil des gesamten Etablissements: hübsche Marmorfußböden, kühle, cremefarbene Wände, üppige Topfpflanzen, einige schöne Antiquitäten und sehr viel Licht. Der Raum wird von einer großen geschwungenen Treppe aus Schmiedeeisen, Messing und Marmor dominiert; dahinter stehen in hellem Sonnenlicht mehrere bequeme Sofas, auf denen man lesen oder sich einfach nur entspannen kann. Der Besitzer hat die Einrichtung der eleganten Zimmer so einfach wie möglich gehalten: harmonierende Stoffe – im unteren Stockwerk grün und cremefarben, im oberen blau und cremefarben –, dunkle Parkettböden, neutrale cremefarbene Wände, Messingleuchter, antike Möbel und hübsche Drucke. Die eierschalenfarbenen und sehr gut ausgestatteten Bäder sind selbstverständlich tadellos sauber. Das stilvolle Hotel stellt eine preisgünstige Alternative zu anderen Unterbringungsmöglichkeiten gleichen Standards dar.

~

Umgebung: Mausoleum des Kaisers Augustus; Piazza di Spagna; Pantheon
Lage: nördlich des Pantheon zwischen der Via del Corso und der Via di Ripeta; öffentlicher Parkplatz in der Nähe • **Mahlzeiten:** Frühstück • **Preise:** LL-LLL
Zimmer: 29; 21 Doppel- und Zweibettzimmer, 5 Einzelzimmer, 3 Suiten, alle mit Bad oder Dusche; alle Zimmer mit Telefon, TV, Klimaanlage, Minibar, Fön
Anlage: Aufenthaltsraum, Frühstücksraum, Aufzug • **Kreditkarten:** AE, DC, MC, V
Behinderte: Zugang möglich • **Tiere:** erlaubt • **Geschlossen:** nie • **Besitzerin:** Maria Pighini Giordani

Latium und Abruzzen

Rom

Gregoriana

Gästehaus in der Stadt

Via Gregoriana 18, 00187 Roma
Tel 06 6797988 **Fax** 06 6784258

Die eigenwillige Dekoration dieses kleinen Hotels ist sicher nicht jedermanns Geschmack, und auch die Preise sind für das Angebot der Anlage relativ hoch; und dennoch gibt es zwei Gründe, die eindeutig für das Gregoriana sprechen: seine Lage in der Nähe der Kirche Trinità dei Monti am oberen Ende der Spanischen Treppe und der ausgesprochen herzliche Empfang.
Das hübsche, mit Jalousien versehene Gebäude verfügt über keine Gemeinschaftsräume; sogar das Frühstück wird auf dem Zimmer serviert, und ein Zimmerservice steht rund um die Uhr zur Verfügung. Die Einrichtung besteht aus einer außergewöhnlichen Mischung aus antiquierter Chinoiserie und Art déco. Die Wände und Decken der winzigen Rezeption sind mit gewebtem Bambus bedeckt, während die Teppiche in einem intensiven Rosaton gehalten sind. Im oberen Stock ist ein Treppenabsatz leopardengemustert und ein anderer mit einem William-Morris-Muster versehen. Auf jeder schwarz gestrichenen Tür prangen Figuren von Erté. Die Wände der einfachen Zimmer sind in hellem Rosa gestrichen, und die roten Lackmöbel im chinesischen Stil werden mit etwas antiquierten Stücken aus den 1970er-Jahren kombiniert. Die besten Zimmer befinden sich im rückwärtigen Teil des Gebäudes, verfügen teilweise über eigene kleine Terrassen und bieten eine gute Aussicht über die Dächer der Stadt.

Umgebung: Spanische Treppe; Via del Corso; Fontana di Trevi • **Lage:** südöstlich vom oberen Teil der Spanischen Treppe; öffentlicher Parkplatz in der Nähe **Mahlzeiten:** Frühstück; Zimmerservice • **Preise:** LLL • **Zimmer:** 19 Doppel- und Zweibettzimmer mit Bad oder Dusche; alle Zimmer mit Telefon, TV, Klimaanlage, Fön • **Anlage:** Aufzug • **Kreditkarten:** keine • **Behinderte:** keine speziellen Einrichtungen • **Tiere:** erlaubt • **Geschlossen:** nie • **Besitzerin:** Maria Novella Panier Bagat

Latium und Abruzzen

Rom

Locarno

~ Stadthotel ~

Via della Penna 22, 00186 Roma
Tel 06 3610841 **Fax** 06 68805531
e-mail info@hotellocarno.com **website** www.hotellocarno.com

Betritt man dieses elegante, mit Glyzinien bewachsene Hotel nördlich der Piazza del Popolo, hat man das Gefühl, sich auf eine Zeitreise zu begeben. In den Gemeinschaftsräumen im Erdgeschoss befindet sich eine beeindruckende Sammlung originaler Jugendstil- und Art-déco-Stücken: großartige Lampen, Thonet-Möbel, alte Poster und an der Rezeption eine Standuhr mit einem tiefen, resonanten Klang. Die Bar geht in das geräumige Wohnzimmer über, in dem im Winter ein Feuer brennt.
Ein winziger Aufzug führt zu den Zimmern, die unterschiedlich, aber alle mit Antiquitäten, originalen Lampen und schweren Stoffen eingerichtet sind. Die Bäder sind meist in Marmor gehalten; eines ist besonders groß und mit einer alten Badewanne und einem alten Waschbecken ausgestattet. Die neueren Zimmer und Suiten, die sich in der 1905 erbauten Villa nebenan befinden, sind etwas luxuriöser mit noch opulenteren Stoffen und noch mehr Marmor versehen. Die gesamte Anlage ist recht groß; bei schönem Wetter wird das Frühstück bis 11.30 Uhr entweder im Dachgarten oder auf der Terrasse im Erdgeschoss serviert. Den Gästen steht eine ganze Flotte an Fahrrädern zur Verfügung. Die entspannte Atmosphäre dieses Hotels und der untertriebene Glanz machen es besonders bei Musikern, Künstlern und Cineasten sehr beliebt.

~

Umgebung: Piazza del Popolo; Villa Borghese; Via del Corso • **Lage:** in einer Nebenstraße nördlich der Piazza del Popolo; öffentlicher Parkplatz in der Nähe
Mahlzeiten: Frühstück • **Preise:** LLL • **Zimmer:** 59; 44 Doppel- und Zweibettzimmer, 15 Einzelzimmer, alle mit Bad oder Dusche; alle Zimmer mit Telefon, TV, Klimaanlage, Minibar, Fön; Deluxezimmer mit Video- und Stereoanlage
Anlage: Aufenthaltsraum, Frühstücksraum, Bar, Aufzug, Dachgarten, Terrasse; Fahrräder stehen kostenlos zur Verfügung • **Kreditkarten:** AE, DC, MC, V
Behinderte: einige Zimmer geeignet • **Tiere:** erlaubt • **Geschlossen:** nie
Besitzerin: Maria-Teresa Celli

Latium und Abruzzen

Rom

Mozart

~ Stadthotel ~

Via dei Greci 23b, 00187 Roma
Tel 06 36001915 **Fax** 06 36001735
e-mail info@hotelmozart.com **website** www.hotelmozart.com

Das Mozart liegt besonders für Einkaufssüchtige günstig an einer kleinen, kopfsteingepflasterten Straße zwischen der Via del Corso und der Via del Babuino und gehört zu den schöneren der zahlreichen Hotels in dieser Gegend. Vor kurzem hat es in das angrenzende Gebäude expandiert; dementsprechend gibt es einen »alten« und einen »neuen« Teil des Hotels. Der Gast, der das Mozart für uns besuchte, hat nur den neuen Teil kennen gelernt, der zwar beeindruckend elegant für ein Drei-Sterne-Hotel, aber dennoch etwas unpersönlich wirkte.
Die Lobby besteht aus kühlen, cremefarbenen Möbeln, Marmorböden und eleganten Salonpalmen. Das lange, bequeme Wohnzimmer im ersten Stock verfügt über hellgelbe Wände, dunkle Hartholzböden, Orientteppiche und einladend kuschelige Sofas. An kühleren Abenden wärmt ein Feuer im offenen Kamin die Gäste. Die hübschen und gut ausgestatteten Zimmer mit ihren Terrakottaböden und Kirschholzmöbeln gehen von hellen Korridoren ab. In den Badezimmern glänzen die Chromarmaturen; eines verfügt sogar über eine kleine Terrasse. Vom Dachgarten aus, der sich über zwei Stockwerke erstreckt und mit stilvollen Gartenmöbeln und weißen Sonnenschirmen ausgestattet ist, kann man fast über ganz Rom blicken. Es gibt dort auch eine kleine Bar, in der man wunderbar einen Aperitif nehmen kann.

~

Umgebung: Piazza di Spagna; Piazza del Popolo; Villa Borghese • **Lage:** in einer Nebenstraße zwischen der Via del Corso und der Via del Babuino; öffentlicher Parkplatz in der Nähe • **Mahlzeiten:** Frühstück • **Preise:** LLL • **Zimmer:** 56; 45 Doppel- und Zweibettzimmer, 9 Einzelzimmer, 2 Suiten, alle mit Bad oder Dusche; alle Zimmer mit Telefon, TV, Klimaanlage, Minibar, Fön • **Anlage:** Aufenthaltsraum, Frühstücksraum, Bar, Dachgarten • **Kreditkarten:** AE, DC, MC, V **Behinderte:** einige Zimmer geeignet • **Tiere:** nicht erlaubt • **Geschlossen:** nie **Besitzer:** Mario Pinna

Latium und Abruzzen

Rom

Pensione Parlamento

~ Gästehaus in der Stadt ~

Via delle Convertite, 00187 Roma
Tel 06 6792082 **Fax** 06 69921000
e-mail hotelparlamento@libero.it

Das freundliche Parlamento, eines der wenigen Zwei-Sterne-Hotels in Rom, die wir in unserem Führer vorstellen, erfreut sich einer ausgezeichneten zentralen Lage und ist vor allem für diejenigen interessant, die ein etwas niedrigeres Urlaubsbudget haben. Wer möchte, kann an der nahen Piazza del Parlamento auf dem Quirinal das Kommen und Gehen der italienischen Politiker beobachten.
Die *pensione* erstreckt sich über den dritten und vierten Stock eines Palazzos aus dem 17. Jh. Hinter der Eingangstür liegt der geflieste Rezeptionsbereich, in dem ein Mitarbeiter des hilfsbereiten Personals an einem Schreibtisch vor einem modernen Fresko sitzt. Auch der hübsche Frühstücksraum wird von einem Fresko geschmückt; die moderne Einrichtung dort wird hin und wieder auch von eleganten Stücken wie zum Beispiel einem glitzernden Kronleuchter ergänzt. Die Zimmer, in denen ein helles Rosa vorherrscht, variieren in der Größe von recht geräumig bis winzig. Sie sind zwar einfach eingerichtet, aber dennoch komfortabel und elegant: Bemalte Friese zieren die Wände, die Betten werden durch antike Kopfenden verschönert, und die Badezimmer sind in grünem Marmor und mit beheizten Handtuchhaltern ausgestattet. Ein – verständlicherweise sehr gefragtes – Zimmer verfügt über eine eigene Terrasse. Das Frühstück wird bei schönem Wetter im Dachgarten serviert.

~

Umgebung: Via del Corso; Spanische Treppe; Pantheon • **Lage:** zwischen der Via del Corso und der Piazza San Silvestro; öffentlicher Parkplatz in der Nähe
Mahlzeiten: Frühstück • **Preise:** LL • **Zimmer:** 23; 13 Doppel- und Zweibettzimmer, 4 Einzelzimmer, 6 Familienzimmer, alle mit Bad oder Dusche; alle Zimmer mit Telefon, TV, Fön; einige Zimmer mit Klimaanlage • **Anlage:** Frühstücksraum, Dachgarten • **Kreditkarten:** AE, DC, MC • **Behinderte:** nicht geeignet • **Tiere:** erlaubt • **Geschlossen:** nie • **Besitzer:** Plinio Chini

Latium und Abruzzen

Rom

Portoghesi

Stadthotel

Via dei Portoghesi 1, 00186 Roma
Tel 06 6864231 **Fax** 06 6876976

Das Portoghesi liegt nördlich der wunderschönen Piazza Navona im Herzen dessen, was im Rom des 17. Jhs. das portugiesische Viertel war; von außen wirkt es so richtig schön altmodisch. Bis vor kurzem war es das auch im Inneren; leider haben größere Renovierungsarbeiten zwar den Komfort erhöht, dafür aber etwas vom ursprünglichen Charakter des Hauses zerstört.
Die Zimmer sind teilweise so groß, dass man sie schon als Suiten bezeichnen könnte. Sie sind grundlegend modernisiert und mit hochwertigen Möbeln, Antiquitäten, gepolsterten Bettkopfenden, hübschen Tapeten und farblich harmonischen Stoffen eingerichtet worden. Die brandneuen Badezimmer blitzen nur so vor Chrom und Sauberkeit. Je nach dem, in welchem Stockwerk man wohnt, hat man einen Blick entweder auf die in der Sonne trocknende Wäsche der Nachbarn oder auf die Dächer und kleinen Dachterrassen der Stadt. Der hübsche verglaste Frühstücksraum, der mit sonnengelben Tischdecken gedeckt ist, und die angrenzende blumenübersäte Terrasse befinden sich im oberen Teil des Gebäudes; von ihnen aus hat man eine großartige Aussicht auf den alten Torre della Scimmia, den Affenturm. Der Name spielt auf eine Legende an, derzufolge im 17. Jh. ein Baby von einem Affen gerettet und in diesen Turm gebracht wurde.

Umgebung: Piazza Navona; Pantheon; Castel Sant'Angelo • **Lage:** in einer Nebenstraße nördlich der Piazza Navona; öffentlicher Parkplatz in der Nähe
Mahlzeiten: Frühstück • **Preise:** LL • **Zimmer:** 28 Doppel-, Zweibett-, Einzelzimmer und Suiten, 5 mit Bad, 23 mit Dusche; alle Zimmer mit Telefon, TV, Klimaanlage, Fön • **Anlage:** Frühstücksraum, Dachgarten, Aufzug • **Kreditkarten:** MC, V
Behinderte: Zugang schwierig • **Tiere:** kleinere Tiere erlaubt • **Geschlossen:** nie
Besitzer: Claudio und Marco Trivellone

Latium und Abruzzen

Rom

Raphaël

Stadthotel

Largo Febo 2, 00186 Roma
Tel 06 682831 **Fax** 06 6878993
e-mail info@raphaelhotel.com **website** www.raphaelhotel.com

Ein wahrer Mantel aus Efeu umgibt das Hotel Raphaël, das Welten vom hektischen Treiben auf der Piazza Navona entfernt ist. Die diskrete Fassade verbirgt jedoch eine der bizarrsten und theatralischsten Eingangshallen der Stadt. Ein Paar marmorner Musen in der Eingangstür gibt den Weg frei zu einer ekklektischen Mischung aus byzantinischen Ikonen, Gemälden alter Meister, Drucken italienischer Futuristen und Keramiken von Picasso, umgeben von barockem Mobiliar. Weiße Lilien in großen Vasen verströmen ihr Aroma im gesamten Raum. Es ist keine Überraschung, dass gerade die Schauspielzunft dieses Haus so schätzt.

Der einzige Störfaktor ist die funktionelle Treppenkonstruktion aus Marmor und Glas, die die fünf Stockwerke des Hotels verbindet. Andere modernistische Einsprengsel wurden in einer kürzlichen Verschönerungsaktion geschickt kaschiert. Neue Türverkleidungen und -einfassungen aus Stein verbessern den Gesamteindruck. Die Schlafzimmer schwelgen in Stoffen mit Paisley-Muster, sind jedoch kleiner, als der Preis vermuten lassen würde. Ein Aufenthalt in diesem Haus wird jedoch genauso unvergesslich bleiben wie der faszinierende Blick von der Terrasse auf Borrominis großartige Kuppel von Sant'Agnese in Agone.

Umgebung: Piazza Navona; Palazzo Altemps; Santa Maria della Pace • **Lage:** am nördlichen Ende der Via dell'Anima hinter der Piazza Navona; öffentlicher Parkplatz in der Nähe • **Mahlzeiten:** Frühstück, Mittagessen, Abendessen
Preise: LLLL • **Zimmer:** 72; 65 Doppel- und Zweibettzimmer, 7 Suiten, alle mit Bad; alle Zimmer mit Telefon, TV, Klimaanlage, Minibar • **Anlage:** Frühstücksraum, Speiseraum, Bar, Tagungsraum, Fitnesscentre, Dachterrasse zum Abendessen
Kreditkarten: AE, DC, MC, V • **Behinderte:** keine speziellen Einrichtungen
Tiere: erlaubt • **Geschlossen:** nie • **Besitzer:** Roberto Vannoni

Latium und Abruzzen

Rom

La Residenza

Stadthotel

Via Emilia 22, 00187 Roma
Tel 06 4880789 **Fax** 06 485721
e-mail hotel.la.residenza@venere.it **website** www.venere.it/roma/la.residenza

Auf der schicken und beliebten Via Veneto sind einige der größten und elegantesten der römischen Hotels angesiedelt. Das La Residenza gehört zwar nicht dazu, ist jedoch unter anderem durch seine Lage privilegiert: Es liegt nur einen Katzensprung von der großartigen, baumgesäumten Straße entfernt. Seit wir das Hotel das letzte Mal in unserem Führer vorgestellt haben, hat es eine Wandlung durchgemacht. Zunächst einmal wurde es vom Drei- zum Vier-Sterne-Hotel aufgewertet, ohne dabei jedoch seine günstigen Preise einzubüßen. Die vor mehreren Jahren begonnene Renovierung ist nun abgeschlossen, mit dem Ergebnis, dass sowohl die Gemeinschaftsräume als auch die Zimmer viel stilvoller und persönlicher wirken. Die Eingangshalle im etwas erhöht liegenden Erdgeschoss führt zu einer Bar und zu den Wohnzimmern. Diese sind nun mit dunkelrosa gestreiften Stoffen, cremefarbenen Wänden, modernen und antiken Möbeln, attraktiven Gemälden und üppigen Topfpflanzen ausgestattet. Der fensterlose Frühstücksraum im hinteren Teil des Gebäudes ist ebenfalls verschönert worden, und auch das Frühstück ist jetzt überdurchschnittlich gut. Die Zimmer sind komfortabel und gut ausgestattet; die ruhigeren gehen nach hinten hinaus. Einige verfügen über eigene Terrassen, und von der Dachterrasse des Hotels aus kann man eine herrliche Aussicht genießen.

Umgebung: Spanische Treppe; Villa Borghese; Via del Corso • **Lage:** in einer Nebenstraße der Via Veneto; kleiner Parkplatz • **Mahlzeiten:** Frühstück
Preise: LL-LLL • **Zimmer:** 29; 17 Doppel- und Zweibettzimmer, 5 Einzelzimmer, 7 Suiten, alle mit Bad; alle Zimmer mit Telefon, TV, Klimaanlage, Minibar, Fön
Anlage: Aufenthaltsräume, Frühstücksraum, Bar, Aufzug, Innenhof, Terrasse
Kreditkarten: MC, V • **Behinderte:** Zugang schwierig • **Tiere:** kleinere Tiere erlaubt • **Geschlossen:** nie • **Geschäftsführer:** Vincenzo Casaburo

Latium und Abruzzen

Rom

Tipp des Herausgebers

Scalinata di Spagna

Gästehaus in der Stadt

Piazza Trinità dei Monti 17, 00187 Roma
Tel 06 6793006 **Fax** 06 69940598
e-mail info@hotelscalinata.com **website** www.hotelscalinata.com

Für viele Besucher ist die Spanische Treppe der Inbegriff von Rom, ein beliebter und lebhafter Treffpunkt. An ihrem oberen Ende stehen zwei Hotels, die repräsentativ für ihre jeweilige Zielgruppe sind: das Hassler-Villa Medici, eines der vornehmsten Häuser der Stadt, und diese sehr persönliche kleine *pensione*, die großes Lob für Charme und Charakter verdient.
In jüngerer Zeit wurde unter der Leitung von Claudia, der Tochter des Besitzers, eine umfassende Renovierung mit guten Ergebnissen durchgeführt. Die Räume sind jetzt mit Stoffen mit hübschen blauen und goldenen Blumenmustern dekoriert und von Lüstern aus Murano beleuchtet. Klassizistische Sofas und kleine Tischchen tragen zur gemütlichen und intimen Atmosphäre bei. Die Badezimmer wurden mit neuen Armaturen ausgestattet. Auch der winzige Empfangsbereich und die Korridore wurden mit einer neuen Rezeptionstheke und polierten Stuckwänden neu gestaltet. Logischerweise sind auch die Preise gestiegen, sie schneiden im Vergleich mit anderen Hotels dieser Kategorie aber immer noch günstig ab. Ein Ratschlag aber bleibt gleich: Bei nur 16 Räumen sollten Sie früh reservieren, um ein Zimmer zu bekommen.

Umgebung: Piazza di Spagna; Villa Medici; Villa Borghese • **Lage:** oben an der Spanischen Treppe; öffentlicher Parkplatz in der Nähe • **Mahlzeiten:** Frühstück **Preise:** LLL • **Zimmer:** 16 Doppel- und Zweibettzimmer mit Bad; alle Zimmer mit Telefon, TV, Klimaanlage, Minibar, Fön • **Anlage:** Aufenthaltsraum, Frühstücksraum, Dachterrasse • **Kreditkarten:** AE, DC, MC, V • **Behinderte:** keine speziellen Einrichtungen • **Tiere:** erlaubt • **Geschlossen:** nie • **Besitzer:** Renato Bellia

Latium und Abruzzen

Rom

Tipp des Herausgebers

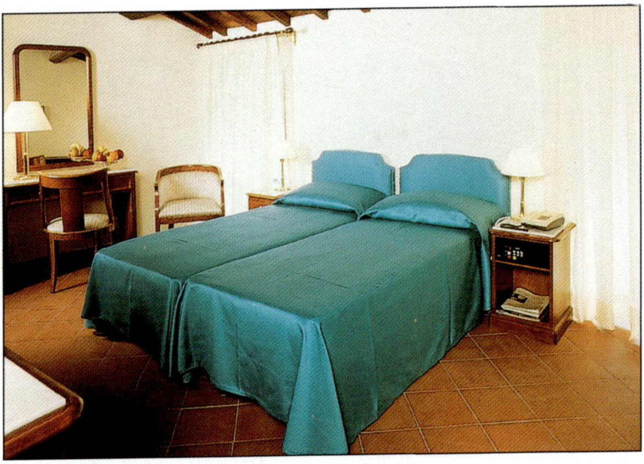

Teatro di Pompeo

Gästehaus in der Stadt

Largo del Pellaro 8, 00186 Roma
Tel 06 6872812 **Fax** 06 68805531

Das bescheidene kleine Hotel liegt in einer ruhigeren Ecke am morgens von einem Markt belebten malerischen Campo dei Fiori versteckt. Ein Hotelgast bat uns vor kurzem, es nicht in unseren Führer aufzunehmen, da er es ganz egoistisch für sich alleine behalten wollte. Uns hat das Hotel jedoch auch sehr gut gefallen, und wir hoffen, dass uns der anonyme Leser verzeihen wird. Das Hotel besitzt ein einzigartiges und außergewöhnliches Merkmal: Es ist an der Stelle des Teatro di Pompeo erbaut worden, das aus dem Jahr 55 v. Chr. stammt, und im Frühstücksraum kann man noch die alten, roh behauenen Tuffsteinmauern sehen. Das angrenzende Wohnzimmer ist durch seine grelle Halogenbeleuchtung leider etwas entstellt; in seiner Mitte steht ein Tisch voller Stadtführer und Zeitschriften.

Die Zimmer im oberen Stockwerk sind mit ihren weißen Wänden und den Standardterrakottafliesen zwar recht einfach eingerichtet; die gepolsterten Kopfenden der Betten, hübschen Tagesdecken, Antiquitäten und durchsichtigen weißen Vorhänge verleihen ihnen jedoch Stil. Die Zimmer unter dem Dach sind gemütlicher und verfügen über Deckenbalken und schräge Wände. Von den Zimmern im vorderen Teil des Gebäudes aus hat man einen schönen Blick auf das geschäftige Treiben auf dem Campo dei Fiori.

Umgebung: Campo dei Fiori; Piazza Navona; Vatikan • **Lage:** östlich vom Campo dei Fiori; Parkplatz in der Nähe • **Mahlzeiten:** Frühstück • **Preise:** LL-LLL
Zimmer: 13 Doppel- und Zweibettzimmer mit Bad oder Dusche; alle Zimmer mit Telefon, TV, Klimaanlage, Minibar, Fön • **Anlage:** Aufenthaltsräume, Frühstücksraum, Bar, Aufzug • **Kreditkarten:** AE, DC, MC, V • **Behinderte:** keine speziellen Einrichtungen • **Tiere:** nicht erlaubt • **Geschlossen:** nie • **Besitzer:** Lorenzo Mignoni

Latium und Abruzzen

Rom

Villa Florence

Stadtvilla

Via Nomentana 28, 00161 Roma
Tel 06 4403036 **Fax** 06 4402709
e-mail villa.florence@flashnet.it **website** www.venere.it/roma/villa_florence

Als ein Gast das Hotel für uns besuchte, das an der geschäftigen Via Nomentana in der Nähe der Porta Pia im Nordosten Roms liegt, waren die umfangreichen Renovierungsarbeiten noch nicht ganz abgeschlossen, was zu einiger Verwirrung führte. Nach dem zu urteilen, was im Hotel bisher gemacht worden ist, kann man mit dem Ergebnis jedoch sehr zufrieden sein.
Man hat die Arbeiten außen am Gebäude begonnen; die Fassade ist jetzt in einem eleganten Hellgelb gestrichen. An den Gemeinschaftsbereichen im Erdgeschoss wurde während unseres Aufenthaltes noch gearbeitet, aber die Zimmer waren bereits vollständig renoviert. Hier ist die Aufwertung hinsichtlich Eleganz und Komfort deutlich zu sehen. Einst rein funktional eingerichtet, sind sie jetzt mit farbenfrohen, eleganten Stoffen an Wänden, Betten und Vorhängen ausgestattet; die Farbkombinationen verändern sich von Stockwerk zu Stockwerk. Die hochwertigen Möbel imitieren den neoklassizistischen Stil und sind mit einigen originalen Stücken wie z. B. wunderschönen Türen aus Walnussholz gemischt. Auch die hübschen Badezimmer sind alle neu.
Hinter dem Haus befindet sich eine kleine, abgeschiedene Terrasse, zu der einige der Zimmer in den Anbauten direkten Zugang haben. Der hoteleigene Parkplatz ist zwar nicht besonders groß, stellt in Rom jedoch einen unschätzbaren Vorteil dar.

Umgebung: Villa Borghese; Via Veneto; Piazza di Spagna • **Lage:** etwa 1 km nordöstlich der Via Veneto, nordöstlich der Porta Pia; hoteleigener Parkplatz im Garten • **Mahlzeiten:** Frühstück • **Preise:** LLL • **Zimmer:** 32; 27 Doppel-, 2 Einzelzimmer, 3 Familienzimmer, alle mit Bad oder Dusche; alle Zimmer mit Telefon, TV, Minibar, Fön • **Anlage:** Aufenthaltsraum, Frühstücksraum, Bar, Aufzug, Dachterrasse, Garten • **Kreditkarten:** AE, DC, MC, V • **Behinderte:** Zimmer im Erdgeschoss geeignet • **Geschlossen:** nie • **Besitzer:** Tullio und Fabio Capelli

Latium und Abruzzen

Rom

Tipp des Herausgebers

Villa del Parco

Stadtvilla

Via Nomentana 110, 00161 Roma
Tel 06 44237773 **Fax** 06 44237572
e-mail villaparco@mclink.it **website** www.venere.it/roma/villaparco

Von dieser Villa aus dem Jahr 1910, die in einer wahren Oase der Ruhe an der geschäftigen Via Nomentana nordöstlich vom Stadtzentrum Roms entfernt liegt, sind wir hellauf begeistert. Endlich haben wir auch hier ein Hotel mit einem herzlichen Empfang und ausgesprochen vernünftigen Preisen gefunden.

Die hübschen ummauerten Gärten auf beiden Seiten des Hotels, in denen im Sommer das Frühstück serviert wird, schirmen den Straßenlärm zwar leider nur unzureichend ab, aber im Inneren des Gebäudes herrschen Ruhe und Eleganz vor. Die Empfangshalle strahlt mit ihren weichen gelben Sofas und Sesseln, die um mit Zeitschriften beladene Kaffeetischchen herum gruppiert sind, eine glanzvoll-gemütliche Atmosphäre aus. Eine große Standuhr, einige schöne Ölgemälde und eine Sammlung begehrenswerter Antiquitäten tragen dazu bei. Von der Lobby aus führt eine Treppe zu einer Reihe sonnendurchfluteter Zimmer: einer Bar, zwei Frühstücksräumen und einer Sitzecke. Auch hier Antiquitäten, zudem grüne Stoffbezüge, Pflanzen und viele wunderschön gerahmte Bilder. Die Zimmer sind zwar unterschiedlich groß, aber alle ebenso stilvoll wie die Gemeinschaftsräume. Vor kurzem sind noch sechs neue Zimmer im Dachgeschoss hinzugekommen, die bezaubernd in frischen Grün- und Cremetönen gestrichen wurden. Ausgezeichnetes Preis-Leistungs-Verhältnis.

Umgebung: Villa Torlonia; Villa Borghese; Katakomben von Sant'Agnese • **Lage:** in einem Wohngebiet, nordöstlich des Stadtzentrums (Porta Pia); öffentlicher Parkplatz in der Nähe • **Mahlzeiten:** Frühstück • **Preise:** LL • **Zimmer:** 29; 15 Doppel- und Zweibettzimmer, 14 Einzelzimmer, alle mit Bad oder Dusche; alle Zimmer mit Telefon, TV, Klimaanlage, Minibar, Fön • **Anlage:** 2 Aufenthaltsräume, Frühstücksräume, Bar, Aufzug, Garten • **Kreditkarten:** AE, DC, MC, V • **Behinderte:** 1 Zimmer im Erdgeschoss geeignet • **Tiere:** erlaubt • **Geschlossen:** nie • **Besitzerin:** Elisabetta Bernardini

Latium und Abruzzen

Rom

Villa delle Rose

Stadtvilla

Via Vicenza 5,00185 Roma
Tel 06 4451788 **Fax** 06 4451639
e-mail villadellerose@flashnet.it

Die Gegend um den Bahnhof Roms, Stazione Termini, herum ist zwar wenig reizvoll, aber die einst elegante Via Vicenza wird von schönen alten Villen gesäumt, die von attraktiven Gärten umgeben sind. Die Eleganz ist mittlerweile etwas verblasst, und in der Gegend treiben sich auch einige zweifelhafte Gestalten herum; dennoch ist die Lage der Villa delle Rose gut für Zugreisende geeignet. Was das Hotel an Komfort und Stil einbüßt, machen die Herzlichkeit und Begeisterung der Familie Filippo und die vernünftigen Preise doppelt wett. Die Fassade könnte einen neuen Anstrich gebrauchen, aber die Bar im Inneren des Gebäudes mit ihren Marmorsäulen, ihrem kunstvoll verzierten Verputz und den Deckenfresken ist überraschend elegant. Der Frühstücksraum im Keller ist ein wenig spartanisch eingerichtet, aber das Büfett ist überdurchschnittlich. Die Zimmer im oberen Stockwerk sind angemessen und praktisch mit warmen Farbtönen und hellen Tapeten gestaltet. Einige erstrecken sich über zwei Stockwerke und sind somit besonders für Familien geeignet. Der Besitzer lässt weiterhin Renovierungsarbeiten durchführen; einige Bäder sind bereits neu, und die Zimmer sollen ebenfalls allmählich aufgewertet werden. Das Hotel verfügt über einen hübschen Garten, was man in dieser Gegend eher selten antrifft.

Umgebung: Stazione Termini (Bahnhof); Villa Borghese; Forum Romanum
Lage: in einer bewohnten Straße nördlich des Bahnhofs; begrenzte Anzahl von Parkplätzen stehen kostenlos zur Verfügung • **Mahlzeiten:** Frühstück • **Preise:** LL
Zimmer: 38; 23 Doppel- und Zweibettzimmer, 7 Einzelzimmer, 8 Familienzimmer, alle mit Bad oder Dusche; alle Zimmer mit Telefon, TV, Klimaanlage • **Anlage:** Aufenthaltsraum, Frühstücksraum, Bar, Aufzug, Garten • **Kreditkarten:** AE, DC, MC, V • **Behinderte:** Zimmer im Erdgeschoss geeignet • **Tiere:** erlaubt
Geschlossen: nie • **Besitzer:** Frank und Claude Filippo

Latium und Abruzzen

San Felice Circeo

Punta Rossa

~ Hotel am Meer ~

Latina, 04017 San Felice Circeo
Tel 0773 548085 **Fax** 0773 548075
e-mail punta_rossa@iol.it **website** www.venere.it/lazio/punta_rossa

Das hübsche Dorf San Felice liegt am Fuß des 550 Meter hohen Monte Circeo. Dieser einsame Felsen erhebt sich als Ausläufer einer flachen Region, die früher Marschland war und jetzt bis auf einige Zonen, die als Nationalpark die heimische Fauna und Flora bewahren sollen, trockengelegt ist. Das Punta Rossa gruppiert sich in Form eines Miniaturdorfes über einem ungeschützten, steinigen Strand um den Berg.

Die Rezeption befindet sich in einem Häuschen gleich hinter dem Torbogen, an das sich eine kleine, von weiß getünchten Bauten in mediterranem Stil umgebene Piazza anschließt. Die Zimmer verteilen sich auf niedrige Gebäude an oder nahe dem oberen Ende eines Gartens, der jenseits der Piazza steil zum Meer hin abfällt. Sie sind hübsch, aber unterschiedlich groß und oft in Farbkombinationen gehalten, die etwas antiquiert wirken. Alle haben jedoch einen Balkon mit Seeblick. Hauptattraktion der Suiten ist ihre bewundernswerte Größe. Das Restaurant liegt im Garten, auf halbem Weg zum Meer und zum Pool. Ein Gast schrieb uns hingerissen: »Das einzige, was wir an unserem Aufenthalt bedauerten, war seine Kürze.«

~

Umgebung: Terracina (20 km); Circeo-Nationalpark • **Lage:** 4 km westlich von San Felice an einer einsamen Felsküste; hoteleigener Parkplatz • **Mahlzeiten:** Frühstück, Mittagessen, Abendessen • **Preise:** LLL • **Zimmer:** 34; 27 Doppelzimmer, 7 Suiten, alle mit Bad oder Dusche; alle Zimmer mit Telefon, TV, Klimaanlage, Minibar • **Anlage:** Bar, Speiseraum, Heilbad, Terrasse, Garten, Swimmingpool **Kreditkarten:** AE, DC, MC, V • **Behinderte:** Zugang schwierig • **Tiere:** kleinere Hunde nach Voranmeldung erlaubt • **Geschlossen:** November
Geschäftsführerin: Maria Fiorella Battaglia

Latium und Abruzzen

Palo Laziale

Posta Vecchia

Ländliche Villa

Palo Laziale, 00055 Ladispoli Roma
Tel 06 9949501 • **Fax** 06 9949507 • **e-mail** postavec@caerenet.it • **website** www.lapostavecchia.com • **Mahlzeiten:** Frühstück, Mittagessen, Abendessen • **Preise:** LLLL
Geschlossen: November bis März
Geschäftsführer: Harry Charles Mills Sciò

Diese Villa am Tyrrhenischen Meer gehörte einst Jean Paul Getty. Ein Aufenthalt hier ist ein einzigartiges Erlebnis: Von unschätzbaren Kunstwerken umgeben, spürt der Gast dennoch nichts von der Förmlichkeit, die man in einem so eleganten Hotel erwarten würde. Die Villa wurde bereits vor über zehn Jahren in ein Hotel umgewandelt; die üppige Einrichtung beinhaltet Badezimmer aus Carraramarmor, riesige antike Betten und schwere, elegante Stoffe. Die Preise reichen von hoch bis gigantisch hoch – um so viele Nullen bezahlen zu können, müsste man schon Getty höchstpersönlich sein.

Rom

Hotel dei Borgognoni

Stadthotel

Via del Bufalo 126, 00187 Roma
Tel 06 69941505 • **Fax** 06 6780041 • **e-mail** hotel.borgognoni@flashnet.it
website www.hotelborgognoni.it
Mahlzeiten: Frühstück, Snacks
Preise: LLL • **Geschlossen:** nie
Geschäftsführer: Claudio Marca

Das Borgognoni – ein ehemaliges Kloster – liegt im Herzen des ehemaligen burgundischen Viertels. Trotz seines Ursprungs hat der Ort nichts Klösterliches mehr an sich: Das moderne, gut ausgestattete Hotel ist bei Geschäftsleuten und anspruchsvolleren Touristen recht beliebt. Für das kommende Jahr sind umfangreiche Renovierungsarbeiten für die etwas kleinen Zimmer und Bäder vorgesehen. Einige der Zimmer verfügen bereits über eigene Terrassen, und die ruhigeren gehen auf den begrünten Innenhof hinaus. Lackierte Türen, Messingdekor, Spiegel, Stuck und Walnussholztäfelungen werden durch alte Gemälde, Orientteppiche, Keramiken, marmorne und vergoldete Tische und Arrangements aus Trockenblumen ergänzt. Es gibt kein Restaurant; an der Bar kann man sich jedoch Snacks und kleinere Mahlzeiten zubereiten lassen.

Latium und Abruzzen

Rom

Sole al Pantheon

Stadthotel

Piazza della Rotonda 63, 00186 Roma
Tel 06 6780441 • **Fax** 06 69940689 • **e-mail** hotsole@flashnet.it • **Mahlzeiten:** Frühstück • **Preise:** LLLL
Geschlossen: nie
Geschäftsführer: G. Piraino

Zweifellos eines der reizvollsten kleinen Hotels der Stadt, allerdings zum Bedauern der Gäste inzwischen auch eins der teuersten. Die Zimmer weisen faszinierende bemalte oder Kassettendecken auf und sind fantasievoll und elegant eingerichtet. Jedes hat sein charakteristisches Gepräge, obgleich allen eine zurückhaltende Farbgebung, stoffgerahmte Spiegel und schöne Antiquitäten gemeinsam sind. Die Totalrenovierung von 1988 sollte wieder etwas aufgefrischt werden. Die Gemeinschaftsräume wirken allerdings immer noch sehr ansprechend: Der Salon mit den weißen Ledersesseln auf terrakottagefliestem Fußboden und die kleine, gemütliche Bar im Untergeschoss scheinen geradewegs einem Hochglanzmagazin entsprungen. Das Personal ist immer sehr hilfsbereit.

Rom

Valadier

Stadthotel

Via della Fontanella 15, 00187 Roma
Tel 06 3610559 • **Fax** 06 3201558 • **e-mail** info@hotelvaladier.com • **website** www.hotelvaladier.com
Mahlzeiten: Frühstück, Mittagessen, Abendessen • **Preise:** LLLL
Geschlossen: nie • **Besitzer:** Rinaldo Lasalandra

Die Metamorphose des Valadier von verfallender Pracht zu seiner gegenwärtigen raffinierten Form fand vor einigen Jahren statt. Es wurde ein elegant-intimes Restaurant eingerichtet, das jetzt die ohnehin reichlich vorhandenen recht kleinen, aber hübschen Gemeinschaftsräume ergänzt. Marmor, Spiegelglas und auf Hochglanz poliertes Holz bedecken jede Oberfläche.
Die kabinenartigen Zimmer erinnern an eine Millionärsjacht. Nicht nur wurde der etwas knappe Raum optimal genutzt, es wimmelt hier auch von elektronischen Spielereien. Sie können sogar Ihren Rechnungsstand auf einem Bildschirm ablesen. Reizvoll? Nicht unbedingt – dafür aber etwas ganz Besonderes und sehr komfortabel. Das Personal ist freundlich, und auch die Lage ist gut.

Kampanien

Überblick

Die Hotels in Kampanien

Die Region Kampanien hat viele Facetten: die hektische, großartige und verfallene Stadt Neapel, die wunderschöne Küste zwischen Sorrent und Ravello, die Inseln Capri und Ischia sowie den Küstenstrich nordwestlich und die Landschaft nördlich von Neapel.

Keine Angst vor Neapel! Stürzen Sie sich wenigstens auf die Pulsschlagader der Stadt, die »Spaccanapoli«, eine Straßenschlucht, die die Altstadt teilt. Eine authentische Pizza zum Mittagessen und ein etwas vornehmeres Abendessen im »La Cantinella« (neben dem *Miramare*, siehe Seite 277) wären eine gute Kombination. Des Weiteren können wir für Neapel das *Soggiorno Sansevero* (siehe Seite 278) empfehlen.

Wenn Sie Ischia nicht gerade wegen seiner Thermalbäder besuchen, ist ein Aufenthalt auf Capri mit seinen überwältigenden Naturschönheiten lohnender. Auf Ischia gibt es zwar weniger kleine Hotels mit Charme als auf Capri, dennoch haben wir drei gefunden: das *Il Monastero* und das *Villarosa* (siehe Seiten 275 / 276) sowie das *Hotel Terme San Michele* (siehe Seite 295). Auf Capri ist die Auswahl deutlich besser; dort möchten wir außerdem noch auf das *Luna* (Tel. 081 837 04 33) und auf die etwas preisgünstigere *Villa Helios* (Tel. 081 837 02 40) hinweisen. All unsere Empfehlungen liegen in oder in der Nähe der autofreien Stadt Capri (Ihr Gepäck wird von einem Portier von der Fähre zum Hotel gebracht); in Anacapri haben wir leider nichts gefunden.

Die Hotels an der Küste zwischen Sorrent und Amalfi sind auf den folgenden Seiten gut vertreten. Das *Cappuccini Convento* in Amalfi können wir leider nicht mehr guten Gewissens empfehlen und haben es deshalb aus unserem Führer gestrichen; das *Caruso Belvedere* in Ravello hat den Besitzer gewechselt und ist zurzeit aufgrund umfangreicher Renovierungsarbeiten geschlossen.

Entlang der Küste nordwestlich und auf dem Land nördlich von Neapel haben wir nur zwei Einträge: das *Hotel della Baia* in Baia Domizia (siehe Seite 270) und die *Villa de Pertis* in dem mittelalterlichen Städtchen Dragoni (siehe Seite 274).

Kampanien

Amalfi

Lidomare

Bed-&-Breakfast-Unterkunft am Meer

84011 Amalfi, Salerno
Tel 089 871332 **Fax** 089 871394
e-mail lidomare@amalficoast.it **website** www.amalficoast.it/hotel/lidomare

In diesem bescheidenen Zwei-Sterne-Hotel scheint die Zeit stehen geblieben zu sein; dennoch macht es einen bezaubernden und nicht im Geringsten angestaubten Eindruck. In den polierten Bodenfliesen kann man sich spiegeln, riesengroße Bücherregale bergen alte, ledergebundene Bände, in einem Glasschränkchen sind Miniaturfiguren ausgestellt, und die hohen Räume stehen voller Familienantiquitäten und traditioneller handbemalter Möbel. Vom Eingang aus kann man einen Blick auf das Wohnzimmer der Familie und auf die hübsche geflieste Küche dahinter erhaschen, in der das Frühstück bereitet wird. Es wird in dem einzigen Empfangsraum serviert, in dem die Gäste an kleinen Holztischchen zwischen einem Flügel und Topfpflanzen sitzen. Die Minibar und das Satellitenfernsehen in den Zimmern scheinen die einzigen Konzessionen an die heutige Zeit zu sein.

Man betritt das Gebäude aus dem 15. Jh. von der kleinen Piazza aus, die Fassade des Hotels sowie die besten, mit kleinen Balkons versehenen Zimmer gehen jedoch auf das Meer hinaus. Die anderen Zimmer haben zwar keine Aussicht, dafür genießen sie aber die Ruhe und den Frieden der Piazzetta. Alle Zimmer sind einfach, aber tadellos sauber. Von dem Moment an, in dem man das Hotel betritt, hat man nicht nur das Gefühl, in einem Familienhotel, sondern in einem Privathaus zu sein. Die verschrobenen altmodischen Zimmer und Korridore sind von der Herzlichkeit der Besitzer geradezu durchdrungen.

Umgebung: Dom und Paradieskreuzgang; Ravello (6 km) • **Lage:** an einem kleinen Platz in der Nähe der Piazza del Duomo • **Mahlzeiten:** Frühstück • **Preise:** L
Zimmer: 15 Doppel- und Zweibettzimmer mit Bad oder Dusche; alle Zimmer mit Telefon, TV, Klimaanlage, Minibar • **Anlage:** Aufenthalts-/Frühstücksraum
Kreditkarten: AE, DC, MC, V • **Behinderte:** nicht geeignet • **Tiere:** erlaubt
Geschlossen: nie • **Besitzer:** Familie Camera

Kampanien

Amalfi

Luna Convento

Umgebautes Kloster am Meer

Via P. Comite 33, 84011 Amalfi, Salerno
Tel 089 871002 **Fax** 089 871333
website www.amalficoast.it/hotel/luna

Das Luna Convento ist eines der schönsten Hotels in Amalfi. Es liegt nur fünf Minuten zu Fuß vom geschäftigen Stadtzentrum entfernt und erstreckt sich über zwei separate Gebäude, zwischen denen sich die Küstenstraße entlangschlängelt. Eines der Gebäude ist ein alter Sarazenenturm direkt am Meer.

Das 1825 eröffnete Hotel ist eines der ältesten Amalfis und seit fünf Generationen im Besitz derselben Familie. Aber schon beim Betreten des Hauses merkt man, dass seine Geschichte viel weiter zurückreicht. Eine Besonderheit ist der byzantinische Kreuzgang, der einen Garten mit altem Brunnen umschließt. Unter den Arkaden sitzt man sehr gemütlich, und das Frühstück wird im Kreuzgang selbst serviert – ein reizendes Fleckchen, um den Tag zu beginnen. Man hat die Wahl zwischen traditionell und modern eingerichteten Zimmern, und für einen Zuschlag bekommt man seinen eigenen Salon. Mittag- und Abendessen werden entweder in dem überwölbten Restaurant im Hauptgebäude aufgetischt, wo man durch hohe Bogenfenster einen herrlichen Blick auf die Bucht hat, oder, noch schöner, auf der anderen Straßenseite, wo sich Terrasse und Sonnenschirme des Speiselokals im Turm bis ans Meer ziehen. Zu diesem Komplex gehören auch der Swimmingpool und die etwas deplatziert wirkende Disco. Das Hotel ist für seine Kochkurse berühmt.

Umgebung: Dom und Paradieskreuzgang; Ravello (6 km) • **Lage:** 5 Minuten zu Fuß den Hügel hinauf vom Stadtzentrum, mit Blick auf das Meer; Parkplatz
Mahlzeiten: Frühstück, Mittagessen, Abendessen; Zimmerservice • **Preise:** LLL
Zimmer: 45; 40 Doppel- und Zweibettzimmer, 2 Einzelzimmer, 3 Suiten, alle mit Bad; alle Zimmer mit Telefon, TV, Fön • **Anlage:** Aufenthaltsraum, 2 Speiseräume, 2 Bars, Kreuzgang, Swimmingpool, Disco • **Kreditkarten:** AE, DC, MC, V
Behinderte: nicht geeignet • **Tiere:** nicht erlaubt • **Geschlossen:** nie
Geschäftsführer: Signor Milone

Kampanien

Baia Domizia

Hotel della Baia

~ Hotel am Meer ~

81030 Baia Domizia, Caserta
Tel 0823 721344 **Fax** 0823 721566

Baia Domizia ist ein moderner, recht eleganter Badeort, der sich an einem herrlichen breiten Sandstrand ca. 50 Kilometer nordwestlich von Neapel entlangzieht. Im Hotel della Baia, einem niedrig gelegenen weißen Gebäude, ist man jedoch angenehm weit vom Ortszentrum entfernt und gelangt durch den üppigen Garten am Tennisplatz vorbei direkt ans Wasser.
Das Hotel wurde vor 30 Jahren von den drei Sello-Schwestern aus Venedig eröffnet, die es schafften, hier die Atmosphäre einer stilvollen, ziemlich großen Privatvilla zu erzeugen. Vasen mit frischen Blumen und Topfpflanzen heben sich wirkungsvoll von den weiß verputzten Wänden, den kühlen Steinfußböden und weißen Sofas ab; antike und moderne Möbel sind geschmackvoll kombiniert. Mit seinen Büchern und Zeitschriften und den vielen Bildern macht das Haus einen wohnlichen Eindruck. Nicht weniger attraktiv sind die Gästezimmer, die alle einen Balkon haben. Eine schöne Veranda leitet vom Haus zum Garten über; auf dem Rasen stehen Liegestühle und extravagante Sonnenschirme.
Die Küche des Hotels strebt seit jeher ein hohes Niveau an. Leider haben wir keine Berichte aus jüngerer Zeit, die darüber Auskunft geben, ob dieses Niveau auch erreicht wird.

~

Umgebung: Gaeta (29 km) • **Lage:** im südlichen Teil des Ortes, mit Gärten, die zum langen Sandstrand reichen; großer Parkplatz • **Mahlzeiten:** Frühstück, Mittagessen, Abendessen, Zimmerservice • **Preise:** LLL • **Zimmer:** 56; 54 Doppelzimmer, 18 mit Bad, 36 mit Dusche, 2 Einzelzimmer, 1 mit Bad, 1 mit Dusche; alle Zimmer mit Telefon, Klimaanlage; auf Wunsch TV • **Anlage:** 2 Aufenthaltsräume, Fernsehraum, Speiseraum, Bar, Terrasse, Garten, Tennisplatz, Strand **Kreditkarten:** AE, DC, MC, V • **Behinderte:** keine speziellen Einrichtungen **Tiere:** erlaubt • **Geschlossen:** Oktober bis Mitte Mai • **Besitzerinnen:** Elsa, Velia und Imelde Sello

Kampanien

Capri

La Pazziella

~ Stadtvilla ~

Via P. R. Giuliani 4, 80073 Capri, Napoli
Tel 081 8370044 **Fax** 081 8370085

Auf dem Weg zu dieser Bougainvillea-überwucherten Villa wird man vom Duft exotischer Blumen beinahe überwältigt; das niedrige weiße Gebäude liegt in einem romantischen Garten zwischen Rasenflächen, Zitronenbäumchen und klassischen Statuen. Obwohl es sich in unmittelbarer Nähe zur Hauptstadt der Insel befindet, ist es hier absolut ruhig. Uns hat das La Pazziella sehr gefallen: Dem hübschen und nicht allzu teuren Hotel ist es gelungen, dem Glanz und Glitter Capris erfolgreich zu entgehen.

Die Inneneinrichtung ist frisch und hell. Einfache weiße Wände und blau-weiß-geflieste Böden ergänzen sich harmonisch mit den polierten Holzmöbeln. Die einzelnen Bereiche werden durch maurische Bögen miteinander verbunden. Pflanzen und Blumen lockern die Sitzecken im Erdgeschoss farblich auf, und von den Rundbogenfenstern aus hat man eine Postkartenaussicht auf den Garten. Das Frühstück wird auf der wunderbaren überdachten Terrasse serviert, egal ob es regnet oder die Sonne scheint.

Die stilvollen und komfortablen Zimmer sind ähnlich wie die Gemeinschaftsräume im Erdgeschoss eingerichtet. Sogar die Standarddoppelzimmer verfügen über zierliche Schreibtische und große antike Kommoden. Die Zimmer höherer Kategorie haben eigene Balkons oder Terrassen. Das Tüpfelchen auf dem I ist allerdings der große Pool, an dem man viel Platz zum Sonnenbaden hat – auf Capri eine Rarität.

~

Umgebung: Capri-Stadt; Kloster San Giacomo • **Lage:** in der Nähe der Le Botteghe Fuoriovado, 5 Minuten zu Fuß östlich des Stadtzentrums von Capri • **Mahlzeiten:** Frühstück • **Preise:** LLL • **Zimmer:** 19; 17 Doppel-, Zweibettzimmer und Suiten, 2 Einzelzimmer, alle mit Bad; alle Zimmer mit Telefon, TV, Klimaanlage, Minibar, Fön, Safe • **Anlage:** Aufenthaltsbereich, Terrasse, Garten, Swimmingpool **Kreditkarten:** AE, DC, MC, V • **Behinderte:** nicht geeignet • **Tiere:** nicht erlaubt **Geschlossen:** Oktober bis März • **Geschäftsführer:** Silvio del Pizzo

Kampanien

Capri

Tipp des Herausgebers

Villa Brunella

Stadthotel

Via Tragara 24a, 80073 Capri, Napoli
Tel 081 8370122 **Fax** 081 8370430
e-mail villabrunella@capri.it **website** www.caprionline.com/villabrunella

Die Villa Brunella ist eine großartige Neuentdeckung auf Capri: Es ist ihr gelungen, die Herzlichkeit und Freundlichkeit eines kleinen, familiengeführten Hotels mit dem Glanz Capris und den Annehmlichkeiten viel größerer Etablissements zu verbinden. Ihr einziger Nachteil liegt in der schier endlos langen Treppe, die zu den Zimmern führt; fühlen Sie sich ihr gewachsen, so steht einem wunderbaren Aufenthalt in der Villa nichts mehr im Wege.
Das Hotel besteht aus mehreren Ebenen, die in einen Garten münden, von dem aus man eine fabelhafte Aussicht auf das Meer und die Küste bis nach Marina Piccolo hat. Auf der obersten Ebene liegt das Restaurant, das man von der schmalen Via Tragara aus betritt. Es verfügt über große Fenster, eine romantische Atmosphäre und freundliches Personal; das Essen ist ausgezeichnet. Über eine Treppe erreicht man dann den gemütlichen Empfangsbereich, auf den die bezaubernde und gastfreundliche Familie Ruggiero ein wachsames Auge hat. Die Küche befindet sich in Sichtweite gleich nebenan. Dann findet sich das, was wir mit »Glanz Capris« umschrieben haben: zunächst der Pool mit seiner großen Sonnenterrasse, auf der das Mittagessen serviert wird, und anschließend die Zimmer. Diese sind ausgesprochen elegant mit Seidenstoffen, Marmorbädern, Whirlpools und Terrassen ausgestattet; jedes Zimmer ist mit Vasen voller Gladiolen geschmückt.

Umgebung: Kloster San Giacomo; Punta Tragara • **Lage:** an der Straße nach Punta Tragara, 10 Minuten zu Fuß vom Stadtzentrum Capris • **Mahlzeiten:** Frühstück, Mittagessen, Abendessen • **Preise:** LLL • **Zimmer:** 20; 8 Doppelzimmer, 12 Suiten, alle mit Bad; alle Zimmer mit Telefon, TV, Klimaanlage, Minibar, Fön, Safe
Anlage: Aufenthaltsbereich, Bar, Restaurant, Terrasse, Garten, Swimmingpool
Kreditkarten: AE, DC, MC, V • **Behinderte:** nicht geeignet • **Tiere:** nicht erlaubt
Geschlossen: November bis Ostern • **Besitzer:** Vincenzo und Brunella Ruggiero

Kampanien

Capri

Villa Sarah

~ Stadtvilla ~

Via Tiberio 3a, 80073 Capri, Napoli
Tel 081 8370122 **Fax** 081 8370430
e-mail info@villasarah.it **website** www.villasarah.it

Die außerhalb der Stadt in einem großen, üppigen Küchengarten gelegene Villa Sarah erreicht man zu Fuß den Hügel hinauf auf der Straße, die zur Villa Jovis, dem Palast Kaiser Tiberius', führt. Wie bei den meisten Hotels auf Capri, so kann man sich auch hier das Gepäck von der Fähre zum Hotel tragen lassen. Die Belohnung für den anstrengenden Marsch sind der Friede und die Schlichtheit eines ruhigen und familiengeführten Hotels, fernab der Geschäftigkeit und Hektik der Stadt.
Die Villa Sarah liegt nicht direkt an der Straße; die Zimmer des geräumigen, weiß getünchten Gebäudes verfügen über alte Gemälde und Drucke an den weißen Wänden, einfache Vorhänge an hölzernen Vorhangstangen, dunkle Holzmöbel, geflieste Böden und schlichte Bäder. Die besseren verfügen außerdem über Balkons mit Meerblick. Das Frühstück wird in dem ebenfalls einfachen Speiseraum oder auf der Terrasse serviert; es gibt eine gute Auswahl an Brötchen und Croissants, hausgemachter Marmelade, Joghurt, kaltem Braten und Cornflakes. Nach dem Frühstück kann man sich auf der Terrasse entspannen oder im Garten spazieren gehen. Dieser ist der ganze Stolz des Hausherrn: rebenüberrankte Wege, Bäume voller Früchte, darunter auch Orangen und Zitronen, Gemüsebeete mit Auberginen, Paprika, Tomaten und vielem mehr. Die de Martinos verwöhnen ihre Gäste gerne: Sie dürfen sich was immer sie möchten von Bäumen und Beeten selbst pflücken.

Umgebung: Villa Jovis; Capri-Stadt • **Lage:** an der Straße zur Villa Jovis, 15 Minuten zu Fuß von Capri-Stadt • **Mahlzeiten:** Frühstück • **Preise:** LL • **Zimmer:** 19; 14 Doppelzimmer mit Bad, 5 Einzelzimmer mit Dusche; alle Zimmer mit Telefon, TV, Minibar, Fön • **Anlage:** Aufenthaltsbereich, Bar, Frühstücksraum, Terrasse, Garten • **Kreditkarten:** AE, DC, MC, V • **Behinderte:** nicht geeignet • **Tiere:** nicht erlaubt • **Geschlossen:** November bis Ostern • **Besitzer:** Familie De Martino

Kampanien

Dragoni

Villa de Pertis

Ländliche Villa

Via Ponti 30, 81010 Dragoni, Caserta
Tel und **Fax** 0823 866619
e-mail info@villadepertis.it **website** www.pubbnet.com/villadepertis/

Die Villa de Pertis, der ehemalige Landsitz eines Adligen aus dem 17. Jh., wurde in eine einfache, aber komfortable und preislich sehr vernünftige Unterkunft umgewandelt, die über fünf Zimmer und zwei Suiten verfügt. Die Besitzerin Nicola de Pertis ist eine bezaubernde Gastgeberin, die viel über die Gegend weiß. An diesem Ort kann man sich richtig entspannen; außer einem Spaziergang oder einer Fahrradtour in den Matese-Bergen (Fahrräder stehen zur Verfügung) gibt es nicht viel zu tun. Man kann sich noch das mittelalterliche Städtchen Dragoni mit seiner hübschen Kirche oder das nahe gelegene Dorf Baia e Latina anschauen. Nach der Rückkehr ins Hotel, kann man sich mit einer Runde Billard oder Tischtennis zerstreuen. Das Abendessen besteht aus Spezialitäten der Gegend und wird im Kaminzimmer serviert. Ein Gast fand es »bemerkenswert«; ein anderer berichtete uns, dass das ausgezeichnete Abendessen ganz kurzfristig beinahe exakt nach seinen Wünschen zubereitet wurde.
Derselbe Gast teilte uns mit, dass die Zimmer sauber, kühl und groß seien und über bequeme Betten, gute Bäder und eine wundervolle Aussicht auf eine kleine Piazza im Herzen Dragonis verfügten, wo die Zeit stehen geblieben zu sein schien. Von der hübschen Terrasse aus, auf der das Frühstück serviert wird, blickt man auf die Mateser-Berge.

Umgebung: Lago Matese (30 km); Neapel (55 km) • **Lage:** auf dem Land, in der kleinen Stadt Dragoni; Parkplatz • **Mahlzeiten:** Frühstück, Abendessen • **Preise:** L
Zimmer: 7; 5 Doppelzimmer, 2 Suiten, alle mit Bad; alle Zimmer mit Telefon, TV, Fön • **Anlage:** Aufenthaltsraum, Speiseraum, Billardraum, Terrasse, Garten
Kreditkarten: AE, V • **Behinderte:** Zugang schwierig • **Tiere:** erlaubt
Geschlossen: Januar bis März • **Besitzerin:** Nicola de Pertis

Kampanien

Ischia

Il Monastero

Umgebautes Kloster

Castello Aragonese 3, Ischia Ponte, 80070 Ischia, Napoli
Tel 081 992435

Ischia Ponte hat seinen Namen von der Brücke, die das »Festland« von Ischia mit dieser vorgelagerten kleinen Insel verbindet, auf deren Spitze sich die erste Siedlung Ischias erhebt, die nur Castello genannt wird, obwohl sie aus mehreren Gebäuden besteht. Eines davon ist ein altes Kloster, das heute eine einfache, aber hübsche *pensione* beherbergt.
Ein in den Felsen gegrabener Tunnel führt zu einem Fahrstuhl, der Sie hinauf nach Castello bringt (Sie können statt dessen natürlich auch Treppen steigen). Mit Hilfe diskret angebrachter Hinweisschilder gelangen Sie zur verschlossenen Tür der Pension, und ein Druck auf den Klingelknopf ruft den freundlichen *padrone* herbei. Noch ein paar Stufen, dann ist man endlich am Ziel. Zahlreiche Bilder schmücken die Wände des Korridors und des netten kleinen Salons. Im kürzlich renovierten Speiseraum stehen schöne, solide Holzmöbel. Die Zimmer sind klösterlich schlicht; einige erreicht man von innen, andere über die Terrasse, von der sich ein atemberaubender Blick über Stadt und Insel bietet. Das Essen haben wir nicht selbst probieren können (Halbpension ist obligatorisch), aber zweifelsohne ist auch das Abendessen ebenso wie das Frühstück und die Einrichtung der Zimmer eher einfach, was dem klösterlichen Leitmotiv des Hotels entsprechen würde. Auf jeden Fall ist das Monastero nach wie vor sehr beliebt.

Umgebung: Ischia Ponte; Ischia Porto • **Lage:** auf einer Insel östlich von Ischia-Stadt, durch eine Straße mit Ischia verbunden • **Mahlzeiten:** Frühstück, Abendessen • **Preise:** LL • **Zimmer:** 22; 21 Doppelzimmer, 1 Einzelzimmer, die meisten mit Bad oder Dusche • **Anlage:** Aufenthaltsraum, Speiseraum, Bar, Terrasse
Kreditkarten: keine • **Behinderte:** nicht geeignet • **Tiere:** nicht erlaubt
Geschlossen: Mitte Oktober bis Ostern • **Besitzer:** Ciro Eletto

KAMPANIEN

ISCHIA

La Villarosa

~ Stadtvilla ~

Via Giacinto Gigante 5. Porto d'Ischia, 80077 Ischia , Napoli
Tel 081 991316 **Fax** 081 992425

Dieses Haus ist in jeder Hinsicht das krasse Gegenteil vom Monastero. Es versteckt sich in einem dschungelartigen Garten mitten im Herzen der kleinen Stadt Ischia. Neben dem Garten und dem hübschen Thermalschwimmbecken sind die schönen, mit gemütlichen Sesseln und reich verzierten antiken Möbeln ausgestatteten Salons die Hauptattraktion. Die Zimmer sind mit Möbeln aus dem 19. Jh. (neapolitanisch, französisch, sizilianisch) ausgestattet.

Durch das helle, einladende Restaurant im Obergeschoss gelangt man auf eine Terrasse, auf der man im Sommer essen und den Blick über den Garten und die Dächer der Stadt genießen kann. Früher war Vollpension obligatorisch, aber inzwischen bietet Sg. Amalfitano auch »nur« Übernachtungen an. Über die Qualität der Küche haben wir keine Informationen. Es ist uns nie gelungen, in der Villarosa zu übernachten – sie war jedes Mal ausgebucht.

Wie so viele Häuser auf der Insel kann man sich auch im Villarosa einer Warmwasserbehandlung unterziehen – die von einem eigenen »Thermal-Badearzt« überwacht wird –, aber die Atmosphäre ist keineswegs die eines traditionellen Kurhotels, und ein Gast, der keine Kur machen will, fühlt sich hier nicht fehl am Platze.

Umgebung: Hafen von Ischia (500 m); Castello d'Ischia (2 km) • **Lage:** 200 m vom Lido entfernt; begrenzter Parkplatz • **Mahlzeiten:** Frühstück, Mittagessen, Abendessen • **Preise:** LL • **Zimmer:** 43; 37 Doppel- und Zweibettzimmer, 20 mit Bad, 14 mit Dusche, 6 Einzelzimmer mit Dusche; alle Zimmer mit Telefon
Anlage: Aufenthaltsraum, Speiseraum, Fernsehraum, Bar, Aufzug, Terrasse, Swimmingpool, Sauna • **Kreditkarten:** AE, DC, MC, V • **Behinderte:** Zugang schwierig • **Tiere:** nicht erlaubt • **Geschlossen:** November bis März
Besitzer: Paolo Amalfitano

Kampanien

Neapel

Miramare

Hotel am Meer

Via Nazario Sauro 24, 80132 Napoli
Tel 081 7647589 **Fax** 081 7640755
e-mail info@hotelmiramare.com **website** www.hotelmiramare.com

Es gibt zwei zwingende Gründe, sich das Miramare als Ausgangspunkt in Neapel auszusuchen. Der erste ist sein Besitzer Enzo Rosolino, dessen Herzlichkeit und Charme sich auf das loyale und aufmerksame Personal übertragen haben, und sein ständiger Begleiter, der Skyeterrier Gavroche. Der zweite Grund ist die Dachterrasse mit ihren Liegestühlen und Hängematten und ihrem großartigen Blick auf den Golf von Neapel bis hinunter zur Küste von Sorrent, dem Vesuv und Capri. Der einzige Nachteil ist der Verkehrslärm, der von der Lungomare hinaufdringt — man ist schließlich in Neapel. Im Sommer wird auf der Dachterrasse das üppige Frühstück serviert; man kann hier auch ein romantisches Abendessen für Zwei buchen, wobei das Essen von dem ausgezeichneten, Michelin-gekürten Restaurant »Cantinella« herübergebracht wird, das Enzos Bruder gehört. Für Hotelgäste gibt es Rabatt.
Die vornehme Villa aus dem Jahr 1914, die im Zweiten Weltkrieg für ihre Pianobar »The Shaker Club« berühmt war, gehörte dem amerikanischen Konsulat, bevor sie in ein Hotel umgewandelt wurde. Heute glänzen Lobby und Frühstücksraum in grüner, goldener und roter Seide. Die Zimmer werden nach und nach im selben Stil eingerichtet; sie verfügen über hohe Decken und Fenster sowie über gute Klimaanlagen.

Umgebung: Piazza dei Plebiscito; Castel dell'Ovo; Fährhafen • **Lage:** an der Küstenstraße, 10 Minuten zu Fuß vom Stadtzentrum entfernt, in der Nähe des Fährhafens; angrenzendes Parkhaus • **Mahlzeiten:** Frühstück; Mittagessen und Abendessen auf Wunsch erhältlich; Zimmerservice • **Preise:** LLL • **Zimmer:** 30; 27 Doppel- und Zweibettzimmer, 3 Einzelzimmer, alle mit Bad oder Dusche; alle Zimmer mit Telefon, TV, Videorekorder, Klimaanlage, Minibar, Fön
Anlage: Aufenthaltsraum, Frühstücksraum, Bar, Aufzug, Dachterrasse
Kreditkarten: AE, DC, MC, V • **Behinderte:** Zugang schwierig • **Tiere:** nicht erlaubt
Geschlossen: nie • **Besitzer:** Enzo Rosolino

Kampanien

Neapel

Soggiorno Sansevero

Gästehaus in der Stadt

Piazza San Domenico Maggiore 9, 80134 Napoli
Tel 081 5515949 **Fax** 081 211698
e-mail albergo.sansevero@libero.it

In diesem einfachen Gästehaus, das um den Innenhof eines alten Palazzo angelegt ist, herrscht tiefer Friede. Das war jedoch nicht immer so. Im Jahr 1590 ermordete der unglückliche Madrigalkomponist Carlo Gesualdo im Haus der Prinzen von Sansevero seine Frau und deren Liebhaber in einem Anfall rasender Eifersucht. In den frisch cremefarben gestrichenen Zimmern und in den modernen grauen Bädern spürt man allerdings nichts von der Anwesenheit irgendwelcher Geister. Die Einrichtung ist bescheiden — Mosaikböden, funktionale Möbel —, aber die Zimmer sind geräumig mit ausgezeichnetem Preis-Leistungs-Verhältnis. Unser Lieblingszimmer ist die Nummer 6, das »Marechiaro«, das mit seiner riesigen gewölbten Decke über mehr Persönlichkeit als die anderen Zimmer verfügt und nur unwesentlich mehr kostet. Die freundliche italienische Besitzerin Armida Auriemma spricht kein Englisch und besitzt noch zwei weitere Hotels in Neapel: die im Stil ähnliche Albergo Sansevero und die Albergo Sansevero Degas, die vornehmlich für Studenten gedacht ist.
Frühstück gibt es im Soggiorno Sansevero nicht; dafür befindet sich das »Scaturchio«, eines der bekanntesten Cafés der Stadt, gleich unten an der farbenfrohen Piazza. Sie sollten sich auch die Cappella Sansevero gleich neben dem (und einst Teil des) Palazzo ansehen: Sie enthält eine außergewöhnliche und etwas unheimliche Marmorskulptur von Sammartino, den »Toten Christus«.

Umgebung: Cappella Sansevero; Santa Chiara • **Lage:** im Herzen der Stadt an der »Spaccanapoli«; Parkplatz im Albergo Sansevero • **Mahlzeiten:** keine • **Preise:** L
Zimmer: 6; 4 Doppel-, Zweibett- und Dreibettzimmer, alle mit Dusche, 2 Einzelzimmer, die sich eine Dusche teilen; alle Zimmer mit Telefon, TV, Klimaanlage, Fön
Anlage: keine • **Kreditkarten:** AE, DC, MC, V • **Behinderte:** nicht geeignet
Tiere: kleinere Hunde erlaubt • **Geschlossen:** nie • **Besitzerin:** Armida Auriemma

Kampanien

Positano

California

Bed-&-Breakfast-Unterkunft in der Stadt

Via C. Columbo 141, 84017 Positano, Salerno
Tel 089 875382 **Fax** 089 812154
e-mail albergo.california@hpe.it **website** www.hpe.it/california

Gleich gegenüber dem Sirenuse (siehe Seite 284) befindet sich ein weiterer neapolitanischer Adelspalast, der im Jahre 1677 erbaut wurde, sonst aber in jeder Hinsicht anders ist als die anderen Palazzi. Wenn Sie Atmosphäre, einen herzlichen Empfang und (für Positano) günstige Preise suchen, sind Sie hier genau richtig. »Ich möchte, dass meine Gäste glücklich sind«, sagt Mary und meint das auch so. Sie tut ihr Bestes, um mit modernem Standard Schritt halten zu können; eine Renovierung des Hotels ist langsam, aber stetig in Arbeit. Glücklicherweise sind die meisten Zimmer zwar einfach, aber immer noch bezaubernd altmodisch. Nummer 54 ist recht groß und hat einen grün gefliesten Fußboden und eine hohe bemalte Decke. Nummer 55 ist noch größer und verfügt sogar über eine eigene Terrasse. In Nummer 61 wurde Marys ganzer Stolz, ein Whirlpool, installiert.
Der Star des Hotels — abgesehen von Mary natürlich — ist die obere Terrasse, die sich über die gesamte Front des Gebäudes zieht. Weitere Gemeinschaftsräume gibt es nicht; das Frühstück wird entweder hier oder auf dem Zimmer serviert. Da wir das Hotel neu in unseren Führer aufgenommen haben und selbst nicht die Möglichkeit hatten, dort zu übernachten, würden wir uns über weitere Berichte sehr freuen.

Umgebung: Amalfi (17 km); Ravello (23 km) • **Lage:** an der Zufahrtsstraße zur Stadt, mit Blick auf das Meer, 10 Minuten zu Fuß vom Meer entfernt; Parkplatz **Mahlzeiten:** Frühstück • **Preise:** L-LL • **Zimmer:** 18 Doppel- und Zweibettzimmer, alle mit Bad; alle Zimmer mit Telefon, Fön; einige Zimmer mit TV, Klimaanlage, Minibar • **Anlage:** Terrasse • **Kreditkarten:** AE, DC, MC, V • **Behinderte:** nicht geeignet • **Tiere:** nicht erlaubt • **Geschlossen:** Mitte November bis März **Besitzerin:** Mary Cinque

Kampanien

Positano

La Fenice

Bed-&-Breakfast-Unterkunft am Meer

Via G. Marconi 8, 84017 Positano, Salerno
Tel 089 875513 **Fax** 089 811309

Vorab eine ernsthafte Warnung an alle Gäste dieser ungewöhnlichen Bed-&Breakfast-Unterkunft: Etwa 400 Treppenstufen liegen zwischen Hauptstraße bzw. Strand und Frühstücksterrasse, Empfangsbereich und den meisten Zimmern des Hotels. Die restlichen Zimmer befinden sich in Bungalows, die sich über die steile Klippe erstrecken und über kleine Treppchen und schmale Pfade erreicht werden. Dort gibt es auch einen großartigen Salzwasserswimmingpool und einen Wasserfall, der aus dem Felsen heraussprudelt. Der Pool ist vom Besitzer des Hotels, Costantino Mandara, gebaut worden, der 1982 seinen Beruf als Tierarzt aufgab, um das Zuhause seiner Familie in ein Hotel umzuwandeln. Dennoch wird das Anwesen auch heute noch von Begleitern aus seinem früheren Leben bevölkert: Solomon, der Mynahvogel, Asuaro, der Hund, Tiberius, die Katze, und ein Schwarm Gänse.
In den bescheidenen Zimmern stehen hübsche antike Betten, riesige Schränke und andere Familienerbstücke; ihre weißen Wände und Deckengewölbe verleihen ihnen Kühle und machen eine Klimaanlage überflüssig. Einige der Bungalows verfügen über eigene Veranden; uns gefiel am besten die Nummer 2. Der Aufstieg zur blumenbewachsenen Terrasse, auf der das Frühstück serviert wird, lohnt die Mühe: Signora Mandara bereitet köstliche Marmeladen zu, und Solomon begrüßt die Gäste mit einem fröhlichen »Buon Giorno«.

Umgebung: Amalfi (17 km); Ravello (23 km) • **Lage:** an der Straße nach Amalfi, 15 Minuten zu Fuß in östlicher Richtung vom Stadtzentrum entfernt; Parkplatz **Mahlzeiten:** Frühstück • **Preise:** LL • **Zimmer:** 13; 12 Doppel- und Zweibettzimmer, 6 mit Bad, 6 mit Dusche, 1 Appartement für 4 Personen; alle Zimmer mit Telefon • **Anlage:** Aufenthaltsbereich, Terrassen, Swimmingpool, hoteleigener Strand, Fischen • **Kreditkarten:** keine • **Behinderte:** nicht geeignet • **Tiere:** nicht erlaubt • **Geschlossen:** Weihnachten • **Besitzer:** Costantino Mandara

Kampanien

Positano

Marincanto

~ Stadthotel ~

Via Cristoforo Colombo 56, 84017 Positano, Salerno
Tel 089 875130 **Fax** 089 875595
e-mail marincanto@starnet.it **website** www.webspace.it/marincanto

Der Eingang des Hotels über den Parkplatz ist wenig beeindruckend, aber als der Aufzug den Gast, der das Hotel für uns besuchte, in Windeseile zum Empfangsbereich gebracht hatte, einem riesigen gefliesten Raum, von dem aus man hinter der blumenübersäten Terrasse das Meer sehen kann, hatte sie sich in diese unauffällige Bed-&-Breakfast-Unterkunft verliebt. Aus dem Aufzug zu kommen ist wie in die 1950er Jahre zurückzugehen. Die Dekoration und Einrichtung ist liebenswert altmodisch: Den Boden bedecken orangefarbene Fliesen, und samtgepolsterte Sessel drängen sich um Kaffeetischchen. Das Hotel befindet sich bereits seit einigen Generationen im Besitz der bezaubernden Familie Vespoli; sie und das Personal kümmern sich mit großer Sorgfalt um das Wohl der Gäste. Sie decken beispielsweise abends die Betten auf, was sogar in größeren Etablissements ein reiner Luxus ist.

Die Zimmer im Hauptgebäude werden durch hübsche bemalte Holzarbeiten akzentuiert; die besten verfügen über Balkons mit Meerblick. Die Zimmer im Nebengebäude sind zwar nicht so gut ausgestattet, aber in der Regel größer und mit hübschen abgeschiedenen Terrassen versehen. Eine Treppe führt an einer Reihe von Terrassen mit Liegestühlen vorbei hinunter zum Strand.

Das Frühstück wird bei schönem Wetter draußen serviert und besteht aus einem eindrucksvollen Büfett mit Cornflakes, Säften, Brötchen, Kuchen, kaltem Braten und Joghurt.

Umgebung: Amalfi (17 km); Ravello (23 km) • **Lage:** an der Zufahrtsstraße zur Stadt, 10 Minuten zu Fuß vom Meer entfernt; Parkplatz • **Mahlzeiten:** Frühstück **Preise:** LL • **Zimmer:** 26; 25 Doppel-, Zweibett-, Dreibett- und Familienzimmer, 1 Suite, alle mit Bad oder Dusche; alle Zimmer mit Telefon, TV, Klimaanlage, Minibar, Fön • **Anlage:** Aufenthaltsbereich, Aufzug, Terrassen • **Kreditkarten:** AE, DC, MC, V • **Behinderte:** Zugang möglich • **Tiere:** erlaubt • **Geschlossen:** November bis 1 Woche vor Ostern • **Besitzerin:** Celeste Vespoli

Kampanien

Positano

Miramare

~ Bed-&-Breakfast-Unterkunft in der Stadt ~

Via Trara Genoino 25-27, 84017 Positano Salerno
Tel 089 875002 **Fax** 089 875219
e-mail miramare@starnet.it **website** www.starnet.it/miramare

Jedes Zimmer des Miramare, kleines Schwesterhotel des San Pietro und des Palazzo Murat (siehe rechts), hat eine eigene, dem Meer zugewandte Terrasse, die von Wein oder Bougainvillea überschattet und mit Tisch und Liegestühlen möbliert ist. Die im Jahr 2000 komplett renovierten Zimmer selbst wirken mit ihren weißen Wänden, den Terrakottaböden, den stilvollen Stoffen und Antiquitäten sehr elegant; Minibar und Safe sind diskret den Blicken entzogen. Die Bäder (manche ebenfalls mit Meerblick) sind geräumig und mit handbemalten Kacheln ausgestattet. Der Salon mit dem Deckengewölbe, Terrakottafliesen, Antiquitäten, hellen gepolsterten Möbeln und vielen Blumen und Pflanzen ist ein attraktiver Aufenthaltsort. Besonders hübsch ist der Frühstücksraum: eine verglaste Veranda, von deren Decke Bougainvillea in prachtvollen Kaskaden herunterhängt.

Das an einem steilen Hügel westlich vom Strand und den Fischerbooten gelegene Miramare besteht aus einer Reihe ehemaliger Fischerhäuser, die in ein reizvolles und durchweg komfortables Hotel umgewandelt wurden. Aufgrund seiner vielen Treppen eignet es sich jedoch nicht für ältere oder gehbehinderte Menschen. Die Treppen waren vor einigen Jahren kein so großes Problem, als das Hotel noch über ein eigenes Restaurant verfügte. Es existieren allerdings Pläne, das Restaurant wiederzueröffnen.

~

Umgebung: Amalfi (17 km); Ravello (23 km) • **Lage:** 3 Minuten zu Fuß in westlicher Richtung vom Hauptstrand entfernt; Parkplatz • **Mahlzeiten:** Frühstück **Preise:** LLL • **Zimmer:** 15 Doppel- und Zweibettzimmer mit Bad; alle Zimmer mit Telefon, TV, Klimaanlage, Minibar, Fön, Safe • **Anlage:** Aufenthaltsraum, Speiseraum, Bar • **Kreditkarten:** AE, DC, MC, V • **Behinderte:** nicht geeignet • **Tiere:** erlaubt • **Geschlossen:** November bis 1 Woche vor Ostern • **Besitzer:** Familie Attanasio

Kampanien

Positano

Palazzo Murat

~ Stadthotel ~

Via dei Mulini 23, 84017 Positano, Salerno
Tel 089 875177 **Fax** 089 811419
e-mail hpm@starnet.it **website** www.starnet.it/murat

Die meisten Hotels in Positano liegen an den steilen Hängen zu beiden Seiten der zum Meer abfallenden Schlucht. Im Gegensatz dazu befindet sich der Palazzo Murat direkt im Ortszentrum – nahe dem Dom in einer von schicken Boutiquen gesäumten Fußgängerzone. Das Hauptgebäude ist ein prächtiger, L-förmiger Palazzo aus dem 18. Jh. Innerhalb des Ls befindet sich ein reizender Innenhof mit einem Brunnen, Bougainvilleen, die sich an den Mauern hochranken, Palmen und anderen exotischen Gewächsen. Hier liegt nicht nur das nicht zum Hotel gehörende Restaurant »Al Palazzo«; auch das Frühstück wird hier serviert, das Frühaufsteher allerdings im Schatten einnehmen müssen. An einer Seite dieses Hofs ziehen sich die ineinander übergehenden, wunderschön mit Antiquitäten möblierten Salons entlang.
Die Gästezimmer im eigentlichen Palazzo sind im traditionellen Stil mit bemalten oder glänzend polierten Holzmöbeln hübsch ausgestattet und haben Balkons, auf denen man jedoch nur Platz zum Stehen hat. Die in dem moderneren Anbau auf der Meerseite befindlichen Zimmer verfügen über größere Balkons.
Positanos zahlreiche Restaurants konzentrieren sich überwiegend, nur einen kurzen Fußweg entfernt, hinter dem Strand.

Umgebung: Amalfi (17 km); Ravello (23 km) • **Lage:** im Herzen des Ortes; öffentlicher Parkplatz in der Nähe • **Mahlzeiten:** Frühstück • **Preise:** LLL
Zimmer: 30 Doppel- und Zweibettzimmer mit Bad; alle Zimmer mit Telefon, TV, Klimaanlage, Minibar, Fön, Safe • **Anlage:** Aufenthaltsräume, Bar, Terrasse
Kreditkarten: AE, DC, MC, V • **Behinderte:** Zugang schwierig • **Tiere:** kleinere Tiere erlaubt • **Geschlossen:** Anfang Januar bis zur ersten Märzwoche
Besitzer: Familie Attanasio

Kampanien

Positano

Tipp des Herausgebers

Sirenuse

Stadthotel

Via C. Colombo 30, 84017 Positano Salerno
Tel 089 875066 **Fax** 089 811798
e-mail info@sirenuse.it **website** www.sirenuse.it

Wir haben das berühmte Sirenuse bis jetzt nicht in unseren Führer aufgenommen, weil es uns für unsere Zwecke zu elegant und zu groß erschien. Bei unserem letzten Besuch im Herbst stellten wir jedoch fest, dass es ganz einfach zu schön ist, um ignoriert zu werden. Es ist mit so vielen hübschen Dingen angefüllt, dass es wie eine Mischung aus einem lebenden Museum dekorativer Künste und einem privaten Adelssitz anmutet. Und genau das war es auch. Positano war bis vor kurzem zwar hauptsächlich ein einfaches Fischerdorf, es war jedoch auch immer schon ein beliebter Wohnsitz der neapolitanischen Aristokratie. Dieser Palazzo aus dem 18. Jh. gehörte einst dem Marchese Sersale. Es wurde in ein Hotel umgewandelt und wird auch heute noch von der Familie Sersale geführt. Mit den Jahren ist das Hotel immer mehr erweitert worden und umfasst nun 63 Zimmer (nicht alle mit Aussicht), gemeinschaftliche und private Terrassen, einen hübschen Swimmingpool, der im Sommer recht voll werden kann, und ein ruhmreiches, begrüntes Restaurant mit ausgezeichneter Küche.
Die kühlen Zimmer mit ihren weißen Wänden sind himmlisch, vor allem diejenigen im alten Teil des Gebäudes. Sie sind großzügig mit Familienerbstücken ausgestattet, darunter wunderschöne Gemälde und Möbel aus Venedig und Neapel, die hervorragend zu den originalen Keramiken passen.

Umgebung: Amalfi (17 km); Ravello (23 km) • **Lage:** an der Zufahrtsstraße zur Stadt, mit Blick auf das Meer, 10 Minuten zu Fuß vom Meer entfernt; Parkplatz
Mahlzeiten: Frühstück, Mittagessen, Abendessen, Zimmerservice • **Preise:** LLLL
Zimmer: 63 Doppel-, Zweibettzimmer und Suiten (Standard und Deluxe), mit und ohne Aussicht; alle Zimmer mit Telefon, TV, Klimaanlage, Minibar, Fön, Safe
Anlage: Aufenthaltsraum, Speiseraum, Bar, Aufzug, Terrassen, Swimmingpool
Kreditkarten: AE, DC, MC, V • **Behinderte:** Zugang möglich • **Tiere:** erlaubt
Geschlossen: nie • **Besitzer:** Familie Sersale

Kampanien

Positano

Villa Franca

Stadthotel

Via Pasitea 318, 84017 Positano, Salerno
Tel 089 875655 **Fax** 089 875735
e-mail hvf@starnet.it **website** www.villafrancahotel.it

Wenn Sie keine Höhenangst haben und die Entfernung zum Zentrum nicht scheuen, spricht vieles für dieses elegante, traditionelle Hotel. Hoch oben am Westhang der Schlucht von Positano gelegen, bietet es durch seine Fenster und von den Terrassen einen wunderbaren Blick auf den Ort und die Küste. Allerdings muss man einige Minuten Fußweg ins Zentrum und zum Strand in Kauf nehmen, und der Anstieg zurück ist anstrengend. Zum Glück verkehrt zu bestimmten Zeiten zwischen Hotel und Strand ein Privatbus.
Neben der traumhaften Lage ist eine weitere Attraktion der schicke, kühle Salon, der aus mehreren ineinander übergehenden, durch Türbögen verbundenen Räumen mit weiß gefliesten Böden und weiß gestrichenen Wänden besteht. Bequeme, leuchtend blau bezogene Sessel gruppieren sich um niedrige Tische; überall stehen riesige Topfpflanzen. Der Speiseraum ist im selben Stil gestaltet; das frisch zubereitete Essen soll gut sein.
Die neu eingerichteten Gästezimmer sind geräumig und komfortabel und haben zum Teil eine eigene Terrasse mit Meerblick. Eine schöne Aussicht hat man auch vom kleinen Pool. Die Einrichtung eines Fitnessraumes im Keller, eines Dampfbades, eines Solariums und einer Massagemöglichkeit stellen die jüngste Modernisierung der Anlage dar. Besitzer und Personal sind gastfreundlich und herzlich. Weitere Berichte willkommen.

Umgebung: Amalfi (17 km); Sorrent (17 km); Ravello (23 km) • **Lage:** an der Hauptstraße über der Stadt; Parkplatz • **Mahlzeiten:** Frühstück, Snacks, Abendessen, Zimmerservice • **Preise:** LL • **Zimmer:** 26 Doppel- und Zweibettzimmer mit Bad oder Dusche, 10 Zimmer im Nebengebäude; alle Zimmer mit Telefon, TV, Klimaanlage, Minibar, Fön, Safe • **Anlage:** Aufenthaltsraum/Bar, Speiseraum, Fitnesscenter, Aufzug, Swimmingpool • **Kreditkarten:** AE, DC, MC, V **Behinderte:** Zugang schwierig • **Tiere:** kleinere Tiere erlaubt • **Geschlossen:** November bis März • **Besitzer:** Mario Russo

Kampanien

Positano

Villa Rosa

~ Bed-&-Breakfast-Unterkunft in der Stadt ~

Via C. Colombo 127, 84017 Positano, Salerno
Tel 089 811955 **Fax** 089 812112

Die Villa Rosa ist sozusagen das Mutterhaus der Villa La Tartana (siehe rechts), weil die Besitzer der Villa Rosa, die Caldieros, die Eltern des flippigen jungen Besitzers des La Tartana, Beniamino, sind. Die Villa Rosa stellt eine ausgezeichnete Wahl für einen preisgünstigen Aufenthalt in Positano dar. Ihr größter Vorteil sind zweifelsohne die geräumigen Terrassen, die alle über eine fabelhafte Aussicht auf die Stadt und das Mittelmeer verfügen. Ihr Nachteil liegt in den Tausenden von Treppenstufen, die man von der Straße zur Lobby hinauf überwinden muss; das Gepäck wird allerdings von einem Portier heraufgebracht.

Abgesehen von der Lobby mit ihren bequemen Sitzecken gibt es keine weiteren Gemeinschaftsräume, aber die Terrassen machen dies mehr als wett. Die Zimmer sind in drei Reihen mit Blick auf das Meer angeordnet. Nummer 8 bis 11 verfügen über besonders große Terrassen, die beinahe wie ein zweites Zimmer wirken. Unser Lieblingszimmer war jedoch die Nummer 14, auf dessen Terrasse Tisch und Stühle unter einem Zitronenbäumchen stehen. Nummer 13 eignet sich aufgrund seiner zwei Extrabetten und dem großen Terrassentisch vor allem für Familien.

Die Villa Rosa hat die Atmosphäre eines gemütlichen alten Hauses. Die Zimmer sind einfach, aber hübsch eingerichtet. Einige sind mit originalen gefliesten Böden und großen Verandatüren ausgestattet. Das Frühstück wird auf dem Zimmer oder auf der Terrasse serviert.

~

Umgebung: Amalfi (17 km); Ravello (23 km) • **Lage:** an der Zufahrtsstraße zur Stadt, mit Blick auf das Meer, 10 Minuten zu Fuß vom Meer entfernt; öffentlicher Parkplatz in der Nähe • **Mahlzeiten:** Frühstück • **Preise:** LL • **Zimmer:** 12 Doppelzimmer mit Terrasse, 11 mit Dusche, 1 mit Bad; alle Zimmer mit Telefon, TV, Klimaanlage, Kühlschrank, Fön • **Anlage:** Aufenthaltsbereich, Garten **Kreditkarten:** AE, DC, MC, V • **Behinderte:** nicht geeignet • **Tiere:** nicht erlaubt **Geschlossen:** November bis Ostern • **Besitzer:** Franco und Virginia Caldiero

Kampanien

Positano

Tipp des Herausgebers

Villa La Tartana

Bed-&-Breakfast-Unterkunft in der Stadt

Via Vicolo Vito Savino 6/8, 84017 Positano, Salerno
Tel 089 812193 **Fax** 089 8122012
e-mail info@villalatartana.it **website** www.villalatartana.it

Diese im Sommer 2000 eröffnete *pensione* stellt eine wunderbare Neuentdeckung in der Hotelszene Positanos dar. Obwohl der Besitzer der Villa La Tartana noch sehr jung ist, hat er definitiv ein Händchen fürs Geschäft.

Die Villa verdankt ihre besondere Atmosphäre den Einrichtungsgegenständen, die mit viel Liebe zum Detail und einem Gespür für Qualität ausgesucht wurden. Von den bezaubernden Wandleuchten aus Keramik bis zu den geschnitzten und bemalten Kopfenden der Betten und den handbemalten Fliesen im Badezimmer stammen sie alle aus der Gegend. Die fröhlich gemusterten Fußbodenfliesen, weißen Wände, fließenden weißen Vorhänge, Blumenvasen, kleinen Terrassen mit hübschen Tischen und Stühlen und Blick auf das Meer, auf denen das Frühstück serviert wird, sind einfach umwerfend.

Die Villa La Tartana (Letzteres bedeutet so viel wie Fischerboot) befindet sich in der Nähe des Hauptplatzes und des Strandes. Die Lobby mit ihren zitronengelben Fliesen erreicht man über eine lange Treppe gleich neben Caldieros Bekleidungs- und Keramikgeschäft. Der Stil der Lobby setzt sich in den Korridoren fort, die mit ihren weißen Wänden ebenfalls zur Wohlfühlatmosphäre beitragen. Auch das nette Personal sowie das appetitlich angerichtete Frühstück erschien uns gänzlich ohne Fehl und Tadel.

Umgebung: Amalfi (17 km); Ravello (23 km) • **Lage:** neben der Kirche Santa Maria Assunta, mit Blick auf den Strand und das Meer; öffentlicher Parkplatz in der Nähe **Mahlzeiten:** Frühstück • **Preise:** LL • **Zimmer:** 12 Doppelzimmer mit Dusche, 9 mit Meerblick; alle Zimmer mit Telefon, TV, Klimaanlage, Kühlschrank, Fön • **Anlage:** Aufenthaltsbereich • **Kreditkarten:** AE, DC, MC, V • **Behinderte:** nicht geeignet **Tiere:** nicht erlaubt • **Geschlossen:** November bis Ostern • **Besitzer:** Beniamino Caldiero

Kampanien

Ravello

✻ Tipp des Herausgebers ✻

Palumbo

~ Umgebauter Palazzo ~

Via S. Giovanni del Toro 16,84010 Ravello, Salerno
Tel 089 857244 **Fax** 089 858133
e-mail palumbo@hotel-palumbo.it **website** www.hotel-palumbo.it

Das Palumbo ist zwar ein Hotel der Luxusklasse, entspricht jedoch ganz und gar unseren Auswahlkriterien. Es steht direkt neben dem viel gepriesenen Palazzo Sasso, im Gegensatz dazu strahlt es hingegen Individualität, Elan und bescheidene Eleganz aus. Die Atmosphäre eines privaten, im maurischen Stil gehaltenen Palazzo aus dem 12. Jh. wurde auch nach der Eröffnung als Hotel durch die Schweizer Familie Vuilleumier erhalten.

Im Kern des Palazzo befinden sich die Gemeinschaftsräume: ein Innenhof mit korinthischen Säulen, ein tiefblau und weiß gefliester Fußboden, eine Bar mit einfallsreichen modernen Wandkeramiken sowie bequeme Sofas und Stühle. Das Restaurant im ersten Stock ist ebenso elegant; in ihm finden sich hübsche Antiquitäten und Gemälde, darunter auch eines aus der Schule Caravaggios. Man kann auch auf der Terrasse essen, von der aus man eine wunderschöne Aussicht auf die Weinberge und das glitzernde blaue Meer hat.

In der Hochsaison ist Halbpension obligatorisch, was jedoch wahrlich keine Strafe ist. Die Zimmer mit ihren Antiquitäten und alten Teppichen sind ebenso wie die Badezimmer, die teilweise über recht ältliche Armaturen verfügen, elegant und unprätentiös. Die Zimmer im Nebengebäude sind weniger schön und erheblich billiger.

~

Umgebung: Villa Rufolo; Villa Cimbrone; Amalfi (7 km) • **Lage:** auf den Klippen in der Nähe des Stadtzentrums, 200 m vom Hauptplatz entfernt; Garage
Mahlzeiten: Frühstück, Mittagessen, Abendessen, Zimmerservice • **Preise:** LLLL
Zimmer: 18; 11 im Haupthaus, 8 Doppel- und Zweibettzimmer, 3 Suiten, alle mit Bad, 7 Doppel- und Zweibettzimmer in einem Nebengebäude, alle mit Bad; alle Zimmer mit Telefon, TV, Klimaanlage, Minibar, Fön, Safe • **Anlage:** Aufenthaltsraum, Speiseraum, Bar, Terrasse, Garten, Swimmingpool (nach Vereinbarung im nahe gelegenen Hotel) • **Kreditkarten:** AE, DC, MC, V • **Behinderte:** Zugang schwierig • **Tiere:** erlaubt • **Geschlossen:** nie • **Besitzer:** Marco Vuilleumier

Kampanien

Ravello

Parsifal

~ Umgebautes Kloster ~

Viale G. d'Anna 5, 84010 Ravello, Salerno
Tel 089 857144 **Fax** 089 857972
e-mail hparsifal@tin.it **website** www.italyone.com/Hparsifal

Das Parsifal — Wagner komponierte seine gleichnamige Oper übrigens in Ravello — hat sich neben seinem Kreuzgang aus dem 13. Jh. eine gewisse klösterliche Einfachheit bewahrt. Das ehemalige Kloster befindet sich immer noch im Besitz der Nonnen, ist jedoch schon vor Jahren in ein familiengeführtes Hotel umgewandelt worden. Der Besitzer Antonio Mansi stammt aus Ravello und hat schon als Jugendlicher im Parsifal gearbeitet. Er wurde Geschäftsführer des berühmten Danieli in Venedig, bevor er nach Hause zurückkehrte, um sich mit seiner jungen Familie seinen Traum eines eigenen kleinen Hotels zu verwirklichen. Die Mansis sind zwar professionell, aber ausgesucht freundlich und hilfsbereit. Trotz umfangreicher Renovierungen möchte Signor Mansi die einfache Atmosphäre des Parsifal erhalten. Der inzwischen etwas heruntergekommene Speisesaal mit Panoramablick könnte eine Renovierung sicherlich vertragen. Hier sowie auf der efeubewachsenen Terrasse, die sich ebenfalls einer grandiosen Aussicht rühmen kann, wird das bodenständige, aber kreative Essen serviert. (Übernachtet man drei Nächte oder weniger im Parsifal, ist Halbpension obligatorisch.) Die Zimmer sind einfach eingerichtet und teilweise recht klein. Reservieren Sie eines mit Terrasse und Blick auf das Meer.

~

Umgebung: Villa Rufolo; Villa Cimbrone; Amalfi (7 km) • **Lage:** mit Blick auf die Stadt und das Meer, 5 Minuten zu Fuß vom Hauptplatz; Parkplatz auf der Straße bzw. öffentliches Parkhaus in der Nähe • **Mahlzeiten:** Frühstück, Mittagessen, Abendessen • **Preise:** LL • **Zimmer:** 19; 18 Doppel- und Zweibettzimmer, 1 Einzelzimmer, 10 mit Bad, 9 mit Dusche, 8 mit Meerblick; alle Zimmer mit Telefon, TV **Anlage:** Aufenthaltsraum, Speiseraum, Bar, Terrasse, Garten • **Kreditkarten:** AE, DC, MC, V • **Behinderte:** nicht geeignet • **Tiere:** erlaubt • **Geschlossen:** nie **Besitzer:** Antonio Mansi

Kampanien

Ravello

Villa Cimbrone

~ Stadtvilla ~

Via Santa Chiara 26, 84010 Ravello Salerno
Tel 089 857459/858072 **Fax** 089 857777
e-mail info@villacimbrone.it **website** www.villacimbrone.it

Eine romantischere Lage als die der Villa Cimbrone kann man sich kaum vorstellen: Sie liegt inmitten der fabelhaften Gärten, die im frühen 19. Jh. von dem englischen Aristokraten Lord Grimthorpe angelegt worden sind. Formal gestaltete Wege und Blumenbeete wechseln sich mit ursprünglicherer Landschaft ab; laut Gore Vidal hat man jedoch von beinahe jedem Punkt des Gartens aus die »schönste Aussicht der Welt«. Die Villa selbst ist gleichermaßen bezaubernd. Das Gebäude aus dem 12. Jh. wurde erstmals von Lord Grimthorpe und vor kurzem erneut renoviert. Es hat sich viele originale Details, darunter auch großartige Kamine aus Stein, geflieste Böden, Bücher, Ölgemälde und andere Antiquitäten, bewahrt. Die komfortablen Zimmer mit ihren weißen gotischen Türen sind alle individuell und wunderschön eingerichtet. Die Villa wirkt immer noch wie ein Zuhause, was erklärt, warum Menschen wie D. H. Lawrence oder Greta Garbo und ihr Geliebter Leopold Stokowsky hier Zuflucht gesucht haben.

Obwohl uns die Villa Cimbrone ausnehmend gut gefallen hat, warnte ein anderer Gast vor kurzem: »Die Preise sind für eine Bed-&-Breakfast-Unterkunft recht hoch, und zu den Restaurants in der Stadt läuft man gute zehn Minuten. Das Vergnügen, die Gärten für sich alleine zu haben, wenn die Tagestouristen erst einmal weg sind, wird erheblich dadurch geschmälert, dass es dann dunkel wird.«

Umgebung: Monastero di Santa Chiara; Convento di San Francesco • **Lage:** in den Gärten der Villa Cimbrone, 10 Minuten zu Fuß vom Stadtzentrum entfernt; öffentlicher Parkplatz in der Stadt (Gepäckservice) • **Mahlzeiten:** Frühstück • **Preise:** LLL
Zimmer: 13 Doppel- und Zweibettzimmer mit Bad oder Dusche; alle Zimmer mit Telefon, Fön • **Anlage:** Aufenthaltsraum, Frühstücksraum, Terrasse, Garten
Kreditkarten: AE, MC, V • **Behinderte:** Zugang schwierig • **Tiere:** nicht erlaubt
Geschlossen: November bis April • **Geschäftsführer:** Giorgio Vuilleumier

Kampanien

Ravello

Tipp des Herausgebers

Villa Maria

Stadtvilla

Via Santa Chiara 2, 84010 Ravello, Salerno
Tel 089 857255 **Fax** 089 857071
e-mail villamaria@villamaria.it

Wenn Sie einmal an einem der Tische des hübschen Gartenrestaurants in der Sonne gesessen, kühlen Weißwein getrunken, perfekt gekochte Pasta gegessen und die großartige Aussicht auf Berge und Meer genossen haben, werden Sie verstehen, warum die Villa Maria so beliebt ist. Im Inneren verleihen Topfpflanzen, Büsten, ein Klavier, Möbel mit Intarsien und auf Holzregalen arrangiertes Silber der alten Villa die bezaubernde Atmosphäre der Zeit um 1900. Die Zimmer mit ihren Deckengewölben und soliden Möbeln erreicht man über eine Marmortreppe; sie liegen hinter schweren hölzernen Türen und sind im gleichen Stil gehalten wie die Gemeinschaftsräume. Nummer 3 ist zwar fast doppelt so teuer wie ein Standardzimmer, verfügt jedoch über eine riesige Terrasse, fünf Verandatüren und einen hübschen Sekretär. In einem modernen Nebengebäude befinden sich weitere sechs Zimmer, die zwar eine schöne Aussicht, aber sonst wenig Charakter haben.
Der freundliche Besitzer Vincenzo Palumbo ist nie weit entfernt. Er führt ein Gästebuch (»Das Essen war ausgezeichnet — das beste in ganz Europa!«), hält Kochkurse ab, leitet Wandertouren und hat sich inzwischen bei vielen Stars einen Namen gemacht. Die Gäste dürfen den Garten der nahe gelegenen Villa Eva mitbenutzen, was besonders nützlich ist, wenn sie mit Kindern reisen; auch der Pool des Schwesterhotels Giordano steht ihnen zur Verfügung.

Umgebung: Convento di San Francesco; Villa Cimbrone • **Lage:** an einem kleinen Weg, der zur Villa Cimbrone führt, 5 Minuten zu Fuß vom Stadtzentrum entfernt; Parkplatz • **Mahlzeiten:** Frühstück, Mittagessen, Abendessen • **Preise:** LLL
Zimmer: 24 Doppel- und Zweibettzimmer mit Bad oder Dusche; alle Zimmer mit Telefon, TV, Klimaanlage, Minibar, Fön, Safe • **Anlage:** Aufenthaltsraum, Frühstücksraum, Speiseraum, Speiseterrasse, Garten, Swimmingpool • **Kreditkarten:** AE, DC, MC, V • **Behinderte:** Zugang schwierig • **Tiere:** erlaubt • **Geschlossen:** nie
Besitzer: Vincenzo Palumbo

Kampanien

Sorrento

❊ Tipp des Herausgebers ❊

La Badia

Villa außerhalb der Stadt

Via Nastro Verde 8, 80067 Sorrento, Napoli
Tel 081 878 1154 **Fax** 081 8074159

Zuerst erschien uns das einfache und altmodische La Badia fast zu schön um wahr zu sein; als wir jedoch entdeckten, dass es vorwiegend von Pauschalreisenden gebucht wird, waren wir weniger angetan. Trotzdem werden Sie viel Angenehmes im La Badia finden, darunter auch seine hübsche Hanglage am Rande der Stadt zwischen Oliven- und Orangenhainen mit herrlicher Aussicht auf den Golf von Sorrent. Der hübsche runde Swimmingpool liegt mitten im Grünen, und die verschiedenen Terrassen erstrecken sich sowohl über das Dach als auch über das Erdgeschoss.
Das La Badia wird schon seit Jahrzehnten von der Familie Picco geführt; das hübsche ehemalige Kloster, ein Steingebäude aus dem 16. Jh., hat sich in dieser Zeit wenig verändert. Es gibt Spitzenvorhänge und -deckchen, Bambusjalousien, Familienantiquitäten, Topfpflanzen, dunkle Türen und Fensterläden aus Holz. Die einfachen, aber geräumigen Zimmer verfügen teilweise über eine wunderschöne Aussicht und einfache Bäder. Ein pflanzenüberwucherter Innenhof trennt den Empfangsbereich von den Zimmern; eine Tür am Ende eines Korridors im ersten Stock führt zu einer bezaubernden, wenig genutzten Loggia mit Blick auf die Olivenhaine. Die Abendkarte ist eher klein und das Essen so altmodisch wie das Haus (als Dessert gibt es Obstsalat aus der Dose), aber alles in allem hatten wir den Eindruck, dass das Preis-Leistungs-Verhältnis stimmt.

Umgebung: Sorrent; Küste von Amalfi • **Lage:** in den Hügeln 2 km vor Sorrent, 10 Minuten zu Fuß vom Stadtzentrum entfernt; großer Parkplatz • **Mahlzeiten:** Frühstück, Mittagessen, Abendessen • **Preise:** L • **Zimmer:** 14 Doppel- und Zweibettzimmer, alle mit Dusche; alle Zimmer mit Telefon, TV, Fön • **Anlage:** Aufenthaltsraum, Speiseraum, Bar, Aufzug, Terrassen, Garten, Swimmingpool
Kreditkarten: MC, V • **Behinderte:** Zugang möglich • **Tiere:** erlaubt
Geschlossen: November bis Mitte März • **Besitzerin:** Marisa Picco

Kampanien

Sorrento

Tipp des Herausgebers

Bellevue Syrene

Hotel am Meer

Piazza della Vittoria 5,80067 Sorrento, Napoli
Tel 081 87810241604 **Fax** 081 8783963
e-mail info@bellevue.it **website** www.bellevue.it

Nach seiner stilvollen Renovierung wirkt dieses elegante Hotel auf uns wie es wohl auch auf die vornehmen Reisenden im 19. Jh. gewirkt haben muss. 1750 in großartiger Lage auf einer Klippe als Sommerresidenz eines Herzogs erbaut, wurde es 1820 als Hotel eröffnet; seitdem wurde es aufwändig restauriert. Die wohlproportionierten Empfangsräume, Korridore und Zimmer sind in ruhigen Gelbtönen gestrichen und mit Fresken sowie Trompe-l'Œil-Malerei geschmückt. Die Stoffe variieren zwischen elegantem Brokat, hübschen Streifen und kühnem Zebramuster; die Einrichtung besteht aus schönen Antiquitäten sowie Schmiedeeisen und Marmor in den gefliesten Badezimmern.
Den luftigen Speiseraum bevölkert eine ganze Armee an tadellos gekleideten Kellnern, und auf der Speisekarte stehen solide Spezialitäten der Region. Gemessen am Restaurant der Villa Pompeiana sieht der Speiseraum mit seiner Täfelung, auf der riesiges mehrstöckiges Konfekt zu sehen ist, beinahe gewöhnlich aus. Dieses Restaurant ist ein 1905 bis 1907 von Lord Astor geschaffener Nachbau des Hauses der Gebrüder Vetti in Pompeji. Obwohl es selten (und nur für Privatveranstaltungen) genutzt wird, kann man manchmal einen Blick auf die wundervollen Mosaiken und Fresken, auf den Stuck und die Terrasse mit ihren Säulen erhaschen.

Umgebung: Piazza Tasso; Dom; Piazza San Antonio • **Lage:** auf einer Klippe mit Blick auf die Küste, 5 Minuten zu Fuß vom Stadtzentrum entfernt; Parkhaus
Mahlzeiten: Frühstück, leichtes Mittagessen oder Lunchpaket, Abendessen
Preise: LLL • **Zimmer:** 76 Doppel-, Zweibettzimmer und Suiten mit Bad oder Dusche; alle Zimmer mit Telefon, TV, Klimaanlage, Minibar, Fön, Safe • **Anlage:** Aufenthaltsräume, Konferenzraum, 2 Speiseräume, 2 Bars, Fitnessraum, Aufzug, Terrassen, Garten, hoteleigener Strand • **Kreditkarten:** AE, DC, MC, V
Behinderte: Zugang möglich • **Tiere:** kleinere Tiere erlaubt • **Geschlossen:** nie
Besitzer: Giovanni Russo

Kampanien

Capri

Scalinatella

Stadthotel

Via Tragara 10, 80073 Capri Napoli
Tel 081 8370633 • **Fax** 081 8378291 • **Mahlzeiten:** Frühstück, Mittagsbüfett am Pool
Preise: LLLL • **Geschlossen:** November bis Mitte März
Besitzer: Familie Morgano

Dem blitzsauberen weißen Gebäude verleihen eine Unmenge an Bögen und orientalischen Ornamenten einen spürbar maurischen Zug. Im Inneren erwartet den Gast eine Welt kühler Eleganz. In jeder Ecke befindet sich eine Klimaanlage, und die Zimmer verfügen über genau die Ausstattung, die man für so viel Geld auch erwarten würde: Telefone im Bad, Terrassen und Betten, die in Nischen verschwinden. In einigen der geräumigen marmornen Badezimmer sind Whirlpools anzutreffen, andere Zimmer wiederum verfügen sogar über zwei Bäder. In jedem Zimmer steht außerdem eine hohe Vase mit langstieligen Gladiolen. Auch die Lage des Hotels — mit Blick auf das Kloster San Giacomo — lässt nichts zu wünschen übrig; Garten und Pool sind makellos.

Conca dei Marini

Belvedere

Hotel am Meer

Strada Statale 163, 84010 Conca dei Marimi, Salerno
Tel 089 831282 • **Fax** 089 831439 • **Mahlzeiten:** Frühstück, Mittagessen, Abendessen
Preise: LL • **Geschlossen:** Mitte Oktober bis März • **Besitzer:** Familie Lucibello

Das Hotel trägt seinen Namen zu Recht: Aus jedem der Gemeinschaftsräume hat man eine geradezu atemberaubende Aussicht auf die Küste von Amalfi. Am schönsten ist das luftige, mit Pflanzen gefüllte und in Blau und Weiß gehaltene Wohnzimmer mit seinen gemütlichen Sofas und Stühlen. Der Hauptspeiseraum ist nicht besonders einfallsreich; die überdachte Terrasse, auf der man ebenfalls essen kann, stellt da schon eine attraktivere Alternative dar. Auch die Zimmer sind nicht besonders kreativ eingerichtet; keines geht jedoch zu der verkehrsreichen Küstenstraße hinaus, und alle verfügen über Balkons und Meerblick. Den relativ großen Salzwasserpool erreicht man über den Aufzug; des Weiteren führt eine Treppe zum hoteleigenen Felsenstrand.

Kampanien

Ischia

Hotel Terme San Michele

Hotel am Meer

Sant' Angelo, 80070 Ischia , Napoli
Tel 081 999276 • **Fax** 081 999149 • **e-mail** sanmich@metis.it • **website** www.ischiaonline.it/hotels/hsanmich
Mahlzeiten: Frühstück, Mittagessen, Abendessen; Halbpension in der Hochsaison obligatorisch
Preise: LL • **Geschlossen:** Mitte Oktober bis Ende April oder Mai • **Besitzer:** Claudio Iacono

Obwohl sich die Anzahl der Zimmer im San Michele in letzter Zeit fast verdoppelt hat, erweckt es immer noch den Eindruck eines kleinen Hotels mit Charme. In den einfachen Zimmern gibt es keine Fernseher, keinen Fön und keinen Safe; dafür liegen gestärkte Bettvorleger auf den gefliesten Böden. Der Reiz des Hotels liegt auch in seiner Lage an einem Hang über dem autofreien Städtchen Sant'Angelo an der Südspitze Ischias. Es verfügt über wunderschöne Gärten, einen Pool und eine Reihe von Terrassen. Die Thermalanlage zieht ebenfalls viele Besucher an. Das Hotel bietet ein Fitness- und Schönheitsprogramm an.

Sorrento

Loreley et Londres

Stadthotel

Via Califano 2, 80067 Sorrento, Napoli
Tel 081 8073187 • **Fax** 081 5329001 • **Mahlzeiten:** Frühstück, Mittagessen, Abendessen
Preise: L • **Geschlossen:** Mitte November bis Ostern
Besitzerin: Giuseppina Ercolano

Schmuddelig, verwahrlost und schäbig sind nur einige der Adjektive, die einem bei dem Versuch einfallen, den jetzigen Zustand dieses einst würdevollen Hotels zu beschreiben. Warum also haben wir es in unseren Führer aufgenommen? Wenn Sie ein Freund preisgünstiger Urlaube sind und gerne die Erfahrung eigenartiger Zeitsprünge machen, könnten Sie für ein oder zwei Nächte vielleicht über die Unzulänglichkeiten des Loreley et Londres hinwegsehen. Es verfügt immer noch über einen Wintergarten, einige attraktive alte Möbelstücke und einen (allerdings sehr verblassten) Charme. Das Essen ist überraschend gut, und trotz allem haben wir uns in diesem Hotel recht wohl gefühlt. Die Zimmer und der Service sind auf das Notwendigste reduziert — was erfreulicherweise auch auf die Preise zutrifft.

Stiefelabsatz und -spitze

Überblick

Die Hotels im äußersten Süden

In Italiens Stiefelabsatz und -spitze reizvolle kleine Hotels zu finden, ist äußerst schwer, wenn nicht gar unmöglich. Die Landschaft mit ihren imposanten Bergen und der zerklüfteten Küste im Westen ist größtenteils felsig und schroff. Eine Ausnahme stellt das Gebiet um Maratea dar, in dem wir Ihnen zwei Hotels empfehlen können: die *Locanda delle Donne Monache* und die *Villa Cheta Elite* (siehe Seiten 298 / 299). Die meisten anderen befinden sich am Golf von Otranto an der Außenseite des Stiefelabsatzes. Hier findet man neben den kleinen Städtchen noch beinahe unberührte Strände; im Landesinneren wird die Region immer bergiger. Die Häuser, die wir auf den nächsten Seiten ausführlich beschreiben, sind die besten, die es gibt. Einige Alternativen, insbesondere im Stiefelabsatz, möchten wir aber doch noch vorstellen.

So ist etwa das *San Nicola* (Tel. 080 870 51 99, 30 Zimmer), ein elegantes Hotel im Herzen von Altamura, eine Möglichkeit, desgleichen die *Villa Cenci* in Cisternino (Tel. 080 71 82 08), die über ein elegantes Restaurant, hübsche Gärten und einen Pool verfügt. Wenn Sie den Ehrgeiz haben, ganz bis zur Südspitze des Absatzes vorzudringen, könnten Sie das *Terminal* (Tel. 0833 75 82 42), ein gut geführtes Urlaubshotel am Meer in Marina di Léuca, ansteuern. Keine der größeren Städte dieser Region ist sonderlich attraktiv; in jeder gibt es eine Handvoll großer 08/15-Hotels. Falls die Umstände Sie aber zu einer Übernachtung in Foggia zwingen, sollten Sie es im *Cicolella* (Tel. 0881 38 90) versuchen, das ein hübsches Restaurant hat. Weiter nördlich, in Peschici, befinden sich auf der Mattinata gegenüberliegenden Seite der Halbinsel von Gargano das *Paradiso* (Tel. 0884 96 42 01, 50 Zimmer) und das *Solemar* (Tel. 0884 96 41 86, 45 Zimmer), beides ruhige, zwischen Pinien gelegene Strandhotels.

Für Reisende, die in der Stiefelspitze nach Süden unterwegs sind und es nicht eilig haben, ist die SS18 eine gemütliche Alternative zur A3. Sie verläuft südlich von Lagonegro, wo die Autobahn landeinwärts abschwenkt, weiter entlang der Westküste. Zwei der von uns empfohlenen Häuser liegen am Nordende dieser Strecke in und bei Maratea (siehe oben), und auch weiter südlich gibt es noch ein paar Hotels, die man sich merken sollte. In Diamante finden Sie das im mediterranen Stil erbaute *Ferretti* (Tel. 0985 814 28) mit hoch über dem Meer gelegenen Terrassen und einem sehr bekannten Restaurant. Das *Grand Hotel San Michele* (Tel. 0982 910 12, 65 Zimmer) in Cetraro ist eleganter – ein schön restauriertes altes Haus in hübschem, zwanglos gestaltetem Garten auf Felsen oberhalb des Strandes. 90 Kilometer landeinwärts stoßen Sie auf das *Barbieri* (Tel. 0981 94 80 72), das exzellente kalabresische Küche und eine wunderbare Aussicht auf das mittelalterliche Dorf Altomonte bietet.

Hauptattraktion der Gegend ist jedoch die andere Seite der A3 – die herrlich wilde Landschaft der Sila-Berge östlich von Cosenza und nördlich von Catanzaro. In beiden Ortschaften gibt es eine Reihe akzeptabler Hotels. In Stilo, südlich von Catanzaro, liegt das bezaubernde *San Giorgio* (Tel. 0964 77 50 47) aus dem 17. Jh.; vom Terrassengarten dieses ehemaligen Kardinalspalastes aus hat man eine großartige Aussicht.

Stiefelabsatz und -spitze

Fasano

✼ Tipp des Herausgebers ✼

Masseria Marzalossa

~ Bauernhofhotel ~

Calle da Pezze Vicine 65, 72015 Fasano Brindisi
Tel und **Fax** 080 4413780
e-mail masseriamarzalossa@puglianet.it **website** www.marzalossa.puglianet.it

Dieses befestigte Bauernhaus aus dem 17. Jh. ist vom Duft blühender Zitronenbäume umgeben. Es liegt an der Adria nordwestlich von Brindisi und sonnt sich in einer Landschaft voller Oliven- und Zitronenhaine. Das sorgfältig restaurierte Gebäude ist um eine Reihe von schattigen Innenhöfen und sonnigen Terrassen herum angeordnet. Die Zimmer verfügen über die für die Gegend typischen gefliesten Böden, Deckenbalken und weiß getünchte Wände. In einigen der einfacheren Zimmer stehen immer noch die alten Kamine mit ihren Fleischerhaken in der Decke, die noch aus der Zeit stammen, als das Schweine- oder Rindfleisch hier geräuchert wurde. Die Betten sind mit hübschen schmiedeeisernen Kopfenden und bunt gemusterten Tagesdecken versehen. Antike Möbel, Bilder und andere Ornamente wurden sorgfältig zu jedem Zimmer passend ausgesucht.

Die kleinen, gemütlichen Empfangsräume sind im gleichen Stil gehalten. Wie zu erwarten war, ist das Essen so unprätentiös wie die Einrichtung; die meisten Zutaten werden in der Masseria Marzalossa selbst angebaut. Es wird zwar kein Mittagessen serviert, aber das Abendessen macht immer köstlich satt. Versäumen Sie auch auf keinen Fall die hausgemachten Marmeladen, die auf dem Frühstückstisch stehen. Der wunderschöne, von Säulen eingerahmte Swimmingpool befindet sich auf einer der vielen sonnenüberfluteten Terrassen.

Umgebung: Höhlen von Castellana; Martina Franca (17 km) • **Lage:** SS16, Ausfahrt Ostoni, 61 km nordwestlich von Brindisi; Parkplatz • **Mahlzeiten:** Frühstück, Abendessen • **Preise:** LLL • **Zimmer:** 7; 6 Doppel- und Zweibettzimmer, 1 Suite, alle mit Bad oder Dusche; alle Zimmer mit Telefon, TV, Minibar • **Anlage:** Aufenthaltsraum, Speiseraum, Garten, Swimmingpool • **Kreditkarten:** MC, V **Behinderte:** Zugang schwierig • **Tiere:** nicht erlaubt • **Geschlossen:** Oktober bis März • **Besitzer:** Familie Guarini

Stiefelabsatz und -spitze

Maratea

Locanda delle Donne Monache

~ Dorfhotel ~

Via Carlo Mazzei 4, 85046 Maratea, Potenza
Tel 0973 877487 **Fax** 0973 877687

Seit Jahren ist Maratea eines der unverdorbensten Fischerdörfer an der italienischen Westküste. Seine rosafarbenen und weißen Häuser schmiegen sich an niedrige Klippen oberhalb des Hafens, und die Altstadt steht voller interessanter alter Gebäude, darunter auch zwei Kirchen aus dem Mittelalter. In den letzten zehn Jahren wurden zwar neue Hotels gebaut und neue Restaurants eröffnet, aber der ursprüngliche Charakter des Dorfes ist erhalten geblieben. Diese *locanda* steht beispielhaft dafür, wie erfolgreich Vergangenheit und Gegenwart miteinander kombiniert werden können. Das ehemalige Kloster hat ein neues, elegantes und zeitgenössisches Gesicht bekommen.

Die Pracht der Empfangshalle setzt sich im kühlen, modernen Schick der Zimmer fort; diese sind zwar unterschiedlich, aber alle bequem mit gefliesten Böden, hübschen italienischen Möbeln und sanfter Beleuchtung ausgestattet. Weiße Vorhänge zieren die Fenster, während die Betten mit gemusterten Baldachinen versehen sind. In dem wunderschönen, friedvollen Garten vor dem Haus, in dem sich ein recht großer Pool, eine Terrasse und viele Liegestühle befinden, blühen Jasmin, Bougainvillea und Zitronenbäumchen. Das Hotel verfügt nicht nur über einen eigenen Strand, sondern auch über ein Boot, mit dem die Gäste die Küste und den Golf von Policastro erkunden können.

~

Umgebung: Monte San Biagio; Lagonegro (20 km) • **Lage:** im Dorf; Parkplatz **Mahlzeiten:** Frühstück, Mittagessen, Abendessen • **Preise:** LLL • **Zimmer:** 30 Doppel-, Zweibettzimmer und Suiten, alle mit Bad; alle Zimmer mit Telefon, TV, Klimaanlage, Minibar, Fön • **Anlage:** Aufenthaltsraum, Pianobar, Restaurant, Garten, Swimmingpool, hoteleigener Strand • **Kreditkarten:** AE, DC, MC, V **Behinderte:** Zugang schwierig • **Tiere:** nicht erlaubt • **Geschlossen:** November bis März • **Besitzer:** Raffaele Bruno

Stiefelabsatz und -spitze

Maratea

Villa Cheta Elite

Hotel am See

Via Nazionale, 85041 Acquafredda di Maratea, Potenza
Tel 0973 878134 **Fax** 0973 878135
e-mail villacheta@labnet.it **website** www.costadimaratea.com/villacheta

Die entlegene Gebirgsregion der Basilikata besitzt nicht viel Küste, aber der winzige Küstenstreifen im Westen, wo eine Straße die wild zerklüfteten Felsen durchschneidet, ist eine der spektakulärsten Gegenden im tiefen Süden Italiens. Über dieser Steilküste erhebt sich die Villa Cheta Elite mit einer traumhaften Aussicht. Wenn sie sonst nichts zu bieten hätte, würde allein schon die Lage viele Reisende anlocken; sie hat jedoch noch andere Reize.

Das anmutige Jugendstilgebäude ist eine Augenweide: Der ocker- und cremefarbene Stuck ist mit verschnörkelten Ornamenten verziert, die in einen hochherrschaftlichen edwardianischen Salon passen würden. Es liegt zwischen üppig mit Blumen bewachsenen Terrassen, von der eine mit Stühlen im Caféhausstil und hübsch gedeckten Esstischen ausgestattet ist. Im Inneren erzeugen Spitzentücher, Chintzsofas, sorgfältig ausgewählte Stilmöbel und viele Bilder die Atmosphäre eines Privathauses.

Die Strände sind in dieser Gegend klein, aber das Wasser ist klar und in wenigen Minuten von der Villa aus zu erreichen. Die Aquadros sind ungezwungene, charmante Gastgeber, die sich um jeden Aspekt ihres Hotels selbst kümmern.

Umgebung: Maratea (8 km); Lagonegro (20 km) • **Lage:** 1,5 km südlich von Acquafredda; Parkplatz • **Mahlzeiten:** Frühstück, Mittagessen, Abendessen • **Preise:** LL
Zimmer: 18; 16 Doppel- und Zweibettzimmer, 1 mit Bad, 15 mit Dusche, 2 Familienzimmer mit Dusche; alle Zimmer mit Telefon • **Anlage:** Aufenthaltsraum, Fernseh-/Leseraum, Bar, Terrasse, Garten • **Kreditkarten:** AE, DC, MC, V
Behinderte: Zugang schwierig • **Tiere:** kleinere Tiere erlaubt • **Geschlossen:** nie
Besitzer: Lamberto Aqadro

Stiefelabsatz und -spitze

Monópoli

Il Melograno

Ländliche Villa

Contrada Torricella 345, 70043 Monopoli Bari
Tel 080 6909030 **Fax** 080 747908
e-mail melograno@melograno.com **website** www.melograno.com

Die vornehmen Räume mit ihren schönen Antiquitäten, den Gemälden, Stoffen und Orientteppichen lassen ahnen, womit Camillo Guerra sich beschäftigte, bevor er das befestigte Bauerngebäude aus dem 16. Jh., das seiner Familie bis dato als Ferienwohnsitz diente, in ein luxuriöses kleines Hotel umwandelte. Bis Mitte der 1980er Jahre war er Antiquitätenhändler, und sein besonderer, persönlicher Stil ist überall spürbar. Im Hauptgebäude sind die eleganten Empfangsräume untergebracht. Für die individuell eingerichteten Zimmer ließ er einige kleinere Häuser im maurischen Stil um eine Piazza herum bauen, die auf Orangen- und Olivenhaine, auf Zitronen- und Granatapfelbäume blicken (»melograno« bedeutet Granatapfel).

Das Abendessen, ein mediterranes Fest, findet gewöhnlich im Freien auf einer überdachten Veranda neben einem wunderbar knorrigen alten Olivenbaum statt. Das Frühstück wird am Pool serviert, der von Kaktusfeigen, Mandel- und Zitrusbäumchen umgeben ist, aus denen frisch gepresster Saft und Marmeladen bereitet werden.

Wenn das Relaxen am Pool oder am hoteleigenen Strand langweilig wird, gibt es neben Alberobello und den Burgen Friedrichs II. in der Gegend jede Menge zu sehen.

Umgebung: Ruinen von Egnazia; Höhlen von Castellana; Alberobello (19 km)
Lage: 3 km hinter Monopoli in Richtung Alberobello; Parkplatz • **Mahlzeiten:** Frühstück, Mittagessen, Abendessen • **Preise:** LLLL • **Zimmer:** 37; 33 Doppel- und Zweibettzimmer, 4 Suiten, alle mit Bad; alle Zimmer mit Telefon, TV, Klimaanlage, Minibar, Fön, Safe • **Anlage:** Aufenthaltsräume, Speiseraum, Bar, Fitnesscenter, Hallenbad, Swimmingpool, Garten, Tennisplatz, hoteleigener Strand, kleiner Hubschrauberlandeplatz • **Kreditkarten:** AE, DC, MC, V • **Behinderte:** Zugang möglich • **Tiere:** nicht erlaubt • **Geschlossen:** Dezember bis April • **Besitzer:** Familie Guerra

Stiefelabsatz und -spitze

Savelletri di Fasano

Tipp des Herausgebers

Masseria San Domenico

Bauernhofhotel

Litoranea 379, 72010 Savelletri di Fasano, Brindisi
Tel 080 4827990 **Fax** 080 4827978
e-mail masseriasandomenico@puglianet.it **website** www.imasseria.com

Diese *masseria*, die auf einem der ausgedehnten landwirtschaftlichen Anwesen mit Gutsgebäuden sowie zahllosen Oliven- und Obstbäumen steht, die sich überall in Apulien finden, hat ihre Ursprünge im 14. Jh., als die Ritter von Malta sie als Befestigungsturm gegen die Türken benutzten. Die Metamorphose dieses beeindruckenden Hotels war 1996 abgeschlossen. Die Architektur ist typisch maurisch: jungfräulich weiße Wände, Ecktürmchen und rundbogige Fenster und Türen. Das Innere des Hauses ist im gleichen Stil gehalten; dort erwecken geschwungene schmiedeeiserne Kopfenden der Betten und farbenfrohe Stoffe mit Blumenmustern die Räumlichkeiten zum Leben. Die Zimmer mit ihren Marmorfußböden sind attraktiv und individuell eingerichtet und mit großen, modernen Badezimmern ausgestattet.
Obwohl das Hotel nur 200 Meter vom Meer entfernt ist, verfügt sein riesiger Salzwasserpool über eine beinahe noch größere Anziehungskraft. Er ist wie ein natürliches Gewässer zwischen unregelmäßigen Felsen angelegt und von alten Olivenbäumen umgeben. In der Poolbar und am Grill werden Getränke und Mahlzeiten serviert, während das Restaurant für seine Meeresfrüchte und andere köstliche Spezialitäten der Gegend berühmt ist.

Umgebung: Höhlen von Castellana; Fasano (7 km) • **Lage:** 2 km südlich von Savelletri an der SS379 nach Torrecane; Parkplatz • **Mahlzeiten:** Frühstück, Mittagessen, Abendessen, Zimmerservice • **Preise:** LLL • **Zimmer:** 35 Doppel- und Zweibettzimmer mit Bad; alle Zimmer mit Telefon, TV, Klimaanlage, Minibar, Fön **Anlage:** Aufenthaltsraum, Speiseraum, Terrasse, Garten, Swimmingpool, Poolbar, Tennisplatz • **Kreditkarten:** AE, DC, MC, V • **Behinderte:** Zugang schwierig **Tiere:** erlaubt • **Geschlossen:** Januar • **Geschäftsführer:** Luigi Anfosso

Stiefelabsatz und -spitze

Altomonte

Barbieri

Dorfhotel

Via San Nicola 30, 87042 Altomonte Cosenza
Tel 0981 948072 • **Fax** 0981 948073 • **e-mail** barbieri@esperia.it • **website** www.esperia.it/barbieri.htm • **Mahlzeiten:** Frühstück, Mittagessen, Abendessen • **Preise:** L • **Geschlossen:** nie • **Besitzer:** Familie Barbieri

Es gibt vier gute Gründe, um im Barbieri zu übernachten. Zunächst verfügt es über eine wunderschöne Lage über einem Tal, mit Aussicht auf das Pollino- und Sila-Massiv bis hinunter zu dem hübschen mittelalterlichen Städtchen Altomonte. Der zweite und vielleicht verführerischste Grund ist sein ausgezeichnetes Restaurant, eines der besten, wenn nicht das beste in Kalabrien. Viele der Zutaten und auch der Wein sind selbst angebaut. Der dritte Grund wird Ihnen aufgehen, wenn Sie die Rechnung bekommen. Die Preise sind unglaublich niedrig. Und schließlich herrscht in diesem familiengeführten Hotel eine Atmosphäre vor, in der die Gäste mit Höflichkeit und Herzlichkeit behandelt werden. Wenn Sie buchen, sollten Sie unbedingt nach einem Zimmer mit Panoramaterrasse fragen.

Parghelia

Baia Paraelios

Feriendorf

Fornaci, 88035 Parghelia, Catanzaro
Tel 0963 600300 • **Fax** 0963 600074 • **Mahlzeiten:** Frühstück, Mittagessen, Abendessen
Preise: LLL • **Geschlossen:** Oktober bis April
Besitzer: Adolfo Salabe

Mit seinen 83 kleinen Bungalows, die über einen bewaldeten Hügel verteilt sind, ist das Baia Paraelios weniger ein Hotel als vielmehr ein anspruchsvolles Feriencamp. Jeder Bungalow verfügt über eine eigene Terrasse mit Aussicht, ein bis zwei Schlaf- und ein Wohnzimmer, die ohne Aufhebens, aber mit viel Flair in satten Farben eingerichtet sind. Die Gemeinschaftsbereiche sind ebenso stilvoll. Die einfachen weißen Wände schmücken farbenfrohe Drucke, und die Zimmer mit ihren gefliesten Böden und den vielen Pflanzen sonnen sich in der sanften künstlichen Beleuchtung. Es gibt einen Aufenthaltsraum, eine Bar im Freien und eine Speiseterrasse in der Nähe des Meeres. Die drei Pools, die Tennisplätze mit Flutlicht, die Minigolf- und Bowlinganlage, die Windsurf- und Kanukurse sowie die Kindertagesstätte machen dieses Hotel zu einem besonders bei Familien beliebten Aufenthaltsort.

Die Inseln

Überblick

Die Hotels auf den Inseln

Sardinien unterscheidet sich erheblich von Sizilien: Es ist spärlich besiedelt, hat weniger bedeutende Sehenswürdigkeiten und keine sehr großen Städte oder Urlaubsorte zu bieten. Außerdem stößt man nirgendwo auf Menschenmassen, nicht einmal an der Costa Smeralda, der für Touristen am stärksten erschlossenen Gegend. Dort finden Sie auch die meisten der von uns beschriebenen Hotels. Der Tourismus breitet sich von hier allmählich nach beiden Seiten der Küste aus. Für Santa Teresa Gallura an der Nordküste ist außer dem *Shardana* (Tel. 0789 754 03) noch das *Li Nibbari* (Tel. 0789 75 44 53, 38 Zimmer) zu erwähnen.

An der Ostküste findet man in Dorgali die *Pensione l'Oasi* (Tel. 0784 931 11), ein gut ausgestattetes, auf einem Hügel zwischen Gärten und Pinienhainen gelegenes Haus mit Meerblick. Wenn Sie allerdings alles hinter sich lassen wollen, gefallen Ihnen vielleicht zwei kleine Inseln vor der Südwestküste Sardiniens: Sant'Antioco – versuchen Sie es dort im *Club Ibisco Farm* (Tel. 0781 80 90 03) – und die Isola San Pietro – hier steht an der Strandpromenade von Carloforte das *Hieracon* (Tel. 0781 85 40 28, 24 Zimmer) zur Verfügung.

Falls Sie einen ruhigeren Urlaub planen, sollten Sie sich vielleicht für eine der sieben wunderschönen Äolischen (oder Liparischen) Vulkaninseln nördlich von Sizilien entscheiden. In Panarea haben wir einen neuen Eintrag, das *Raya* (siehe Seite 304). Auf Lipari können wir Ihnen die *Villa Diana* (Tel. 090 981 14 03) empfehlen; weitere Vorschläge sind die *Villa Meligunis* (Tel. 090 981 24 26), das *Giardino sul Mare* (Tel. 090 981 10 04) und das *Oriente* (Tel. 090 981 14 93). Auf der benachbarten Insel Salina empfehlen wir das auf einer Felsspitze gelegene *Punta Scario* (Tel. 090 984 41 39) und das Restaurant mit Gästezimmern *L'Ariana* (Tel. 090 980 90 75).

Sizilien, die größte Insel des Mittelmeers, hat ungewöhnlich verschiedenartige Sehenswürdigkeiten zu bieten – eine spektakuläre Landschaft, antike Ruinen, mittelalterliche Städte, herrliche Kathedralen, geschäftige Straßenmärkte und, nicht zu vergessen, einen tätigen Vulkan – und lockt daher in den Sommermonaten Scharen von Besuchern an. Der wichtigste Urlaubsort ist Taormina, dessen Hotels auf den folgenden Seiten gut vertreten sind. Eine weitere Möglichkeit ist hier die elegante *Villa Riis* (Tel. 0942 248 74) mit eigenem Swimmingpool. In den großen Städten haben wir bisher noch kein kleines, reizvolles Hotel entdeckt, aber wir haben das luxuriöse *Grand Hotel* in Syrakus (siehe Seite 325) aufgenommen. Wenn Sie Palermo besichtigen wollen, könnten Sie in Cefalù übernachten, einem hübschen, 60 Kilometer östlich gelegenen Fischerhafen. Das *Riva del Sole* (Tel. 0921 212 30) ist ein komfortables Hotel in der Nähe von Strand und Hafen, das *Baia del Capitano* (Tel. 0921 200 03, 39 Zimmer) liegt 5 Kilometer außerhalb der Stadt.

Panarea

San Pietro

Raya

~ Hotel am Meer ~

Isole Eolie o Lipari, San Pietro, 98050 Isola Panarea, Messina
Tel 090 983013 **Fax** 090 983103
e-mail informations@hotelraya.it **website** www.hotelraya.com

Dieses einzigartige, stilvolle Hotel haben wir dem Einfallsreichtum von Myriam Beltrami und Paolo Tilche zu verdanken, die in den 1960er Jahren auf die attraktive, autofreie kleine Insel Panarea zogen, die sie seitdem nicht mehr verlassen wollten. Eine Kaskade rosafarbener und weißer Bungalows mit eigener Terrasse, die durch Bögen und weiß getünchte Treppen miteinander verbunden sind, ergießt sich einen Hügel hinunter durch einen mediterranen Garten ins Meer. Von den bougainvilleabepflanzten Terrassen aus hat man eine wunderbare Aussicht auf die unbewohnten Lipariinseln und, in der Ferne, auf die bedrohliche Silhouette des Vulkans Stromboli.
Im Inneren des Hotels ist alles kühl und weiß, von den gefliesten Böden bis zu den Sofas und Stühlen, was eine ideale Kulisse für die polynesische, afrikanische und asiatische Kunst darstellt, die Myriam gerne sammelt und ausstellt. In ihrer Boutique nebenan verkauft sie ähnliche Stücke. In den Zimmern herrscht ebenfalls Weiß vor; indianischen Tagesdecken und Schilfdecken setzen farbliche Akzente.
Sie können zwischen einem kontinentalen Frühstück in der kleinen Bar oder auf Ihrer Terrasse und einem Brunch in dem luftigen Speiseraum wählen. Am Abend wird dieser Raum durch Öllampen auf den Tischen erleuchtet, die im Sommer auch auf der Panoramaterrasse stehen. Im Hotel sind keine kleinen Kinder erwünscht.

~

Umgebung: Stromboli; Salina; Sizilien • **Lage:** 400 m vom Hafen entfernt am Hang; Tragflügelboot von Neapel, Milazzo, Reggio Calabria, Palermo und Messina aus • **Mahlzeiten:** Frühstück, Brunch, Abendessen • **Preise:** LLLL • **Zimmer:** 36 Doppel- und Zweibettzimmer mit Dusche; alle Zimmer mit Telefon, Klimaanlage, Minibar, Fön • **Anlage:** Aufenthaltsbereiche, Bar/Frühstücksraum, Speiseraum, Disco, Terrassen, Garten • **Kreditkarten:** AE, DC, MC, V • **Behinderte:** Zugang schwierig • **Tiere:** erlaubt • **Geschlossen:** Mitte Oktober bis Mitte April
Besitzerin: Myriam Beltrami

Sardinien

Alghero

Villa Las Tronas

~ Hotel am Meer ~

Lungomare Valencia 1, 07041 Alghero, Sassari
Tel 079 981818 **Fax** 079 981044

Diese burgartige Kuriosität aus dem 19. Jh. erhebt sich majestätisch über ihr eigenes kahles Vorgebirge und wahrt die Distanz zu den Wohnblocks, die diesen unschönen Teil des modernen Alghero ansonsten prägen. Das Innere mit seinen Marmorböden und verzierten Lüstern ist so prachtvoll, wie man es von einem früheren Feriendomizil der italienischen Königsfamilie wohl erwarten darf. Antiquitäten findet man überall, auch in den großzügigen Schlafräumen, in denen überwiegend Himmelbetten aus Messing stehen, und den schicken Marmorbadezimmern. Der »Blick auf den Garten«, der für einige der Zimmer versprochen wird, ist in Wirklichkeit eine Aussicht auf die Wohnblocks von Alghero. Wer von seinem Fenster über die Bucht hinweg das Furcht einflößende Capo Caccia sehen will, muss mehr bezahlen; die teuersten Zimmer mit Meeresblick haben eigene Balkone.
In diesem Teil von Alghero gibt es keine Strände, doch das Hotel verfügt über einen Pool. Das Frühstück bei einem unserer Besuche war schrecklich. Um gut zu essen, empfiehlt es sich, den fünfminütigen Spaziergang an der Seepromenade entlang zur Altstadt von Alghero zu unternehmen, wo man Cafés und Restaurants vorfindet. Fahrräder stehen kostenlos zur Vefügung.

~

Umgebung: Der beste Strand in der Nähe, Maria Pia, liegt 4 km im Norden • **Lage:** im modernen Alghero, 800 m südlich der Altstadt; Parkplatz • **Mahlzeiten:** Frühstück, Mittagessen, Abendessen • **Preise:** LLL • **Zimmer:** 29; 22 Doppelzimmer, 1 Suite, mit Bad, 6 Einzelzimmer mit Dusche; alle Zimmer mit Telefon, TV, Klimaanlage, Minibar, Fön • **Anlage:** Aufenthaltsraum, Speiseraum, Bar, Salzwasserswimmingpool, Fitnessraum, Fahrräder • **Kreditkarten:** AE, DC, MC, V **Behinderte:** nicht geeignet • **Tiere:** erlaubt • **Geschlossen:** nie • **Geschäftsführerin:** Maria Teresa Masia

Sardinien

Oliena

❊ Tipp des Herausgebers ❊

Su Gologone

Landhotel

08025 Oliena, Nuoro
Tel 0784 287512 **Fax** 0784 287668
e-mail gologone@tin.it

In der Gebirgsregion Barbagia im Inneren Sardiniens ist die Landschaft wild, sind die Dörfer einsam und treiben Banditen immer noch ihr Unwesen – obwohl man sie als Tourist wohl kaum zu Gesicht bekommt. Das Hotel, eine niedrig gelegene weiße Villa, von Kletterpflanzen berankt, ist von blühenden Sträuchern und unberührter Natur umgeben: bewaldeten Schluchten, Olivenhainen, Pinienwäldern und den zackigen Gipfeln der Supramonte-Berge. Hier fühlt man sich ungestört und ist es auch, aber das Su Gologone ist keineswegs ein Geheimtipp. Einst fanden nur wenige abenteuerlustige Fremde den Weg hierher; heute kommen sie der Ruhe und der typisch sardischen Gerichte wegen, die aus einheimischen Fleischsorten zubereitet werden, etwa Lammbraten und als besondere Spezialität Spanferkel. Der Gast kann zusehen, wie es am Spieß über einem riesigen Feuer langsam gar wird. Die Weine stammen aus örtlichem Anbau. Der Speiseraum breitet sich in alle Richtungen aus – in den mit Wein bewachsenen Innenhof, auf die Terrasse und in andere Räume, die alle passend im rustikalen Stil gehalten sind. Die ebenfalls rustikal und einfach eingerichteten Zimmer wirken mit ihren weiß getünchten Wänden und den Fliesenböden hell und bieten eine schöne Aussicht.

Umgebung: Gennargentu-Berge; Monte Ortobene (21 km) • **Lage:** 8 km nordöstlich von Oliena, in abgelegener Bergregion; hoteleigener Parkplatz • **Mahlzeiten:** Frühstück, Mittagessen, Abendessen • **Preise:** LL-LLL • **Zimmer:** 65; 53 Doppel- und Zweibettzimmer, 8 Suiten, 4 Familienzimmer, alle mit Bad; alle Zimmer mit Telefon, TV, Klimaanlage, Minibar, Fön • **Anlage:** 5 Speiseräume, 2 Bars, Swimmingpool, Tennisplatz, Bowling, Minigolf, Fahrräder, Landrover und Pferde stehen für Ausflüge zur Verfügung • **Kreditkarten:** AE, MC, V • **Behinderte:** keine speziellen Einrichtungen • **Tiere:** erlaubt • **Geschlossen:** November bis Februar; an Weihnachten geöffnet • **Besitzer:** Giuseppe Palimodde

Sardinien

Palau

Capo d'Orso

Hotel am Meer

Loc. Cala Capra, 07020 Palau
Tel 0789 702000 **Fax** 0789 702009

Das Hotel am Meer ist kultiviert und nicht zu ausgefallen. Damit hebt es sich deutlich von einigen der protzigen Häuser der nahen Costa Smeralda ab. Es bietet Gelegenheit für geruhsame, entspannende Ferien im Wasser und am Strand. Seine abgeschiedene Lage – der nächste größere Ort, der geschäftige Hafen von Palau, liegt zehn Autominuten entfernt – mit traumhaften Aussichten auf die Felsenküste und die vorgelagerten Inseln könnte nicht schöner sein. Um richtig abzuschalten haben Sie die Wahl zwischen den beiden hübsch gelegenen, geschützten Sandstränden, dem Swimmingpool und den herrlich romantischen, von Olivenbäumen und Tamarisken beschatteten Terrassen, wo Drinks und Speisen serviert werden. Das Essen wird allseits gelobt.

Die einfachen Schlafzimmer liegen in niedrigen Gebäuden, sind freundlich eingerichtet und haben alle Blick aufs Meer sowie Balkon oder Terrasse. Die Suiten sind familienfreundlich gestaltet: Der mit dem Schlafzimmer über eine Schiebetür verbundene Aufenthaltsraum enthält ein Schlafsofa. Wem es zu langweilig wird, kann über das Hotel Tauchgänge und Ausritte arrangieren oder von der Anlegestelle des Hotels per Schiff die nahen Inseln besuchen.

Umgebung: die Inseln Maddalena und Caprera; Costa Smeralda • **Lage:** 6 km östlich von Palau • **Mahlzeiten:** Frühstück, Mittagessen, Abendessen
Preise: LLL • **Zimmer:** 60; 33 Doppel-, 9 Familienzimmer, 18 Suiten, alle mit Dusche; alle Zimmer mit Telefon, TV, Klimaanlage, Minibar, Fön, Balkon oder Terrasse • **Anlage:** Aufenthaltsraum, 2 Restaurants, Bar, Swimmingpool, Tennisplatz, Wassersport, Bootsausflüge • **Kreditkarten:** AE, DC, MC, V • **Behinderte:** keine speziellen Einrichtungen • **Tiere:** erlaubt • **Geschlossen:** Oktober bis Mai
Geschäftsführer: Alessandro Fumagalli

Sardinien

Porto Cervo

❄ Tipp des Herausgebers ❄

Cala di Volpe

Hotel am Meer

07020 Porto Cervo, Costa Smeralda, Sassari
Tel 0789 976111 **Fax** 0789 976617 **e-mail** res059_caladivolpe@sheraton.com
website www.luxurycollection.com/caladivolpe

Von vorne betrachtet ähnelt die Cala di Volpe mit ihren großen Türmen, Zinnen und Ecktürmchen ein wenig einer maurischen Festung. Vom Meer aus wirkt sie eher wie ein einfaches Fischerdorf, in dem sich kleine Häuser aneinanderschmiegen. Ein absolut bezaubernder Anblick bietet sich auch nachts, wenn die Häuser sanft beleuchtet werden. Auch im Inneren herrscht stilistische Schlichtheit vor: Nischen, bemalte Treppen, moderne bunte Glasintarsien in den Gängen, einfache Zimmer mit Terrassen oder Gärten, Trompe-l'Œuil-Malerei und Blick auf das Meer. Überall erzeugen Deckenbalken, Bambusornamente, Terrakottaböden und Farbtöne von Weiß bis Gelb und Orange bis Braun eine Atmosphäre von rustikaler Eleganz.
Die Steinreichen kommen mit dem eigenen Boot an, das in dem winzigen Hafen festgemacht wird. Gewöhnliche Gäste sollten sich durch diese Zurschaustellung von Reichtum jedoch nicht abschrecken lassen. Alle halbe Stunde geht ein kleines Boot kostenlos vom Hotel zum hoteleigenen Strand, einem kleinen Paradies mit Liegestühlen, Badehandtüchern und kristallklarem Wasser. Man kann den Strand über einen kurzen Holzpfad jedoch auch gut zu Fuß erreichen. Die Cala di Volpe bietet diskreten, untertriebenen Luxus pur, und die Preise haben es in sich.

Umgebung: Porto Cervo (8 km); Olbia (25 km) • **Lage:** südlich von Porto Cervo, an der Costa Smeralda • **Mahlzeiten:** Frühstück, Mittagessen, Abendessen, Zimmerservice • **Preise:** LLLL • **Zimmer:** 121; 100 Doppel-, 9 Einzelzimmer, 12 Suiten, alle mit Bad, Präsidentensuite mit eigenem Pool; alle Zimmer mit Telefon, TV, Klimaanlage, Minibar, Fön • **Anlage:** Restaurant, Bar, Swimmingpool, Terrasse, Garten, Strand, hoteleigener Hafen und Anlegestelle, Wasserski, 9-Loch-Golfplatz, Tennisplatz, Fahrräder, Bootsvermietung, Fitnesscenter • **Kreditkarten:** AE, DC, MC, V **Behinderte:** nicht geeignet • **Tiere:** nicht erlaubt • **Geschlossen:** November bis Februar • **Geschäftsführer:** Robert Koren

Sardinien

Porto Cervo

Cervo

Hotel am Meer

07020 Porto Cervo, Costa Smeralda, Sassari
Tel 0789 931111 **Fax** 0789 931613
e-mail res064_cervo@sheraton.com **website** www.sheraton.com/cervo

Einen Steinwurf vom alten Kai, überblickt dieses Hotel im mediterranen Stil eine kleine Piazza im Herzen von Porto Cervo – einem jener Orte, die im Zuge der Erschließung der Costa Smeralda seit den 1950er-Jahren durch ein Konsortium des Aga Khan entstanden und in denen sich Designerläden und schicke Restaurants drängen.
Das Hotel ist angenehm luftig und schlicht mit niedrigen Decken, weißen Wänden, Terrakottaböden, einfarbigen hellen Stoffen und Holzmöbeln ausgestattet.
Obwohl das Cervo manchmal große Gruppen aus dem nahe gelegenen Konferenzzentrum beherbergt, sind die Terrassen und Speiseräume recht intim. Mehrere Restaurants stehen zur Auswahl: Das »Grill« ist auf italienische Küche spezialisiert und eröffnet herrliche Ausblicke auf den Hafen; das »Pescatore« bietet Fisch und Meeresfrüchte; und das »Pomodore« ist rustikal-leger. Sportbegeisterte können in einem über eine kleine hölzerne Brücke erreichbaren Sportzentrum ihrer Leidenschaft für Tennis, Squash, Fitnessübungen und Joggen frönen. Für Sonnenanbeter und Wasserratten steht ein kostenloser Bootstransfer (zwischen Mai und September) zu einem abgelegenen Strand bereit.

Umgebung: Olbia (30 km); Costa Smeralda; Bootsausflüge • **Lage:** im Zentrum von Porto Cervo, Parkplatz • **Mahlzeiten:** Frühstück, Mittagessen, Abendessen **Preise:** LLLL; Abendessen LLL • **Zimmer:** 114; 108 Doppelzimmer, alle mit Bad und Dusche; 6 Suiten mit eigenem Pool; alle mit Klimaanlage, Minibar, Satelliten-TV **Anlage:** 5 Restaurant, Bars, 3 Swimmingpools, Sportzenrum und Golfplatz in der Nähe • **Kreditkarten:** AE, DC, MC, V • **Behinderte:** nicht geeignet • **Tiere:** nicht erlaubt • **Geschäftsführer:** Marco Battistotti

Sardinien

Porto Cervo

Pitrizza

Feriendorf

07020 Porto Cervo, Costa Smeralda, Sassari
Tel 0789 930111 **Fax** 0789 930611

An der mondänen Costa Smeralda gibt es zahlreiche Luxushotels. Das Pitrizza hebt sich jedoch von den anderen nicht nur durch seine geringe Größe, sondern auch durch die exklusive, intime Clubatmosphäre ab. Hier gibt es keine Läden, keine Disco oder sonstige Extravaganzen. Die kleinen, wie Privathäuser wirkenden Villen verstecken sich oberhalb des hoteleigenen Strandes diskret zwischen Felsen und blühenden Gärten. Alle Zimmer sind äußerst geschmackvoll, manche davon erstaunlich schlicht eingerichtet. Die weiß verputzten Wände, das Gebälk und die in der Umgebung hergestellten Möbel und Stoffe schaffen ein rustikales Flair. Jede Villa enthält vier bis sechs Zimmer; die meisten verfügen über Privatterrasse, -garten oder -veranda. Zentrum der Anlage ist das Clubhaus mit kleinem Salon, Bar, Restaurant und großer Terrasse, wo Sie die Gesellschaft anderer Gäste oder einfach nur den Sonnenuntergang genießen können. Ein Weg führt hinunter zum kleinen, goldglitzernden Sandstrand und einer hoteleigenen Anlegestelle, an der Sie Ihre Jacht festmachen können. Nicht minder einladend ist der in den Uferfelsen geschlagene Meerwasserpool.

Umgebung: Strände der Costa Smeralda; Maddalena-Archipel • **Lage:** 4 km von Porto Cervo entfernt, in Liscia di Vacca; großer Parkplatz • **Mahlzeiten:** Frühstück, Mittagessen, Abendessen, Zimmerservice • **Preise:** LLLL • **Zimmer:** 51; 38 Doppel- und Zweibettzimmer, 13 Suiten, alle mit Bad; alle Zimmer mit Telefon, TV, Klimaanlage, Minibar, Fön • **Anlage:** Speiseraum, Bar, Terrasse, Fitnesscenter, Salzwasserswimmingpool, Strand, Wasserski, Bootsvermietung, Windsurfing, Angeln • **Kreditkarten:** AE, DC, MC, V • **Behinderte:** keine speziellen Einrichtungen • **Tiere:** nicht erlaubt • **Geschlossen:** Mitte Oktober bis April
Geschäftsführer: Pierangelo Tondina

Sardinien

Porto Cervo

Romazzino

Hotel am Meer

07020 Porto Cervo, Costa Smeralda, Sassari
Tel 0789 977111 **Fax** 0789 96258

Das Romazzino ist zwar ebenfalls ungeheuer elegant und teuer, dennoch ist es etwas weniger exklusiv und kostspielig als seine kleinere Schwester, das Pitrizza (siehe links). Es ist die bessere Wahl, wenn Sie Wert auf einen Strand legen, da der weiß gestrichene, mit Terrakotta gedeckte Hotelkomplex über einen der größten an der Costa Smeralda (sowie einen riesigen Swimmingpool) verfügt.

Um Irrtümern vorzubeugen: Das Romazzino ist dennoch eines der luxuriösesten Strandhotels von Europa. Sein Interieur strahlt die Leichtigkeit und die verborgene Eleganz eines großen maurisch-mediterranen Wohnpalasts aus. So schmücken handgemalte Keramiken die Wände des Aufenthaltsraums, während in den ausgesucht geschmackvollen Schlafzimmern die sanften sardischen Stoffe harmonieren.

Eine Armada von Beschäftigten sorgt sich um die Wünsche der Gäste. Beim Abendessen ist man vom eifrigen und aufmerksamen Bedienungspersonal genauso beeindruckt wie von der kreativen italienisch-französischen Küche. Obwohl die Größe des Romazzino unsere üblichen Kriterien um ein beträchtliches übersteigt, nehmen wir das Hotel zum ersten Mal auf, da es immer noch eine fast private Atmosphäre hat.

Umgebung: Hotel Cala di Volpe, eine beeindruckende nachgebaute mittelalterliche Burg **Lage:** 11 km von Porto Cervo entfernt • **Mahlzeiten:** Frühstück, Mittagessen, Abendessen, Zimmerservice • **Preise:** LLLL • **Zimmer:** 91; 77 Doppel- und Zweibettzimmer, 14 Suiten, alle mit Bad; alle Zimmer mit Telefon, TV, Klimaanlage, Minibar, Fön • **Anlage:** Aufenthaltsraum, 2 Restaurants, Bar, Terrasse, Swimmingpool, Tennisplatz, Wassersport • **Kreditkarten:** AE, DC, MC, V • **Behinderte:** Zugang schwierig • **Tiere:** nicht erlaubt • **Geschlossen:** Mitte Oktober bis Ende April • **Geschäftsführer:** Carlo Ferraris

Sardinien

Santa Margherita di Pula

Is Morus

~ Hotel am Meer ~

09010 Santa Margherita di Pula, Pula
Tel 070 921171 **Fax** 070 921596

Is Morus gehört zu einer Reihe von einsam gelegenen, exklusiveren Hotels entlang eines flachen Küstenabschnitts mit Ferien- und Gewächshäusern vor einer Kulisse von sonnenverbrannten, felsigen Hügeln. Dieser Teil Sardiniens ist kultiviert und friedvoll, verzichtet auf grelle Lichter oder auch nur den Anschein einer Ferienanlage. Das weiß gekalkte, ziegelgedeckte Is Morus verkörpert in seiner geschützten Lage in einem Wald von Eukalyptus und Pinien das mediterrane Ideal eines eleganten Landhotels. In Einklang mit dem etwas unpersönlichen Service prägen Understatement und Eleganz den Stil des Hauses, sowohl in den hellen Aufenthaltsräumen, die durch Bögen verbunden und mit modernen, sehr weichen Sitzmöbeln ausgestattet sind, als auch in den Schlafzimmern, die geradezu minimalistisch gehalten sind. Einige davon befinden sich im Hauptgebäude (vermeiden Sie die ohne Meeresblick oder Balkon), andere in kleinen Villen (mit jeweils zwei bis drei Schlafzimmern), die im waldigen Gelände verstreut liegen. Der Sandstrand gehört nicht zu den besten Sardiniens, aber er liegt gleich beim Hauptgebäude, ist nicht öffentlich und sorgsam gepflegt. Der Swimmingpool ist groß und einladend.

~

Umgebung: Dünenstrand von Chia; punische und römische Ruinen von Nora
Lage: an der Küste südlich von Pula • **Mahlzeiten:** Frühstück, Mittagessen, Abendessen, Zimmerservice • **Preise:** LLLL • **Zimmer:** 85 Doppel-, Zweibett-, Einzelzimmer und Suiten, alle mit Bad oder Dusche; alle Zimmer mit Telefon, TV, Klimaanlage, Minibar, Fön • **Anlage:** Aufenthaltsraum, Restaurant, Bar, Terrasse, Swimmingpool, Tennisplatz, Wassersport • **Kreditkarten:** AE, DC, MC, V
Behinderte: keine speziellen Einrichtungen • **Tiere:** erlaubt • **Geschlossen:** Januar bis April • **Geschäftsführerin:** Martina Ketzer

Sizilien

Agrigento

Foresteria Baglio della Luna

Ländliche Villa

Contrada Maddalusa, 92100 Agrigento
Tel 0922 511061 **Fax** 0922 598802

Dieses bemerkenswerte Hotel liegt in Agrigento im Tal der Tempel, einem der beeindruckendsten antiken Stätten Europas, und gehört einer Familie, die in der Region stark verwurzelt ist. Das Baglio della Luna wird beherrscht von einem massiven quadratischen Turm aus dem 13. Jh., der 1555 renoviert wurde. Im 18. Jh. wurde es in ein privates Landgut umgewandelt. Kürzliche Restaurationsarbeiten haben die Originalstruktur wiederhergestellt, mit hohen Mauern um die Gärten, in denen man auf hübschen Wegen spazieren gehen kann. Der Innenhof ist ein schattiges Plätzchen, wo die Dachrohre aus weichem Stein und Terrakotta richtig zur Geltung kommen. Schlafzimmer wie öffentliche Räume (mit einem Zwischengeschoss über dem Barbereich) sind in traditionellem sizilianischem Stil ausgestattet; die Suiten verfügen über Jacuzzi-Bäder.
Das Restaurant des Baglio della Luna seviert klassisch italienische wie traditionell sizilianische Gerichte; auch selbst angebaute Weine des Eigentümers werden ausgeschenkt. Hier im Speisesaal bleibt eine Besonderheit des Hotels im Gedächtnis haften: die bis zum Boden reichenden Fenster, die bei warmem Wetter geöffnet werden und durch die man einen weiten Ausblick auf das Tal der Tempel genießt.

Umgebung: Tal der Tempel; Agrigento • **Lage:** 3 km südlich von Agrigento, in Porto Empedone links zur Agip-Tankstelle abbiegen, nach 3 km hinter der Brücke rechts abbiegen; großer Parkplatz • **Mahlzeiten:** Frühstück, Mittagessen, Abendessen • **Preise:** LLL • **Zimmer:** 24; 21 Doppel- und Zweibettzimmer, 3 Suiten, alle mit Bad oder Dusche; alle Zimmer mit Telefon, TV, Klimaanlage, Minibar, Fön
Anlage: Aufenthaltsraum, Speiseraum, Bar, Terrasse, Garten • **Kreditkarten:** AE, MC, V • **Behinderte:** keine speziellen Einrichtungen • **Tiere:** erlaubt
Geschlossen: nie • **Besitzer:** Ignazio Altieri

Sizilien

Erice

Moderno

Stadthotel

Via Vittorio Emanuele 63, 91016 Erice, Trapani
Tel 0923 869300 **Fax** 0923 869139

Trotz der vielen Touristen ist Erice ein bezaubernder, von einer Stadtmauer umgebener mittelalterlicher Ort, der sich gut für einen Aufenthalt von ein, zwei Tagen eignet. Das Gleiche gilt für das Hotel Moderno am oberen Ende der engen Hauptstraße (man parkt am besten auf dem öffentlichen Parkplatz nahe der Porta Trapani und geht zu Fuß die schmale Hauptstraße zum Hotel hinauf). Wie der Name verrät, herrscht im Hotel, das aus dem 19. Jh. stammt, ein moderner Stil (mit einigen traditionellen sizilianischen Elementen) vor, mit einer Vorliebe für Bilder, Ornamente und Pflanzen. Die öffentlichen Räume sind auch durch mehrere Sitzecken mit Sofas, Stühlen und Tischen zum Ausspannen und einem Zwischengeschoss einfach, aber effektvoll eingerichtet. Alle Schlafzimmer sind großzügig geschnitten, manche traditionell eingerichtet, andere mit modernen Kiefernmöbeln ausgestattet. Die Badezimmer sind klein, aber makellos.

Das Restaurant bietet »eine umfangreiche Speisekarte und sorgfältige Zubereitung«, die Dachterrasse ermöglicht einen wunderbaren Ausblick auf die Ziegeldächer von Erice sowie (für diejenigen, die sich hinabzuschauen trauen) das silbergraue Kopfsteinpflaster der Straßen.

Umgebung: griechischer Tempel und Theater von Segesta; Trapani (15 km); Egadiinseln; Insel Pantelleria • **Lage:** im Stadtzentrum; öffentlicher Parkplatz in der Nähe • **Mahlzeiten:** Frühstück, Mittagessen, Abendessen • **Preise:** LL
Zimmer: 41 Doppel- und Einzelzimmer, alle mit Bad oder Dusche; alle Zimmer mit Telefon, TV, Minibar • **Anlage:** Aufenthaltsbereiche, Speiseraum, Bar, Dachterrasse, Aufzug • **Kreditkarten:** AE, DC, MC, V • **Behinderte:** keine speziellen Einrichtungen • **Tiere:** erlaubt • **Geschlossen:** nie • **Besitzer:** Giuseppe Catalano

Sizilien

Gangi

Tenuta Gangivecchio

Umgebautes Kloster

Contrada di Gangivecchio, 90024 Gangi, Palermo
Tel und **Fax** 0921 689191

Wer Abgeschiedenheit und Ruhe sucht, kann es kaum besser treffen als mit dem umgebauten ehemaligen Benediktinerkloster von Tenuta Gangivecchio aus dem 13. Jh. Man erreicht es nach einer langen Fahrt durch die schöne Gegend von Madonie im Südosten Palermos.

Das Kloster ist die Heimstätte der Familie Tornabene und liegt in einem tief eingegrabenen Tal, sein großartiger Innenhof wird durch schwere Holztüren von der Außenwelt geschützt. Als erstes etablierte sich hier ein Restaurant, dessen köstliche sonntägliche Mittagsmenüs ungeachtet der abgeschiedenen Lage weit und breit gerühmt wurden. Vor kurzem baute die Familie die Stallungen in Gästezimmer um. In der kalten Jahreszeit brennt ein gewaltiges Feuer im Empfangsbereich, während die Zimmer mit gefliesten Böden, gekalkten Wänden und Balkendecken einfach und stilvoll gehalten sind. Der Gästeflügel hat einen eigenen Speisesaal mit Blick auf den Garten, wo klassische sizilianische Gerichte serviert werden.

Es ist ein ruhiger und friedlicher Ort; auf Wunsch können für erfahrene Reiter Ausritte in das hübsche Umland arrangiert werden.

Umgebung: Gangi (6 km); Madonie-Region • **Lage:** 130 km südöstlich von Palermo, durch Gangi durchfahren, rechts nach Gangivecchio abbiegen, nach 1 km links abbiegen (gelbes Schild »Tenuta Gangivecchio«), die Tenuta befindet sich nach 5 km auf der rechten Seite; Parkplatz • **Mahlzeiten:** Frühstück, Mittagessen, Abendessen • **Preise:** L • **Zimmer:** 9 Doppel- und Dreibettzimmer, alle mit Dusche; alle Zimmer mit Telefon • **Anlage:** Speiseraum, Restaurant, Aufenthaltsräume, Bar, Swimmingpool, Tischtennis, Mountainbikes, Reiten • **Kreditkarten:** MC, V **Behinderte:** nicht geeignet • **Tiere:** nicht erlaubt • **Geschlossen:** Mitte Juli bis August • **Besitzer:** Paolo Tornabene

SIZILIEN

GIARDINI-NAXOS

Arathena Rocks

~ Hotel am Meer ~

Via Calcide Eubea 55, 98035 Giardini-Naxos, Messina
Tel 0942 51349 **Fax** 0942 51690
e-mail arathena@taormina-ol.it

Das Arathena Rocks wird von einer freundlichen, Englisch sprechenden Familie geleitet, und auch das Personal in der luftigen Eingangshalle ist sehr zuvorkommend. Der Aufenthaltsraum strahlt mit seinen zahlreichen farbenprächtigen Sofas eine barocke Atmosphäre aus. Blaue Kacheln herrschen in der Bar, dem Salon und dem Speisezimmer vor, wo einfache Gerichte gereicht werden. Daneben gibt es weitere Keramiken wie die chinesischen Drachen am Eingang und die grünen Büsche, die die Balkone im obersten Stock verzieren. Alles zusammengenommen ist das weiß gestrichene mediterrane Gebäude mit seinen Balkonen und Terrassen sowie den schattigen Gärten mit Statuen und Palmen ein Genuss für das Auge. Aus dem Felsen herausgehauen ist ein großer, unbeheizter Swimmingpool mit einer Bar, wo man im Sommer ein paar Häppchen essen kann.

Die Schlafzimmer sind kühl, geräumig und liebevoll dekoriert. Jedes ist individuell gestaltet, die meisten haben jedoch bemalte Möbel, einige einen Ausblick auf das Meer und den Ätna. Versuchen Sie, einen der Räume mit Balkon im obersten Stock zu reservieren.

Umgebung: Taormina; Ätna • **Lage:** am Ende der Bucht; Parkplatz • **Mahlzeiten:** Frühstück, Mittagessen, Abendessen • **Preise:** LL • **Zimmer:** 45 Doppelzimmer, alle mit Bad oder Dusche; alle Zimmer Telefon • **Anlage:** Aufenthaltsraum, Speiseraum, 2 Bars, Aufzug, Terrasse, Garten, Swimmingpool, Tennisplatz, Minibus nach Taormina • **Kreditkarten:** MC, V • **Behinderte:** keine speziellen Einrichtungen
Tiere: erlaubt • **Geschlossen:** November bis März • **Besitzer:** Natale Arcidiacono

Sizilien

Ragusa

Eremo della Giubliana

Hotel auf dem Land

Contrada Giubiliana, S.P. per Marina di Ragusa, 97100 Ragusa
Tel 0932 669119 **Fax** 0932 623891

Wenn Sie mit dem Auto anreisen, ist dieses kleine, elegante Hotel den Abstecher allemal wert. Andererseits können Sie auch auf dem Privatflugplatz des Hotels landen, von wo Ausflüge zu so entfernten Flugzielen wie Malta und Tunesien angeboten werden.
Das Hotel liegt weit entfernt von den Hauptverkehrsstraßen in idyllischer, bäuerlich geprägter Umgebung und gehört der Familie Nifosì seit dem 18. Jh. Es wurde als befestigte Klosteranlage im 15. Jh. erbaut und später von den Rittern des Johanniterordens auf ihrem Weg nach Malta benutzt. Signor Nifosì, ein Architekt, hat beim Umbau des Kernstücks des Klosters keine Mühen gescheut, um seine ursprüngliche Anlage vorteilhaft zur Geltung zu bringen. Die Zellen der Mönche wurden in komfortable Schlafzimmer mit eleganten, modernen Badezimmern aus traditionellen Baumaterialien umgewandelt. Besonderer Wert wird im Eremo auf das Essen gelegt, man verwendet lokale Zutaten für traditionelle sizilianische Landesgerichte (trotzdem kam es in letzter Zeit zu Kritik durch verschiedene Leser: Weitere Berichte sind willkommen). Im gut bestückten mittelalterlichen Keller werden die besten sizilianischen Weine, darunter einige ausgesprochen charaktervolle, gelagert.

Umgebung: Ragusa (7 km) • **Lage:** an der Straße von Ragusa nach Marina di Ragusa ausgeschildert; großer Parkplatz • **Mahlzeiten:** Frühstück, Mittagessen, Abendessen • **Preise:** LL • **Zimmer:** 12; 10 Doppelzimmer, 2 Suiten, alle mit Bad; alle Zimmer mit Telefon, TV, Fön • **Anlage:** Aufenthaltsraum, Speiseraum, Terrasse, Konferenzraum • **Kreditkarten:** AE, MC, V • **Behinderte:** 3 Zimmer im Erdgeschoss geeignet • **Tiere:** erlaubt • **Geschlossen:** nie • **Geschäftsführerin:** Elena Restuccia

Sizilien

Siracusa

Limoneto

Gästehaus auf dem Land

Via del Platano 3, 96100 Siracusa
Tel and **Fax** 0931 717352
e-mail limoneto@tin.it

Dieses familiengeführte Gästehaus etwa neun Kilometer außerhalb der faszinierenden Stadt Siracusa möchten wir in diesem Führer erstmals als etwas andere Alternative anbieten. Um ehrlich zu sein, haben wir es noch nicht selbst besucht, verlassen uns jedoch auf die dringende Empfehlung eines Gastes, der dies vor kurzem tat. Die Besitzer klingen ausgesprochen nett, und bei der Beschreibung des Hotels hatten wir ein gutes Gefühl; nichtsdestotrotz legen wir auf weitere Berichte natürlich besonderen Wert.

Das Limoneto liegt inmitten von Zitronen-, Orangen- und Olivenhainen; es wird von Alceste Norcia, seiner Frau Adelina und ihrem Sohn Francesco geführt. Die Gäste werden wie Familienmitglieder behandelt; der freundliche Empfang kommt von Herzen. Einige der Zimmer befinden sich im Hauptgebäude, andere in der renovierten Scheune. Einige sind recht groß, für bis zu vier Personen gedacht, und damit ideal für Familien geeignet. Leider wirken die modernen Zimmer etwas unpersönlich; sie sind jedoch alle »komfortabel und makellos sauber«.

Der Hauptgrund für einen Aufenthalt im Limoneto ist definitiv das Essen. Zu Adelinas Küche, in der sie regionale sizilianische Gerichte aus selbst angebauten Zutaten bereitet, hat jedermann Zugang. Jede Mahlzeit wird durch ein oder zwei Gläser Limoncello, einen Zitronenlikör nach altem Familienrezept, abgerundet.

Umgebung: Siracusa (9 km) • **Lage:** an der Straße 14 nach Palazzolo ausgeschildert, in eigener Anlage; Parkplatz • **Mahlzeiten:** Frühstück, Mittagessen, Abendessen • **Preise:** L-LL • **Zimmer:** 6 Doppelzimmer, alle mit Bad oder Dusche; alle Zimmer mit Telefon • **Anlage:** Aufenthaltsraum, Speiseraum, Terrasse, Garten **Kreditkarten:** keine • **Behinderte:** keine speziellen Einrichtungen **Tiere:** erlaubt • **Geschlossen:** nie • **Besitzer:** Familie Norcia

Sizilien

Siracusa

Villa Lucia

~ Ländliche Villa ~

Traversa Mondello 1, Contrada Isola, 96100 Siracusa
Tel und **Fax** 0931 69756
e-mail villalucia@sistemia.it **website** www.sistemia.it/villalucia

Da wir bisher keine weiteren Berichte über dieses enigmatische kleine Hotel erhalten haben, können wir nur wiederholen, was wir das letzte Mal geschrieben haben. Die Besitzerin dieser eleganten, altertümlichen Patriziervilla, Marchesa Maria Luisa Palermo, empfängt ihre Gäste mit der Herzlichkeit längst vergangener Tage. Das Haus ihrer Familie steckt voller persönlicher Dinge – Bücher, Fotos, Kunstgegenstände, Antiquitäten. Die Villa Lucia liegt inmitten eines mediterranen Parks unweit des Meeres und hat die Aura einer schon älteren, nicht mehr so begüterten, aber immer noch stolzen, ehrwürdigen Dame; und was ihr an modernem Komfort fehlen mag, ersetzt sie durch Atmosphäre.

Ein beachtenswerter Fliesenfußboden zieht sich vom fürstlichen Empfangsbereich bis hinüber zum luftigen Speisesaal (obwohl es kein Restaurant gibt, können Gäste ihr Abendessen im voraus bestellen). Eine Holztreppe führt zu den Schlafzimmern, von denen einige abgeschrägte Balkendecken haben. Natürlich ist jeder Raum durch verschiedene Gegenstände aus Familienbesitz individuell gestaltet. Die einfachen Badezimmer sind ungewöhnlich groß geschnitten. Versuchen Sie ein Zimmer in der Villa, nicht im Nebengebäude zu reservieren. Vor kurzem ist wohl ein Swimmingpool angelegt worden, und auch die dringend nötige Neubepflanzung des Gartens scheint stattgefunden zu haben.

~

Umgebung: Siracusa (6 km) • **Lage:** in Plemmurio gegenüber der Insel Ortigia, in der Nähe des Stadtzentrums; Parkplatz • **Mahlzeiten:** Frühstück, Abendessen auf Anfrage • **Preise:** LL-LLL • **Zimmer:** 14; 5 in der Villa, 9 in einem Nebengebäude, alle mit Bad oder Dusche; Zimmer in der Villa mit Telefon, TV, Minibar; Zimmer im Nebengebäude mit Minibar • **Anlage:** Aufenthaltsraum, Speiseraum, Wintergarten **Kreditkarten:** AE, DC, MC, V • **Behinderte:** keine speziellen Einrichtungen **Tiere:** erlaubt (gegen Gebühr) • **Geschlossen:** nie • **Besitzerin:** Dr. Maria Luisa Palermo

Sizilien

Taormina

Villa Belvedere

~ Villa am Meer ~

Via Bagnoli Croce 79, 98039 Taormina, Messina
Tel 0942 23791 **Fax** 0942 625830
e-mail hotbelv@tao.it

Die schlichte, aber stilvolle Villa Belvedere ist seit 1902 im Besitz derselben Familie. Jede Generation hat ihre Veränderungen vorgenommen, aber der natürliche Charme des Gebäudes blieb erhalten. Gegenwärtig wird das Haus von dem Franzosen Claude Pécaut und seiner italienischen Frau, einem freundlichen und hilfsbereiten Paar, geführt. Eine Hauptattraktion des Hotels ist seine Lage in der Nähe des Zentrums von Taormina mit herrlichem Blick über die Bucht und die Hänge des Ätna im Süden. Fragen Sie deshalb nach einem Zimmer auf der Gebäudevorderseite, möglichst mit Terrasse (die nach hinten heraus gelegenen Zimmer sind zudem vergleichsweise laut und düster). Durch einen blühenden Garten gelangt man hinunter zu einem kleinen Pool, der zusammen mit der Bar, an der Snacks und sizilianische Spezialitäten serviert werden, die Gäste dazu verleitet, den ganzen Tag hier zu verbringen und die lohnenswerten Besichtigungen immer wieder zu verschieben. Dass es kein Restaurant gibt, kann angesichts der Nähe des Stadtzentrums mit seinen zahlreichen Speiselokalen kaum als Nachteil gelten. Außerdem stehen noch zwei hübsch möblierte Salons, eine Bar im Haus und ein großer Frühstücksraum zur Verfügung.

~

Umgebung: Teatro Greco; Corso Umberto; Giardino Pubblico • **Lage:** neben dem Belvedere an der Via Roma, in der Nähe des Giardino Pubblico und der Altstadt; Parkplatz • **Mahlzeiten:** Frühstück, kleinere Mahlzeiten • **Preise:** LL • **Zimmer:** 50, alle mit Bad oder Dusche; alle Zimmer mit Telefon, 26 mit Klimaanlage • **Anlage:** 2 Aufenthaltsbereiche, 2 Bars, Frühstücksraum, Fernsehraum, Terrasse, Garten, Swimmingpool, Snackbar am Pool • **Kreditkarten:** MC, V • **Behinderte:** keine speziellen Einrichtungen • **Tiere:** erlaubt • **Geschlossen:** Mitte November bis Mitte Dezember; Mitte Januar bis März • **Besitzer:** Claude und Silvia Pécaut

Sizilien

Taormina

Tipp des Herausgebers

Villa Ducale

Hotel auf einem Hügel

Via Leonardo da Vinci 60, 98039 Taormina , Messina
Tel 0942 28153 **Fax** 0942 28710
e-mail villaducale@tao.it

Es gibt eigentlich nichts auszusetzen an der Villa Ducale. Die ursprüngliche Gaststätte an der Postroute wurde zu Beginn des 20. Jhs. vom Urgroßvater des heutigen Besitzers in ein Patrizierhaus umgewandelt. 1993 öffnete er das Haus für Gäste und hatten damit sofort großen Erfolg. Die Gründe dafür sind erstens die wundervolle Terrasse, außerdem die familiäre Atmosphäre, die unerwarteten, überraschenden Kleinigkeiten und die Freundlichkeit des Personals.
Kein Zimmer gleicht dem anderen (reservieren Sie eines mit eigener Terrasse!), aber allen gemeinsam sind die feine Bettwäsche aus Leinen, Terrazzofußböden und bemalte Möbel; in einer der Juniorsuiten befindet sich das bunte und mit Perlmutt ausgeschmückte Bett von Andreas Großeltern. Viele Wände sind mit Trompe l'Œil oder Fruchtmotiven, dem Symbol für Reichtum in der sizilianischen Kultur, verziert.
Die Qualitäten der Villa Ducale lassen sich vielleicht am besten beim üppigen Frühstück würdigen: Sie sitzen auf dem breiten Balkon, und Sie genießen die überwältigende Aussicht auf die Stadt, die Bucht und den Ätna. Auch der Sonnenuntergang mit einem Glas Wein ist hier ein hochromantisches Ereignis.

Umgebung: Teatro Greco; Corso Umberto; Giardino Pubblico • **Lage:** oberhalb von Taormina, an der Straße nach Castelmola; begrenzter Parkplatz
Mahlzeiten: Frühstück, kleinere Snacks • **Preise:** LL-LLL • **Zimmer:** 13; 10 Doppel- und Zweibettzimmer, 1 Einzelzimmer, 2 Juniorsuiten, alle mit Bad; alle Zimmer mit Telefon, TV, Klimaanlage, Minibar, Fön • **Anlage:** Aufenthaltsraum, Bibliothek, Bar, Frühstücksraum, Terrasse, kostenloser Shuttleservice zum Strand • **Kreditkarten:** AE, DC, MC, V • **Behinderte:** Zugang schwierig • **Tiere:** erlaubt • **Geschlossen:** Mitte November bis Mitte Dezember • **Besitzer:** Dr. Andrea und Rosaria Quartucci

Sizilien

Taormina

Villa Paradiso

~ Hotel am Meer ~

Via Roma 2, 98039 Taormina , Messina
Tel 0942 23921 **Fax** 0942 625800

Die Villa Paradiso liegt in der Nähe des Giardino Pubblico und des historischen Stadtkerns und bietet eine herrliche Aussicht auf die Küste und den von Nebelschwaden verhüllten Gipfel des Ätna. Einziger Nachteil dieser Traumlage ist, dass am Hotel eine Hauptstraße vorbeiführt. So hört man in den nach hinten gelegenen Zimmern den Verkehrslärm, und in der Hochsaison gibt es Parkplatzprobleme.

Die Gemeinschaftsräume des gepflegten, weißen Gebäudes haben mit ihren weißen Bögen, den gemusterten Teppichen auf Fliesenböden, den eleganten Sofas und der fantasievollen Sammlung von Drucken, Gemälden und Aquarellen das Flair einer Privatvilla. Vom Restaurant hat man einen sehr schönen Blick, und das Essen ist überdurchschnittlich. Jedes Zimmer verfügt über einen eigenen Balkon; am begehrtesten sind natürlich die auf der Gebäudevorderseite, von denen man das Meer sieht. Die meisten sind wesentlich größer, als man in einer *pensione* erwarten würde, einige zudem mit hübsch bemalten Möbeln ausgestattet. Zum Strand gelangt man mit der Drahtseilbahn oder – noch bequemer – mit dem Kleinbus des Hotels, der, ab Juni kostenlos, zwischen dem Haus und dem Paradise Beach Club in Letojanni verkehrt.

~

Umgebung: Teatro Greco; Corso Umberto; Giardino Pubblico • **Lage:** im Südosten der Stadt; kleiner öffentlicher Parkplatz nebenan, gebührenpflichtiges Parkhaus in der Nähe • **Mahlzeiten:** Frühstück, Abendessen • **Preise:** LL • **Zimmer:** 38; 25 Doppel- und Zweibettzimmer, 13 Juniorsuiten, alle mit Bad; alle Zimmer mit Telefon, TV, Klimaanlage, Fön • **Anlage:** 2 Aufenthaltsräume, Speiseraum, Bar, Terrasse • **Kreditkarten:** AE, DC, MC, V • **Behinderte:** Zugang möglich • **Tiere:** erlaubt • **Geschlossen:** nie • **Besitzer:** Salvatore Martorana

Sizilien

Taormina

Villa Sirina

~ Ländliche Villa ~

Contrada Sirina, 98039 Taormina, Messina
Tel 0942 51776 **Fax** 0942 51671
e-mail villasirina@tao.it **website** www.villasirina.tao.it

Nur eineinhalb Kilometer südlich des Stadtzentrums liegt in einem Tal der Hügelkette von Taormina die Villa Sirina inmitten eines Grundstücks voller Zitrusfrüchte und Oleander. Die Räume in dem rosa gekalkten Gebäude blicken entweder aufs Meer oder in die Berge.

Schon der erste Eindruck fällt günstig aus. Die Eingangshalle mit ihrem Stilmix aus antiken und modernen Möbeln und den ungerahmten, farbenfrohen Bildern an der Wand hat eine besondere Atmosphäre. Dazu kommt der herzliche Empfang durch den Gastgeber. Die Schlafzimmer sind sauber und freundlich, hell gestrichen und einfach eingerichtet, zudem haben sie eine schöne Aussicht von den Balkontüren, die in jedem Zimmer auf eine Terrasse oder einen Balkon hinausführen.

Die hellgrüne Farbe, die in manchen der Schlafzimmer als Dekoration vorkommt, taucht auch in dem gemütlichen Speisesaal wieder auf. In ihr sind die binsengeflochtenen Sitzflächen der Stühle gehalten, was einen schönen Kontrast zu den leuchtend gelben Tischtüchern ergibt. Hier werden außer dem Frühstück traditionelle sizilianische Gerichte zum Abendessen serviert. Ein großes Panoramafenster lenkt die Blicke auf den Pool und die Terrasse mit Bar und Aussicht aufs Meer.

Umgebung: Teatro Greco; Corso Umberto; Giardino Pubblico • **Lage:** 1,5 km in südlicher Richtung vom Stadtzentrum entfernt, in eigenem Garten; Parkplatz **Mahlzeiten:** Frühstück, Abendessen • **Preise:** LL • **Zimmer:** 15 Doppelzimmer, alle mit Bad oder Dusche; alle Zimmer mit Telefon, TV, Fön • **Anlage:** Speiseraum, 2 Aufenthaltsräume, Leseraum, Terrassen, Wintergarten, Swimmingpool **Kreditkarten:** AE, DC, MC, V • **Behinderte:** keine speziellen Einrichtungen **Tiere:** nicht erlaubt • **Geschlossen:** November bis März • **Besitzer:** Salvatore Cacopardo

Sardinien/ Sizilien

Costa Dorata

Don Diego

Resorthotel

Porto San Paolo, Costa Dorata, 07020 Vaccileddi, Sassari
Tel 0789 40007 • **Fax** 0789 40026 • **Mahlzeiten:** Frühstück, Mittagessen, Abendessen
Preise: LLL • **Geschlossen:** nie
Besitzer: Luigi Mennella

Das Don Diego hat so viel Charme, dass wir es trotz einzelner kritischer Berichte in unseren Führer aufnehmen. Es liegt südlich von Olbia etwas abgeschieden an der Costa Dorata mit ihren vielen kleinen Buchten und Stränden. Das Hotel besteht aus luftigen, komfortablen und stilvollen Bungalows, die zwischen Pinien, Bougainvilleen und Oleander verstreut in farbenprächtigen ruhigen Gärten liegen. Die Juniorsuiten verfügen über Meerblick, sofern dieser nicht durch die Vegetation verstellt ist. Vom hübschen Salzwasserpool aus hat man eine Aussicht auf die Inseln Molara und Tavolara. Die Gemeinschaftsräume im Hauptgebäude sind alle geschmackvoll im rustikalen Stil eingerichtet. Leser äußerten sich positiv über den Service und das typisch sardinische Essen.

Erice

Elimo

Stadthotel

Via Vittorio Emanuele 75, 91016 Erice, Trapani
Tel und **Fax** 0923 869377
Mahlzeiten: Frühstück, , Mittagessen, Abendessen • **Preise:** LL
Geschlossen: nie • **Besitzer:** Familie Tilotta

Ein Leser beschrieb das Elimo als »glückliche Mischung traditioneller und moderner Elemente, mit attraktiven Gemeinschaftsräumen und individuell eingerichteten Zimmern.« Ein Gast, der das Hotel vor kurzem für uns besuchte, bestätigt diese positive Meinung. Das Elimo ist einfach und geradlinig, unprätentiös, aber gut geführt. Die Gemeinschaftsräume bestehen aus einer kombinierten Lobby, Bar und Sitzecke, in der man sich gleich »zu Hause fühlt«; das Essen, besonders das Frühstück, ist recht einfach. Die nicht zu kleinen Zimmer sind sauber, modern und schlicht, die Bäder funktional, aber vollkommen ausreichend. Einige Zimmer verfügen über eine Aussicht auf die Dächer der Stadt und das Meer dahinter. »Alles in allem ein mehr als akzeptables Hotel mit freundlicher, familiärer Atmosphäre in einer unvergesslichen Stadt.«

Sizilien

Siracusa

Grand Hotel

Luxusstadthotel

Viale Mazzini 12, 96100 Siracusa **Tel** 0931 464600 • **Fax** 0931 464611 • **Mahlzeiten:** Frühstück, Mittagessen, Abendessen, Zimmerservice • **Preise:** LLL **Geschlossen:** nie • **Geschäftsführer:** Signor Caladrucceo

Dieses vorzügliche Beispiel für ein luxuriöses mediterranes Hotel befindet sich in der Altstadt von Syrakus auf der Insel Ortigia. Die goldene Ära des Hauses fiel in die ersten Jahre des 20. Jhs., als sich hier reiche Touristen und die lokale Aristokratie trafen, musikalische Soiréen abgehalten und die ersten Filme gezeigt wurden. Der heutige Besucher trifft auf einen eleganten Eingangsbereich mit Bronzeskulpturen, öffentliche Räume mit Marmor, buntem Glas und Kristall, wobei die Stilelemente der ursprünglichen Art-Deco-Ausstattung vorteilhaft zur Geltung kommen. Alle Schlafzimmer haben Blick aufs Meer und eine großzügige wie durchdachte Einrichtung. Im Dachgarten befindet sich ein anspruchsvolles Restaurant mit großartiger Aussicht.

Valderice

Baglio Santacroce

Landhotel

91019 Valderice, Trapani **Tel** 0923 891111 • **Fax** 0923 891192 • **Mahlzeiten:** Frühstück, Mittagessen, Abendessen **Preise:** LL • **Geschlossen:** nie **Besitzer:** Familie Cusenza

Dieses familiengeführte Hotel besteht hauptsächlich aus einem Bauernhaus aus dem Jahre 1636. Der zentrale Innenhof, die einfachen, massiven Steinmauern in den Zimmern und Bädern, die terrakottagefliesten Fußböden und die Deckenbalken tragen alle zur rustikalen Atmosphäre des Hotels bei. In letzter Zeit erreichten uns jedoch einige negative Leserkommentare. Die Zimmer seien schlecht ausgestattet und — ebenso wie die Aussicht — wenig reizvoll. Es sei unmöglich zu duschen, ohne das gesamte Bad unter Wasser zu setzen. Das Frühstück sei nur »durchschnittlich«; das Abendessen jedoch, vor allem der Fisch, etwas weniger enttäuschend. An einer Seite des Gebäudes gibt es einen kleinen Swimmingpool, von dem aus man eine wunderbare Aussicht auf den Golf von Cormino und den Monte Cofano hat; die friedvollen Gärten sind mit Rosen, Kakteen und Efeu bepflanzt.

Register der Hotels

In diesem Register sind die Hotels nach dem ersten selbstständigen Bestandteil ihres Namens aufgeführt. Zusätze wie »Hotel«, »Albergo«, »Il«, »La«, »Dei« und »Delle« wurden ausgelassen. Zusätze, die zur Unterscheidung der betreffenden Hotels notwendig sind, wie »Casa«, »Castello«, »Locanda« oder »Villa«, wurden hingegen aufgenommen.

Register der Hotels

Register der Hotels

Register der Hotels

Register der Orte

In diesem Register sind die Hotels nach der Stadt oder Ortschaft, in denen oder in deren Nähe sie sich befinden, aufgeführt. Hotels in sehr kleinen Ortschaften sind unter dem Namen der nächst größeren Stadt zu finden.

Register der Orte

Register der Orte

Register der Orte